U0483874

从月球看地球 II

洞见中国经济与商业新动能

长江商学院 编著

中国友谊出版公司

图书在版编目(CIP)数据

从月球看地球.Ⅱ/长江商学院编著.—北京：中国友谊出版公司，2018.4

ISBN 978-7-5057-4332-8

Ⅰ.①从… Ⅱ.①长… Ⅲ.①中国经济–研究②企业管理–研究–中国　Ⅳ.①F12②F279.23

中国版本图书馆CIP数据核字(2018)第048054号

书名	从月球看地球 Ⅱ
作者	长江商学院　编著
出版	中国友谊出版公司
策划	杭州蓝狮子文化创意股份有限公司
发行	杭州飞阅图书有限公司
经销	新华书店
印刷	杭州钱江彩色印务有限公司
规格	710×1000 毫米　16开 31.75印张　480千字
版次	2018年4月第1版
印次	2018年4月第1次印刷
书号	ISBN 978-7-5057-4332-8
定价	78.00元
地址	北京市朝阳区西坝河南里17号楼
邮编	100028
电话	(010)64668676

陈龙

蚂蚁金服集团首席战略官
多伦多大学金融学博士
长江商学院金融学教授

杜维明

哈佛大学博士
长江商学院名誉教授
长江人文委员会主席

黄春燕

麻省理工学院斯隆管理学院博士
长江商学院金融学教授

李海涛

耶鲁大学金融学博士
长江商学院金融学教授、
杰出院长讲席教授

李伟

密歇根大学经济学博士
长江商学院经济学教授

廖建文

京东集团首席战略官
南伊利诺伊大学博士
长江商学院战略创新与
创业管理实践教授

刘劲

哥伦比亚大学博士
长江商学院会计与金融学教授

藕继红

麻省理工学院运营研究学博士
长江商学院副教授

欧阳辉

美国加州大学伯克利分校博士
美国杜兰大学博士
长江商学院金融学教授、
杰出院长讲席教授

滕斌圣

纽约市立大学博士
长江商学院战略学教授

项兵

加拿大阿尔伯塔大学博士
长江商学院中国商业与全球化教授

许成钢

哈佛大学博士
长江商学院经济学教授

朱睿

明尼苏达大学商业管理博士
长江商学院市场营销学教授

CONTENTS　目　录

序　言　为中国、在中国 ... 1

第一章　新时代的挑战与担当

全球变革呼唤人类命运共同体理念引领 ... 3
2018，儒家经济圈如何和而不同？ ... 5
儒家的普世价值 ... 15
多向度的"仁"：现代儒商的文化认同 ... 22
以良知理性重建价值 ... 32

第二章　站在十九大看中国经济

中国是时候再次释放制度红利了 ... 41
中国正在寻求更有质量的增长 ... 47
产权保护是当前中国经济发展的关键 ... 58
如何驯服中国经济的"灰犀牛"？ ... 61
站在十九大看中国潜力 ... 72
汇率转轨的路径选择 ... 93

第三章　说不尽的改革与政策监管

试论金融机构的有序破产　　　　　　　　　　101
改革与整合：市场化债转股的应有之义　　　　110
委外投资：助力中小银行突围　　　　　　　　119
中国如何发展衍生金融市场？　　　　　　　　125
消弭金融隐形税，发展中国经济　　　　　　　137
金融消费者保护的有效边界　　　　　　　　　141
中国居民应该加杠杆吗　　　　　　　　　　　148
货币基金三辩　　　　　　　　　　　　　　　155
影子银行：同业存单的发展与风险分析　　　　168
经济的虚与实　　　　　　　　　　　　　　　175
人民币汇率的非政治化　　　　　　　　　　　178
国际货币金融体系是如何演变的？　　　　　　187

第四章　新金融的拐点到了吗

冲破灰色穹顶　　　　　　　　　　　　　　　193
数字技术让金融规模化回归实体经济　　　　　200
智能投顾，大众财富管理市场的搅局者　　　　203
从野蛮生长到理性回归：转型时期的P2P　　　210
互联网金融的理解误区　　　　　　　　　　　216
互联网股权融资平台路在何方　　　　　　　　222
AI颠覆金融的拐点到了吗？　　　　　　　　　233
谁来决定资产管理业的未来？　　　　　　　　237

第五章 资本市场的他山石

西方"门口的野蛮人"对A股的启示 247
A股"入摩"：倒逼资本市场深化改革 254
何种因素影响A股上市公司盈利质量？ 260
香港创新板如何吸引下一个"BAT" 268
中国IPO究竟由谁来监管、核准？ 274

第六章 实体经济的转型之路

工业4.0：探寻中国企业转型路径 285
工业4.0有多远 293
互联网驱动产业还魂 296
产业智能不是机器换人 299
产业互联网新风口 301

第七章 智能商业离我们还有多远

人工智能加速商业化 307
正在到来的智能商业时代 310
智能商业激发技术变革 323
智能商业战略启示录 326

第八章 商业生态的创新与未来

企业优势矩阵：竞争VS生态 341
商业生态的圈里圈外 354
撬动商业生态圈 357
四维推动组织变革 364

重估"游戏力" 367
技术迭代企业战略 374
组织变革重在长尾演变 376
联合办公也要人以群分 379
分享经济隐藏商业悖论 382
智能时代的商业模式创新 385

第九章　全球化下的中国企业

华为美国并购得与失 397
中资企业海外"买买买"热情从何而来 409
中国企业"走出去"海外并购的艰与险 419
海外并购应规避"雷区" 429

第十章　写在商业之外

创业者必须具有的素质 435
计划模式与市场模式下的创新机制 439
沟美的故事：用商业的模式做公益 447
固有思维与女性成长 453
行为经济学的秘密 458
如果哈耶克醒过来，会怎么想数字经济？ 463
如果世界只剩下算法，人类的心灵将归向何方？ 473
新制度经济学的现状和未来 476

附　录

商学院3.0，争夺全球性问题的主导权 489

PREFACE | 序 言

为中国、在中国

王一江

哈佛大学博士
长江商学院经济学及人力资源学教授
学术事务副院长

　　弹指一挥间，中国改革开放迎来40周年。改革开放改变了中国命运，让中国从一个经济面临崩溃的"前发展中国家"，成为今天国内生产总值达到80万亿，稳居世界第二位的经济大国。尤其是2008年全球金融风暴以来，中国经济增长对全球经济增量的贡献无可置疑居世界第一，对于全球经济的发展与稳定做出了不可或缺的贡献。改革开放40年，中国走出了一条独特的发展道路，造就了一个全球最活跃经济体，同时也提出了诸多新问题，对于每一位研究经济或商业的学者，能够身处其中，伴随中国经济高速增长，是时代赋予我们的机遇。

　　可以说，长江商学院正是因中国改革开放而诞生。正因为改革开放，我和我在长江商学院的同事们，才有机会走出国门，到全球顶尖的商学院学习深造。感恩这个时代，也正是取势于改革开放造就的中国经济之崛起，才让我们有机会"为中国、在中国"创办长江——打造一家立足于中国的世界级商学院，为中国培养一批具有全球视野与全球资源整合能力、人文精神与社会担当和创新精神的世界级商业领袖，既是长江的创办初心，也是长江肩负的使命。

"学术研究立校"，把长江建成一所研究型的商学院，是长江商学院从创立之初就秉承的办校理念，也是长江区别于其他商学院的重要特点。长江商学院从创立之初就以培养一批"通理论、通实践、通中国、通国际"的四通教授为目标，鼓励教授研究中国经济和企业问题，能够不断提出新理念，总结新模式，为处在转型、变革中的中国经济和中国企业面临的新问题和新挑战寻找解决方案。

这部《从月球看地球Ⅱ：洞见中国经济与商业新动能》，是继2016年10月，长江商学院首部教授文集《从月球看地球——长江教授纵论中国经济和企业管理》出版后，长江世界级教授对经济、金融以及企业管理的最新研究成果和中国洞见。这本书精选了长江商学院教授在过去两年间，以中文公开发表的近500篇署名文章，最终遴选出13位教授的67篇，内容涉猎中国宏观经济走势、金融与监管、资本市场研究、商业模式以及人文公益，是长江商学院世界级教授，凭借一以贯之的深厚研究和深刻洞见，为处于改革、转型、发展关键时刻的中国经济和中国企业，开出的独具实战经验的一剂良方。

站在改革开放40周年这个时间点，中国比以往任何时候都更加接近世界舞台的中心。但不可否认的是，今天的中国面对的是一个更加复杂的世界。在外部，国际经济复苏乏力、局部冲突和动荡频发、全球性问题加剧，而在国内，经济发展进入新常态等一系列深刻变化正在考验今天的中国。与此同时，诸如人工智能、智能制造、区块链等新技术带来的新趋势、新产品、新模式也在不断探索着经济与商业的未知边界。在这样一个愈加复杂且充满不确定的世界，中国未来改革开放何去何从？这也是每个经济研究者应该思考的问题。

如果一个商学院不能在经济、技术、社会巨大的变化当中不断提出新理论、新方法来解决新问题，那商学院就失去了意义，这也是长江商学院始终强调的。中国社会正在进入一个新时代，长江商学院以"一带一路"、全球科技创新、儒家经济圈、社会创新等维度，重新标定自身在新时代的方位坐标。同时，长江商学院还将继续鼓励世界级教授团队研究中国经济、中国政策、中国企业，为中国改革开放继续贡献自己的智慧和方案。

第一章

新时代的挑战与担当

全球变革呼唤人类命运共同体理念引领

当今世界在经济发展模式、科技创新、国家治理、全球贸易与投资体系、全球治理、地缘政治、气候变化与可持续发展、包容性增长等方面都正在经历或孕育重大变革。这可能是人类历史上最具挑战的时代，也是最具机遇的时代。世界迫切需要人类命运共同体这样的理念引领。

"集体短视"是造成全球面临众多重大变革的内在原因之一。当前，在国家治理、经济发展模式、企业管理及全球治理等各种系统中，眼前成效和短期利益被过度看重，缺乏对人类生存环境等重大问题的深入思考和实践。未来，我们需要从全人类长久命运角度思考问题，探究路径，寻求新的"社会契约"。

中国已走入新的时代，而人类文明发展也有望在新的理念、方案和建设的推动下进入新的时代。从视野，到格局，到境界，都将出现一个全新的认识，包括对人本身的认识，对人和自然关系的认识，对国与国关系的认识等。而在这个知行并进的过程中，中国将发挥重要而特殊的作用。

以中美关系为例，中美作为全球最大的两个经济体，对推动世界发展负有不可推卸的责任。这也是全球主要经济体需要共同担当的历史责任，从这个意义上说，中美就是一个缩小版的命运共同体。中美合作只有A计划，没有B计划，必须全面合作。目前中美双方对彼此间的差异看得很清楚，但对众多的共同点仍重视不够。中美两国在减少收入差距、壮大中产人群、解决经济过度金融化等方面面临相似的挑战。

对于中国经济前景，我一直持乐观预判。在五年，甚至是更远的十年前，对中国经济的走势问题上，意见分歧的人们被分成了两拨，一拨是唱衰派，一拨是乐观派。即使我属于最乐观的那拨人，每次还是低估了中国经济的发展程度。

面向未来，尽管面临发展模式转型、区域发展不平衡、收入与财富不均等挑战，但仍有足够的理由对中国经济保持充分乐观。持续的城镇化发展、服务业发展潜力、消费升级以及新一轮简政放权等因素，都将助推中国经济继续稳健增长。中国还有很多空间，这是美欧等比较成熟的经济体所不具备的。

谈到企业家精神，我认为创新是企业家成功的重要特质。过去我们以模仿为主，面向未来，创新将变得越来越重要。我对中国创业创新的未来充满信心。因为有利条件越来越多，比如中国的市场总量和增量都是世界领先，对人才也有强大吸引力，此外中国企业家还具有资金优势。在我看来，全球视野也是企业家必须具备的素质，或者更进一步，"从月球看地球"的视野，这样才"敢为天下先"。与此同时，我更提倡"人各有梦"，超越为"创富"而创业创新，更多地为兴趣、理想、责任、担当以及社会问题的解决而创业创新。

（本文根据新华社对项兵院长专访《全球变革呼唤人类命运共同体理念引领》改编）

2018，儒家经济圈如何和而不同？

东亚文明是多极世界文明体系中的一个重要组成，儒家文化是东亚文明的内核，中国大陆、日本、韩国、新加坡、越南以及中国的香港、澳门和台湾等八个国家和地区，都对儒家文化有一致认同感。参考"盎格鲁圈"（Anglo Sphere）[①]的提法，笔者提出"儒家圈"（Confucian Sphere），其内部经济关系与结构可称为"儒家经济圈"（Confucian Economic Sphere，CES）。

根据国际货币基金组织（IMF）统计，2016年儒家经济圈（CES）名义GDP总量达到18.96万亿美元，超过美国（18.57万亿美元）成为世界第一。曾几何时，儒家圈是世界的"中心"之一，中国则是儒家圈"中心"的"中心"——1820年，中国GDP占世界总量的32.9%，远高于西方国家总和。[②]这次，儒家经济圈GDP重回世界第一，仅中国大陆对世界经济增长的贡献率超过了30%，又成为世界经济发展的主宰力量之一。

着眼于全球化竞合和中国再崛起，笔者认为发展与巩固儒家圈的文化认同感，整合与分享儒家经济圈内部资源，可能是一项具有重大意义的战略

[①] 盎格鲁圈，即指受英国自由价值观影响的、讲英语的国家和地区，前身都是英国的殖民地，核心是英、美、澳大利亚、加拿大和新西兰。
[②] 安格斯·麦迪森，《世界经济千年史》，北京大学出版社，2003年。

行动。

儒家圈的文化认同

儒家圈具有显著的文化同根性，其根植于中华文明及儒家思想，长期以中国的发展引领为文化认同的轴心。儒家圈在发展模式、社会结构、信仰和文明、文化和文字等许多方面也存在很大的差异性，与"盎格鲁圈"大为不同，这或许也是受儒家思想中"和而不同"理念的影响，求同存异，各有精彩。

儒家圈在以下几方面表现出的文化认同具有一定现实意义。

<u>首先，重视教育，培养了人类有史以来数量最庞大的优秀劳动者。</u>杜维明先生指出，儒家思想对教育的重视，可以被视为一种公民宗教（Civil Religion）。在儒家圈，始终有"言传身教"的家教训念，即使在21世纪仍被恪守传承。东亚经济奇迹，离不开教育的普及和高素质劳动力。

<u>其次，勤勉、务实、肯干的传统，促进了经济的发展。</u>儒家追求的是此世的价值实现而不是来世或者彼岸，表现在日常生活中就是儒家圈的人在此世勤勉工作。韦伯说，"中国人的勤勉与工作能力一向被认为是无与伦比的。"[①]这一点与基督教新教徒的勤勉精神，可谓殊途同归。

<u>第三，重学习的传统。</u>无论是基督教、伊斯兰教还是佛教，都有专业的布道者，有明显的自上而下的布道和服从教义的传统。儒家的学习理念则不同，"三人行必有我师"，"虚心使人进步"，这些观念反映出儒家勤勉、开放、包容的学习观。我们看到，儒家圈的企业家、职业经理人和员工，都有显著的勤勉和学习的传统。从技术到管理，从器物到思想，他们会抱着开放的学习态度，博采众长、与时俱进。在日益复杂多元的全球化竞争中，儒家中庸包容的重学习的态度，或许更有助于以思想和文化为基

[①] 《中国的宗教：儒教与道教》，韦伯著，康乐，简惠美译，广西师范大学出版社，2010年9月。

础，以经济为手段，成为构建世界新秩序的积极力量。

第四，**儒家勤俭持家**。与世界各主要文明体相比，勤俭持家是儒家最具显性特征的社会文化现象之一。勤俭持家的一个表现是社会及家庭储蓄率相对较高。目前，中国居民储蓄率接近50%，居民储蓄余额近45万亿元人民币，均为全球最高。较高的储蓄率和储蓄量是个资金的蓄水池，能够为长期投资带来充足的良性资本，这是儒家经济圈特有的经济增长潜能优势。

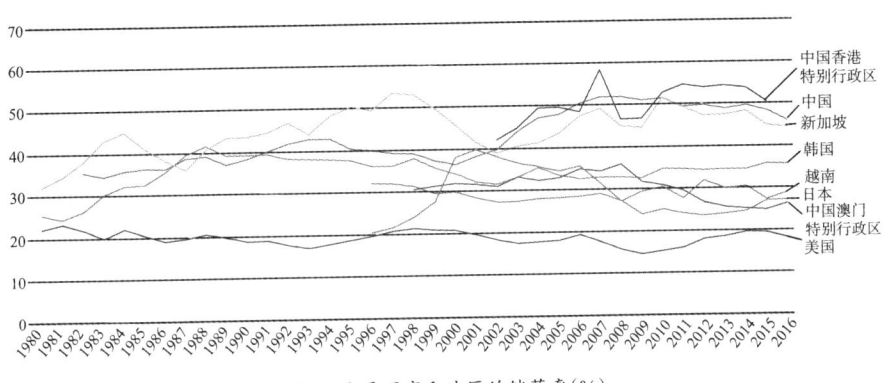

图1 主要国家和地区的储蓄率(%)

数据来源：世界银行

虽然儒家圈在思想和文化上有同源性，但由于发展模式的不同和地缘政治的复杂性，儒家圈内各民族国家的关系、地区之间的关系在过往的几个世纪中都比较复杂，如日韩之间，中日之间，朝韩之间等等。同时，学界分析认为在儒家的主要思想价值中，中日韩有不同的取向。日本强调"忠"，韩国强调"义"，而中国更重"孝"。更不能忽视的是，儒家圈内的各国和各地区的政体和社会管理机制差异非常大。中国大陆致力于发展有中国特色的社会主义，港澳地区采取"一国两制"的模式。日本、韩国、新加坡、台湾地区和越南的政体也各有不同。

儒家经济圈的耦合度

在世界发展史中，以中国为核心的儒家圈曾在很长的一段时期内引领世界发展。西方工业革命后，中国开始逐渐衰落，儒家圈的整体发展也滞后于西方。以英美德法为代表的西方快速崛起，世界发展格局转为西方引领东方。二战之后，日本及东亚"四小龙"的崛起唤醒了东方，中国大陆经济过去30多年的持续快速发展则一步步夯实了儒家经济圈的全球地位。2016年，儒家经济圈GDP总量超越美国，重回世界第一；且根据国际货币基金组织的预测，这一领先趋势在未来几年中将得到延续（图2、表1）。

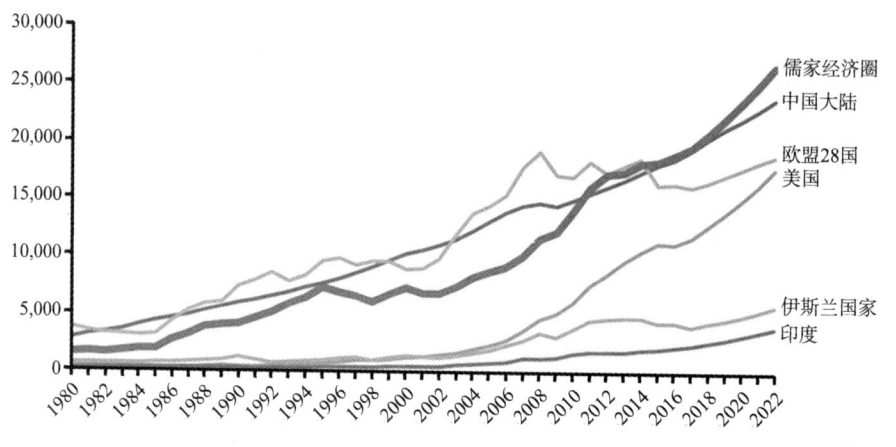

图2 1980年以来儒家经济圈及世界主要经济体GDP总量(10亿美元)

数据来源：国际货币基金组织(IMF)《世界经济展望》数据库，2017年10月更新
注：2016年以后数据为预测值

表1 1980年以来儒家经济圈及世界主要经济体GDP总量(10亿美元)

	1995	2000	2005	2010	2013	2016	2019*
儒家圈	7277	7294	8718	13912	17410	18960	22126
美国	7664	10285	13094	14964	16692	18569	21239
欧盟	9603	8914	14431	17002	18008	16408	17139

数据来源：国际货币基金组织(IMF)《世界经济展望》数据库，2017年10月更新
注：2016年以后数据为预测值

儒家圈GDP重回世界第一是一件具有深刻战略考量价值的标志性事件。

首先,儒家经济圈对世界经济增长的贡献率超过了30%,是世界经济发展的一支主导力量。中国是儒家思想的发源地,是根之所在。2016年中国大陆GDP约占儒家圈经济总量的60%,是拉动世界经济增长的第一主力,中国经济的中心地位使儒家经济圈的内涵价值更加凸显。回看历史,儒家圈的发展与曾经的辉煌也主要是围绕中国的经济实力而实现的。

第二,儒家经济圈内部的经贸与投资关系拥有非常高的耦合性,经济发展的相互依存度比较高。除中国澳门外,中国大陆是儒家经济圈内其他国家和地区的最大贸易伙伴。对外直接投资方面,自改革开放以来,日本是中国大陆最大的外商直接投资(以下简称FDI)来源国,中国也是韩国第二大FDI投资目的地。近年来,中国主导的"一带一路"倡议和亚投行等金融融投资体系的建立,将会对世界投资贸易体系格局产生深刻影响。儒家经济圈内各经济体的经济发展阶段、贸易互补性、战略资源禀赋差异性及区位优势,都使该地区成为"一带一路"和亚投行比较理想或优先发展的经济区域。

表2　儒家经济圈内各经济体的贸易伙伴关系

	中国大陆	日本	韩国	新加坡	越南	中国香港	中国台湾	中国澳门
中国大陆		3	4	8	11	2	6	74
日本	1		3	9	11	6	4	71
韩国	1	3		6	4	5	8	103
新加坡	1	5	8		20	7	6	77
越南	1	4	3	6		5	9	99
中国香港	1	5	6	2	16		4	28
中国台湾	1	3	6	5	9	4		76
中国澳门	2	4	14	8	20	1	9	

资料来源:联合国贸易和发展会议(UNCTAD)数据库

第三,儒家圈各国家和地区的基础设施相对完善,交通管理和物流体系的运转效率相对较高，经贸合作的交通中转枢纽地位突出。儒家圈内各经济体较为相近的地理优势又进一步增强了内部经贸往来的利益前景。在2016年世界机场排名中，北京首都（第2名）、东京羽田（第5位）、香港赤鱲角（第8位）和上海浦东（第9位[①]）跻身全球十大繁忙机场。此外，广州白云（第16位）、新加坡樟宜（第17位）也排名靠前。在2016年世界十大港口排名中，有七个来自于中国，而除阿联酋迪拜港之外，九大港口全部来自于儒家经济圈，分别是上海港（第1名）、新加坡港（第2名）、深圳港（第3名）、舟山港（第4名）、香港港（第5名）、釜山港（第6名）、广州港（第7名）、青岛港（第8名）和天津港（第10名）。

第四，儒家经济圈拥有显著的人口红利优势，人口总数达16.81亿人[②]，是欧盟人口的3.3倍，美国的5.4倍，印度的1.4倍。相近的社会文化背景和相对根源性的文化认同，加之近邻关系和便捷的交通，这些要素叠加人口优势，已经在旅游服务市场产生了市场红利。目前，中国大陆是日本、韩国、越南、新加坡等儒家圈"兄妹"第一大入境旅游客源地。根据中国旅游研究院数据，当前中国大陆游客最热门的十大目的地国家和地区分别为泰国、韩国、日本、中国香港、中国台湾、新加坡、马来西亚、美国、印度尼西亚、越南；人气最高的前十大目的地城市是：曼谷、首尔、香港、台北、新加坡、东京、大阪、吉隆坡、清迈、澳门。可以看出，儒家圈对中国大陆游客的吸引力一目了然。在中国入境游方面，中国香港、韩国、中国台湾、日本、泰国、新加坡、马来西亚、菲律宾、中国澳门、越南等国家和地区位列十大客源地，儒家"兄妹们"全部入围。

不仅中国游客偏爱儒家圈，儒家圈其他国家和地区之间的旅游往来关系也很紧密。比如，新加坡入境游客人数排名前三位的来源地是中国大

[①]如果将上海浦东和虹桥合并统计，2016年旅客吞吐量首次突破1亿人次，成为全球第5个航空旅客跨入亿级"俱乐部"的城市。

[②]中国13.76亿，日本1.26亿，韩国5062万，越南9158万，新加坡540万，中国台湾2349万，中国香港724万，中国澳门64万。

陆、日本和韩国；韩国入境游客前三位是中国大陆、日本和美国；日本排名前三的是中国大陆、韩国和中国台湾。

第五，广泛、频繁且特色鲜明的文化交流，折射出儒家圈的文化同根性，是儒家圈文化交往与经济合作的重要纽带。改革开放后，港台影视剧、日剧及动画片、韩剧乃至新加坡电视剧等，是深受中国大陆消费者喜爱的海外文化产品。近年来，《甄嬛传》、《步步惊心》、《还珠格格》等国内热播影视剧，在儒家圈内部也有较高热度。日本动漫、韩剧、港台歌星、中国历史剧等，在儒家圈内有着广泛的消费热度；书法、绘画、文学、围棋等文化形式，在儒家圈普通民众中同样拥有很高的认可度和参与度。

尽管儒家圈内各经济体在政治体制、社会文化、发展模式等多方面有很大差异，但在文化根源和现实的经济利益等方面，藕断丝连，交融互利，相生相伴。儒家圈内显著的耦合关系决定了，其庞大的经济体量同时拥有较强的结构性张力，持续增长能力也很强。

求同存异，共谋发展

近几年，儒家圈内不同经济体间多有隙缝，分歧多于共识，错失了一些重要的战略合作和发展机遇。"本是同根生，相煎何太急。""和而不同"是儒家思想里最为精髓的发展理念之一。历史上，儒家圈和谐发展，皆因"不同"而趋利相"和"。这些年由于缺乏对趋利相和的战略认同，儒家圈内将合作共赢的"资产"变成了阻碍发展的"负债"。以史为鉴，面向未来。儒家圈内不同经济体需要跳出自身相对狭隘的发展思维格局，在全球视野下以文化的同根性和经济上的高度耦合性，求同存异、凝聚共识，共谋发展。

首先，为建立广泛深远的战略合作，儒家圈内各经济体应秉承"和而不同"的理念，将发展差异化视为一种互补优势，增强相互之间的沟通、学习和交流。

日本是儒家圈乃至世界上最发达的国家之一，日本社会有许多发展经验、管理方法和资源积累优势，都值得儒家圈的其他国家和地区学习与借鉴。日本国民的教育与素质良好，社会以中产阶层为主，和谐程度相对较高，践行了"敬天爱人"与"天人合一"的儒家理念。日本的基础研究实力令人瞩目，近年来产生了数十位诺贝尔奖得主，科技术水平和创新能力较强。虽然日本常常被看作是一个文化独特且封闭的国家，但事实上，19世纪以前日本一直向中国学习，明治维新后又向欧美学习；日本其实是一个不断追求向外学习、消化吸收继而实现自我发展的国家，在东西贯通与古今融合上进行了有益的探索。这种绝对的开放与相对的保守，也是前文所谈到的儒家文化重学习、务实、中庸的表现。在全球化时代，日本产生了一批世界级企业，如丰田、新日铁、日本精工轴承等等，也产生了像JIT、TQC、5S管理以及精益制造等影响世界的原创管理思想。日本社会走过的发展道路及所取得的成就，非常值得儒家圈内其他经济体学习。

中国香港、中国台湾、新加坡和韩国是曾经的"亚洲四小龙"，在经济转轨和社会转型方面，"亚洲四小龙"是为数不多成功跨越中等收入陷阱，进入后工业化和现代化发展阶段的国家和地区。

韩国拥有特色鲜明的民族文化，其企业发展主要学习和效仿了日本模式，也产生了三星、现代汽车等一批世界级企业。华人和华裔占多数的新加坡是在夹缝中发展起来的现代化国家，在融合东方文化与西方社会制度方面有很多成功经验。同时，新加坡在管理东西方政治关系与谋求合作共赢发展目标方面，巧妙地运用了"和而不同"的理念，值得儒家圈内其他经济体学习。与新加坡相似，中国香港的社会管理体系融合了儒家之道与西方之术，其在城市建设与管理方面的很多经验值得借鉴。

其次，凝聚共识，积极构建一体化经济发展体系和商业合作协作机制。儒家圈内各经济体应高度重视彼此间紧密且庞大的经济利益，以及细丝相连的经济耦合度。一方面，积极构建儒家经济圈的自由贸易体系以及相关的投资、汇率、清算制度等。在东盟自由贸易区的基础上，重点推进中、日、韩自由贸易区建设，早日实现东盟"10+3"自由贸易发展格局。另一方面，秉承"和而不同"的理念，充分发挥勤勉工作、开放学习和注重教育等儒家文化力量及由此形成的独特劳动力资源禀赋优势，加快促进儒家经济圈劳动力市场和知识经济的自由流通，使经济合作与人文交流能够协同发展。

第三，海纳百川，有容乃大。笔者提出儒家经济圈的战略构想有长远和全球延展的战略思考。众所周知，2008年全球金融危机后，世界发展动荡不安。一方面，美英式的自由主义发展模式日渐式微。新兴市场崛起、地缘冲突、文明冲突、反全球化浪潮等，世界发展格局在矛盾与冲突中潜藏新旧势力的博弈，世界需要形成新的发展共识，建立起新的发展模式、全球治理模式和社会契约关系。另一方面，面对环境恶化等一系列人类可持续发展挑战，世界发展需要一套新的理念支持。

人类发展的历史和经验表明，要在发展中解决问题。发展依靠创新，需要引领者，一个有经济规模和思想影响力的引领者。笔者提出的儒家经济圈，从地域、文化、经济、创新力等多方面看，是当今世界最具规模效应和协同效应的经济共同体。如果儒家圈协同发展的战略构想得以实现，儒家经济圈的内部协同效应不断被夯实，成为引领全球经济增长与创新发展的核心力量之一，这对全球经济稳定发展是具有非常现实意义的。

更为重要的是，儒家经济圈秉承"和而不同"的发展理念取得的成就，将可能成为引领世界变革的一个重要发展思想和理念。一方面，儒家圈建立的广泛、紧密且相互学习与包容的发展机制，会对日渐增强的反全球化主义产生正面的影响。海纳百川，有容乃大。儒家圈共同努力成为"再全球化"的有力推动者，促进新一轮的全球化发展，实现人类的共同繁荣。另一方面，儒家圈还可将先哲"天人合一"的理念带到全世界，为全球关注的地球保护行动和人类可持续发展问题提供一种发展思路和解决方案，这或许可以开创一个人类发展的新时代。

笔者相信，一个日渐强大、繁荣、文明、和谐的儒家经济圈，无论是发展成就还是发展理念，或许会普惠于世界。这些成就的背后，离不开儒家思想潜移默化的影响。对于中国而言，这不啻为向世界展现文化自信的最佳例证和实践。

项兵

儒家的普世价值

　　笔者认为,关于"儒家普世价值"的这一主题的核心在于,儒家作为一个特殊的文化传统,如何在新时代背景下走向世界,而不淡化其精神价值。张世英先生所提出来的在超越西方主客对立中重建"天人合一"的这一哲学理念,对我很有启发。

　　儒家传统是深含地方色彩而又不断地走向世界的精神文明。它源于曲阜,历经数代人的努力,成为中原的主要思想学派,深刻而全面地影响政治、经济、家庭与社会,为中国建立了礼仪制度,培养了知识精英。它还影响世风民俗,监督执政者的行为,在延续中华民族历史中起到了不可磨灭的作用。它也是至今中国人生活世界中不可或缺的精神滋养。一群本来既没有政治权势,也没有经济资本的书生,主要通过教育,从理念的实践培养自我,转化世界,在"道术为天下裂"的时代,开辟出崭新的体现人文价值的天地。这一现象在人类文明发展史中极为罕见。

　　孔子选择了一条入世的人生道路,在夏、商、周三代,千年以上的文化积淀中,创造了一个以"仁"为核心,以"礼"为内容的意义世界。他的继承者孟子、荀子和董仲舒都丰富了孔学。到了汉代,儒家的人文天地已是多元多样,错综复杂。仁、义、礼、智、信——所谓"五常",经过数代儒者认真辨析,成为以孔学为典范的儒家价值。宋明以来,定义中华民族文化认同的"五常"传播到了越南、朝鲜、日本等地。一个从曲阜到中原的学派走向包括越南在内的东亚。明清两代,越南的陈、黎、阮三朝,朝鲜王朝和日本德川幕府都是儒学大盛时期。儒家的核心价值在塑造东亚知识人的宇宙论与人生观方面——个人的身心关系,个人与社会的互动,人类与自然的关联,以及人心与天道的互通——都起了决定性的作用。东亚人在经济、政治、社会和文化活动中蕴含了厚实的儒家因素。可以说,17世纪末叶,西方理念大量输入之前,儒家是东亚文明的体现。

值得一提的是,18世纪欧洲主要启蒙思想家,像法国的伏尔泰及重农学派的魁奈和德国的莱布尼兹及克里斯蒂安·沃尔夫,都深受孔子思想的影响而且积极认同儒家伦理。在他们眼里,不少儒家社会的特色是他们所向往的未来。这一段历史,还待进一步的研究,和20世纪列文森所谓的"儒教中国及其现代命运"形成鲜明的对比。

过去30年"亚洲价值"在国际社会引起了热烈讨论。亚洲价值以儒家伦理为主,显示在今天日本和"四小龙"(韩国、中国台湾、中国香港、新加坡)的政治文化中儒家价值具有强大的生命力和说服力。儒家价值也是广义"文化中国"的核心价值。笔者认为,儒家的仁、义、礼、智、信都是普世价值,而且可以和现代西方启蒙所孕育的理性、自由、法治,人权、人的尊严进行平等互惠的对话。没有同情的理性会成为冷酷的算计;没有公义的自由会成为自私自利;没有礼仪的法律会成为无情的控制;没有责任的权利会成为掠夺的借口;没有社会和谐,个人的尊严就会孤立无援。相反,同情而无理性会成为溺爱;公义而无自由会成为强制;礼仪而无法律会导致腐化;责任而无权利会成为压迫;社会和谐而无个人尊严会成为控制的手段。其实,核心价值之间是有张力、有冲突,甚至矛盾的。西方哲学在处理自由与平等、如何优质配置上面不知用尽了多少心血。在儒家传统中,仁和礼之间的紧张比比皆是,价值优先的讨论当然更是众说纷纭。

面对人类文明遇到的挑战,个人的尊严和权利有着不可分割的关系。

但突出权利意识必会增加个人与群体之间的矛盾。为了减少矛盾而对权利论说表示质疑，常是针对国际人权政治而发，有时也会激发国内权利意识的高涨。不过，坚持政治权利，对经济、社会及文化权利置若罔闻也不能自圆其说。进行权利内部的讨论以及权利和责任义务之间的对话便成为必要。不少具有普世价值的地方知识来自现代西方，但儒家的五常有可能也有潜力成为具有曲阜、中原和东亚特色的普世价值。

我们不必回避"亚洲价值"的想法，本来正因为所谓的"西方价值"和"欧美价值"在国际媒体被公认为"普世价值"，但面对文化多元的挑战已无法承担重组世界秩序的任务，才需要调动西方之外的普世价值，何况这些可以作为普世价值的亚洲价值对人类如何持续发展的生存之道还能提供新思想和新方向。

反过来，儒家理论如果不接受西化和现代化的挑战而只停留在以"三纲"为基础的传统社会，突出君权、父权和夫权的正当性和合理性，我们即不能期待儒家价值可以为全人类提供参照。没有深入反思和彻底批判的智慧和勇气，儒家不可能有一阳来复的生机，更不必谈否极泰来的胜景。

面向未来，儒家没有教条的包袱，任何人物、制度、行为、态度、理念和信仰都可以质疑，都可以公共讨论、辩难和争议。但是，缺少批判意识和批判精神，儒家就丧失了自我更新的能力。

孔子选择了入世的哲学道路，心性之学为这条思路提供了丰富的理论基础和实践经验。儒家的研究者如能有系统地研究思孟学派，以心性为本，探索它的精髓，展示它的精神全貌，为人类的文明提供一种参照，也是一份财富，应该对儒学的全面发展有利。当然，政治儒学也能够扎根其他经典，如《公羊春秋》；其他思想家，如荀子，从批判的角度反思心性儒学乃至另辟蹊径，这对思孟学派的研究必然也有助益。

儒家传统是地道的学习文明。儒家从曲阜，中原，东亚走向世界是"学而时习之"的结果，没有学习就没有儒家。儒家学习的方式以对话为主，对话是倾听也是参与，是沟通也是反省，是尊重他人也是自尊自重，是广结善缘也是独立自主。单向的说教，从上到下的弘法，被动的接受，或一言堂都不符合儒家教学的理念。

儒家伦理是开放的，变动不居的，但却坚持大经大法，反对不顾原则或主旨的相对主义。儒家的原则和主旨是紧扣"仁"、"三达德"（智、仁、勇）、"四端"（仁、义、礼、智）、"五常"之类核心价值而展开的。它所传达的伦理信息有根有本，但不是封闭的特殊主义，更不是带有侵略性的原教旨主义。

举一例可以说明问题，"己所不欲，勿施于人"的恕道是体现儒家沟通伦理的基本原则，不把自己的观点强加于人并非利他主义而是基于同情的自知之明，承认并尊重他人的自主性不是消极的默许而是积极的允诺。正因为没有把自己的成见或信念当作唯一真理才有对话的空间，才能为互相学习创造条件。如果自己所得，与他人分享，为他人带来由衷的喜悦，这本是人生大乐，不应回避。可是缺乏恕道便很难避免自以为是的危险。2001年联合国秘书长安南因推进世界文明对话组织小组。在只有十来人的小组中曾谈到这一课题。当时神学家孔汉思提出以基督教的金科玉律"己所欲，施于人"为基本原则。笔者建议考虑"己所不欲，勿施于人"。经过辩论，大家同意，恕道的宽容在文明冲突的语境中是不可或缺的。

我认为从恕道开始并非消极而是积极的为人之道，不要把我们自己坚信的观念强加于人，是自律也是同情。履行恕道不仅是为了尊重他人也是由于关怀他人。关怀是尊重的前提，没有关怀便无所谓尊重。关怀来自同情，没有同情便没有儒家伦理。立基于同情的儒家伦理不是感情主义，也不是直觉主义。同情和理性并不矛盾。同情常常是合乎理性的，严格地说，正因为合情方能合理，如果不合情而合理，那么作为抽象原则的"理"便无法合乎具体的"情"，归根到底，它的合理性是可以质疑的。而且合情而不合理是例外。只有在极特殊的情况下，才会出现为了理必须牺牲情。不过，情是具体的感受，不能从体之于身的经验中抽离出来。因此总有不能客观而无法普遍的印象。情各异而理趋同是一般见识。作为仁之端的恻隐之情不仅具体而且普遍，既是经验也超乎经验。即使不是先验也绝非因人而异的主观感受。

表面上，儒家伦理的思想和抽象的普世伦理大相径庭。其实，正因为儒家以同情（仁的感性觉情）为核心价值才成为有本有源的普世价值。儒家的心性之学可以为这条思路提供丰富的理论和实践资源。

儒家做人的道理，通过文明对话，已经和世界各种精神传统结盟成为21世纪超越"凡俗人文主义"的世界公民的共通语言。儒家式的基督徒（如"波士顿的儒家"），即是关切政治，参与社会，重视文化和尊重其他宗教的基督徒。儒家式的佛教徒即是崇尚人间佛教或人间净土的佛门弟子。明清时代有自称"回儒"的伊斯兰教徒，如王岱舆和刘智。当今儒家式的穆斯林或许可以说是"儒回"。近年来我也接触到认同儒家的犹太教徒和印度教徒。这些在儒家传统中获得启迪的人，都认同儒家"己所不欲，勿施于人"的恕道和"己欲立而立人，己欲达而达人"的仁道。世界三大宗教基督教、伊斯兰教和佛教，面对人类存活问题的挑战，除了自己特殊的信仰语言之外，还必须发展世界公民的语言。

目前似乎只有现代西方的启蒙运动能提供这种放诸四海皆为准的价值体系，不过半个世纪以来欧美的前沿思想，如女性主义、生态意识、文化多样性、宗教多元性及社群伦理，都对启蒙心态进行严厉的批判。如何超越人类的自我膨胀、工具理性的冷酷、浮士德欲望的宰制、性别歧视、种族歧视、欧洲中心、男权中心、占有性利己主义的霸道，已成为西方最有前瞻性和影响力的思想家共同努力的方向。德性伦理、角色伦理、责任伦理、社群伦理和关怀伦理在哲学界大行其道。肯定"身体"（包括肉体还有情欲）的价值，尊重"地方知识"，和关爱地球已成为先进知识人的共识。这都指向一个不争的事实：一种崭新的人文主义呼之欲出。

作为精神人文主义的儒家提出了每一个有良知理性的知识人都必须关注的四大议题：（1）个人的身体，心知，灵觉和神明如何融会贯通；（2）人与人之间如何通过家庭、社会、国家、和世界形成健康的互动；（3）人类和自然如何取得持久的和谐；（4）人心与天道如何相辅相成。儒家所体现的仁道，通过深层的对话，扬弃启蒙心态所突出的"凡俗的时代"，可以成为人类21世纪探究和平发展的参照。

对笔者而言，最重要的还不只是议题，而是背后的问题意识和价值取向，也就是如何展开议题的程序。包括儒家在内的中国哲学界，是否有开放、多元和包容的气度，扩大自己的学术和文化认同，来完成这一任务？

各轴心文明，非轴心文明，和其他文明都是人类共同的精神财富。先哲们在知性、理性、悟性方面做出了重要贡献，影响了人类的思维和生活方式。狭义而言，哲学起源于希腊，在现代欧美发扬光大。当然，希伯来、印度、中国的先知智者同样为人类智慧、思想、哲学及精神世界创造了辉煌的成就。还有世界各地原住民文明，有文字记载的，口口相传的，同样是世界哲学思想的重要资源。

多种多样的精神传统，是哲学充分发展，保持创造性，建立意义，传承智慧的必要条件，也是人类的共同道场。多元与开放应该是当代哲学界的自然生态，包容应该是哲学家的自觉选择。通过各种交流，哲学家们将跨越性别、种族、年龄、宗教、文化、学术领域，相互沟通，相互参照，拓宽百余年哲学的狭隘的定义及偏重理性分析、逻辑推理的研究方法，重构哲学范式，重组哲学话语架构，解析知识、智慧、精神性对于哲学的意义。

哲学不仅仅是理性思辨、自我反思，追求真理和意义的学问，也是学做人的学问。"学以成人"是理论和实践的结合，是认知，也是行为。个人不是孤立的个体，而是一个网络的中心点，也是另一个中心点的组成部分。学做人，必然牵涉"他者"，如家庭、群体、社会、民族、国家、世界、宇宙。从生物人到经济人、政治人、文化人、文明人、生态人等等，包括各种人物角色的转换，人始终处在转化和被转化、塑造和被塑造的变化过程之中。人在永恒中短暂，人也能在短暂中永恒，人即是哲学。

人是宇宙的观察者，欣赏者，参与者，也是共同创造者。人可以与天地万物形成一体，也可以成为粗暴的掠夺者和对立者。近年来，保护主义、极端主义、沙文主义、民族主义、排外情结弥漫全球,世界秩序被颠覆、被解构,危机中需要哲学,需要哲学家为人类的生活世界注入新的精神力量。

杜维明

多向度的"仁":现代儒商的文化认同

现代我们讲儒商和企业家的文化认同的意义何在?我的说法非常简单,但如果要进行论证或实践,有一定的困难度。也就是说,在全球化这个过程中所造成的文化多样性和文明之间的矛盾与冲突,使我们必须重新思考富强以及资本主义所创造的意识形态。它如果要转型——我们认为必须转型——儒家的基本价值在什么意义上可以扮演一个积极的角色?这是儒学在现代必须提出思考的问题。另外,企业家的自我认同和群体认同,特别在文化中国地区,包括中国大陆、中国香港、中国台湾、新加坡、中国澳门,乃至世界各地的华人和东亚文明,应该在转型中扮演一个什么样的角色?

一、"仁"与"经济"

我们现在所要进行的反思,不仅是对全球化进程的反思,也要对仁本身进行反思,也就是说何谓"仁"?如何向前发展,如何使我们能够继续存活,并且能够创造价值?

在这样一个前提之下,我想,儒家的核心价值,不应该只是曲阜的、中国的、东亚的核心价值,它应该具有普世的一面,那从什么意义上讲它是普世的？在什么立场之中，我们能够强调它的普世意义？它的普世意义是关键的、必要的，甚至可以说是解燃眉之急的。我个人的一个想法，在中国学术界这是大家的共识，但并不仅是对儒学研究者而言，儒家最核心的价值应是"仁爱"的"仁"。在什么意义之下，仁的价值应该是一个普世价值？应该是我们能够向世界提供的一个重要的精神资源？这当中牵涉很多我们对儒家的学术，特别是对于"仁"本身的理解。

何为"仁"是当今哲学研究领域的一个大问题。在轴心文明时代，儒家的超越突破，是一种既基于对人的全面了解，从家庭、社会、国家、天下，乃至天地万物不同的层次来审视人的价值，在此意义下，它不是一般所谓的个人修养功夫、个人修养价值的问题，也就是说，这不是一个修身哲学的问题。"仁"其实是如何做人的问题，而如何做人的问题在现在是一个重要问题。与此核心问题有直接关系的是我们对18世纪以后启蒙所发展的这一套理念，以及一直发展到现在的全球化的反思。在突出利益和富强的基础上，我们对于仁的价值应该如何审视，如何发掘它的积极意义？

我们应该从安全、从生理（生活基本条件）、从富足下手。无论多高的道德诉求、多高远的理念，但为了全体人类，我们应该有一个和平安全的社会，有基本的生活条件，能够使老百姓的生活条件提高，使他能够富足，能够安于生活。在此基础上，他可以进行自我教养，乃至每个人都有机会充分发展他自身的潜力，充分自由地发展他自己的价值，这是儒家的一个基本理念。因此，经济是非常重要的基础，如果以道德说教来宣传儒家，而对人的生活、人的安全、人的经济置之不顾，这是完全不符合儒家基本标准的。但是如果只把仁当作一种世俗生活的价值——以前有一种误解是叫人好好生活，叫人在社会上能够活下去，没有诉求，没有精神、美感、创造价值的要求——这对儒家是一个非常大的偏见。

仁是人的全面发展，但它确实是有经济基础的，它绝对不会对经济采取一种鄙视的态度，更不是重农轻商。虽然在现实的历史进程当中出现了一些偏见，但儒家注重经济，经济要回到原来的意义，不仅仅是将"经济"翻译成economy，经济就是"经世济民"。严格而言，这当中有一点学术上的辩论，但很有价值。economy如果在西方，它的发展与经济学之父亚当·斯密等学者有密切关系，那原来所谓的"经济"其实和儒家所考虑到的"经世济民"的"经济"当中有非常一致的地方，即经济的目的：一方面创造财富；另一方面创造一个和谐社会。所以，斯密不但是一个经济学家，更是一个道德学家，所以他特别注重同情，注重感性，注重人与人之间的和平交往。所以"看不到的手"虽然创造了国家财富，但其目的不是突出个人私利，而是突出人的同情，因为有了同情，才会有和谐。这也是苏格兰启蒙学者对于人的发展、对于经济、对于道德的一种基本的理解和诉求。甚至——这当中当然可以有辩论——经济从深层的意义而言，是与一个人的道德实践、社会的和谐有密切关系的，而不是为了社会创造财富，却使得社会秩序、社会凝聚力完全瓦解。

  我们现在从经济学、从儒商的发展来看，在儒家传统里，孔子最突出的学生之一，当然是子贡，他是有能力创造财富的人物，所以，子贡是整个儒商大传统当中的先行者。但孔子又强调"乐"，突出的人物是颜回，而颜回正好是没有财富的，福禄寿喜，从世俗的眼光看起来，他都没有，但他有一种由衷的喜悦。所以，在孔子讨论"仁"时，颜回特别突出，在我看来，这不是一个悖论。子贡为儒学做出了很大的贡献，毫无疑问，孔子心里很清楚，而子贡本人常常要与颜回相比。孔子曾经问他，你和颜回相比如何？子贡说我不能跟他相比，因为他知道老师所看重的应该是颜回，所以子贡说自己是闻一知二，颜回是闻一知十。①我相信这不是孔子想要得到的回应，他想要得到的回应应该是子贡体验到颜回如何身体力行地"行仁"，他可以三月不违仁，他可以不迁怒、不贰过，这都是行仁的价值。子贡基本上在这个框架当中寻找其人生意义，所以，创造财富对他来说，不

---

① 《论语·公冶长》："子谓子贡曰：'女与回也孰愈？'对曰：'赐也何敢望回？回也闻一以知十，赐也闻一以知二。'子曰：'弗如也。吾与女弗如也。'"

是目的，是手段，是过程，是为了更高、更远、更长的价值。

在此意义上而言，孔子回应颜回道："克己复礼为仁"，"一日克己复礼，天下归仁"。每一个人都有良知理性，他可以创造自己的人格，树立人格，开展大体之精神，而不是小体。①在这个发展的过程中，每个人都是自由的，没有任何外在条件的约束，这是儒家的基本理念，通过自己的力量、自己的自觉、自己的反省以及与他人的交流发展自我。因此，颜回虽然一无所有，虽然没有创造我们今天所谓的"财富"，他的价值是内在的，这个内在的价值经过肯定以后，所有其他的价值都可以与这个内在的价值配套。财富，毫无疑问关乎前面所提到的一个社会的安定、每个人生活的富足，在此基础上再对人的教养进行进一步的发扬与培育，最后，才能够使每个人都充分地自我发展。

即使是一个完全没有财富的人，他也是有尊严的，有价值的，我们应该尊重他。一个没有财富的人，能够追求财富，这也是价值。孔子甚至说："富而可求也，虽执鞭之士，吾亦为之。"（《论语·述而》）如果富贵是值得欲求的，我去追求就可以得到，那我就算去做比较卑贱的事情我都愿意。但"如不可求，从吾所好"，假如不一定要去追求富强，而是追求自己的道，道与富强是没有矛盾冲突的，这其中有自主选择的灵活度。孔子本人通过各种不同的方式要在政治上取得一席之地，能够有发言权，其目的不是为了政治权力，而是通过财富和政治的力量以发展人的基本价值。所以，既然颜回这样的人都可以"一日克己复礼，天下归仁"，那么任何人都能够克己复礼，能够恢复仁，实现"天下归仁"。

不是说皇帝、领导者和有权有势者才有行仁的自由，"仁"是开放给所有人的。一个人的自由是世界上所有人自由的基础，一个人能够行仁是所有社会成员能够行仁、社会能够成为仁的基础，每个人都可以参与其中。

---

① 关于"大体""小体"的论述参见《孟子·告子上》："孟子曰：'人之于身也，兼所爱。兼所爱，则兼所养也。无尺寸之肤不爱焉，则无尺寸之肤不养也。所以考其善不善者，岂有他哉？于己取之而已矣。体有贵贱，有小大。无以小害大，无以贱害贵。养其小者为小人，养其大者为大人。'"

二、作为通德与公德的"仁"

仁是一种通德，各种德行都可以相通，如果用现代术语解读，这种通德即同情心、慈悲心、一种善心、善意，每个人都具有。而这个善心、善意是个人的，也是群体的。现在资本社会有一个非常广泛的观点，和财富是追求个人的利益的观点有相当大的不同，认为只要从事企业，就应当具有一种强烈的社会责任感和道德感，不然的话，我不从事企业，我有很多其他的事情可以做，我要从事企业，要创造财富，就因为我有责任感，我有承担感。也就是说，通过我个人的努力，使我个人的发展能够帮助其他的人发展，在这样的思路之下，才使得人要创造财富。毫无疑问，私利的追求、欲望的追求、甚至欲望的膨胀、物欲的开展是资本社会运转的重要因素。但这是一个诱因，这个因素不是经济的本质，这是经济之所以能够发挥极大的社会动力、社会力量的原因。即使韦伯在讨论这个问题，讨论资本主义的精神和新教伦理的关系时，他也说得非常明确。从基督教整个教义的发展来讲，财富的积累是次要的，像一件外衣，是随时可以脱掉的，所以他就一直强调，当你外衣脱不掉，外衣变成了铁笼，那基本上是资本的过度膨胀使得基督教原来最忠诚、最重要的价值被扭曲，甚至基本上被放弃了。所以，财富在这个意义上讲是妨碍一个人进天国的，一个富人进天国比一只骆驼要穿过一个针孔还要难。财富与精神信仰呈现出矛盾和张力，而原本是不应该有矛盾的。

所以一个非常重要的观点是，仁作为通德，要与义配合起来，不然义就变得非常苛刻。仁与礼要配合起来，不然礼就变成一种形式主义。如果智慧的智不与仁配合起来，智就会变成小聪明。如果信和诚不与仁配合起来，就会变成小信小义，不是大信大义。作为通德，同时所有其他的德行——孝悌忠信，都可以丰富仁的内容。所以，有勇不一定有仁，你可以有勇气，但你不一定有同情心。但有仁必有勇，假如你是一个儒家所谓的仁人，一定有大勇，而大勇不是简单地为了自己的利益、为了一己之私而显露出来的。

仁作为通德，能够为各种不同的价值创造更高的条件，使各种不同的价值都受到新的滋养。所以非常重要的一点，仁绝对不是私德。梁启超说儒家讲的是私德，是错误的。①我们今天要的是公德，儒家讲的仁是从天地万物一体发展出来的，它不仅是公德，它是宇宙的价值，不仅是人身的价值，所以不要将它作为一种私德，不要将修身哲学当作一种私德，只要修身就有公共性，不要将个人的自我利益作为唯一的利益。仁是公德，不是私德，它是以天下为公的方式向外开拓。不向外开拓，只是以个人为主，绝对不能够行仁。

修齐治平，从个人到家庭到社群到国家，乃至到人类族群，这个过程不是一个线性过程，认为它是线性的是最大的错误。我们开始先修身，身已经修好了，然后来齐家，家齐好了以后来治国，学而优则仕，不是这样的。一个人有性别，有年龄，有辈分，还有各种其他的权利、义务和条件，所以在家庭里面，即使家里只有三个人，这三个人如果不配合，只要有一个不适合当父亲或母亲，这个孩子就会出问题，这个家庭是不能和谐的。所以在齐家的立场上，修身为本的观念更强；到了国家，到了治理社会各方面，更是如此。所以，儒家有非常常识性的基本观念，这在今天也有相当大的影响力了。也就是说，一个人或一群人，他越有权，越有势，越能够掌握各种不同的资源和信息，他就越应该对这个社会——不仅是他接触的人，甚至是陌生人——负有更高的责任感。所以，在此基础上，个人向外的扩展，就是"公"，从个人到家庭是公，从家庭到社会是公，从社会到国家是公，从国家到天下是公，从天下到天地万物是公。儒家的修身

---

① 参见梁启超《论公德》。梁氏在此篇中实际上阐述了他对"公德私德互补论"的认识，本文这里所说的是梁启超对儒家思想的偏见。梁氏说："试观《论语》《孟子》诸书，吾国民之木铎，而道德所从出者也。其中所教，私德居十之九，而公德不及其一焉。"（梁启超：《新民说·论公德》，《饮冰室合集·专集》四，第12页。）

哲学是以自我为中心逐渐扩展的，它扎根在我们的身体、家庭和社会中，所以，其根源性和所涌现出来的价值是互相配合的，它不是封闭的。如果只对自己熟悉的人有爱，对其他人没有爱，是对"仁"非常狭隘的理解。它必须要突破，要流动和发展，但突破的意思不是一种抽象的、普世的博爱，而是必须从自己开始，从自己最亲近的人慢慢向外拓展，所以这两方面应该是配合起来的。

三、文明对话中的"仁"

在这方面，笔者要特别提一下，我们在 2016 年开了一个关于王阳明的学术会议[①]，探讨关于良知理性、知行合一的问题。浙江大学的董平教授在一个观点上与笔者非常契合。我们都认为，良知首先是自己的良心，良心最核心的价值就是公共性。一般而言，良知是天地良心，是我主动自觉的一种理解，有时候是别人看不到也听不见的，所谓"无声无嗅"。人人皆有良知。如果从自私自利的角度而言，每个人都是封闭的，每个人与其他人都有对抗、冲突、矛盾，是一种零和游戏，我所有的，就是你所无的。但良知理性开拓出共享的公共性，如果共享的公共性被我们忽视了，那就是我常提到的，我们会把自我当作一种封闭的主观主义。自我本身是一个开放、多元的、能够向整个宇宙吸纳各种不同资源的精神动力，所以良知理性越内在，越客观，就越通透。因此在儒家的学说中，仁的观念不是私德，不仅仅是个人的修养问题。所有人都可以成仁、都能够参与到行仁之中，才可能塑造仁政。仁政就是王道，这是"仁"在政治上体现出来的价值。这种观念之所以在今天具有说服力，主要是金融危机所暴露出来的一个特质。可以说金融危机是由唯利是图导致的，以个人利益为全部主导，

[①] 2016 年 10 月 15 日到 16 日，在北京召开的首届"人类智慧与其同命运——中国阳明心学高峰论坛"。

突破了所有底线，对于任何责任、任何信赖都一概不负责，只要我不犯法，或者犯法了但没有被抓到，就能够尽可能地扩大我的利润，钻空子，再加上现代科技的重大发展，使人可以在一秒之间成为亿万富豪。我可以赌博，我只对我自己负责，现在这种保守的、封闭的、个人私利为主的思潮弥漫。很多有才华、有智慧的人都走到这一条路上，用他最大的才华、最大的智慧来扩大最大的利润，不对任何人负责。

要防止这种危险，除了法律、政治手段以及各种预防机制以外，还要看到危机的核心是心态问题、良心问题，是个人与其他人之间如何能够践行恕道观念的问题。从恕道的观念看，"己所不欲，勿施于人"与"己所欲，施于人"是有区别。"己所不欲，勿施于人"意味着去了解别人想要什么，而不是将我认为最好的强加于人。

建立了对恕道的普遍认同之后，还必须要发展仁道，即"己欲立而立人，己欲达而达人"。面对21世纪以来全球化所导致的各种文明的冲突，各种不同的种族、族群、利益的冲突，我们必须要进行一种长期的、持续不断的文明的对话，文明对话在现在看起来已经没有什么可质疑的了，必须对话，不对话就死亡。但对话能否获得我们所要的结果？不一定。在宗教与宗教之间的对话必须承认对话他者的存在，对话是尊重，是互相参照，如果不能实现宗教之间的和谐，我们就不可能形成这两个宗教对话之外的另外一种更高层次的和谐。

举例来说，基督教与佛教进行对话，能够使基督教对佛教有新的了解，同时佛教对基督教也有新的了解，但基督徒不一定成为佛教徒，反之，佛教徒不一定成为基督徒。我们能否找到一个基点，或者不说基点，我们找到一个起步的地方，面对各种不同的传统和问题，我们可不可以既不走排斥的路线，又不走肤浅的、抽象的、包容的路线？我们不走原教旨主义的排斥路线，这一点大家都接受，但我们也可以不走以我们的传统来包容所有其他传统的路线，我们将世界上所有最好的东西都包容进来，发展我们自身的传统。但如果基督教、佛教、儒家甚至所有其他的传统都有这个意愿，也会引起一些不必要的争议。

怎样成为命运共同体？建立共同接受的观念？对于现代社会所碰到的挑战能否达成一种共识？这个共识在我看来就是能否建构一种世界公民的基本意识。世界公民的意识和现在西方所提倡的普世价值——自由、人权、法制、个人尊严、理性等——能否进行配套？在此前提之上，"仁"能够扮演什么样的角色？

我举一个最具争议的例子，东西哲学之间或东西这两个世界之间、东亚和欧美之间存在一个非常尖锐的问题，人权问题。现在看来，美国会退出，不再强调人权的问题，但德国会一直强调人权的重要性。这在我们的一般印象来看是对亚裔群体的不公平，不同国家有不同的人权情况，设定一个放诸四海皆准的普世人权价值，这是不对的。从"仁"的角度考虑，能够为"人权"这个最难处理的问题创造共识的条件。

人权是一个基本的价值，这是毫无疑问的。但是，《人权宣言》（1948年）的第一句话是"人人生而自由，在尊严和权利上一律平等，他们富有理性和良心，并应以兄弟的精神互相对待"，这是人权的一个基本价值。根据人权宣言的起草者罗斯福夫人的日记，对于人权讨论最重要的贡献者居然是一位儒家学者张彭春。张彭春要将仁爱的"仁"字带入，但一直很难找到相应的名词，所以他最后决定用"良心""良知"来代表，《人权宣言》中的"良心"二字是张彭春的一个重要贡献。所以，"仁"确实体现了仁爱，也就是说人的最基本的价值。

最后，"仁"在我看来可以与康德融通。康德主张将人当人，把人当作目的，而不是手段，在《孟子》里有各种不同的圣人，表现不同，但有一点是相同的，"行一不义，杀一不辜，而得天下，皆不为也。"（《孟子·公孙丑上》）我通过做一件对无辜的人造成伤害的事情就能得到天下、成为圣王，这种事情也是不能干的。一个寓言里也提到了，假如能为你创造一个圣殿，这个圣殿里可以使无数的人得到安宁，唯一的条件是要让一个三岁的孩子做血祭来建这个圣殿，你干不干？假如用一个无辜的人做圣殿，这个圣殿本身就受到污染了，这种事情是不能干的。只要杀一个无辜的人，你内心最基本的良心就已经受到摧残了。有人认为，少数人受损害，90%的人能够获利，那这当然可以，但是这在儒家的基本原则看来是不允许的。

国际社会应该发扬仁爱精神，每个人应该从社会关系方面推己及人，每个人堂堂正正地做到诚信，绝对不做损人不利己或损人利己的事，至少我们要学习利己而不损人。在此基础上，作为将来能够帮助别人的条件，从经济人变成文化人，推己及人，最后从文化人变成生态人，不仅关怀人，而且关怀地球。所以，在"仁"的思路下，一共有四个不可分割的策略：首先是个人的身心如何能够整合，能够调和；其次是个人和他者如何能够健康地互动，逐渐扩大社群的基础；第三，所有人都要为我们的家园，即地球，负有一定责任感，关爱地球是维持人类与地球之间持久的和谐；最后，人作为一种精神的诉求，不是一个孤立绝缘的个体，还要打通天的维度或者说信仰的维度。只有这样一个以"仁"为核心的"天地群己"的框架得以建构，人类才能够拥有持久的和谐。

杜维明

以良知理性重建价值

现在我们面临的价值重塑的重大课题。那么，在我们现在所处的一个凡俗的人文主义大框架中，如何重新建构我们的共同价值？

价值重塑的问题

价值重塑的问题是人类的问题，当然也是中国的问题。我们现在对这个问题的理解，还处在一个初步阶段：大家心里面有数，但实际上要对它的内核做比较深入的研究，还要经过相当一段时间的努力。也就是说，我们现在大的宇宙论，大的本体论，所谓以人类为中心的这一思路，已经不能再继续下去，我们必须改变这个思路。而人类中心这一思路又是从启蒙以来人类在科学技术上能够突飞猛进的一个重要推动力。这是我们的困境。

另外，如果从马克斯·韦伯的眼光来看，现代化的过程就是一个理性化的过程、合理化的过程。而人类在最近一两个世纪，通过科学技术在理性上突出的表现，是人类有史以来从未见过的。这个理性在现阶段又特别突出了一种特殊的理性——工具理性，不是目的理性，不是价值理性，不是沟通理性。工具理性也就是用我们的手段达到我们的目的，只要是能够帮助达到目的的，我们都全力以赴，否则不闻不问。这个工具理性在世界上也造成了很多重大的问题，最重大的就是征服自然产生的负面影响。

正因为科技发展，正因为我们的选择越来越多，一些年轻人的自我中心倾向、以我为主的倾向，一种掌握资源、控制资源的个人主义特别突出。这一潮流不可抗拒，特别是在消费文化、物质文化、商业文化突飞猛进的时候。在这个大背景之下，中华民族几千年的文化发展所形成的"赞天地之化育"的观念、和谐的观念，还有长期发展的机制，都被边缘化了。所以我们的价值多半来自启蒙。在西方，启蒙从法国开始，在德国、英国甚至东欧地区也都有非常重大的发展，也就是我们现在所有的这些价值资源——富强、自由、平等、法治、民主，我们都有强烈的认同感，这中间当然包括人权。

我曾经说道，在现阶段的人类文明发展中，中国最早从五四运动开始接触自由人权的问题，后来西方所代表的理性、自由、法治、人权和个人的尊严，成为人们多半接受的价值。而这些价值如果全部综合起来，一个社会是理性的、自由的、法治的、有人权的，而且是有个人尊严的，然而还是没有办法面对刚刚提出的人类中心、工具理性、征服自然、个人为主所造成的困境。因此在世界各地，对于新的人文主义有一种特别的关注，我们需要有一个新的思路，有一个新的方向，我们面对人类现代碰到的困境，要有新的人生观、宇宙观、自然观。

人类共同发展之路

我们需要自由，但是另外一个非常重要的价值，这就是正义。这个观念现在在欧美也被认为是极为重要的问题，这是全球的问题，不是一个民族、一个国家的问题。还有诸如"仁"的价值、同情的价值、移情的价值、慈悲的价值等都过分缺失。当然我们需要法律特别是法治，市场经济没有法治是没有办法进行下去的。中国源远流长的关于礼让、礼乐的教化，人与人之间一种正常持续的互助、互信、互相尊重的理解是缺失的。

我们注重个人尊严，但是如果一个社会不能够有基本的和谐或者团结，这是有极大困难的。现在所有人特别是在推动人权价值的时候，应该注意到责任的重要性。当然要有人权，但只是讲人权，不讲责任，责任不作为我们关注的课题，这是不可行的。

但是另外还要分开来看，假如没有自由，只是注重正义，注重公正，正义会异化成一种宰制性的权威——正义在我，这样世界上的冲突就很多。假如没有理性，我们的同情成为溺爱，既不合情又不合理。没有法律只有礼乐教化，自由是不可能的。没有个人的尊严，社会很可能变成"同而不和"的极权统治。以责任、社会的秩序、社会的安定作为唯一的价值，个人的权利很难突出它的特殊的主动的价值。前面刚刚提到关于自由、理性、法治、人权和个人尊严，乃至后面提到的同情、正义、礼让、责任和社会团结，都是人类需要的。不是中国要走出一条中国道路，就特别突出责任而忽视人权，特别突出同情而忽视理性，特别突出礼让而忽视法制，特别突出社会团结安定而不够重视个人尊严，这两方面必须同时共有。因此我不认为我们有一条只是中国能走出来的路，中国真能走出来的一条路，一定是世界人类也都能够接受的路，也应该是未来人类共同需要的路。

毫无疑问，社会文化多元的倾向越来越重要，每个人自由的选择，每个人的主体性，每个社群、每个学校、每个国家、每个种族的主体性都越来越明显，所以这个会是"分"而不是"合"。因此在"分"，而又必须在生命共同体、命运共同体的理念下，怎么样配合，是现在突出的大问题。不能说我们现在要走的一条路和西方发展的普世价值是对着干的。我们现在走的这条路，不仅对于启蒙已经创造了的人类价值，我们能够接受、能够再发挥，同时还有很多其他为启蒙运动所忽视的价值、不够重视的价值，我们也要突出出来。这条路是现在必须走的路。我们是发展中大国，有自己的历史，有几百年的矛盾冲突，所以我们要走的这条路有它的特殊性、地域性、国家性、民族性，但是我们要向印度人、非洲人、欧美人说明我们这条路也是人类共同发展的路，是必须要互相合作、互相团结的一条路。

良知理性的新精神

良知理性所代表的一种新的精神，这就是一种自觉。这是在中国传统文化，以"仁"为主的一种每个人都有的自觉，也是反思的能力。自觉不仅表示一个人的觉悟，它一定有人与人之间的关系，一定有社会性，一定有历史性，一定有超越性，也就是有四个不同的向度同时要体现。

首先是个人主体性格的建立。作为一个独立的人格，对于人权和人的尊严是绝对尊重。不仅尊重个人，也要尊重所有人。有很多学者认为儒家是讲社会伦理的，对个人不够尊重。我认为这是对儒家的一种误解。孔子说"古之学者为己"——为了自己，不是为了别人。如果不能为己，基本上是不能为人的，如果不建立自己的人格，要想为社会服务，这是有很大困难的。

其次，这些个人绝对不是孤立绝缘的个体，这与西方突出的宰制性的个人主义、掠夺性的个人主义是截然不同的，而是人与人之间互相沟通的一个中心点。真正的个人应关爱其他人，并且通过关爱其他人关爱社群、关爱社会、关爱自然、关爱宇宙。

再次，良知理性绝对是关爱地球的。王阳明的"以天地万物"为一体的观念，和程颢所讲的"仁者，以天地万物为一体"，都以天地万物为一体，虽然包含有各种不同的关系，这些关系错综复杂，但都是关怀的。在生态危机的前提下，儒学开始体现出它在现代社会的价值，我们可以与世界任何东西发生一种血肉的联系。正如王阳明在《大学问》里所说的，一只鸟受伤了，你会感到遗憾，虽然不会像看到人受伤一样震撼，但还是会有所触动。尽管这种情感是有分别的，不是博爱和一视同仁。那种没有差等性的天地万物为一体的思想有一种浪漫的意味。儒学倡导的是一个关怀的伦理，一个同情的伦理，其中必然包括分别与不同。最近西方世界新出现的一个伦理，就是越有势力、越能够掌握资源与信息的这一批人，应该对人类付出更大的责任和关怀。而这正是儒家倡导的同情伦理。

最后，这个良知还有超越的一面。中华民族在伟大复兴的过程中，有两大重要课题必须要尊重。第一大课题，我们必须不仅是我们自己的，也是全球性的，因此要有敬畏感。但不是信仰宗教就有超越性，超越性是一种崇敬感，敬天、畏天、事天。中国老传统中有"天地君亲师"的理论和实践，对天和地，对国家和民族，对师长和亲情，现在是对于所有人，都应该有所尊重，这个敬畏感是我们这个民族要发展良知理性，找出世界上大家都能接受的价值的一个重要考量。

共同分享的价值

2015年，联合国提出"2030可持续发展议程"，议程经过了很多学者讨论，最后大家提出了"共同分享的价值"。而这些共同分享的价值是我们在价值重塑过程中的重要参考。

第一个是自由，这个自由不是个人的放任，自由本身代表着突破各种不同的限制、禁忌，消解各种不合理的负能量，能够让人的创造性，也就是良知理性最核心的创造性充分发挥。第二是平等，平等的观念是向弱势群体倾斜的。我们的教训是，社会在经济突飞猛进的过程中居然出现了人类少见的贫富不均的畸形发展。企业拥有的很多财富和资源如何和社会分享，这就是平等价值应该起到的重要作用。第三是团结或者和谐，这是有机的和谐而不是机械的和谐。有机的和谐通过分工，通过多元多样，通过互相竞争、碰撞，逐渐达成在发展过程中体现的整合，不是一种机械式的由上到下的统一方式。第四是容忍，容忍文化的多样性，容忍他者。再进一步就是承认。通过承认，通过尊重，大家互相学习、互相参考，然后对于他者和异己表示一种尊重和理解，如此才不会出现各种不同的原教旨主义式的抗争。第五是尊重自然，就是敬爱自然。第六是共享的责任。这几个是联合国长期考虑得出的价值。在这个基础上的价值重塑，根据良知理性，我们要走的这条路虽然困难重重，但是宽广的，也是有希望、有前途的。

杜维明

第二章

站在十九大看中国经济

中国是时候再次释放制度红利了

从2017年全国"两会"释放出的信号来看，中国官方高层正在发力新的一轮国内体制改革和对外经济开放，这将对中国短期内的经济增长率产生决定性的影响，中国可能借助这些新的改革与开放政策，释放经济的新制度红利，从而进一步提升经济内生增长速度，而更加重要的是，从中长期看，这些政策可能正在改变新的全球政治经济格局，中国可能已经从全球经济秩序的参与者，上升成为全球贸易自由化的捍卫者，中国也将在世界政治经济格局中掌握更大的话语权，这种变革不亚于是第四轮改革与开放的浪潮。

中国经济持续高速增长的奇迹背后原因多种多样，除人口红利、资源红利外，制度红利是更重要的因素。具体地讲，这种制度红利可以进一步区分为改革红利和开放红利。如果把中国想象成一个大型企业，所谓改革红利正是通过内部的制度变革和创新，减少内部的摩擦和耗损，从而降低整个经济体运行的成本，进而提高中国作为一个经济体整体的生产效率。如果把视野放得更大，把全球看作一个大型经济体，所谓开放红利正是通过产业价值链的合作，提高全产业链的生产效率，从而更大程度地利用不同经济体的资源禀赋，进而提升世界经济整体运行的效率。

从中华人民共和国成立之后的历史上看，制度红利至少曾经在三个时间节点上改变了中国经济中长期的走势，而这三个时间节点都正是中国经济增速出现明显下滑的时期，回头看，这三次制度红利的释放对于"中国奇迹"至关重要，中国经济的增速都出现了较为明显的拐点。

中国经济增速的第一次下滑出现在20世纪60~70年代，拐点出现在70年代末的十一届三中全会的召开，中国开始在时任最高领导人邓小平的带领下提出了一系列改革与开放的政策，对内改革政策例如著名的小岗村的农村家庭联产承包责任制，对外开放政策例如以深圳、珠海、厦门、海南等为代表的一系列经济特区的兴起。中国重新成为世界经济的一部分，而中国经济也摆脱了负增长的困局。

中国经济增速的第二次下滑出现在80年代后期，拐点出现在90年代初，代表性事件是邓小平的南巡，社会主义市场经济体制改革的目标开始确立，之后的中国政府进一步推进了一系列对内的改革，例如财税体制改革、金融体制改革、医疗制度改革、住房市场化改革，同时对外进一步开放。中国经济重新回到两位数的增长速度。

中国经济增速的第三次下滑出现在90年代后期，拐点出现在朱镕基时期的一系列举措，对内改革政策包括对于国有企业的改革、过剩产能行业的整顿、金融风险的化解和金融体系的改革等，而对外开放更是迈出重要一步，中国加入世界贸易组织，进一步向海外开放了自己的国内市场，也成了全球贸易中更加重要的一环。

自2008年全球金融危机以来，中国和世界同样开始了复苏的过程，经济的换挡已经进行了九年，经济增长率何时能够筑底向上，本质上在于中国能否释放新的制度红利，可以说，包括"两会"在内，中国高层近期释放出的信号，可能正是中国新一轮经济内生增长率提升的起点。从目前看，中国的新一轮改革开放的核心是"三去一降一补"为主的供给侧改革带来的生产效率的提高与通过"一带一路"等方式扩大对外开放，进而在全球经济增长中扮演更加重要的角色。

供给侧改革和国有企业改革是中国当前国内改革的核心

在2017年"两会"政府工作报告的总体部署中，中国高层对于供给侧改革的态度已经从前一年的"着力加强"转变为"坚持以推动供给侧改革为主线"，这表明，在宏观经济逐渐趋稳后，中国高层关注的重点开始逐渐从"稳增长"转向"调结构"，"三去一降一补"为首要任务的供给侧改革已经成为各项工作的重中之重。

如果把中国看作一个企业，那么供给侧改革所包含的"去产能、去库存、去杠杆、降成本、补短板"等内容，正是企业提高生产效率的诸多细化政策，而2017年的政府工作报告，直接把"坚持以提高发展质量和效益为中心"作为纲领。这五项供给侧改革的重要任务并不是2017年的新词，事实上2016年在部分行业领域已经有所推进，但2017年是这些改革深化和落地的一年，其中"三去"政策最为清晰和明确，产能过剩的周期行业、房地产行业和金融行业将承担供给侧改革的核心任务。

去产能政策的核心仍然是传统重资本强周期行业，中国的去产能政策在2016年已经在部分领域取得了突破，煤炭、钢铁等行业已经成为去产能的排头兵，2017年的"两会"进一步在已经开展去产能动作的煤炭和钢铁行业给出更高目标，提出要再压减钢铁产能5000万吨，退出煤炭产能1.5亿吨。此外进一步把去产能扩展到煤电行业，提出淘汰、停建、缓建煤电产能5000万千瓦以上的任务。

去库存政策的核心在房地产市场。中国的地产问题是结构性的，投资性需求带动一二线城市的地产市场已经出现过热，但三四线城市的库存仍然较多，部分居民自住性购房需求没有被满足。对此，政策制定者更多采取的是差异化的调控政策，事实上，中国政府自2016年10月以来已经不断出台相关政策调控房地产市场，但基本遵循"一城一策"，对于三四线城市，仍然鼓励去库存，这对于防止房地产市场出现"硬着陆"至关重要。

去杠杆政策的核心在于金融行业。金融行业承担了一个经济体货币创造的职能，是调节整个经济体杠杆率的阀门，在相当长的经济下行周期中，金融行业已经开始被动承受这种经济下行的风险，金融行业的风险在不断累积。作为以间接融资为主体的国家，中国的银行体系已经开始被迫承担这种经济下行带来的成本，资产质量快速下滑，如果银行体系出现风险，中国经济也将可能出现系统性风险。2017年的"两会"政府工作报告指出要在控制总杠杆率的前提下把降低企业杠杆率作为重中之重，言下之意非金融企业的去杠杆和政府、居民的加杠杆可能同时进行。银行业和证券业是去杠杆任务的主要承担者，一方面银行控制信贷增速和结构，做小杠杆率的分子；另一方面证券行业通过加快直接融资的方式，做大杠杆率的分母。从当前情况看，中国的金融监管部门已经开始行动，新股发行速度不断加快，而银行业监管部门也开始不断干预银行表内表外信贷的扩张，此外银行业的债转股更是能够直接降低杠杆率。

除了供给侧改革外，由于中国历史上形成的大国企的格局，国有企业改革是国内改革的核心，国有企业改革实际上是供给侧改革的主要对象，例如去产能主要对应的是国有企业煤炭、钢铁等行业，而国有企业通过资本市场进行国有资产的证券化也能够帮助国企降低自身杠杆率。得益于其在经济中的高占比，国有企业经营成本的降低将直接提升整个经济体的经营效率。

从中国高层释放出的信号看，对于国内的相关改革政策决心强烈，为配合改革措施已经逐步开始淡化对经济高速发展的追求，除把经济增长的目标从6.5%～7%下调到6.5%左右外，在整体政策大环境上也偏重"调结构"，具体来看，货币政策、财政政策和产业政策都能够体现这一点。货币政策从"灵活适度"转向"稳健中性"，社会融资总量和广义货币增速目标下调了一个点到12%，整体货币环境不会太宽松。财政政策转变为"积极有效"，但同时量化了减税的目标，提出在保持赤字率不变的前提下全年减税3500亿左右。产业政策也变得更加灵活，结构化的产业政策越来越多，因城施策的房地产政策正是一例。

"一带一路"为突破口的经济全球化新定位是中国当前对外开放的核心

如果把邓小平时期作为对外开放的起点，加入WTO作为第二次扩大对外开放，那么"一带一路"政策应当是中国历史上第三次扩大对外开放。与之前两次对外开放相比，中国的第三次扩大对外开放面临的世界经济格局迥然不同，随着世界范围内经济增长率的普遍低迷，两次世界大战之后的全球化进程已经出现拐点，越来越多的民粹主义领导人提出逆全球化的主张，而本次全球化浪潮此前的主导者——美国，也迎来了追捧逆全球化和贸易保护主义的新总统。随着签署行政令退出跨太平洋伙伴关系协定（TPP），特朗普总统进一步以行动维护了自己竞选阶段贸易保护主义的主张。全球范围内弥漫着反贸易自由化和反经济全球化的气氛，甚至2017年3月在德国举行的G20国家央行行长和财长会议上也删除了"强调开放的贸易政策以及强劲安全的全球贸易体系的作用"以及"抵制各种形式的贸易保护主义"的相关陈述。

从世界历史上看，贸易自由化和贸易保护主义往往都由当时世界经济的主导大国推动，在美国的新任领导人已经释放出如此强烈的信号之后，世界都已经将目光投向中国，在美国退出TPP的同时，智利邀请中国参加太平洋联盟与亚太国家关于亚太地区经济一体化的对话会，市场猜测中国是否要接替美国，成为TPP的主导国。虽然李克强总理在2017年"两会"记者会上回应称中国不会主动加入TPP，更不会成为TPP的主导。但同样在"两会"期间，中国的高层释放出了更加坚定的维护经济全球化和反贸易保护主义的信号：习近平指出"中国的大门不会关上"，要"亮明中国向世界全方位开放的鲜明态度"，李克强在新闻发布会上提出中国在全球化进程中的一贯立场是"维护经济全球化，支持自由贸易"。

这意味着在未来，中国将不仅仅成为世界经济复苏乏力情况下推动全球增长的重要力量，更加可能和美国一起，成为世界经济两极中的重要一极，甚至成为新一轮经济全球化进程中的领导者。可以看到，中国的这一角色正在不断清晰化，在G20会议释放出反贸易自由化的信号的同时，同样在德国的巴登巴登，金砖国家财长和央行行长会议也在召开，中国人民银行行长周小川和财政部部长肖捷共同主持会议，从相关新闻稿中可以看到，中国的与会代表旗帜鲜明地表示金砖国家应"坚定不移支持自由贸易和投资，旗帜鲜明反对保护主义"。可以预计，未来"一带一路"将成为中国捍卫全球贸易秩序的重要举措，2017年5月"一带一路"国际合作高峰论坛在北京召开，中国高层释放出更加清晰的信号。而同年4月中美最高领导人的会晤也成为世界瞩目的焦点，这一会晤结果直接影响了未来一段时间内的全球经济开放格局。

随着中国经济步入"换挡期"，关于"L型"经济走势的提法似乎已经成为共识，但对于何时走出"L型"，经济增长速度何时拐头向上，似乎学界和市场都没有形成统一的预期。从历史上看，中国的每一次增长的加速都与体制改革与经济开放息息相关，这一次也不例外，新的对内改革和对外开放政策对于"L型"经济走势的破局至关重要。如果未来的一段时间内，"三去一降一补"为主的供给侧改革能够继续深入推进，中国国内的产业效率有望大幅度提升，而房地产市场"硬着陆"风险和金融体系的系统性风险都将得以化解，中国经济的内生增长率有望得以提升。而如果中国在逆全球化的浪潮中仍然继续坚定不移地扩大对外开放，引领金砖国家、"一带一路"国家一同捍卫全球贸易的自由化，中国将最终在世界政治经济中掌握更大的话语权，并在全球经济版图中成为更加重要的一环。

李海涛

中国正在寻求更有质量的增长[①]

从决策者释放出的信号看,中国正在进行多种旨在使经济转型的改革措施,以寻求更有质量的经济增长,这些一揽子的政策"组合拳"包括对产能过剩行业的供给侧改革、对包括地产在内高杠杆行业的降杠杆和去库存等。此外,决策者对于环境保护的重视已经事实上改变了过去近40年来官员晋升"唯GDP论"的状况,未来中国的经济增长将更加注重生态文明建设。而中国经济内生的韧性、海外发达经济体强劲的经济表现和低位震荡的石油价格,都为中国的这次经济转型提供了绝佳的时间窗口。

供给侧改革促进产业结构转型升级

寻求更有质量的增长首先在于产业结构的转型与升级,供给侧改革在其中起到了重要作用。

供给侧改革的概念最早在2015年年底提出,在不满两年的时间内,在政策的强力支持下,煤炭、钢铁、水泥、电解铝、火电等过剩产能严重的行业已经相继开展了相关工作,实际去产能的效果也比较好。比如煤炭,

---

[①] 注:此文写于2017年8月。

根据发改委披露的数据，2017年上半年煤炭行业共退出产能1.11亿吨，完成了全年任务的74%，累计退出产能超过4亿吨，已经达到"十三五"目标任务的50%。钢铁行业同样如此，截至2017年5月底全国压减粗钢产量超过4000万吨，完成了全年任务的85%，到6月末"地条钢"按计划出清。

过剩产能的清理带来最直接的结果就是行业整体盈利能力的提升。以煤炭和钢铁行业为例，采用全行业利润总额／主营业务收入，即税前利润率（EBT Margin）这一概念看，煤炭开采和洗选业、黑色金属矿采选业的税前利润率（EBT Margin）相较2016年年初的低点分别抬升了5.6%和0.4%。

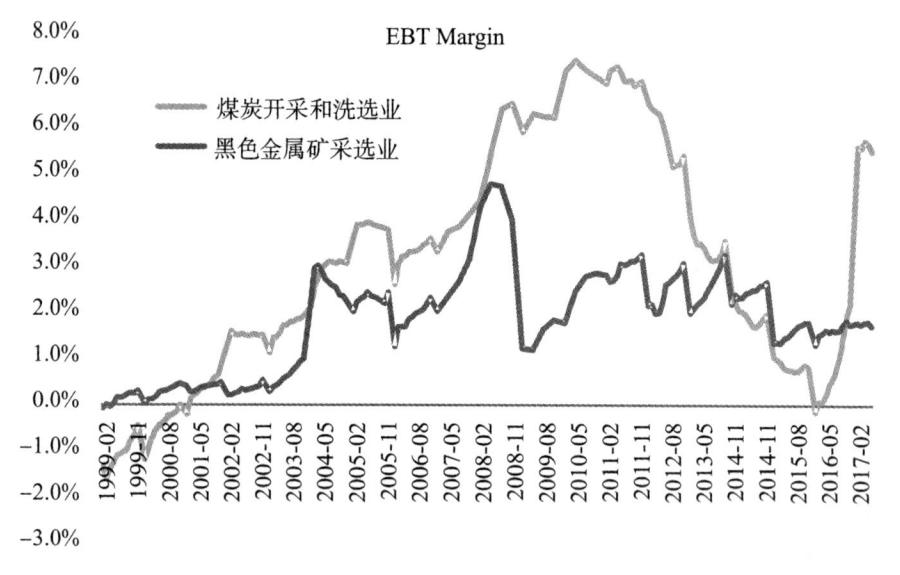

图1 供给侧改革之后传统周期性行业的税前利润率（EBT Margin）明显改善

资料来源：中国国家统计局

去产能的主要对象是技术工艺水平落后、产品质量低劣的产能，这些产能往往伴以严重的环境污染问题。以钢铁行业去产能重点对象的"地条钢"为例，其原料以废钢为主，在生产过程中往往不能进行有效的质量控制，90%以上质量不合格。虽然从外观上看和普通钢材区别不大，但大部分产品存在脆断情况，如果用于工程建设，则存在严重的质量风险。而由于流程管理非常粗糙，硫化物等污染物排放也相对超标。

市场此前普遍担心去产能会影响总量，但从去产能的结果上看，被除去的落后产能中一大部分在过去就并没有被纳入相关统计口径内。例如钢铁行业的"地条钢"由于主要通过中频炉进行生产，过去也基本属于"隐性产能"。最终导致的结果是，虽然供给侧改革去产能，但行业整体收入反而高速增长，即落后产能出清后，行业中大多数规范、相对先进的生产企业产能利用率提高，活得更好。国家统计局口径的煤炭开采和洗选业、黑色金属矿采选业工业企业收入2017年上半年分别同比增长21.3%和30.6%。不少地方政府表示，关停部分产能之后收取的利税总额反而上升。

在去落后产能的同时，供给侧改革同样促进了行业内部产能结构的调整升级。在盈利能力恢复之后，这些过去饱受行业整体产能过剩现状之苦的优质龙头企业，开始酝酿先进产能的扩充。

多个领域降杠杆、去库存缓释信用风险

寻求更有质量的增长同时要求降低经济全局运行的风险，其中政府在多个领域的降杠杆和去库存政策中扮演重要角色。媒体发声指出，防范金融风险要"既防黑天鹅，也防灰犀牛"，关于"灰犀牛"的解读包括影子银行、房地产泡沫、国有企业高杠杆、地方债务、违法违规集资等风险隐患。

具体来看集中体现在两个方面：

一是规范地方政府举债，降低地方政府杠杆率。地方政府在过去特别是金融危机之后的经济刺激中扮演了信用扩张的重要一环，特别是地方融资平台在过去成为政府隐性的举债主体，规模难以准确估计，形成潜在风险。审计署等部门从2013年已开始全面摸底地方政府债务，财政部也在2016年10月下发文件，要求各地统计包括地方政府融资平台、国有企业事业单位、PPP项目、政府投资基金等多个举债口径的债务规模。从2017年5月开始，关于地方政府债务的相关规范文件不断出台，这些文件的核心都

是对地方政府的举债行为加以规范，使得此前总规模、还款责任等不清晰的地方债务显性化，进而降低风险。

二是"一城一策"去库存，缓释地产相关风险。除地方政府的债务风险外，房地产行业累积的风险可能更大。一方面，如果房价出现大的下跌，房地产销售、投资链条上的相关企业占比较大，可能使得经济出现失速风险；另一方面，居民部门通过按揭贷款加了杠杆，如果房价出现大的下跌，商业银行将面临抵押品价值的系统性向下重估，大幅增加的不良资产可能给金融体系带来风险。

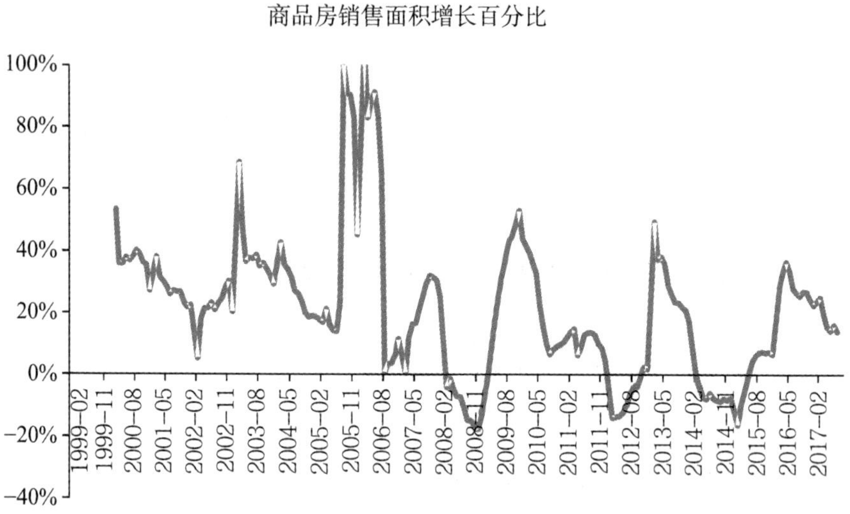

商品房销售面积增长百分比

图2 "一城一策"的调控政策下，房地产销售增速没有出现断崖式下跌

资料来源：Wind资讯

为缓释三四线城市地产行业蓄积的高库存风险，同时控制一线城市过快上涨的房价，政府这次采取的是"一城一策"的地产调控政策。从2016年国庆节前后开始，各个城市根据自身情况出台相应政策，在2017年的中央经济工作会议上，"一城一策"被明确为去库存的重要措施。整体看来，这些政策效果显著，此前价格上涨过快的一线和热点二线城市房价迅速降

温，而三四线城市去库存持续推进，2017年上半年三四线城市房地产销售同比增长25%，一二线城市销售仅增长4%。

环境保护"动真格"

环保督查等整治行动真正落实了环境保护的基础制度。环境保护的"动真格"能从两方面看到明显变化：

首先，一系列环保督查行动力度空前。2016年开始落地的一系列严格的环保督查行动，真正落实了环境治理保护的基础制度。这套环保督查体系囊括了最高级别的中央环保督察、地方环保督查、以京津冀为代表的大气污染防治强化督查等，此外还包括各种专项检查，例如对于地条钢的清查。

从2016年开始，已经有三批中央环保督察横跨22个省、市、自治区，在包括化工、钢铁、煤炭、有色金属、水泥、火电等行业进行督导检查，抽调人员超过5000人。而环保部组织的京津冀专项大气污染防治强化督查则是对北京、天津、河北、河南、山东、山西等六个省市的不间断督查，并且将一直持续到2018年3月底。

其次，环保政策的执行力度已经成为考核官员的重要指标。

习近平总书记早在2013年的全国组织工作会议上就强调："要改进（干部）考核方法手段，把民生改善、社会进步、生态效益等指标和实绩作为重要考核内容，再也不能简单以国内生产总值增长率来论英雄。"而他在2017年7月26日省部级主要领导干部专题研讨班开班式上的重要讲话，再一次强调了环保的重要性，指出"宁要绿水青山，不要金山银山，而且绿水青山就是金山银山"。

从近期的一系列官员任免看，对环境保护是否重视，是否落实了中央环保政策，已经成为地方官员任免的核心考核内容之一。

绝佳的时间窗口

通常来讲，一个经济体在推进改革和进行结构调整的过程中，往往会伴随经济增长的短期减速，特别是供给侧改革这种缩减总量的改革，必将带来转型中的阵痛。但从中国当前的情况看，两个因素减弱了这种经济增长短期减速的程度。

首先，经济内生的韧性提供了缓冲。从各种数据中都能为这种经济的韧性找到佐证：

企业正常的产能周期保证了制造业投资在低基数上触底回升。实际上从2016年开始的供给侧改革的努力已经见到成效，2016年制造业投资的整体增速降低到历史最低的4.1%。这一数据已经属于超预期的低，从正常企业的库存情况看，通常折旧周期在10年~15年，按照这个折旧年限计算，如果经济总量不严重萎缩，4%左右的产能增长与经济总量6%以上的增速是不匹配的。因此整体制造业投资2016年是绝对的低点，2017年的制造业投资在这一绝对低基数上触底回升（图3）。

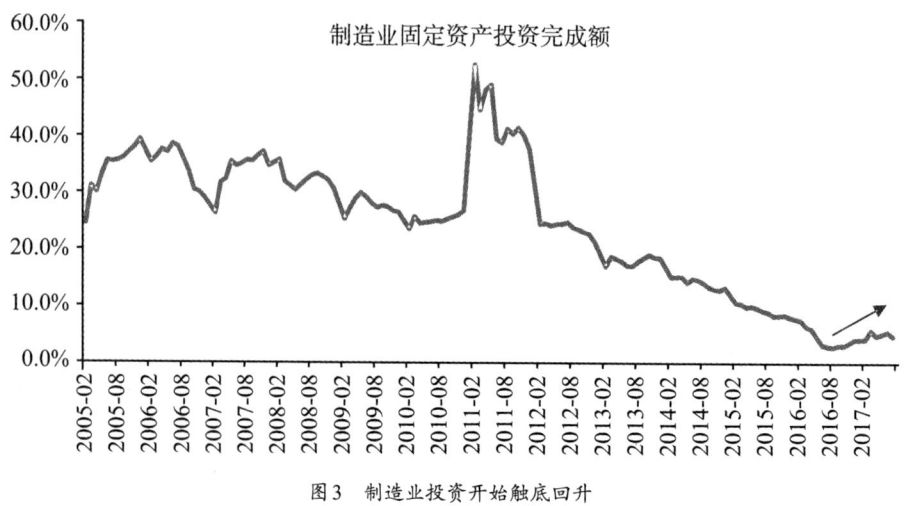

图3 制造业投资开始触底回升

资料来源：上市公司公告

大型建筑企业亮丽的订单数据保证了2017年下半年的基建投资不会太差。从上市的大型建筑公司数据看，订单的增长2017年上半年环比一季度和2016年全年继续加速，这有可能是PPP等类型订单的滞后效应的体现，但无论如何，高增长的订单数据作为投资开工数据的领先指标，保证了2017年下半年乃至2018年上半年基建投资数据不会太差（图4）。

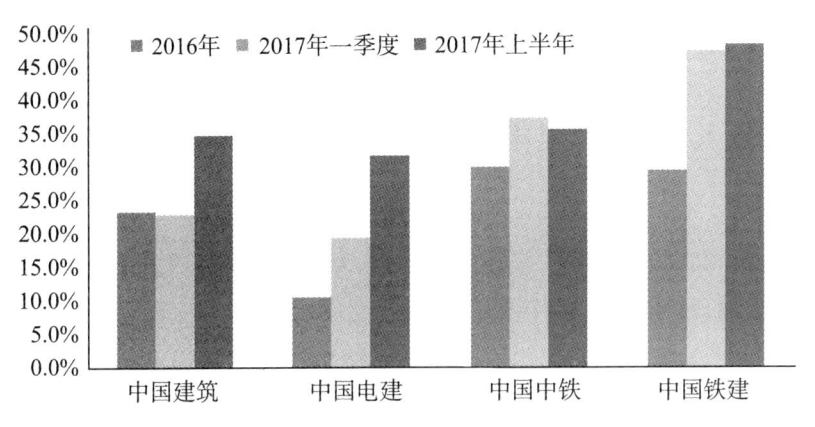

图4 大型建筑上市公司2017年上半年订单增长环比继续加速

资料来源：上市公司公告

旺盛的融资需求折射出地方政府投资的韧性。虽然地方政府举债开始受到更加严格的监管和限制，但投资需求仍然旺盛。上市发行的地方政府债是地方政府融资的缩影，2017年7月单月发行地方政府债券规模达到8453亿元，折射出地方政府仍然强劲的投资需求（图5）。

地方政府债(单位：亿元人民币)

图5　2017年单月发行地方政府债务超过8000亿元

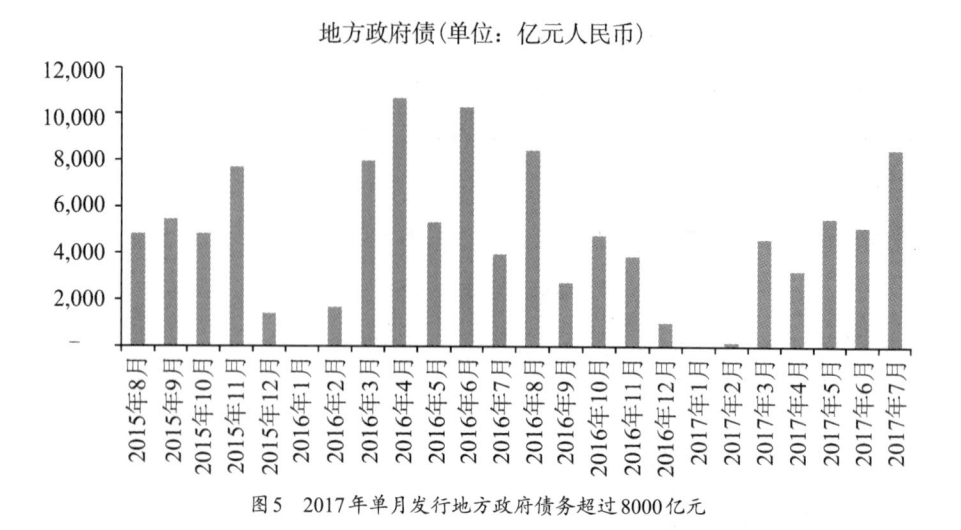

资料来源:Wind资讯

消费具备韧性，消费升级趋势明显。从统计局披露的社会消费品零售总额数据看，消费的增速始终维持在两位数，体现了最终端需求的韧性。而以茅台、五粮液这样高端消费品不断上涨的价格也体现出明显的消费升级趋势，大众对于这样的准奢侈品的需求正在不断增长。

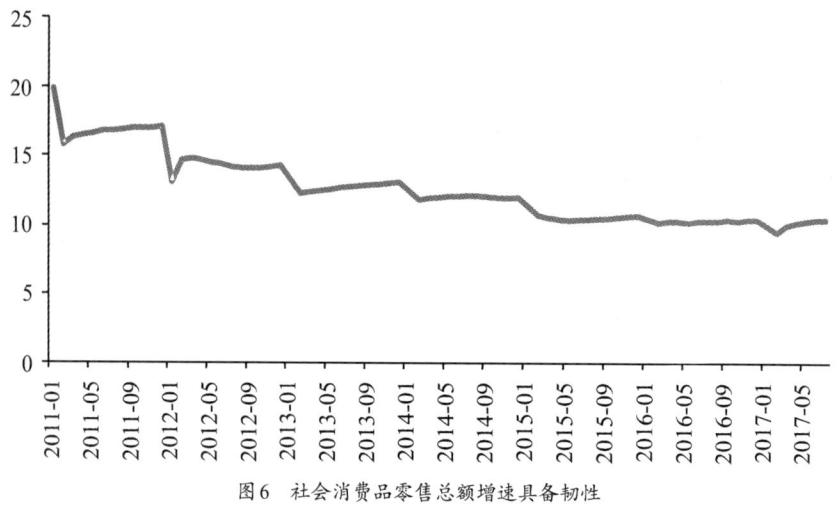

社会消费品零售总额累计同比(%)

图6　社会消费品零售总额增速具备韧性

资料来源:Wind资讯

其次,良好的外部环境为中国的经济转型提供了绝佳的时间窗口。

一方面,全球范围内的发达经济体增长势头仍然强劲,外需推升进出口数据。

美国2017年二季度GDP实际年化环比增长回升到2.6%,企业停止去库存,同时私人消费增长势头良好,二季度私人消费增长对GDP的贡献率从一季度的1.32%环比攀升到1.93%。此外政府开支扩大,对GDP从一季度的负贡献进展到0.15%的正向贡献。

欧元区数据同样亮丽。欧元区2017年二季度GDP同比增长2.1%,更值得重视的是,2017年6月欧元区整体失业率下降到9.1%,通胀水平意外抬升,核心CPI同比上升到1.2%,超出市场预期。而此前最让市场担忧的日本,经济也在二季度实现了强劲反弹(二季度实际GDP年化环比增长4%),实现了连续六个季度的正增长。

而从前瞻指标看,这种增长势头短期并不会逆转。欧美2017年7月的PMI数据虽略有下降,但整体仍维持在高位,欧元区的Sentix投资信心指数①环比继续持平在55.4,2017年下半年欧洲经济增长势头可能强于美国。

良好的外需带动了我国2017年上半年进出口数据向好,进出口金额上半年累计同比增长18.9%。

---

①Sentix投资者信心指数是衡量经济活动中投资者信心水平的指标。它是一个领先指标,衡量投资人对欧元区经济的情绪。较高的指标表示较高的投资者乐观度。如果该指标比预期更高,则应认为欧元强势/看涨,而如果该指标比预期更低,则应认为欧元弱势/看跌。——编者注

进出口金额累计同比(%)

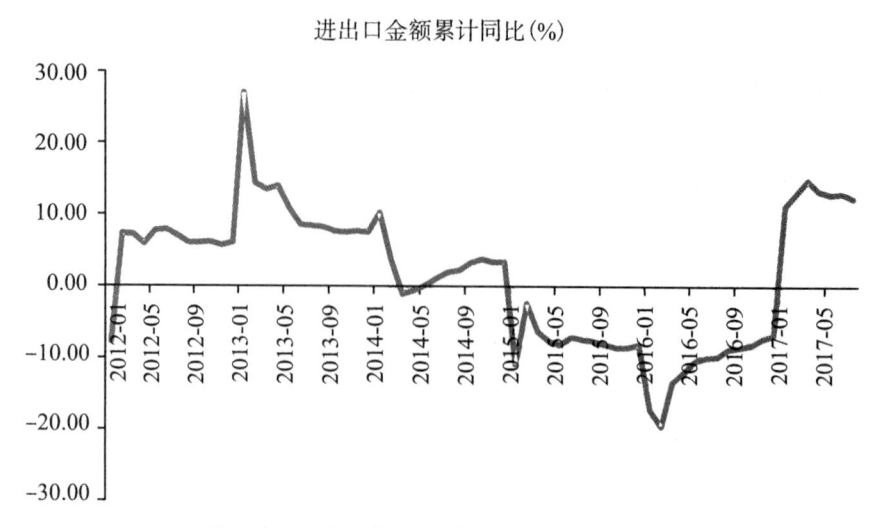

图7 良好的外需带动2017年上半年进出口数据向好

资料来源：Wind资讯

　　另一方面，处于低位的油价水平拖慢了发达经济体货币政策转向的时间。WTI原油①价格在2017年6月底触及43.13美元／桶的年内低点后，小幅上涨到50美元／桶附近，但近期继续调整。整体看，随着中东危机的缓和，石油价格可能仍面临压力。低位震荡的油价对全球经济毫无疑问是好事，几乎所有行业的能源成本都因此下降。

　　而更重要的是，低位的石油价格将继续压低通胀水平，可以说当前的通胀水平已经成为美联储和欧央行收紧货币政策的重要掣肘，只要通胀水平不快速抬升，加快货币政策转向节奏的可能性不大。这将为中国的相关改革留出空间。

---

①WTI（West Texas Intermediate）原油是美国西得克萨斯的中质原油，该原油期货合约具有良好的流动性及很高的价格透明度，是世界原油市场上的三大基准价格之一。所有在美国生产或销往美国的原油在计价时都以轻质低硫的WTI作为基准。

2017年下半年全球范围内政治因素成为主导

向前看，2017年下半年在全球范围内政治因素成为决定全球经济走势和资本市场表现的最重要因素。

首先，中国召开了十九大。

其次，欧美的政治因素成为决定货币政策的关键。对于美国而言，特朗普总统的相关政策和言论的冲击波仍在发酵中，资本市场对于其的相关政策有些摸不着头脑，这将压制美联储加息的节奏。欧洲方面同样也将受到德国大选结果的影响。

再次，全球范围内存在地缘政治风险，可能在下半年继续推升全球范围内的避险情绪、压制风险偏好，进而打击风险资产特别是亚洲风险资产的表现。

综合而言，2017年下半年国内的股票市场表现在经济的韧性下值得期待，叠加供给侧改革的持续，大宗商品中的工业品价格将保持强势。海外市场中欧元表现仍将强于美元，带动美元指数继续走弱，欧洲的权益资产也比美国的权益资产更有吸引力。油价将继续保持低位震荡，黄金配置价值需要重视。

李海涛

产权保护是当前中国经济发展的关键

从最新的经济数据看,中国经济增长的内生动能仍然在放缓。中国之事,投资为大。从投资的三大主要领域来看,制造业投资仍然萎靡,房地产投资也在短暂回暖之后开始下滑,基建投资看起来是最有希望能够带动整体投资向上的动力,而基建投资目前遇到最大的问题在于民间投资持续下滑的趋势难以得到改善。

为什么民间资本的投资意愿持续下滑?一个核心原因在于信心不足,对于经济增长的信心尚在其次,对于自己所投入资本未来可能被侵占的担忧是最重要的疑虑,担心政府在招商引资时"开门迎客",而等到投资落地之后"关门打狗"。

这种担心并不是空穴来风,中国产权保护的一个突出问题在于不同所有制经济主体的产权在实际中往往处于不平等的地位,民营资本的私有产权问题没有能够得到重视和保护。民营企业家的利益受到侵占的案例并不少,都是苦于产权保护法缺失。

从宏观角度讲,改革开放之后中国经济的每一轮强劲增长,最核心本质的原因都在于激发出普通民众对于经济建设的热情和信心,并积极参与其中,而现在的投资者显然对于国内的投资环境信心不足,如果资本项目的流动正常,可能中国已经出现较为严重的资本外流。资本市场对于此提供了一个缩影，股市本质上是经济未来的缩影，中国历史上两波大的牛市无一例外都是投资者对于中国信心最强劲的时间段，2005～2007年经济蒸蒸日上，而2014～2015年市场对一系列改革政策寄予厚望。现阶段的A股走势萎靡，由于沪港通的存在，港股市场却走势强劲。

从微观角度看，当前中国产权保护制度的不完善也已经从两方面严重影响了中国改革的深化，也大大降低了中国经济拐头向上的可能。

首先，产权保护制度的不完善影响了国有企业改革的进程。国有企业改革的概念自提出以来就受到广泛关注，但从当前的实践案例看，具有代表性的只是一些大型竞争性国有企业的整合和合并，这样"左手倒右手"的关联交易并没有在实质上使企业提质增效，混合所有制改革才能够真正引入民营企业优质的经营管理经验和竞争的基因。然而，作为国企改革的核心之一，"混合所有制改革"一直推进缓慢，重要原因即在于担心推进混改会造成国有资产的流失，走上苏联的老路，而这正是产权保护缺失的体现。

其次，产权保护制度的不完善影响了民营资本参与基础设施建设投资的热情。当货币政策受到的制约越来越严重，财政刺激在当下需要发挥更大作用，而民间投资的参与度成为财政扩张能否成功的重要因素。如果不能有效保护民营资本的私有产权，民营企业家就不能放心进入投资领域，所谓的财政扩张也只能是政府、央企、地方国企和国有银行等不同类型国有资本的独角戏，无法实现"乘数效应"，民间投资下滑的趋势也无法得到改善。

可见产权保护的相关改革能否切实、有效推进，已经成为影响中国经济向前发展最重要的因素之一，这就是改革的"深水区""硬骨头"，已经是不能再回避的问题。对于不同所有制经济主体的财产，应当做到"公正持平、不偏不倚"，既不能在国有改革推进的过程中造成国有资产流失，也不能在与民营资本合作投资的过程中侵占合法私产。

产权保护是当前司法体制改革的核心之一，需要相关部门从立法、司法、执法等方面全面推进，可喜的是，我们已经看到中央政府正在释放出一些积极的信号，2016年8月30日中央全面深化改革领导小组审议通过了《关于完善产权保护制度依法保护产权的意见》，并指出产权制度是社会主义市场经济的基石，其中最关键的一句话是明确提出要"妥善处理历史形成的产权案件，坚持有错必纠"。

可以合理预计，在未来一段时间内，关于产权保护的方方面面立法工作将有所进展，由于产权的内涵较广，未来预计在物权、财产权等传统领域和知识产权等新型无形资产方面都将有所推进。但随着国企改革进入混改的深层次阶段，政府与社会资本合作（PPP）参与基础设施建设的不断深入和项目落地，未来可能会有新的产权纠纷的出现，由于其示范效应，对于这些代表性案例的解决和处理办法，将成为市场关注的重点，也将成为影响未来中国经济走势的关键。

李海涛

第二章 | 站在十九大看中国经济

如何驯服中国经济的"灰犀牛"?

金融市场普遍喜欢"牛",但最近在中国风行的新词——"灰犀牛",却让人有些紧张。"灰犀牛"最早由米歇尔·渥克(Michele Wucker)在其作品《灰犀牛:如何应对大概率危机》中提出,指在爆发之前已经有明确迹象显现,发生概率较大,但易被忽视,一旦发生将产生巨大影响的潜在危机。2017年7月15日全国金融工作会议闭幕后,《人民日报》发表评论员文章《有效防范金融风险》,指出要"既防'黑天鹅',也防'灰犀牛'",这是中国官方媒体第一次使用这一名词。此后7月27日国新办新闻发布会上,中财办一局局长王志军又对"灰犀牛"做出了中国本土化的解读,指出影子银行、房地产泡沫、国有企业高杠杆、地方债务、违法违规集资等风险隐患就是中国版的"灰犀牛"。如果不提前防范,可能酿成系统性风险。

那么这五头"灰犀牛"究竟是什么样子?可能的危险有多大?又如何才能驯服?本文就将提供针对这五头灰犀牛的驯服指南。

影子银行:打破刚性兑付

"影子银行"(Shadow Banking)的概念同"灰犀牛"一样,是一个舶来品,最早于2007年由太平洋投资管理公司的保罗·麦考利(Paul McCulley）提出，此后虽然不同的机构对影子银行提出了为数众多的定义，但这些定义基本具备两个共同点：从事与传统银行类似的信用中介业务，但受到比传统银行更少的监管。美国的影子银行业核心在于资产证券化，参与主体也主要是一些具备证券化功能的货币市场基金、对冲基金、投资银行、资产管理公司、住房抵押贷款机构等，充当信用中介的方式也和传统银行业不同，例如融资方式主要通过发行金融工具面向机构进行批发性融资，而非面向个人的零售融资。

中国影子银行业的崛起得益于三方面的需求：

首先，商业银行具有表外放贷的需求。中国的监管层为商业银行设置了较为严格的要求以约束其资产负债表的扩张速度，其中1995年加入的贷存比是重要的限制之一，监管部门要求商业银行的贷款余额和存款余额的比例不得超过75%。随着货币市场基金的出现，商业银行的负债端脱媒压力加大，如果要遵守贷存比红线，则贷款资产创造的能力将严重受限。此外，商业银行天然有逐利倾向，在利率市场化改革的过程中，传统信贷业务净息差不断承压，寻找更高收益的资产也成为必然选择。

其次，民营企业特别是中小民营企业的融资需求并没有得到满足。商业银行的表内信贷扩张速度受限，因此在贷款发放的过程中会更加倾向于天然具备政府隐性担保的大型国有企业和地方政府融资平台等主体，这种挤出效应导致民营企业的融资需求难以得到满足。特别是中小民营企业，需要寻找商业银行信贷之外的融资渠道。

最后，居民部门缺乏可供投资的金融产品。从负债端看，和美国不同，中国来自居民部门的零售资金是影子银行部门的主要资金来源。除传统银行业的零售渠道实力较强外，居民部门自身的资产配置需求也是重要驱动力之一。由于金融市场的成熟度较低，可供投资的金融产品种类较少，除波动大的A股市场外，多数住户只能选择将钱存在银行账户，利率管制下银行提供的存款利率水平并不具备吸引力。而信托产品等又通常具备较高的投资门槛，一般在一百万元人民币以上，主要面向高净值客户。

因此大量的住户部门需要在高风险高收益的股票市场和低风险低收益的存款之间寻求一种风险和收益都适中的金融产品进行资产配置。

在三种需求的推动下，中国的影子银行业应运而生，商业银行通过发行理财产品募集资金，进而借助信托、证券公司、公募基金子公司等非银行金融机构将这些资产"出表"，最终提供给有资金需求的企业，银行、企业和居民的需求都得到了满足。因此，中国的影子银行同传统银行业的联系更为紧密，非银行的金融机构更多体现为银行业的通道，也因此有人提出中国的影子银行更像是"银行的影子"。

无论是中国还是美国，影子银行的产生都有其合理性，例如美国的影子银行机构——房利美和房地美通过买进抵押贷款资产或提供担保，改善了抵押贷款市场的资金供求，帮助更多的住户买得起房；例如中国的影子银行机构——信托公司通过帮助银行资金出表，满足了原本受制于贷存比等要求而无法获得融资的企业解决资金需求，同时帮助中国居民部门改善了投资组合和收益。

虽然存在这么多好处，影子银行部门仍然可能存在系统性风险，由于刚性兑付思维的存在，银行理财产品为代表的影子银行业扭曲了风险收益曲线，变相抬高了全社会的无风险利率，并且可能对传统商业银行体系表内资产产生"传染"效应，增加了监管的难度。

由于传统商业银行扮演了影子银行部门的核心主体，因此这些资产虽然脱离了商业银行的负债表，但购买这些资产的投资者仍然会将这些资产与商业银行联系在一起。在中国，这种联系通常意味着"无风险"。因此中国的银行理财产品事实上成了全市场无风险利率的定价者，这意味着商业银行的逐利行为可能带来整体金融市场无风险利率的剧烈波动。而这种"刚性兑付"的存在导致虽然这些资产并不存在于商业银行的资产负债表中，但一旦发生风险，商业银行仍然需要承担责任，从而监管的难度大幅增加。未来对于刚性兑付的打破实属必然，一方面需要购买这些金融资产的投资人正确认识到理财产品可能存在的风险，进而压低全社会无风险利率；另一方面需要商业银行真正将这些资产"出表"，从而实现表内资产和表外资产的隔离，避免对规模体量更为巨大的表内信贷资产的"传染"。

从2016年下半年开始，以中国银监会为主的监管层已经开始着手处理影子银行链条的风险，监管的首要对象就是商业银行的表外理财业务，2016年7月和11月先后出台《理财业务监督管理办法》和《表外业务风险管理指引》两个征求意见稿，2017年3月开始，银监会不断下发一系列监管文件，以"整治银行业市场乱象"为名，而实质上意在通过对商业银行同业业务、理财业务的加强监管，加强对影子银行业务的风险排查。8月18日银监会在对外披露近期监管工作的重点时披露了一组数据，截至二季度末，同业资产和同业负债余额比年初均减少1.8万亿元；同业业务增速由正转负，其中，同业资产减少5.6%，同业负债减少2.3%。影子银行的规模已经开始收缩，风险得到了一定缓释。

房地产泡沫：继续去库存的同时建立长效机制

除了金融业，中国的房地产行业可以说是国民经济中最重要的行业，也因此成为可能的系统性风险的重要来源，那么地产行业为何如此重要？与地产相关的潜在系统性风险可能以何种方式爆发？

首先，房地产是关系民生的重要行业。由于所需资金规模巨大，居民通常通过按揭贷款等方式加杠杆购买房产，可以说，居民部门的资产负债表中最重要的资产项就是房地产，而最重要的负债项就是按揭贷款。如果房价出现快速下跌，高杠杆的住户的净资产将迅速贬值，甚至出现破产。从日本等经济体的经验看，一旦房地产泡沫破灭，居民部门将承担巨大的损失。

其次，房地产产业链的投资是决定宏观经济的重要变量。从对宏观经济的影响看，房地产行业投资链条较长，特别是中国作为投资驱动的经济体，在三大投资中，制造业投资相对稳定，基建投资通常是政府用来宏观调控、平抑投资波动的，因此投资的主要波动就来自于房地产投资。此外，加上与地产相关的建筑建材行业、家电行业、家居装饰行业等，房地产行业对宏观经济的真实贡献远比显性的地产行业GDP占比要更大。如果房地产泡沫破灭，地产投资和销售相关产业链行业和企业都将遭受重创。

第三，房地产行业贡献了政府重要的收入来源。中国的房地产产业链已经成为政府最重要的财政收入来源之一：一方面，房地产交易过程中发生的房产税、契税、个人所得税、土地增值税等税种贡献了中央和地方两级公共财政收入的接近10%；另一方面，国有土地使用权出让收入基本贡献了地方本级政府性基金收入的全部。如果房地产价格出现大幅下跌，首先税收收入将大幅下跌，但这并不是最重要的，一旦房价崩盘，则土地交易市场也将受到影响，开发商将无力继续拿地，地方政府当前的土地财政模式将无以为继，后续将出现较大的财政赤字缺口。

最后，金融行业同样与地产息息相关。在房地产作为中国经济的支柱产业，带动中国经济高速增长的时间里，开发商成为商业银行最好的客户之一，也因此累计了为数众多的房地产投资相关的贷款敞口。如果房价出现大幅下跌，开发商的资金链条出现问题，这部分风险敞口将导致不良资产的激增。此外，由于居民部门按揭加杠杆购房时，通常都会将自己所购房产作为抵押品，房价的大幅下跌会使得抵押品价值系统性向下重估，这部分贷款同样会出现较大的信用风险。

中国的房地产行业存在一个明显的问题是结构化差异，一二线城市房价由于供需失衡而快速上涨，三四线城市却因为此前的过度投资累积了大量库存，为缓释三四线城市的库存风险，中国政府启动了包括棚户区改造货币化安置在内的一系列政策，通过抵押补充贷款（PSL）支持的政策性银行专项贷款等方式，帮助这些棚户区居民实现了改善型需求。从实施效果看，2015年和2016年棚改货币化安置率分别为29.9%和48.5%，2017年这一比例还将继续增加。全国范围内的房地产市场库存去化周期从高点的3.21年已经下降到2.36年，三四线城市销售火爆，而其中中西部地区成交量的增长超过东部地区。

但更加长远看，建立房地产市场的长效机制显得更加必要，其中发展房屋租赁市场和房产税改革是目前看来最重要的举措。已经有多个一二线城市开始试水，例如北京推出共有产权住房，明确规定了产权比例、购房资格、退出机制等；上海也再次出让租赁用地；广州、深圳、南京等12个城市已经被确定作为首批开展住房租赁试点的城市。只有通过建立长效机制，才能够平抑中国房地产市场过去"过热——调控——过冷——刺激——再过热"的剧烈周期波动，缓释地产相关的系统性风险。

目前来看，中国政府在处理房地产问题上的态度和决心值得肯定，在去库存和发展房屋租赁市场两方面的相关努力都是在正确的方向，后续房产税的改革应当值得期待。整体而言，在货币政策不发生大的转向前，房地产泡沫破灭的风险并不大，为中国政府留出了较多的时间和空间来驯服这只"灰犀牛"。

国有企业高杠杆：市场化债转股＋资产证券化

根据财政部数据，中国国有企业的平均资产负债率已经在2015年年底达到65.7%，其中央企平均资产负债率达到68.1%，地方国有企业达到63.7%。整体上看，除2007年外，所有国企的平均杠杆率都在缓慢提升中。其中央企是加杠杆的主力，特别是在2008年全球金融危机之后的"四万亿"经济刺激计划之后，央企带动整体国有企业杠杆率快速攀升。

高杠杆率对于国有企业的危害不言而喻，以利息支出为主的财务费用占国企主营业务收入的比例自2010年之后就不断上升，截至2015年已经达到2.4%，而与此同时，国有企业的税前利润率（EBT Margin）却在不断下降，自2010年的7.6%下降到2015年的4.7%。做一个简单的数学题，如果加回利息支出，近似计算息税前利润率（EBIT Margin），整体国有企业的息税前利润率相比2010～2011年的高点只下跌了不到2%。可以说，高杠杆率导致国有企业事实上是在"替银行打工"。

国有企业高杠杆率的成因是复杂的，从资产负债率的分子端和分母端看，不难找到主因。

分母端是国有企业的净资产，作为中国计划经济时代的产物，同时得益于准自然垄断的行业特性，这些大型国有企业多数来自于重资产的强周期行业，这些行业在中国经济增速放缓的相当长时间内受制于过剩产能，因而亏损严重，净资产被侵蚀，分母端被压低。

分子端是国有企业的负债，而国企的高负债率一直被诟病，这些负债可能来自于发行的有息债券，也可能来自于银行贷款。但事实上，这种举债的倾向并不应当全部归罪于国企自身。在经济增速放缓的过程中，全社会的信用成本都在上升，中国的商业银行作为市场化的信贷中介，更加倾向于放贷给背后具备政府隐性债务担保的国有企业，因此商业银行自身也应当对过剩行业国有企业的不良资产负有责任。

此外，国有企业过去的考核机制盲目追求规模而不注重效益，例如中国的国有企业总喜欢提及自己在世界五百强中的排名，而世界五百强本身就是一个注重规模体量的榜单，考核最重要的标准就包括企业自身的销售收入，这种导向必将指引国有企业的管理层天然地具备"做大规模"的扩张性策略，从而通过杠杆率放大规模。

体量如此庞大的国有企业具有极强的外部性，例如大量的居民就职于国有经济的企业中，根据财政部统计数字，截至2015年供职于央企的职工总数就有1290万人，如果这些国有企业破产倒闭，则会导致大量员工失业。此外，由于商业银行体系在国有企业的风险敞口较高，一旦国有企业出现倒闭，中国商业银行体系的不良资产将会激增。

化解国有企业的高杠杆风险的方法并不难想到，同样回到资产负债率的公式上看，在分子端的负债和分母端的权益之间做加减法。第一种可行的方案是做大分母，即通过资产证券化的方式，增厚国有企业的净资产。同时需要资本市场改革继续深化，从IPO环境看，这一点已经在中国监管层的努力下明显改善，更多的国有企业通过市场化的方式公开募资，进而降低资产负债率。第二种方案则是做小分子，即通过市场化债转股的方式，降低公司负担的有息负债水平。事实上，早在1998年中国政府在国有企业去杠杆中选择的就是这种方法，债转股的规模在4000亿元左右。但需要注意的是，并不是所有国企都适合进行债转股，债转股的核心是使得企业"减负"之后能够焕发出新的活力，从而实现股权价值的增值，"变废为宝"。中国银监会此前提出的《商业银行新设债转股实施机构管理办法》试行稿中明确指出债转股对象为发展前景好但暂遇困难的优质企业，并点名扭亏无望、已失去生存发展前景的"僵尸企业"、有恶意逃废债行为的失信企业、债权债务关系复杂且不明晰的企业、不符合国家产业政策的企业等四类不得进行"债转股"操作。

从当前情况看，国有企业这只"灰犀牛"的危险也不大，在供给侧改革的影响下，过去的产能过剩行业盈利开始明显好转，而国有企业正是这些行业的主要组成部分，这轮盈利的恢复为国有企业降杠杆提供了良好的契机。李克强总理也在2017年8月23日表示，要抓住央企实现扭亏增盈这个时机，在"稳"的过程中把杠杆降下来。

地方政府债务：地方政府举债规范化、显性化

在1994年的财税体制改革中诞生的预算法事实上并没有赋予地方政府举债的权利，其中明确规定"地方各级预算按照量入为出、收支平衡的原则编制，不列赤字"。因此，中国的地方政府债务在2008年全球金融危机之前，只有少量以政府债券形式存在的原财政部代发的地方债，此外还有一些零星的通过融资平台在企业债市场变相举债，但总体规模都比较小。

2008年是一个重要的转折点，中国出台了著名的四万亿经济刺激计划，以应对全球金融危机对中国经济的冲击，在这一轮政府扩大投资和信用扩张的过程中，地方政府扮演了重要角色。中央财政事实上将举债的主

动权交给了地方政府，而在"政治锦标赛"的格局下，地方政府的投资需求易放难收，因此地方政府的资产负债表在"四万亿"之后快速扩张。不可否认的是，正是得益于地方政府举债便利，中国的经济刺激计划才能够如此快速、高效地施行。但也不可否认的是，正是从"四万亿"之后，中国的地方政府债务问题开始埋下系统性风险的种子。

根据中国国家审计署2013年进行的债务审计中对于地方政府债务的划分，主要可以分为三类：第一类是政府负有偿还责任的债务，这些债务原本的偿还主体就是地方政府，而偿债资金的来源通常也都是财政预算内资金，这部分债务属于传统意义上的地方政府债务。第二类和第三类分别是政府负有担保责任的债务和可能承担一定救助责任的债务。根据2014年年底最后一次地方债务审计得到的数据，地方政府债务规模在15.4万亿，而地方政府或有债务规模在8.6万亿。这些存量债务已经为地方政府带来了沉重的财务负担，根据时任财政部部长楼继伟在2015年4月披露的数据，如果将15万亿元的地方债务全部置换出来，最终地方政府每年节省的利息支出规模将达到5000亿元。

地方政府债务问题的核心在于，债务的主要组成形式并不是以地方政府债券为主，通过融资平台等机构举借的银行贷款占据主要部分，这些隐性举债主体的存在使得真正地方政府需要承担偿还责任的债务边界和规模都难以准确估计，而这才是最大的潜在风险点。

从2015年开始，中国财政部开始通过安排发放地方政府债券的方式，置换这些主要通过银行贷款形式发放的存量债务，2015年共完成3.2万亿元的置换工作，2016年进一步完成4.9万亿元。与此同时，2015年开始中国政府开始大力推广政府与社会资本合作（Public-Private Partnership），即PPP的模式，通过将民营资本调动起来，缓解地方投资扩张中政府需要承担的债务压力，而民营资本的参与，也将为政府的举债和投资行为提供外部的监督。

对于地方债务的摸底并没有告一段落，2016年10月，财政部进一步下发文件，要求各地统计包括地方政府融资平台、国企事业单位、PPP项目、政府投资基金等多个举债口径的债务规模。高层也不断下发文件，规范地方政府的举债行为。可以预见，未来地方政府的债务融资行为将更加显性化和规范化。但向前看，如果单纯停留在地方政府显性举债行为的规范上显得有些治标不治本，后续对于以PPP融资等为代表的地方政府隐性负债需要进一步加强监管。

长远来看，打破地方政府的预算软约束显得更为必要，也才能从根本上改变当前地方政府盲目投资的"坏习惯"。而随着地方政府的负债扩张受到更加严格的监管，中央财政的转移支付等也将承担更大的责任。未来财税体制改革需要进一步厘清中央和地方的财税收入和支出范围，进一步做到地方政府的"权"和"责"相统一，才能够真正根除地方政府隐性债务扩张的冲动。

但无论如何，从作为地方政府最后担保人的中央财政资产负债表看，国有企业等资产仍然支撑起资产的主要部分，此外还有国土资源性的资产。根据中国社科院2017年8月24日发布的《中国政府资产负债表2017》，截至2015年，中国政府的总资产超过125万亿元，而净资产总规模波动在40万~50万亿元之间，与GDP的比值平均在80%以上，资产负债情况相对健康，能够为地方政府挤出杠杆过程中可能出现的风险提供良好、可靠的担保。

违法违规集资：疏堵结合，正确引导投资需求

与其他几只"灰犀牛"不同，违法违规集资问题过去较少被高层提及，受到的关注也远不及其他四个问题。但随着金融市场的发展，越来越多的新型投资工具不断涌现，一些新型的金融产品蕴藏着较大的风险。例如已经被查封的泛亚金属交易所，P2P平台"e租宝"等，在互联网金融发展的大趋势下，违法违规集资的负外部性也在不断被放大。

但需要引起思考的是，违法违规集资问题出现的根源在于普通投资人的投资需求没有得到满足，正规的金融体系并没有提供他们这些产品，因此这部分需求被挤出。可以说，违法违规集资现象的频发，从一个侧面说明，在利率市场化和金融脱媒的大趋势下，中国居民部门资产配置的需求仍然强烈。

因此，处理违法违规集资问题，应当疏堵结合，一方面加强监管协调，特别是对于新兴金融业态的监管；另一方面，需要持续推进金融市场改革的深化，创造出更多可供普通投资者选择的金融产品，以从根本源头上解决违法违规集资问题。

但需要注意的是，对于违法违规集资的判断，应当更加审慎。由于新兴金融业态的复杂性日益增加，天然地为监管增加了难度，监管者就需要提高监管水平，紧跟市场变化。例如2017年9月4日中国央行联合六部委发文指出比特币等代币发行融资（ICO）是一种未经批准的非法公开融资行为，从方向上看，传统监管机构已经开始将一些最新兴的金融业态纳入监管范畴，值得鼓励，对于比特币等ICO是否属于非法集资范畴可能还需要更多讨论。

整体而言，非法集资的规模与正统金融体系相比规模体量非常小，而根据国务院法制办2017年8月24日公布的《处置非法集资条例》的征求意见稿，非法集资参与人应当自行承担因参与非法集资受到的损失。如果居民部门成为非法集资的最后买单者，发生系统性金融风险的可能事实上大大降低，此外，中国的居民部门资产负债情况更为健康，因此非法集资这只"灰犀牛"也不足为惧。

李海涛

站在十九大看中国潜力

中国经济已经在2017年交出了一份令人满意的答卷，根据国家统计局披露的数据，虽然三季度的实际GDP同比增速小幅下滑到6.8%，但总体上看前三季度中国仍然保持了6.9%的较高速度。从2017年9月的宏观经济数据看，房地产开发投资和基建投资增速都在回暖，中国经济的韧性再一次超出市场预期。而2017年10月央行行长周小川在华盛顿出席G30国际银行业研讨会上更是乐观预计2017年下半年中国有望实现7%的经济增速。

然而看空中国未来的声音仍然不绝于耳，穆迪、标普等评级机构接连下调中国的主权信用评级，而包括海曼资本（Hayman Capital）的凯尔·巴斯（Kyle Bass）、Crescat Capital的凯文·史密斯（Kevin Smith）等对冲基金经理更是早就成了中国经济的"大空头"，不断唱空中国经济，预测中国会出现货币的大幅贬值和严重的债务通缩。相较而言，一些学者对于中国的观点可能不如凯尔·巴斯等人这么激进，但同样悲观，认为中国经济增长的减速在所难免。综合看来，这些看空中国的声音主要基于对中国不断累积的杠杆风险、逐渐消退的人口红利以及外部发展环境的担忧。

不断累积的杠杆风险

杠杆风险是外资看空中国的最重要原因之一，例如标普在下调中国主权信用评级的报告中给出的主要理由就是"中国强劲的经济增长主要来自于债务规模的快速增长"，未来可能会出现潜在的金融冲击；穆迪同样认为中国的银行体系面临着企业财务杠杆快速上升的风险，中国的杠杆水平大大高于其他金砖国家，企业违约风险将对银行体系整体资产质量造成严重挑战。

诚然，中国的杠杆率一直是各界关注的主要问题，从中国社科院的测算来看，全社会债务与GDP的比率确实不断上升，特别是在2008年全球金融危机之后，从当年的170%上升到2015年的249%，这与当时中国政府在2008年全球金融危机之后采取的"四万亿"经济刺激计划有关。

不少学者认为，中国经济过往的高速增长实际上偏离了潜在经济增速，其中高层对于经济增速过高的目标起到了负面作用，为完成这一目标，债务膨胀和杠杆率的上升就不可避免，中国事实上通过透支未来的增长潜力来支撑当前经济增速的虚高。未来高杠杆率水平将很难继续上升，将对中国的增长造成压力。同时高杠杆可能会造成类似于20世纪末亚洲金融危机和2008年全球金融危机的系统性风险。

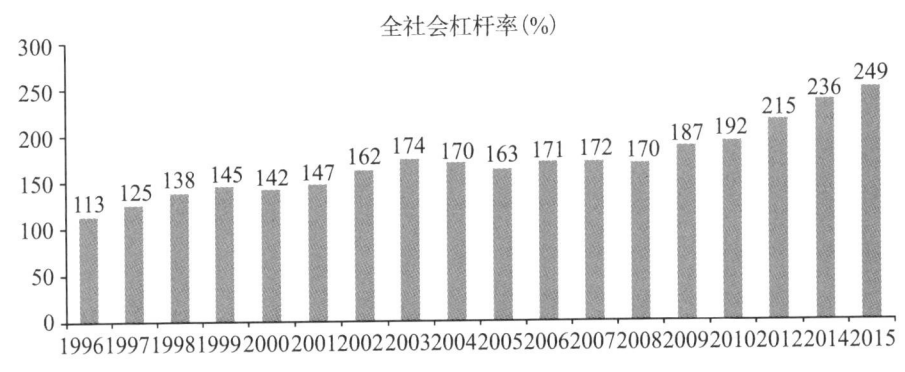

全社会杠杆率(%)

年份	杠杆率
1996	113
1997	125
1998	138
1999	145
2000	142
2001	147
2002	162
2003	174
2004	170
2005	163
2006	171
2007	172
2008	170
2009	187
2010	192
2012	215
2014	236
2015	249

图1　中国的全社会债务与GDP比率在2008年之后不断攀升

资料来源：中国社会科学院

但与其他经济体不同，中国的高杠杆更多来自于接近50%的高储蓄率，和其他主要的东亚经济体类似，这种高储蓄率保证了中国的外债水平并不高。而同时，这种高储蓄率保证了中国居民部门的杠杆率一直较低，政府债务杠杆率也低于美国、日本和欧洲主要经济体，为全社会的潜在债务风险提供了缓冲。更重要的是，中国的外汇储备可观，截至2017年9月底，中国外汇储备达到3.1万亿美元，这为资本流动提供了足够的缓冲垫。

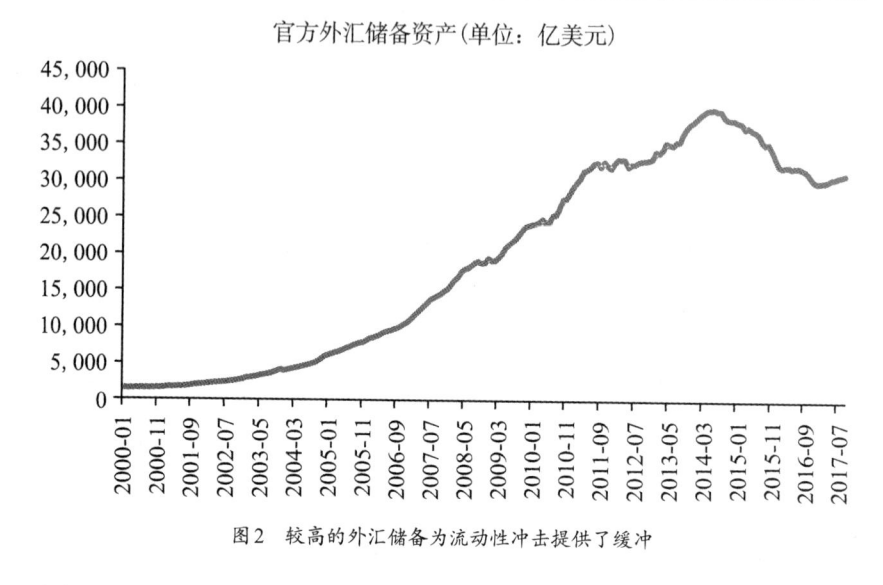

官方外汇储备资产（单位：亿美元）

图2 较高的外汇储备为流动性冲击提供了缓冲

资料来源：中国人民银行

最后，中国政府已经开始着手解决高杠杆的问题，可以说，2017年上半年中国金融监管体系的重心就是金融行业的去杠杆，目前已经看到成效，中国以M2增速为代表的货币总量增长指标已经跌破10%。而在企业部门，中国高层也积极推动包括市场化债转股和企业兼并重组，根据发改委主任何立峰在十九大期间透露的数据，截至2017年8月末，全国规模以上工业企业资产负债率为55.7%，相比2015年同期下降1.3%，去杠杆已经初见成效。

图3 以M2增速为代表的货币总量增长指标已经跌破10%

资料来源：中国人民银行

逐渐消退的人口红利

中国改革开放40年能够实现经济高速增长的一个重要原因就是中国的人口红利，人力资本的投入使得中国的全要素经济增长率一直维持在较高水平。但随着实施多年的计划生育政策，中国的劳动力人口，即15岁～59岁之间的人口占比已经在2010年达到了拐点，这意味着中国的人口红利确实已经开始消退。因此外资普遍认为，仍然具备人口红利的经济体，例如印度和非洲未来的经济增长潜力将远强于中国。

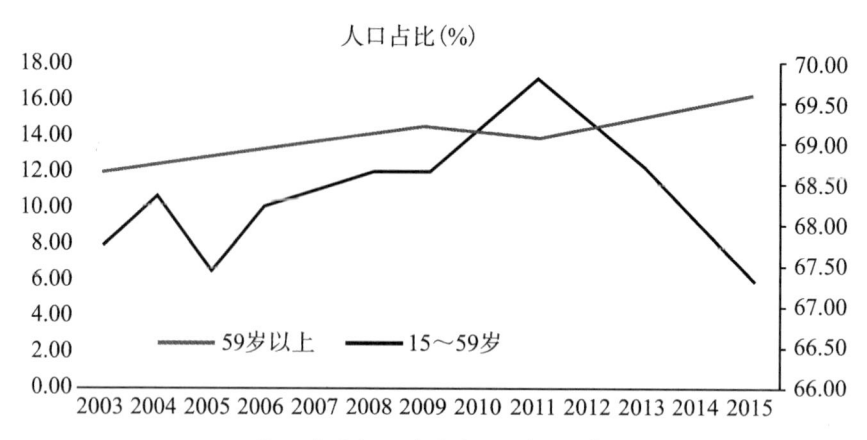

图4 中国的人口拐点在2010年已经出现

资料来源：中国国家统计局

虽然中国政府已经开始通过一些政策手段调节，例如已经在2015年10月实施了全面二孩政策，但不可否认的是，这种全面二孩政策的见效需要比较长的时间，同时由于抚养成本的提高，全面二孩政策能否实质性提高生育率仍然有待观察，毕竟从发达市场的经验来看，随着人均收入水平的提高，生育率呈现出自然下降的趋势。

另一方面，59岁以上人口占比却在不断提升，意味着人口老龄化将成为中国接下来一段时间需要面临的另一个严重挑战。日本就长时间为人口老龄化所困扰，适龄劳动人口的减少、消费意愿的不断下降和沉重的养老金压力是人口老龄化的最重要影响。

但相比日本，中国的人口红利可能消退得慢一些，中国在20世纪80年代推行计划生育政策之后，初期沿海地区执行较为严格，而内陆省份事实上在20世纪80年代末到90年代初仍然维持了较高的生育率，因此这些省份的人口拐点将迟于沿海经济发达省份到来，并继续为这些市场输送劳动力。

更重要的是，低端适龄劳动人口规模的减速已经不构成对当前中国增长的拖累，反而，随着整体教育水平的提高和经济结构的趋于高端，高端人才开始逐步成为中国经济的中流砥柱。此外，随着科技水平的提高，中国将逐渐从人口红利转向技术进步下的科技红利,例如人工智能和工业自动化能够帮助企业维持较高的生产效率,这种生产效率的提升往往对于提升产出效果更为明显,也能够弥补劳动力总数下降带来的不足。而同时,中国正在进行的以清理过剩产能为主要目的的供给侧改革正在将部分劳动力从传统经济领域转移,同样来自中国发改委的数据显示,仅钢铁和煤炭两个行业的去产能就将释放出110万劳动力。

此外,中国仍然有可能通过制度红利克服人口红利的消退,例如2014年国务院发布《关于进一步推进户籍制度改革的意见》,统一城乡户口登记制度,这种户籍制度的改革本质上是进一步消除了城乡二元分化,这种改革的红利能够使得庞大的农民工群体进一步向城市迁徙,成为"新市民"。而近期中国在住房政策上的变革,例如对于住房租赁市场的发展,将有助于这些"新市民"在城市扎下根来,从而为城镇化的进程贡献更多需求。事实上,这轮房地产市场改革,可以看作是新一轮城镇化的契机,而这种新型城镇化将创造出一大批"新市民",从而减弱人口红利消退带来的影响。

不再友好的外部环境

有观点认为,中国的崛起,伴随的是贸易的崛起,而这得益于中国加入WTO以及全球化的大浪潮,中国正是抓住了这一契机,从而在世界经济中占据了更加重要的地位。从在全球出口贸易中所占的市场份额看,中国一路从1999年的3.4%提升到2016年的13.2%,而同时期美国从12.2%下降到9.1%,欧盟从41.3%下降到33.7%,日本从7.3%下降到4.0%。

全球出口贸易市场份额(%)

图 5 中国经济的崛起伴随着贸易的崛起

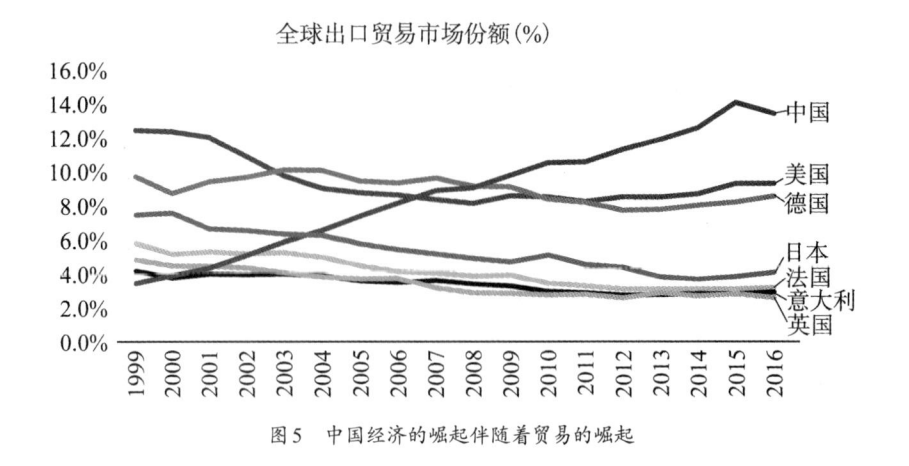

资料来源：WTO

但近年来，全球孤立主义和贸易保护主义的思潮再起，作为全球经济的最重要参与者之一，美国新任总统特朗普本人就是贸易保护主义的重视拥护者，上任以来对《跨太平洋伙伴关系协定》（TPP）、《跨大西洋贸易与投资伙伴协议》（TTIP）和《北美自由贸易协定》（NAFTA）等多个贸易协定的否定意味着未来全球范围内可能都将出现"逆全球化"的趋势。因此有观点认为，中国过去相当长时间内享有的"全球化红利"将在未来告一段落，并将对中国的经济增长产生负面影响。

但整体上看，中国并没有放弃贸易全球化和贸易自由化的努力，反而，在美国选择退出后，中国实际上成为新的全球自由贸易的领导者，习近平主席在十九大报告中指出，"要推动形成全面开放新格局"，此后上海、厦门等中国重要的港口城市都表示将尽快建立自由贸易港，而习近平主席本人也曾经多次提及贸易自由化对中国的重要意义。同时，中国正在通过"一带一路"、金砖国家领导人会晤等形式，探索中国自己的贸易自由化路线，探索新的贸易红利。

此外，这种外部环境将更多倒逼中国经济转型，同一些亚洲经济体不同，对外贸易对于中国虽然重要，但"大国经济"的特征决定了中国的增长与发展将更加均衡，未来对于以庞大的人口基数作为根基的国内市场的挖掘将显得更加重要，贸易保护主义对于中国的影响将远远小于对于其他小型开放经济体的影响。

综上看来，虽然增长面临诸多不利因素，但中国的政策制定者有能力应对这些因素的冲击。而同时，我们认为中国的增长潜力仍然巨大，一方面，随着经济结构转型和人均收入水平的提高，以消费和服务为主导的新经济板块正在不断酝酿；而另一方面，传统经济例如制造业，也在不断向价值链条的中高端发起冲击，经济转轨的过程中仍然蕴藏着巨大的发展前景。

新经济板块正在酝酿，其中消费升级和服务业的转型是关键

庞大的人口基数仍然拥有消费升级的明确趋势。

中国过往经济发展的重要特征是投资驱动，因此经济转型和新经济崛起的最重要一步是消费和服务业对过往投资依赖行业的逐步替代。在习近平主席所做的十九大报告中，最为重要的内容之一是近40年来第一次谈到中国社会主要矛盾的变化，习近平主席指出，中国社会的主要矛盾已经转化为人民日益增长的美好生活需要和不平衡不充分的发展之间的矛盾，这种对于美好生活的需要本质上体现的就是中国民众对于消费升级的需要。

实际上，随着中国经济的快速发展，中国人已经不满足于传统的"衣食住行"，对于更高层级消费的需求正在不断酝酿，一个典型案例是对于奢侈品的消费，中国的消费者已经贡献了全球奢侈品消费三分之一的购买量，而根据麦肯锡的预测，这一比例到2025年将达到44％，而奢侈品的购买主力变化更加说明了这一消费升级的趋势，2008年68％的奢侈品消费来自于高收入群体，而到2016年，有88％的奢侈品消费来自于富裕群体，从不同层级城市的奢侈品消费额对比看，三线及以下城市的奢侈品消费增长要快于一二线城市，这正是消费升级的体现。

2010~2015年奢侈品消费额增长(%)

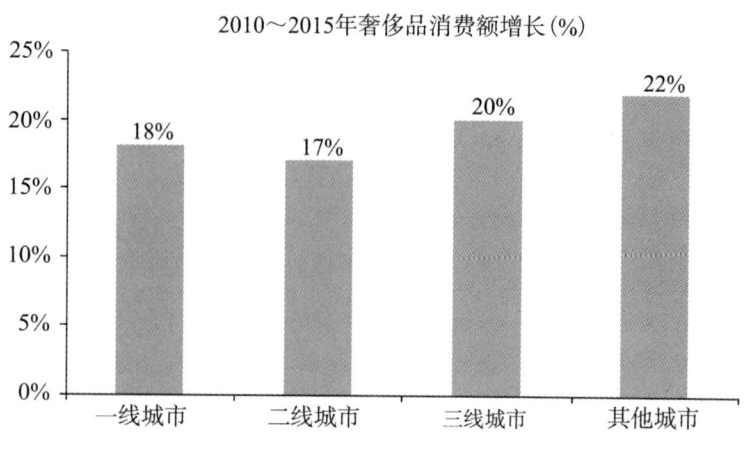

一线城市 18%
二线城市 17%
三线城市 20%
其他城市 22%

图6　三线及以下城市的奢侈品消费额增速快于一二线城市

资料来源：麦肯锡

而随着新一轮城镇化进入城市的"新市民"，也将提出更高的消费要求，例如家电、汽车、娱乐、医疗保健、教育等行业，都将成为未来的需求增长点。中国大众阶层消费者的消费能力已经不容怀疑，中国电商巨头们主导的"双十一"购物节的销量已经超越美国的"网络星期一"（Cyber Monday）成为全球最重要最盛大的网购节日。由于这种新型城镇化的趋势仍将延续，因此在中国的众多经济数据表现中，消费总是体现出相比于投资数据更强的韧性。

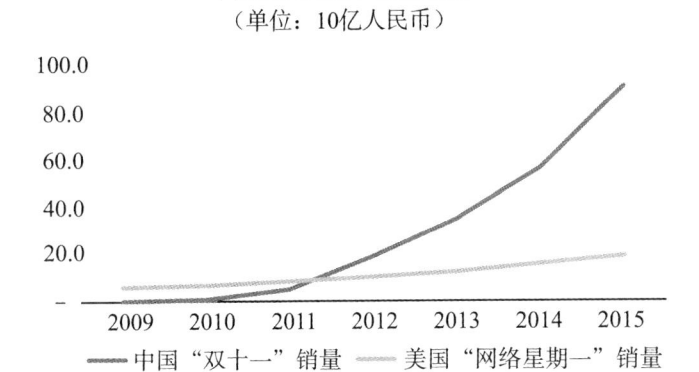

中美两大网购节销量对比
（单位：10亿人民币）

图7 "双十一"已经超越"网络星期一"成为全球最重要的网购节日

资料来源：阿里巴巴，comScore

图8 相比于投资，消费表现出更强的韧性

资料来源：中国国家统计局

服务业的发展也将是未来一段时间的重点。随着传统经济的改革和转型，中国的劳动力结构将发生较大的转变，越来越多的劳动者将从传统经济行业离开，而服务业的大发展将有助于吸纳这些劳动力。人口老龄化等因素虽然存在负面影响，但同时也将带来新的机遇，例如医疗、养老、保险等服务领域都可能迎来较大的需求增长。从横向对比看，中国的娱乐、教育等服务型消费占比仍远低于美国、韩国、日本和中国台湾等经济体，食品消费仍然占据了整体消费者篮子的四分之一，这一比例显得仍然过高，预计随着人均收入水平的继续提高，中国的服务型消费将迎来大发展。

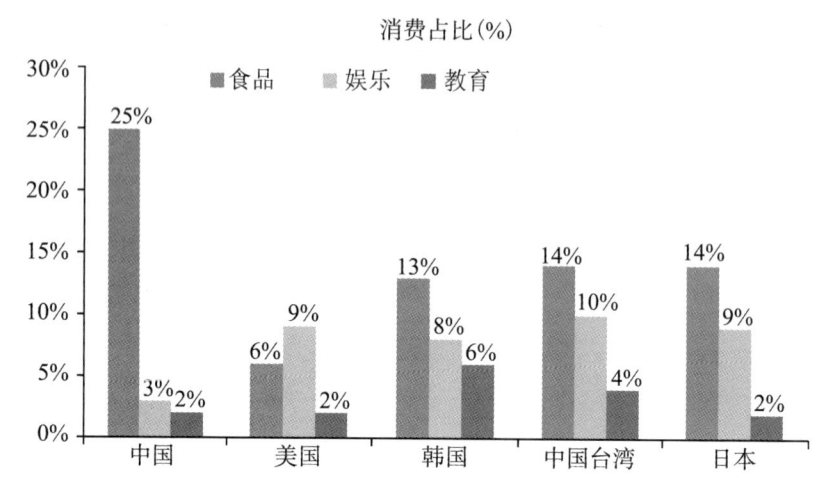

消费占比(%)

	食品	娱乐	教育
中国	25%	3%	2%
美国	6%	9%	2%
韩国	13%	8%	6%
中国台湾	14%	10%	4%
日本	14%	9%	2%

图9 中国的娱乐、教育等服务型消费占比仍远低于其他经济体

资料来源：Euromonitor

中国的科技开始逐步领先。

中国新经济崛起的另一类是科技企业。随着产业结构升级，中国已经不再是低端制造业的代名词，开始通过科技和创新为世界贡献一批新的龙头企业。而中国政府对于这种创新的支持力度正在不断加强，中国总理李克强本人就不断为"大众创新、万众创业"站台。在这样的大背景下，中国的创新能力不断提高，并得到世界的认可。在最新出炉的2017年世界创新指数榜单中，中国位列第22名，为中等收入经济体中唯一跻身前30的。

包括腾讯、阿里巴巴、百度、京东、华为、小米等在内的中国公司已经开始在科技上追赶同业，并开始具备较强的品牌力。而根据《MIT科技评论》（MIT Technology Review）评选出的全球50大最聪明企业，中国包括科大讯飞、旷视科技、大疆创新等在内的9家公司已经入选这一榜单，具备了领先的科技创新能力。

表1　中国有9家公司入选全球50大最聪明企业

排名	公司	排名	公司
1	Nvidia	26	MercadoLibre
2	SpaceX	27	Microsoft
3	Amazon	28	Rigetti Computing
4	23andMe	29	Kindred Al
5	Alphabet	30	Sophia Genetics
6	科大讯飞	31	Tesla
7	Kite Pharma	32	Oxford Nanopore
8	腾讯	33	富士康
9	Regeneron	34	M-KOPA
10	Spark Therapeutics	35	ForAllSecure
11	旷视科技	36	Flipkart
12	First Solar	37	Bluebird Bio
13	Intel	38	Adidas
14	Quanergy Systems	39	IBM
15	Vestas Wind Sys tems	40	General Electric
16	Apple	41	阿里巴巴
17	Merck	42	HTC
18	Carbon	43	Blueqrism
19	Desktop Metal	44	Africa Internet Group
20	Ionis Pharmaceuticals	45	Veritas Genetics
21	Gamalon	46	Daimler
22	IIlumina	47	Salesforce
23	Facebook	48	Snap
24	Udacity	49	蚂蚁金服
25	大疆创新	50	百度

资料来源：MIT Technology Review

而在服务行业，中国的科技领先更为超前，这可能得益于互联网特别是移动互联网在中国的快速渗透，2017年5月来自"一带一路"沿线的20国青年评选出了中国的"新四大发明"：高铁、支付宝、共享单车和网购，其中三项都和服务领域有关，其中金融服务领域（Fintech）的科技创新，中国已经在引领世界潮流。2017年以来，包括众安保险、趣店等一大批代表金融行业变革前沿的公司在美国、中国香港等市场上市，中国的金融科技公司再一次吸引了世界的关注。

而中国企业的创新远不止于此，根据硅谷数据公司CB Insight的数据显示，中国是除美国外拥有"独角兽"最多的国家，在上榜的214家企业中，中国占据59家，在估值排名前10的"超级独角兽"榜单上，中国拥有包括滴滴出行、小米、陆金所和新美大在内的4席，其他全部为美国企业。而中国的"独角兽"崛起的速度甚至已经和美国接近，在2017年新近涌现的"独角兽"中，41%来自美国，36%来自中国，中美两国已经占到总数的近八成，这些"独角兽"未来的资本化都将继续帮助中国保持在这一领域的领先优势。

表2 中国拥有"独角兽"前10榜单上的4席

公司	估值（十亿美金）	国家
Uber	68.0	美国
滴滴出行	50.0	中国
小米	46.0	中国
Airbnb	29.3	美国
SpaceX	21.2	美国
Palantir Technologies	20.0	美国
WeWork	20.0	美国
陆金所	18.5	中国
新美大	18.0	中国
Pinterest	12.3	美国

资料来源：CB Insight

新增"独角兽"公司分布

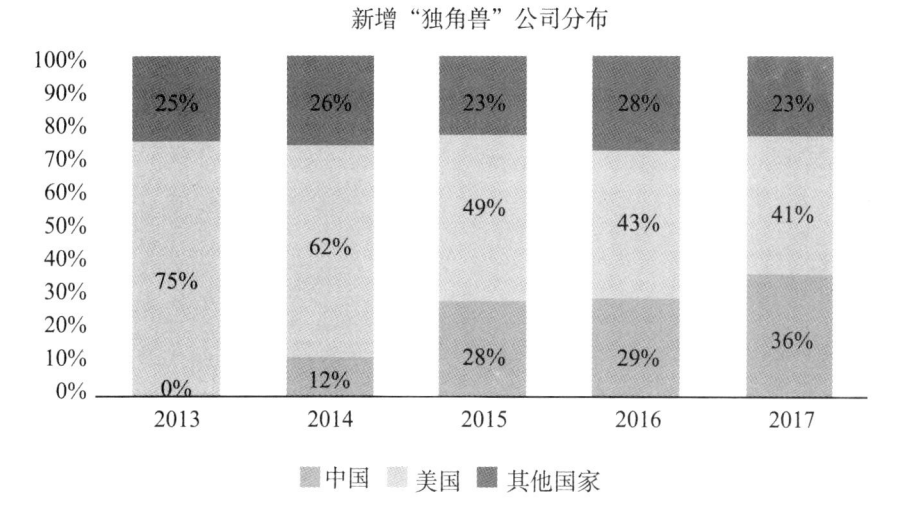

年份	中国	美国	其他国家
2013	0%	75%	25%
2014	12%	62%	26%
2015	28%	49%	23%
2016	29%	43%	28%
2017	36%	41%	23%

图 10　中国"独角兽"崛起的速度已经接近美国

资料来源：CB insight

老经济板块在价值链条上不断升级，同时提高效率

传统制造业正在价值链条上升级

虽然以消费和服务行业为主的新经济正在快速崛起，但以制造业为主的第二产业仍然是中国当前经济的核心支柱，第二产业的比重虽然有所下降，但仍然维持在约40%。同时，从高收入经济体的经验看，制造业仍然是出口贸易中保持核心竞争力的核心要素。

第二产业占比(%)

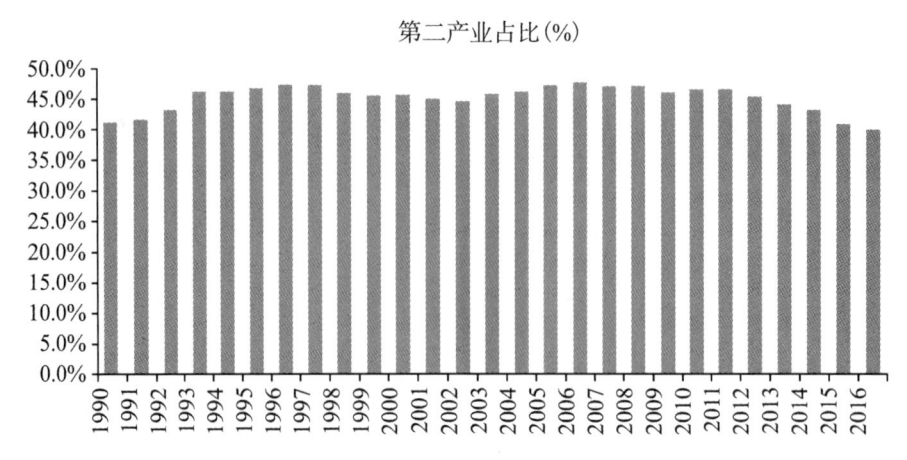

图11 以制造业为主的第二产业仍然占中国GDP总量的约40%

资料来源:中国国家统计局

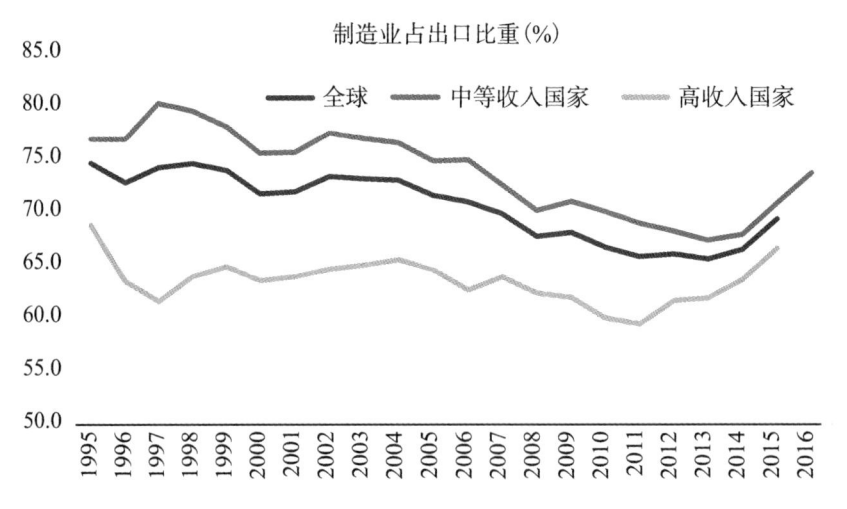

制造业占出口比重(%)

图12 高收入国家制造业仍然是出口贸易的重要支柱

资料来源:WTO

作为大国,中国不能完全依赖于服务业和消费行业,制造业未来的转型同样重要,这种转型更多体现为在价值链上的迁移,从过去的注重低端制造业向中高端制造业转变。如果对比中国和美国、德国、日本等制造业强国的出口结构,可以明显看到,虽然中国在全球贸易中的参与度高,但更多体现为低附加值的出口商品。

例如，虽然从笼统的制造业口径上看，2015年中国的制造业出口占比达到94.4%，超过美国、日本和德国，但如果仔细拆分制造业的出口结构可以看到，其中低附加值的制造业，例如纺织服装行业，中国的出口比重虽然自20世纪90年代末以来明显下降，但仍保持在12.4%的高位，远高于美国（1.3%）、日本（1.1%）和德国（2.3%）；而高附加值的行业，例如机械和交通运输设备行业的出口比重为46.8%，相比汽车制造业强国日本（58.7%）和德国（49.7%）仍然存在差距；在自动化产品出口方面，中国出口比重仅为2.2%，更是远低于美国（8.5%）、日本（21.9%）和德国（18.6%）。

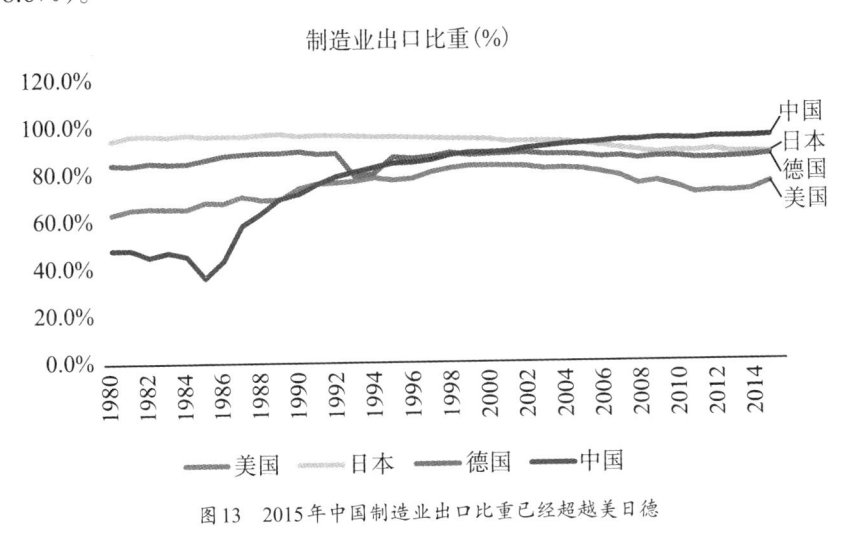

图13　2015年中国制造业出口比重已经超越美日德

资料来源：WTO

纺织服装行业出口比重(%)

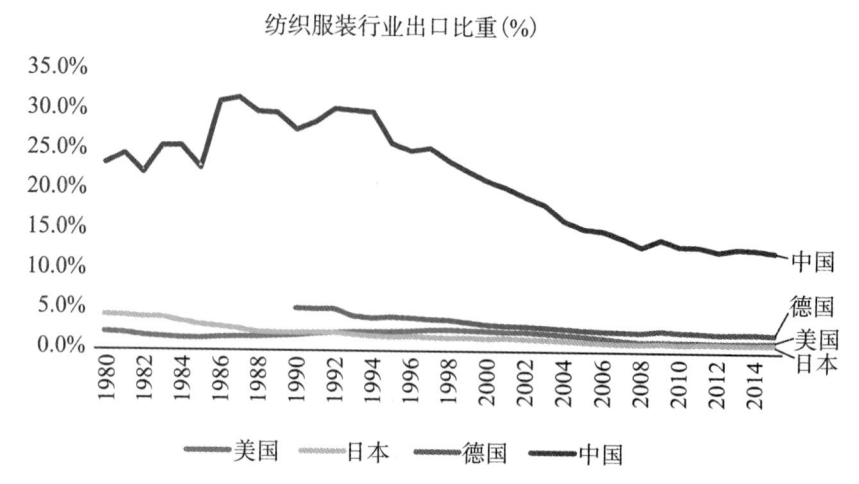

图14 中国低附加值的产业如纺织服装行业出口比重远高于美日德

资料来源:WTO

机械和交通运输设备出口比重(%)

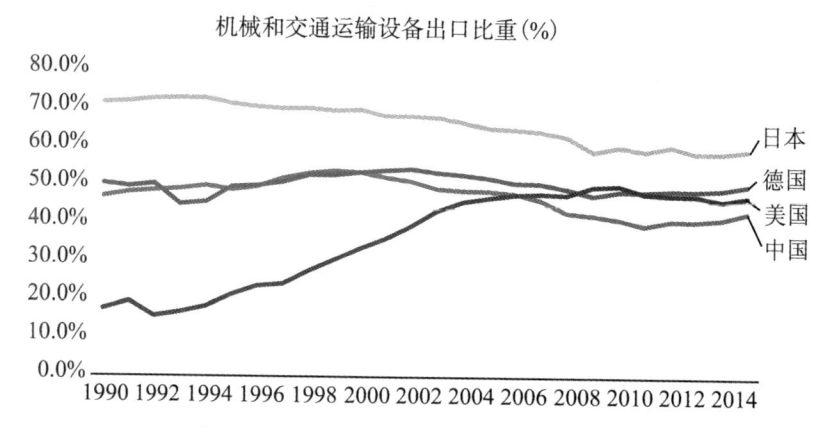

图15 机械和交通运输设备出口比重低于日本、德国等汽车制造强国

资料来源:WTO

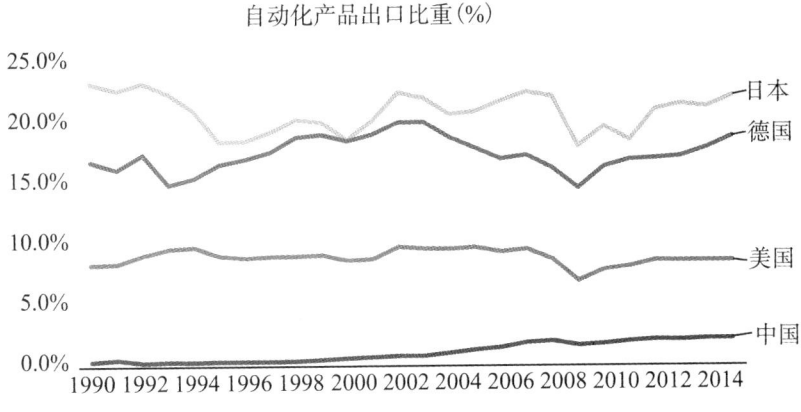

图16 自动化产品出口比重远低于美日德等国

资料来源：WTO

中国高层提出的"中国制造2025"正是对这一目标的指引。在习近平主席的十九大报告中，明确指出要加快建设制造强国，加快发展先进制造业，促进中国产业迈向全球价值链中高端，培育若干世界级先进制造业集群。目前，中国已经在包括高铁、核电、大飞机、船舶制造等行业步入世界前列，并开始进行技术的对外输出。从近期日本神户制钢造假的丑闻看，似乎"海外制造"并没有那么神奇，而反观"中国制造"，也不再是低端的代名词，而逐步开始成为中高质量的标志。

在此过程中，中国的传统制造业企业也纷纷开始转型高端化，不少企业开始"走出去"，高端制造业已经成为中国企业海外并购的热点，例如中国的家电龙头美的收购德国领先的机器人和自动化生产设备解决方案提供商库卡集团、大连机床集团全资收购美国机床制造业知名公司英格索尔生产系统公司等，这将有助于这些中国的传统制造业企业实现业务的转型和高端化。

以国有企业为主的老经济板块正在改革中提高效率

除制造业的转型升级外，中国仍然有为数众多的"老经济"行业来自资源品行业，例如采掘、黑色金属、有色金属、石油、化工等行业，并且在中国经济中所占比重还不小。对于这些行业而言，过往深受过剩产能和随之而来的低盈利水平、高财务杠杆和沉重的财务压力所困扰。对于这些行业而言，改变困局的关键是提高盈利能力，而过剩产能的清理就显得尤为重要。

中国从2015年开始推行的供给侧改革在这些传统老经济行业清理了一大批过剩产能，不仅如此，这些行业未来的新增供给也变得更加有纪律，改革的直接结果是代表高端优质产能的行业龙头盈利能力更强，从国家统计局提供的数据可以看到，以煤炭和钢铁行业为例，税前利润率得到大幅提升。在盈利改善后，这些行业龙头企业已经开始内生的资产负债表的修复，这将有助于解决中国工业企业现在面临的高杠杆率问题。

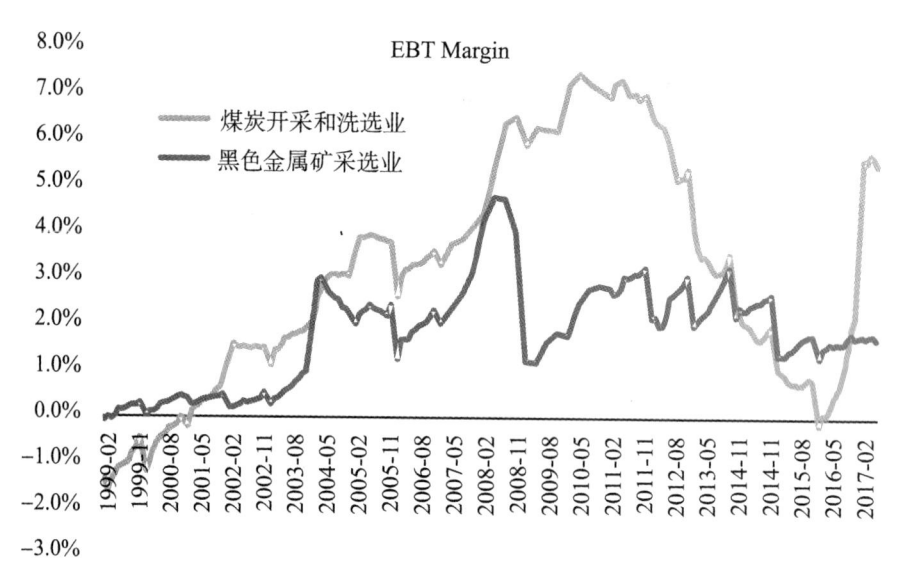

图17 供给侧改革之后传统周期性行业的税前利润率（EBT Margin）明显改善

资料来源：中国国家统计局

除供给侧改革外，中国的政策制定者推动的国有企业改革同样将提高这些"老经济"行业企业的经营效率，习近平主席在十九大报告中明确指出，要"深化国有企业改革，发展混合所有制经济，培育具有全球竞争力的世界一流企业"。中国的国有企业改革可以主要分为两类：

第一类主要是大型国有企业的合并，已经有包括中国神车、中国神钢、中国神电、中国神船等在内的巨无霸企业诞生，这种合并的意义在于创造出世界范围内具备竞争力的行业龙头，以强化中国在这些领域的竞争优势，同样，这些企业在合并之后，也更加有利于行业集中度的提升，进而有助于供给侧改革的进行。

第二类是混合所有制改革，市场此前担心中国政府在混改方面会有所顾忌，但从中国联通的案例看，可谓诚意十足，直接拿出核心资产进行混改，未来新股东会占有三个董事会席位。而从进展看，混合所有制改革已经在发挥作用，10月20日联通发布消息称与腾讯和阿里巴巴达成合作，涉及云计算、网络安全等方面。此外，引入民营股东的监督还有助于这些国企"大象"改善经营效率，提高股东回报率。

可以说，供给侧改革配合国有企业改革，中国正在培养一批具备更高效率、在国际上具备绝对竞争力的传统行业龙头企业。

除了新老经济转轨过程中酝酿的潜力外，更加重要的是，本届中国政府的执政者展现出相比以往不同的特质，主要体现在更强的执行力，更加注重经济增长的质量和可持续发展，以及更加注重长期的经济增长前景。

更强的执行力。供给侧改革展现出本届中国领导者的执行能力，在改革之初，海外投行预计这一过程将持续5年以上的时间，但目前看来，供给侧改革对于过剩产能清理的节奏快于所有人的预期，根据工信部相关领导在十九大期间透露的信息，钢铁行业2017年全年的去产能目标在当年8月底已经提前完成，而内蒙古、辽宁等省份（自治区）也已经提前完成煤炭行业的去产能目标，山西和江西等省份甚至主动提高了煤炭去产能目标。

更加注重经济增长的质量和可持续发展。在官员任免升迁的政治仕途中，GDP一直被作为最重要的指标，没有之一，但从近期一系列地方官员的任免上看，经济增长质量相关的因素已经开始纳入考核指标体系，例如环境保护，推行环保政策得力的地方官员可能将获得机会升迁，而环保治理不得力的官员频遭处分记过。习近平主席本人对于生态文明建设的关注和多次提及的"宁要绿水青山，不要金山银山"表明，中国正在注重经济增长的质量和可持续发展。

更加注重长期的经济增长前景。中国的一部分政策制定者过往总是表现出一种对于增长数字的迷恋和执着，2008年全球金融危机之后的4万亿经济刺激计划是很好的案例，但从习近平主席的态度看，似乎对于短期增长速度的下滑容忍程度更高。增长数字的魔力开始减弱，习近平本人曾经表示"全面建成小康社会，不是'数字游戏'或'速度游戏'"，因此未来中国领导人可能更加注重长期的经济增长前景，而对于短期经济增速的略微下滑抱有更大的容忍度。

回首中国改革开放以来的经济增长轨迹，每一次经济增速的崛起背后都是改革红利的释放。作为大国，中国领导人手中的牌还有很多，例如土地制度改革、户籍制度改革等，只要领导者具备决心和能力，未来改革的制度红利并未枯竭，而这种制度红利才是中国经济真正的增长潜力所在。

站在十九大的节点上，中央提出了新的发展目标，"从2020年到2035年，在全面建成小康社会的基础上，基本实现社会主义现代化；2035年到21世纪中叶，在基本实现现代化的基础上，建成社会主义现代化强国"，从中国经济的增长潜力看，应当对中国完成这一目标，跨越中等收入陷阱，在世界经济中占据更加重要的地位抱有信心。

李海涛

汇率转轨的路径选择

中国由盯住汇率制度向浮动汇率制度的转轨将建立一道应对外部冲击的防火墙。但天下没有免费的午餐，汇率调整引发的国内物价水平和资产价格的波动，在全社会范围内产生广泛的收入和财富效应。

政府部门应该制定什么样的应对政策以尽量降低转型的不利影响，企业和家庭部门又如何在转型的大潮中保住自己的竞争优势和资产净值？

鱼和熊掌不能兼得，站在经济学的角度，权衡取舍汇率转型的失与得是经济学应有之义。或许分析俄罗斯汇率制度改革的得失，可以供新兴经济体如中国等，在汇率制度转轨中镜鉴。

一边倒还是共患难：通货膨胀和失业的权衡

在浮动汇率制度下，油价大跌导致俄罗斯卢布的大幅贬值，这一方面有利于俄罗斯国内财政收入的稳定和石油以及贸易品部门的生产和就业；另一方面，卢布贬值通过汇率的价格传递效应，直接抬高以卢布计价的进口商品价格，进而对国内整体物价水平产生冲击。国际经济学大量的研究表明，对于发达国家如美国而言，这种汇率的价格传递效应一般较小。

一方面，由于进出口占美国经济的比重较低；另一方面大部分进出口商品价格以美元计价，从而明显降低了汇率波动通过价格传递效应对国内经济的不利影响。但对于像俄罗斯这样高度依赖大宗商品进出口的小国经济体而言，汇率的传递效应较大，根据一项估计，2002年～2012年，俄罗斯汇率变动对后来俄国内物价水平的影响达到47%。假如居民家庭部门的名义收入不变，物价上升也就意味着家庭部门的实际收入水平的下降，也就是说，油价下跌的不利冲击大部分最终由全体人民来分担了。

而在盯住汇率体制下，名义汇率不调整导致的卢布名义汇率高估，将会直接导致俄罗斯石油等大宗商品出口企业利润下滑，企业势必通过减产和其他方式更加严格地控制成本，并且进一步导致该国财政收入下降。由于石油和天然气行业是俄罗斯的支柱产业，该行业的收入下降、利润下滑和失业率上升又会引致对其他行业的需求下降，降低了社会总需求水平。价格不变，经济体系以产量调整来出清，这是经济学规律。

那么，对于高度依赖进出口的俄罗斯而言，既然经济不可避免承受外部冲击，这种"一边倒"和"共患难"的两难选择就摆在了政府面前。

虽然理论上我们无法衡量让一部分人民承受较大损失和让全体人民承受较轻损失两者之间，从道德上哪种更优。但是从经济学角度来看，一国财富的性质和根本原因在于该国不断发展的生产力，因此，对优势产业的打击也会对该国经济产生更持久的影响。

从长远来看，共患难是对国家整体福利更优的选择，一国的生产力在波动剧烈的国际市场中得以保存，延续其生命力和竞争力，等待春天的到来。国际大宗商品的周期性波动表明，只有留住本国优势产业的生产力，失去的终将会回来。

不把鸡蛋放到一个篮子：资产配置全球化分散风险

油价下跌，卢布汇率贬值直接降低了以卢布计价的资产价格，从而使得俄罗斯家庭部门不仅承受直接的收入下降损失，还将面临财富缩水的另一重打击。

汇率贬值之后的资产价格下降，类似于最优税收理论里面提到的一次性转移税，虽然不会改变经济体系中各产品的相对价格，从而不会有较强的替代效应，进一步扭曲经济体系的资源配置，但财富下跌造成的收入效应仍会显著降低家庭部门的消费需求和企业的投资需求，导致总需求的下降，对国内宏观经济产生冲击。面对汇率贬值之后可能出现的财富效应，我们应当在事前采取适当的措施来尽量缓冲以本币计价的资产缩水带来的不利后果。

金融学里著名的资本资产定价理论分析了一个风险厌恶者如何通过构建资产组合来达到既定风险下的收益最大化，其核心思想简而言之就是"不要把鸡蛋放在一个篮子里"，实现资产配置的多样化。该理论模型的一个核心假设在于，资产之间的独立性越强，那么通过构建资产组合就越能分散风险。而国与国之间资产的独立性明显较国内资产之间的独立性更强。

因此，通过构建全球资产组合，可以极大地降低家庭和企业部门面临的汇率风险。以俄罗斯为例，如果家庭部门的资产配置已经实现了全球范围内的多样化组合，那么卢布贬值，以卢布计价的资产价值就会下降，但同时也意味着以美元计价的资产价值上升，这一正一负，净效应取决于最终的资产配置组合。

在某种情况下，这种资产配置组合是可以实现在卢布大幅贬值情况，家庭部门财富净值仍然上升的。但如果家庭部门资产配置较为单一，以国内资产为主，这就会带来较强的财富效应，极大地降低本国居民的福利水平。

因此，放开汇率的同时，在资本可自由流动的情况下，为了应对这种潜在的财富效应，政府应更多地鼓励家庭部门进行全球资产配置，出台相应政策为全球资产配置提供便利，从而降低家庭部门面临的金融风险。在居民对国外风险状况存在信息不对称的情况下，放开管制，让专业化的市场性机构来处理这种需求，就显得尤为重要。

中国目前正处于放开资本管制，实现向浮动汇率转轨的关键阶段。如何帮助家庭部门尤其是中国的普通家庭应对面临的资产风险是政府的当务之急。从招商银行和贝恩咨询发布的《2015年中国私人财富报告》来看，中国可投资资产超过1000万元的高净值人群中，拥有境外资产的人数比例从2011年的19%上升到2015年的37%。

而对于超高净值人群而言，该比例则从2011年的33%上升到2015年的57%。这也符合法国经济学家托马斯·皮凯蒂（Thomas Piketty）关于财富分配的研究。富人拥有更多的投资渠道，投资海外从而实现资产配置的多样化。受限于资本管制以及较高的交易成本，中国的普通家庭还不能获得与高净值人群同等的海外投资渠道。因此，相关部门应努力降低海外资产配置的门槛，实现真正意义上的普惠金融，让中国的普通家庭部门能通过资产配置的全球化来分散风险。

防投机性流动的政策组合

俄罗斯整体经济占世界经济的比重不高，因此其资本的跨国流动并不会对国际资本市场产生显著的影响。但对于中国这样的大国而言，放开资本管制，引发的资本大规模流动会对全球资本市场产生较大冲击，由此带来的负面影响不容忽视。

2015年8月央行对汇率实施一次性贬值，全球市场剧烈震动，美股等资产价格出现剧烈下跌，中国经济政策的全球影响力可见一斑。股票等资产价格的短期下降并不会引发其他国家对于中国的敌对情绪，但中国家庭部门跨国资产配置在局部市场上产生的作用却会对被投资国的政治环境产生显著的影响。

从温哥华到悉尼，从伦敦到迪拜，发达国家和地区的房地产价格持续上涨，加州更被视为中国人的后花园。这是中国不断富裕的家庭部门海外投资的产物。不断高涨的房价刺激了利益受损的当地人通过各种渠道来抗议不断涌入的中国投资。近来，澳大利亚越来越高的排华心态就反映了这些问题。

这种抢购海外资产，短期内快速炒高资产价格的行为反映了国人对人民币贬值的一致预期。在缺乏弹性的汇率制度体系下，居民如果预期汇率贬值，将人民币资产转换成外币资产，由此产生的投机性需求会迅速拉高海外资产价格，从而对当地市场造成冲击。

而在浮动汇率制度下，由于随机游走模型仍是描述汇率走势的最佳模型，汇率的双向浮动将抑制投机性资本流动，使得外汇市场难以产生持续的一致性预期，从而缓解资本跨国流动对海外国家资产价格的冲击。

然而，从长期来看，中国家庭部门的资产配置全球化将不可避免地对全球资本市场产生冲击。这就要求我们的政策制定部门应该采取措施以尽量降低由此带来的不利影响，更大范围地扩大投资渠道，提供投资便利，为企业和家庭部门走出去提供必要的服务。投资股票和债券市场将有利于实体经济的发展，对外直接投资可以在当地创造就业，所有这些都会为中国在海外的投资带来正面效应，是满满的正能量。正如华为在海外的扩张中，注重聘用海外员工一样，只有这样，中国的跨国投资才能获得更大的政治认同，不仅造福华人，也将造福全世界。

金融自由化一般来看是市场化改革的最后一环，而汇率制度改革又是金融自由化改革的最后一里，不仅是中国的挑战，也是世界的挑战。汇率制度转轨对新兴经济体而言更像是惊险一跃，迈过这道门槛，海阔天空，政府部门有更大的政策空间维持宏观经济稳定，家庭部门有更多的投资选择从而实现资产配置的全球化以分散风险，企业部门有更多的融资渠道从而开拓全球市场。

从俄罗斯的汇率转型看，实现成功的汇率制度转型不仅需要关注国内经济调整方式转变产生的再分配效应，做好相应的补偿措施，更应积极培育跨国投资的市场化机构和人才，为实现资产的跨国配置提供制度和知识上的保障。

李伟

第三章

说不尽的改革与政策监管

试论金融机构的有序破产

  是否应该容许银行和非银行金融机构破产？如何破产？大型金融机构的无序破产会造成投资者的巨大损失，以及金融体系乃至整个社会民生灾难性的后果，相信大家对次贷危机过程中雷曼兄弟的倒闭对全球金融市场所造成的猛烈冲击仍然记忆犹新。当前，我国随着"去杠杆、去产能"的供给侧改革进入深水区，部分银行与非银行金融机构的财务状况不容乐观，金融机构的破产很自然地成为讨论的焦点之一。2016年6月12日，中国人民银行副行长张涛在陆家嘴论坛上发表讲话，他强调，我国要建设与整个金融体系相配套的退出机制，对于经营出现风险、经营失败的金融机构，要建立有序的处置和退出框架，允许金融机构"有序破产"。愿景无限好，但具体的方案设计却可能困难重重。那么，什么是"有序破产"，我们该怎么做呢？

  我们这篇文章的目的，是希望能通过介绍美国针对金融机构所设计的有序清算制度，结合具体的案例分析，为政策制定者和广大投资者提供一些参考和建议。

美国的有序清算制度介绍

2007~2008年,次级抵押贷款的风险全面爆发,美国乃至整个世界都受到这场金融海啸的波及。损失惨重、面临倒闭的金融机构比比皆是,如果放任其倒闭,将会对糟糕的经济状况雪上加霜。各个国家纷纷出台了政府对金融机构的救助方案。例如,美国政府就通过1.7万亿美元的紧急财政救助来援助房利美、房地美、AIG、花旗银行、美国银行等大型金融机构。虽然救助金花费甚多,但在2008~2010年仍有250家以上的银行倒闭,包括著名的美国第四大投行雷曼兄弟,给广大储户和投资者造成了很大的财产损失。为了提升美国金融系统的稳定性,防止金融机构"大而不倒"的情况再次发生,防止利用纳税人的钱进行紧急财政援助以及其他重要目的,2010年7月21日,美国总统奥巴马正式签署《多得-弗兰克华尔街改革和消费者保护法案》(Dodd-Frank Wall Street Reform and Consumer Protection Act,以下简称《多得-弗兰克法案》),其在第二章正式提出了有序清算制度(Orderly Liquidation Act,简称OLA)。

事实上,在有序清算制度正式成立之前,美国联邦存款保险公司(Federal Deposit Insurance Corporation,简称FDIC)就承担了为美国的银行提供保险,以及承担清算破产银行接管人的角色的两大任务。1933年,FDIC在美国大萧条留下的满目疮痍中成立,旨在重塑人们对美国银行体系的信心。1950年,《联邦存款保险法案》颁布,制定了美国问题商业银行的救助模式。FDIC设立了存款保险基金(Deposit Insurance Fund,简称DIF),用来提供保险赔付和处理银行破产。一旦某家存款机构倒闭,FDIC就成了其破产接管人,收集问题机构的相关信息,评估不同的解决方案给保险基金带来的潜在损失,进而选出最优的解决办法。截至2016年3月,存款保险基金规模约751亿美元,为66690亿美元的银行存款提供保险。

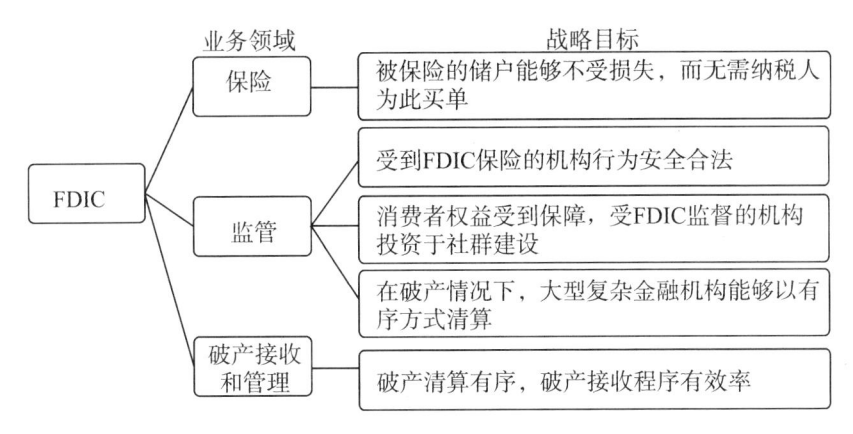

```
业务领域           战略目标
  保险   ── 被保险的储户能够不受损失,而无需纳税人
             为此买单
FDIC       ── 受到FDIC保险的机构行为安全合法
  监管   ── 消费者权益受到保障,受FDIC监督的机构
             投资于社群建设
           ── 在破产情况下,大型复杂金融机构能够以有
             序方式清算
 破产接收
 和管理   ── 破产清算有序,破产接收程序有效率
```

图1　FDIC的三大业务领域和各领域的战略目标

然而,2008的金融危机后美国政府发现,仅针对存款机构的救助和清算制度并不足以规避系统性风险,大型复杂金融机构的破产往往会因为连锁反应为整个金融体系带来更大的损失。如前文所述,为了平衡"大而不倒"的道德风险和破产的巨大破坏力,《多得-弗兰克法案》将有序清算的覆盖范围扩大至具有系统重要性的大型金融机构,即参考FDIC处理问题银行的模式和普通公司破产模式,提出一种针对性的救助制度。如果没有可行的私有部门处理机制来避免公司违约并进入破产程序,且其破产会对美国金融稳定造成负面影响,FDIC将作为破产接管人进行清算程序。为了使清算程序顺利进行,法案设立了有序清算基金(Orderly Liquidation Fund,简称OLF),该基金由美国财政部创立,为清算过程中的花费的资金提供流动性支持。

有序清算基金与存款保险基金有诸多不同。根据《多得-弗兰克法案》的叙述,在对一家金融机构进行有序清算过程中的花费应该从这一公司的资产清算中得到补偿,或者从其他金融公司的核定收取款项中得到补偿。如果该公司资产清算后不足以支付清算过程的花费,在法案下FDIC可以通过向财政部发债来筹措资金设立OLF,事后这些资金将通过对金融行业的核定款项收回。当然,FDIC只有在制定出财政部认可的有序清算方案后方可使用OLF的资金。总体而言,金融机构的清算花费应在金融体系内得到回收，不应该花费纳税人的钱来为金融机构进行清算。

美国西部银行（Western National Bank）破产案例分析

结合2011年美国西部银行的倒闭事件，我们来一起看看美国有序清算制度应用在问题银行上的具体步骤和程序。

坐落在美国凤凰城的西部银行是一家典型的中小银行，其存款量位于亚利桑那州的第26位，是2011年亚利桑那州倒闭的第三家银行。在破产前一段时间，魏斯评级（Weiss Ratings）、鲍尔评级（Bauer Financial）等多家独立评级机构都给它打出了非常低的评分。根据美国财政部在2012年4月5日针对这起破产发布的评审报告，西部银行的经营失败主要源于其在商业房地产贷款业务上的过度扩张，以及缺乏相称的信贷管理和风险控制措施，具体表现在低估潜在风险，对抵押物资估价不准，缺乏完善的贷款限额制度和损失应对机制。不充分的董事会和管理层的监管亦是一个原因。随着问题贷款的堆积和可用资本的锐减，董事会和管理层也无力回天，只好进入清算程序。

根据FDIC公布的文件，有序清算过程共分为两个部分，即决议过程（resolution process）和清算过程（receivership process）。

首先，金融机构的监管机构分别向该金融机构和FDIC通知该机构处于破产边缘，FDIC开始实地调查、收集资料，决议程序就此开始。美国财政部下属的货币监理署（Office of the Comptroller of the Currency，简称OCC）就扮演了这个角色，负责美国国民银行以及联邦注册的外资银行分支机构的监管，亦包括此例中的美国西部银行。

然后，FDIC将收集更多的信息并制定多种可能的清算策略。在清算策略决定之后，FDIC会将金融机构的信息（但不包括该机构的具体身份信息）发送给潜在投资者并向这些投资者的主要监管机构取得许可，保证这些潜在竞标者能够参与清算过程。在西部银行一案中，竞标者包括华盛顿联邦银行（Washington Federal）、贝尔斯登银行（Stearns Bank）等7家金融机构。

之后，FDIC会将问题机构的更多信息传递给竞标者，并且在征得问题机构董事会的同意后让竞标者做实地调查。所有竞标者都要在竞标截止日前提交标书，FDIC会比较破产清算程序和竞标方案花费之间的差距，选择对于存款保险基金或有序清算基金损失最小的方式，然后请求FDIC董事会批准方案。最后，问题机构的资产和存款都转移到收购方机构中，监管机构关闭问题机构，并任命FDIC为破产接管人。

完整出现在公众眼中的，几乎只有最后的谢幕。2011年12月6日星期五，OCC关闭西部银行，并任命FDIC为破产接管人，负责料理西部银行的商务事宜，包括对于资产负债的处置和依照优先顺序对索赔人支付利息或股利。当天，FDIC几乎同时推出了与华盛顿联邦银行的"收购和承接协议"（Purchase and Assumption Agreement），说明OCC与FDIC早在12月6日公布日之前很久就开始了清算过程。协议中宣布：美国西部银行的三家原分支机构将作为华盛顿联邦银行的分支机构继续运行，并且在正常时间营业；除Cede & Co.账户外，其他所有存款账户都将被转移到华盛顿联邦银行，并且马上就可投入使用；在西部银行破产6个月之内，储户转移到华盛顿联邦银行的存款都会与在华盛顿联邦银行的原存款账户（如果有的话）被分开保险；只要西部银行的账户中仍然有足够的资金，那么在西部银行没有被关闭前签出但还没有被清算的支票仍将被兑现。

至此，有序清算的决议过程完美结束，清算过程开始，破产机构的各种债权方将从FDIC得到赔偿，顺序如下：破产清算人的破产清算费用、存款债券索求、其他一般债权或优先债权、次级债、股东权益。支付完所有代偿款项后，清算过程终结。

我们的建议

通过上文对美国有序清算制度的介绍，以及对美国西部银行破产过程的分析，我们对我国金融机构的有序破产提出如下几条建议。

第一，重点防范银行业风险，加快出台针对中国银行业的统一完善的破产清算条例。

在中国，防范金融系统性风险，首要和重点是需防范银行业的风险，加强银行业的监管。这样说是有据可依的：银行资产在中国是金融资产中最重要的组成部分，银行贷款在社会融资中具有不可撼动的地位。根据中国人民银行数据，截至2015年年底，中国银行业总资产达到199.29万亿人民币，占中国银行总资产、股票总市值和债券市值之和的69%。从2016年年初～2016年5月底，我国社会融资规模增加81011亿元，其中人民币贷款就有61667亿元，高达总融资规模的76.1%，我国融资渠道单一化可见一斑。作为资产规模霸主和社会融资的主要来源，银行业金融系统的风险大大提升。2016年7月7日，在北京举办的银行业论坛上，中国银监会国有重点金融机构监事会主席于学军表示，5月末中国银行业不良率突破2%，而外界金融人士认为这仍低估了中国银行业面临的不良贷款危局。商业银行是中国企业债券市场的主要投资者。自2014年"11超日债"无法偿还8980万元债息，至2015年中国债市一系列违约事件的发生，都预示着我国债券市场的刚性兑付神话已经开始打破，中国企业债券市场实质违约在增加。

上述分析告诉我们，若银行业面临危机——例如不良贷款或企业债券违约大幅增加，陡然增加的不良率和实际资产损失将引发恐慌，进而导致银行发生挤兑甚至倒闭。在没有有序的破产清算条例控制的情况下，实体经济将受到严重的负面冲击。这种猜想可能会被部分人认为是捕风捉影，毕竟银行面临破产危机这类事件几乎闻所未闻（虽然史上已有海南发展银行破产的例子）。支持这种猜想的是"大而不倒"的侥幸心理，而其后果则是银行一味依靠政府救助、道德风险增加、市场竞争被扭曲，为之买单的仍是人民群众。因此，我们必须在破产造成的风险与道德风险中取一个平衡点，创造一套合理的、有针对性的银行破产清算制度是必不可少的。

2015年5月1日，经多方研究调查，我国的《存款保险条例》终于颁布实施，基本框架包括：强制保险，限额赔付，差别费率，基金主要来自于被保机构、投资于国债等安全性较高的产品等等。前央行金融稳定局局长宣昌能2016年发表的文章《中国存款保险制度的实施与展望》称，截至2016年3月31日，全国3658家吸收存款的银行业金融机构已全部办理投保手续。存款保险制度是建立银行业有序退出机制的最基础、最重要的稳定措施，必须坚定不移地维持下去，并尽早做到资金链公开透明、严格监控风险、合理收取差别保费、完善基金使用细则。

虽然已经建立起存款保险制度，然而时至今日，我们仍没有完整的针对银行破产的清算条例，更没有相配套的法律体系。条例一日不出台，银行业就难以形成完整的风险预期，存款保险制度也会面临挑战。

第二，逐步建立适用于非银行类金融机构的破产制度。

正如前文所述，2008年金融危机过后，美国政府通过《多得-弗兰克法案》推出了更广泛的、覆盖到具有系统重要性的金融公司的有序清算制度。虽然我国针对银行业金融机构的破产体系尚未完成，建立对金融机构普适的破产制度的路还很漫长，但是监管部门与有识之士已将这一议题提上日程。

资料显示，目前我国金融机构的破产法律体系主要有企业破产法、银行业监督管理法、商业银行法、证券法、保险法及其他相关法规中散见的法律规范组成，并未呈现完整和谐的有机体系，没有将金融机构和普通企业的破产制度清晰地区分开来，也没有针对有系统性重要金融机构的特别规定。虽然银行是我国金融体系中的大块头，但中国并不乏如美国贝尔斯登、雷曼兄弟、AIG一般占据重要地位的大型金融机构。金融创新的浪潮令这些非商业银行类金融机构可以涉及的金融产品范围比以往任何时候都要广泛，在这种情况下，银行业面临的困境其实亦是整个金融体系面临的困境。因此，除了日常监管措施，考虑有序的退出机制也十分重要。

从操作层面上看，银行与非银行金融公司的破产清算有显著差别，但最小化社会损失的目标是一致的。首先，由于金融市场的瞬息万变，通过强制要求非银行金融机构缴纳保费来构建保险基金是比较困难的，我们可以参考美国的OLA制度，由政府设立有序清算基金，为破产的金融机构仅提供流动性而不无偿救助；第二，由于不存在数量庞大的储户，但可能运营其他复杂的有众多客户的金融业务，非银行金融机构破产时的清偿顺序可能更类似于普通公司而非银行机构；第三，这两类机构的破产由同一个执行部门进行把控，有利于提高效率，以及提前探知系统性风险。

第三，明确监管主体，减少监管真空。

20世纪90年代以来，美国一直奉行混业经营、分业监管的模式。但监管主体间存在界限不清、职责不明的问题，因此容易形成"监管真空"。这种模式下，分业监管要求多个监管机构对复杂的混业金融市场进行分领域监管，这使得各领域监管无法及时、有效地进行信息沟通，监管效率下降，在金融衍生品被广泛使用的环境下这种监管无力则更加明显。除了确立有效清算体系，前面提到的《多得-弗兰克法案》更对美国的金融监管改革做了全面的描述，包括扩大美联储的监管范围、成立金融稳定监管委员会等。美联储成为名副其实的"超级监管者"，大小型金融机构、甚至金融衍生品市场均由美联储管理，而银行与具有系统重要性的非银行类金融机构的破产清算均由FDIC负责。

我国"一行三会、分业监管"的监管结构已经延续十余年之久，监管重叠和监管真空时有发生，从业界、学术界传来的统一监管的声音不绝于耳。无论哪种做法，仅就保证问题金融机构有序退出或重组而言，统一监管能够探测金融系统中的潜在风险及其在不同行业间的传递，进而遏制混乱无序的大规模破产的可能性。

另一方面，我国建立一个如FDIC一般负责金融机构有序清算、管理存款保险基金的存款保险公司或有序清算公司则显得更加迫在眉睫。该公司应该承担起对被保机构进行特殊监管、平稳有效运营保险基金的职责，亦应该具备与其他监管机构合作、提出市场化解决方案、化解破产危机的能力。

总　结

建立银行与非银行类金融机构的有序退出机制，是促进金融体系健康发展的关键一步。通过对美国有序清算制度的介绍和对美国西部银行清算过程的分析，我们知道，平稳运行存款保险基金，设立有序清算操作机构，开展破产退出机制和风险意识教育，是摆在我们面前的一条可循之道。我们建议，应以银行业为先头兵，加快出台有具体可执行步骤的统一系统的银行业破产清算条例；再逐步推出金融业普适的破产清算规章，防范重大系统性金融风险爆发对经济和整个社会民生所造成的严重后果；还应尽快在明确监管主体，减少监管真空上取得实质性进展，针对金融机构破产设置明确的监督和执行机构。

欧阳辉

改革与整合：市场化债转股的应有之义

2016年11月14日，建设银行与山东省国资委、山东能源集团共同签署了市场化债转股框架合作协议，未来将牵头设立三只总规模210亿元基金，并与山东能源集团开展市场化债转股合作，债转股再一次受到市场关注。

中国的宏观经济似乎并没有表现出拐头向上的迹象，而是在向下寻底的过程中。中国的商业银行体系累积的不良资产风险已经开始有暴露的苗头，特别是2008年全球金融危机之后的大规模刺激计划所投放的过量信贷，正在成为中国银行业资产质量的隐忧，甚至可能已经开始酝酿系统性的金融风险。面对这一风险，中国的决策制定者正在启动一轮规模远超以往的债转股计划，而这一轮债转股区别于上一轮的关键在于"市场化"定位，赋予了银行、企业和出资人更大的话语权。但从目前落地的几例债转股案例看，似乎只是风险从一个市场向另一个市场的转移，而并没有从本质上使得濒临破产的企业提质增效。只有通过改革和整合，才能够真正实现债转股企业资产的增值，从而使各方参与者实现共赢。

从中国银行业监管部门公布的数据看，截至2016年上半年，全行业不良贷款比例仅仅为1.75%，如果对照中国在上一轮经济下行不良率激增时的数据看，当时的商业银行整体不良率接近20%，似乎今天的情况并不危险。但从企业部门的实际情况看，显然这一不良率的官方统计数字并不合情合理，我们选择了煤炭、钢铁和有色金属三大高杠杆、强周期行业作为代理变量考察这一问题，截至2016年9月，这三大行业的亏损企业占比分别达到32.4%、27.5%和22.1%，仅分别低于历史最高水平4.9%、3.1%和8.7%，亏损情况基本达到上一轮不良资产爆发时期水平。

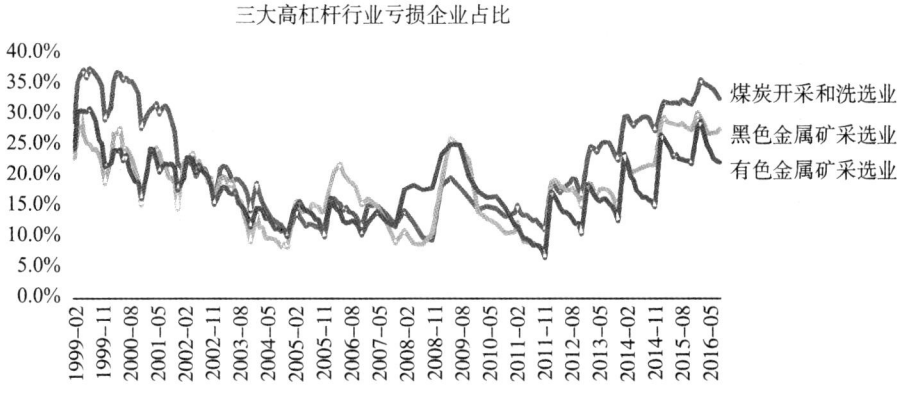

图1 三大高杠杆行业亏损企业占比回到上一轮债转股之前水平

资料来源:Wind资讯

银行业已经通过各种各样的方式在其资产负债表中腾挪和隐藏不良资产，例如一些本应该被确认为不良的贷款被确认为关注类贷款，一些银行通过向企业提供新贷款以偿还原有贷款或甚至只是偿还利息，其他例如通过影子银行的方式将不良资产抽离其资产负债表等。一个具有说服力的数字是银行业的拨备覆盖率[①]（实际上银行贷款可能发生的呆、坏账准备金的使用比率），这一数字在2016年三季度末已经下滑到176%，而监管红线是150%。

---

① 拨备覆盖率是指实际上银行贷款可能发生的呆、坏账准备金的使用比率。拨备覆盖率是银行的重要指标，这个指标考察的是银行财务是否稳健，风险是否可控，也是反应业绩真实性的一个量化指标。此项比率应不低于100%，否则为计提不足，存在准备金缺口。比率越高说明抵御风险的能力越强。拨备率的高低应适应风险程度，不能过低导致拨备金不足，利润虚增；也不能过高导致拨备金多余，利润虚降。——编者注

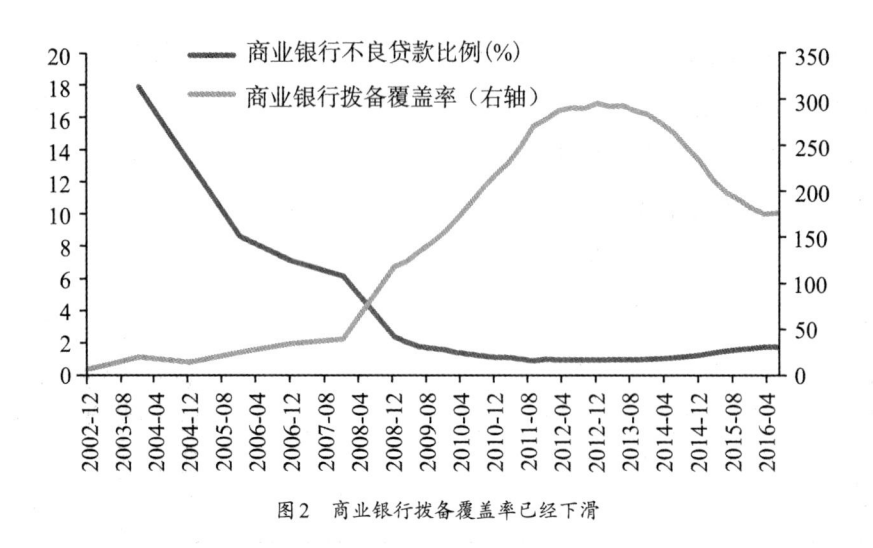

图2 商业银行拨备覆盖率已经下滑

资料来源：Wind资讯

更加值得注意的是，从商业银行体系的支柱——中、农、工、建、交五大国有银行的财务数据看，不良资产的压力已经不容小觑。2016年三季度五大国有银行净利润同比增速进一步放缓到1.01%，其中工商银行单季度负增长0.23%。而这一微弱的正增长也与这些银行在拨备计提政策方面的放松有关，五大国有银行三季度末的平均不良贷款拨备覆盖率为152.76%，其中工商银行为136.14%，已经连续三个季度跌破监管红线的150%，建设银行为148.78%，也加入了这一队伍。如果这两家国有大行坚持拨备覆盖率的红线，净利润负增长将成为必然。可见，拨备作为不良资产风险的缓冲池，其作用已经变得微乎其微。

从官方表态看，这一不良资产风险已经得到高层的重视。2016年10月底闭幕的十八届六中全会明确指出要防范经济金融风险。2016年11月8日央行的三季度货币政策执行报告再次重申将在保持流动性合理充裕的同时，注重抑制资产泡沫和防范经济金融风险。而在具体化解金融风险的措施上，中国的选择与十多年前的上一轮不良爆发期完全相同——债转股。早在2016年3月的博鳌论坛上，李克强总理已经在主题演讲中表示"金融领域将推动全方位监管改革,还在探索用市场化手段债转股"。

从2016年下半年开始,债转股的进程在明显提速,2016年8月银监会就《关于钢铁煤炭行业化解过剩产能金融债权债务处置的若干意见》征求意见,此后中钢集团、渤钢集团等几家债转股方案落地;10月10日,国务院发布《关于市场化银行债权转股权的指导意见》(以下简称"《指导意见》"),银行业债转股方案正式落地,同时公布了《关于积极稳妥降低企业杠杆率的意见》,之后的17日,云南锡业集团与中国建设银行在北京签订了总额近50亿元的市场化债转股协议,成为《指导意见》出台后落地的第一例;此外,还有媒体报道,涉及转股价格、国有资产转让、优先股发行、股份增发、股权转让等的债转股配套措施、配套细则正在研究和制订中。

一个特别的信号是和监管部门正在努力推动中国的商业银行上市。自2015年12月开始,截至2016年11月,已经先后有12家银行上市募资,其中A／H股各6家,港股上市的邮储银行募资591亿港元,创下了2016年全球最大IPO记录,而A股更是在2010年之后第一次向商业银行敞开了IPO的大门。除去这些上市银行之外,A股还有多家正在排队,此外仍不断有小型的城商行和农商行筹划赴港上市。为银行上市放行的背后深层次原因在于,如果政府希望将中国的不良资产风险显性化,银行的净资本将成为最后一道防线,因此在不良爆发之前让更多银行上市,充实其资本金,都将减弱未来金融体系的系统性危机。

从另一个侧面也可以看出,监管部门正在为不良资产风险的释放悄悄做准备。除银行外,政府还在为不良资产的处置市场不断增添新的生力军。在20世纪末的债转股中,中国第一次引入了金融资产管理公司(AMC),而AMC在不良资产剥离、处置中居于核心地位,负责承接不良债权、成为公司股东、派驻董事监事、参与企业重大决策等。1997年金融危机之后,中国相继设立了华融、长城、东方和信达四大不良资产管理公司,分别对应了工、农、中、建四大国有商业银行,并两次承接不良贷款资产,1999年剥离约1.38万亿,2003~2007年国有四大银行在重组上市之前再次剥离和核销1.98万亿人民币的不良贷款资产。此后四大AMC作为这一市场的主体活跃至今，其中除长城外的三家已经全部完成股改，信达和华融已经先后在香港上市。

在2012年银监会发布的《金融企业不良资产批量转让管理办法》中明确指出，四大国有AMC作为市场主体，除此之外，省级政府允许设立或授权一家省级资产管理公司。但相比国有AMC，这些省级"玩家"在进行不良资产处置时面临诸多障碍，除每省只允许设立一家外，在地域上也只能在省内经营不良资产的批量转让，实质上限制了这一市场上"玩家"的数量。

这一情况在近期已经得到了改变。2016年10月22日，媒体报道银监会向省级政府下发《关于适当调整地方资产管理公司有关政策的函》，放宽关于各省原则上只可设立一家地方资产管理公司的限制，同时还允许地方AMC以债务重组、对外转让等方式处置不良资产，对外转让的受让主体不受地域限制。在2016年11月7日银监会下发的地方资产管理公司名单中，上海、浙江等地已经出现了第二家地方AMC。政府的意图非常明确，不良资产管理市场参与者的扩容将直接扩大这一市场的供给。

现在需要回答的问题是，债转股对于当前中国积累的实体不良资产风险真的是一剂良药吗？从上一轮债转股的情况看，似乎是一个多赢的局面，从实体经济角度看，煤炭、钢铁和有色金属为代表的高杠杆、强周期行业在债转股之后，资产负债率都有明显下降，这直接导致财务费用率的下降。对于彼时中国的商业银行而言，通过剥离不良资产，以"干净"的资产负债表顺利从已经"技术上破产"成功重组上市走向资本市场。而对于当时承接这些不良资产的AMC而言，其当时所承接的不良资产主要是房地产类和资源类的企业股权，而这些行业在此后中国21世纪初的经济蓬勃向好甚至过热的年份中资产升值已经让四大AMC赚得盆满钵满。

三大高杠杆行业亏损企业占比(%)

图3　三大高杠杆行业在上一轮债转股中资产负债率都有明显下降

资料来源：Wind资讯

但好时光一去不复返，随着中国经济总量的不断扩大，这一轮的不良资产规模可能远远超过上一轮的规模，更重要的是，从当前情况看，中国经济可能未必会在短时间内明显拐头向上，那么此时经营不良资产的生意更加需要慎之又慎。同上一轮债转股的政策导向不同，从《指导意见》看，"市场化"是被提及最多的字眼，而在具体的实施方式上采取"通过实施机构开展"，即银行不能直接将债权转为股权，而应当通过先向实施机构转让债权，再由实施机构转为股权并持股，这样的方式能够最好地实现风险隔离。

从政策制定者的视角看，"市场化"的初衷毋庸置疑是好的，但在实际实施的过程中，由于相关参与方的利益诉求冲突非常明显，博弈在所难免。例如银行一方面将不良资产剥离出售从而清洗资产负债表，但同时对于那些暂时遇到困难但未来可能升值的资产，又不愿放手，因此银行在债转股的过程中可能过于强势，天然地存在道德风险。从现有的债转股案例看，这样的担心可能正在成为现实。

建设银行和云南锡业的债转股方案是《指导意见》出台之后落地的第

一例，同时由于锡业股份是一家A股上市公司，从其公告中也能够获得更多的公开信息。2017年10月16日，云南锡业集团与中国建设银行签订了债转股协议，建行通过其子公司作为投资人拟向云南锡业集团旗下的华联锌铟注资以认购其新增注册资本，增资后建行将持有不高于15%的华联锌铟股份。项目总金额100亿元，共分为两期，每期50亿元，而第一个项目的23.5亿元已经于19日到位，用于偿还锡业股份的高息贷款。投资人出资的条件方面，要求华联锌铟完成金石坡采矿权和铜街-曼家寨采矿权范围内新增金属储量的储量核实报告或阶段性地质勘查工作总结，这一矿山可能是锡业股份旗下最为优质的资产之一，设计服务年限不超过30年。

在资金来源方面，建行表示使用资金是"社会资金"，这一协议同时明确了出售选择权，3年后建行同意由锡业股份通过支付现金和／或发行股份等方式收购投资人持有的华联锌铟股份。此外，华联锌铟承诺持股期间每年现金分红，分红总额不低于当年净利润的10%。

从这一方案来看，至少存在两个明显的风险点：

第一，虽然建行表明是"社会资金"，但资金来源没有指明，银行有可能通过表外的理财资金参与其中，同样达到了出表的作用，但中国的银行理财产品投资者在潜意识中仍然认为可能是刚性兑付，因此风险可能只是从银行的表内资产投资者即储户转移到表外资产投资者即理财产品的投资人。

第二，虽然锡业股份方面明确了分红比例和未来的退出方式（现金或增发回购），但从实际情况看，虽然没有具体的财务数据，但如果华联锌铟盈利能力强，则根本不需要债转股，因此分红可能只是美好的愿景，而3年之后此前长期亏损的锡业股份能够拿出现金回购资产么？答案恐怕是否定的，好在锡业股份是一家上市公司，到时最有可能的方式就是通过增发募集资金。结合此前的银行密集上市募资看，未来风险大概率只是从间接融资的银行体系转移到了直接融资的资本市场，而A股的中小股东可能为此买单。

从以上两点可以看到，如果不实现经营效率的提高和资产的增值，债转股只可能是把风险"左手倒右手",从一个体系传导到另一个体系,对于银行和企业而言也仅仅停留在财务报表的"魔术",而《指导意见》也同样把"推动企业改革"放在重要位置。如何能够改进企业经营和提升股东价值?需要债转股的新进股东在管理上加以干预,从这一点上看,云南锡业股份的债转股方案显然是失败的,虽然建行有权提名一位董事会成员,但建行本身作为金融机构,对于华联锌铟所处的行业经验并不足,也没有实体企业经营管理的经验,未来难言能够实现效率的提高。

不良资产处置生意应该是专业的人做专业的事儿,这里的专业或体现为在不良资产行业的定价能力,或体现为"变废为宝"的经营管理能力。例如在美国市场上,以橡树资本(Oaktree Capital)为代表的投资人就是定价能力强的代表,其专注于全球不良资产行业的投资机会,主要投资的标的包括企业困境债务、困境企业股权、银行不良贷款、高收益债券等,橡树资本从20世纪80年代开始已经积累了相当充分的经验,截至2016年上半年其管理资产规模已经达到980亿美元,其能够取得成功的原因正是得益于多年积累的不良资产行业的实践经验,违约率更低,恢复率更高,从而收益率远高于行业平均水平。以高收益债券为例,美国高收益债券市场的整体违约率约为4%,而橡树资本投资的高收益债券组合违约率仅有1.3%左右。

在中国,国有AMC已经运营十余年,已经积累了较为丰富的不良资产行业经验和人才资源,在风险识别和资产处置方面都更胜商业银行一筹。而从地方AMC的股东背景看,一些富有一级市场投资经验的金融机构甚至实业机构都参与其中,这些企业在经营管理方面能够为债转股企业提供更多建议,通过改革提质增效。在对企业的帮助方面,以上两者都优于银行的控股子公司。

进一步来说,债转股的过程中更应当做的是引入与目标企业相关的社会资本,发展混合所有制,而不仅仅是国有银行和大型国有企业之间的游戏。例如,引入目标企业同行业的龙头公司,以参股的形式能够通过协同的方式更好地推进供给侧改革和去产能;引入目标企业上下游的公司能够通过纵向的产业链整合从而提高效率和盈利能力。这样的债转股才是真正的价值创造过程，也能够实现债主（商业银行）、企业、债转股实施方、地方政府的共赢局面，也是真正的"市场化"债转股应有之义。

李海涛

第三章 | 说不尽的改革与政策监管

委外投资：助力中小银行突围

中国银行业的经营环境正在不断发生变化，从金融监管视角看，金融脱媒仍然在不断持续深化，银行业相比非银行业金融机构的竞争力在不断下降，规模增速不断下台阶。而利率市场化同样影响着商业银行和其他金融机构、其他实体经济主体的议价能力，进而直接削弱了盈利能力。而分业经营、分业监管的中国银行业在面对这些挑战时的反击往往更为无力。从中短周期资金供求视角看，目前经济整体流动性没有收紧，但信用风险不断爆发，资金的供求关系导致好的资产仍然难求，"资产荒"问题仍然突出，对于银行业机构资产管理方面的能力也提出了更高要求。

相比较而言，中小型银行在其中遇到的问题更为严峻，一方面，虽然金融脱媒对于中小银行影响较小，从"量"上看整体资产规模增速仍然较快，但在利率市场化的浪潮中，由于综合金融实力较弱，中小型银行必须给客户提供不输于国有大行和股份制商业银行的收益率的产品，才能够留住客户，成本相对刚性，"价"上并不占优。而在监管层面，对于中小银行的监管职责更多落实在属地银监部门身上，而一些区域的银监部门监管思路相对较为保守，也限制了中小银行资产端的收益表现。

相比大型国有银行和股份制银行，中小银行在资产管理人才储备和基础设施等方面也存在明显劣势，因此选择适合自己的第三方资产管理机构进行委外投资是一条较为可行的路径，未来中小银行更多需要培养的是整体大类资产配置能力，FoF、MoM类产品可能将是未来中小银行产品条线中的亮点。

金融脱媒影响商业银行资产规模增速，中小银行受到冲击较小。

中国和日本、德国等经济体一样，属于"银行主导型"国家，以商业银行为核心支柱的间接融资体系在金融市场占比中最高，这与中国改革开放之前的政治经济体制与资本市场的欠发达有关。这种对于间接融资体系的高度依赖在相当长的时间内为商业银行业提供了发展相当友好的环境，负债端竞争小，以存款总量衡量的"量"的增长速度看始终维持在较高水平。

随着近年来资本市场发展速度不断加快，特别是官方提出"去杠杆"以来，直接融资比重不断提升，而以余额宝等为代表的新型货币市场工具也开始逐步对现金产生替代作用。对于商业银行而言，这种金融脱媒的过程直接表现为负债端存款增速的下降，这一增速水平的中枢在2010年左右一直维持在20%左右，而自2014年以来已经逐步下降到10%附近。

中小型商业银行在金融脱媒的过程中受损的程度较轻，主要得益于其低基数，同时，中国的中小银行主要为城商行和农商行，这些银行一般为区域性经营，在当地的政府、企业关系较好，地方保护主义下，往往优质客户流失速度较慢。从中国银监会披露的不同类型银行总资产规模增速上看，截至2017年2月，城商行和农商行的总资产规模增速分别为24.1%和15.5%，高于大型国有银行的10.1%和股份制商业银行的14.6%。每年仍然在高速增长的资产规模必将对其资产管理能力提出更高的要求。

利率市场化中后期，商业银行议价能力继续下行，盈利空间被压缩，而中小银行成本相对刚性，"价"上没有优势。

从"价"的角度考虑，长周期视角看，中国仍然处于利率市场化的中后期，余额宝等货币市场产品已经不断推高银行的负债成本，虽然2014年年底开始的降息周期在某种程度上缓解了银行负债端的压力，但商业银行与其他金融机构、实体经济企业的议价能力仍然受到影响。一个最为直观的指标是净息差，即商业银行收益与成本之差，直接表征了商业银行的盈利能力。从上市银行净息差的数据看，银行的资产端收益率下行比负债端更快，净息差自2015年下半年开始继续快速下跌，整体利润空间在不断被压缩。

而中小银行在"价"的方面并没有优势。由于中小银行产品条线相对单一，相比国有大行和股份制商业银行而言，中小银行提供产品的收益率往往成为吸引客户的最重要因素，因此成本相对刚性。从较为市场化的理财产品收益率上看，虽然2016年上半年有所下降，但城商行提供的理财产品收益率仍然为全行业最高。总资产规模快速扩张的同时伴随着的是负债成本的居高不下。

信用风险不断爆发下的"优质资产荒"仍然在困扰着包括商业银行在内的资产管理行业。

近期市场不断爆发信用风险事件，且逐步有向区域性风险演变的趋势。东北的辉山乳业资金链断裂之后，市场开始又一次关注东北的板块性信用风险，同时东北特钢出现债券违约，沈阳机床等企业也被下调信用评级。山东邹平板块同样出现了区域性金融风险的可能，齐星集团的债务危机暴露，而由于企业之间的互保关系，包括西王集团、中国宏桥、魏桥纺织在内的一系列上市公司都被市场质疑存在风险。信用风险的不断上升本质上折射出的深层次问题是真正优质资产的缺失，如果资产管理机构自身风险甄别能力不强，则容易在这一轮信用风险爆发的浪潮中踩雷。

而另一方面，虽然从监管释放出的信号看，货币政策未来放松空间不大，但在外部宏观环境发生大的变化之前，货币的超预期快速收紧也难以看到，整体市场中流动性依然充裕。从供求关系角度出发，寻找优质资产的能力才是未来资产管理机构的核心竞争力所在，而这正是中国的商业银行所缺少的，相当长时间内，中国的商业银行高度依赖负债端的优势，而资产端的配置能力相对较弱。

分业经营与分业监管使得中国的商业银行应对金融与利率市场化的反

击更为无力，由于"属地监管"特性，中国的中小银行受到的监管相比大银行更为保守，进而影响了整体资产的收益表现。

可以说，监管是影响所有金融机构经营活动最重要的因素，从长周期视角看，中国的金融市场自1993年国务院发布《关于金融体制改革的决定》以来，一直采取的是"分业经营、分业监管"。虽然近年来以一些金融控股集团为代表，开始了综合金融探索尝试，但整体上看，中国的商业银行并不像美国的商业银行一样，可以参与包括股票债券承销、资产管理等一系列全能银行业务。因此中国的商业银行在面对金融脱媒和利率市场化的不利影响时，往往盈利能力更容易受损。对于商业银行体系的严格监管使得银行在资产管理方面更加束手束脚，而委托外部资产管理机构进行投资可以合理规避这一监管，从而提升资产收益率和盈利能力，例如中国的商业银行不允许投资于股票市场，但委外资金可以投资于股市。

而在监管方面，中小银行受到的影响可能更大。虽然中国银监会已经于2015年年初设立城市银行监管部，同时又将原先的合作金融机构监管部更名为农村中小金融机构监管部，分别负责对城市商业银行和农村商业银行的监管。而截至2015年年底，中国共存在城市商业银行133家，农村合作银行71家，农村商业银行859家，农村信用社1373家，银监会仅仅两个部门显然难以应付这为数众多的监管对象。因此整体上看，对于中小银行的监管，主要责任还是落实在地方银监部门身上，例如城市商业银行的业务监管权和人事权均归当地银监局所有，而农村商业银行的业务监管权归当地银监局所有，人事权归当地农联社。

由于区域经济发展差异较大，部分地区监管相对保守，这对当地中小银行的资产管理形成严重限制，例如一些地区监管指导要求理财资金配置信用债并持有至到期，在杠杆率要求上也更加严格，对于较为复杂的资产类别例如非标资产更是很少涉及。这导致事实上中国的中小银行监管相比大型全国性银行更为保守，也必将直接影响中小银行资产端的整体收益表现。

相比大型银行，基础设施和人才储备两方面的劣势使得中小银行内部的资产管理能力更弱，进而选择委托投资是一条可行之路。

虽然从长周期和中短周期视角看，商业银行的资产管理能力都亟待提高，其中中小银行压力更大，但整体上看，中小银行在两方面相比国有大型银行和股份制商业银行而言，存在更明显的劣势：基础设施和人才储备。

随着越来越多新兴金融业态的冲击和客户对于综合金融要求的提高，中国的商业银行也在主动向交易型银行转型，交易型银行的业务包括了供应链金融、贸易融资、现金管理、跨境金融、互联网金融等，已经有包括中信银行、招商银行、浦发银行、民生银行、交通银行等在内的大型国有银行和股份制商业银行提出了转型交易银行的战略，其核心都是要开发新的业务和盈利增长点，而交易银行本身对银行的基础设施提出了更高要求。

上市银行非利息类收入提供了一个很好的观察视角，非息收入与银行的基础设施紧密相关，例如银行卡服务、代理服务、托管服务、清算结算服务等都被记在非息收入中。而从上市银行非息收入占比看，城商行仅为24.3%，远低于国有大行的31.5%和股份行的32.0%。

另一方面，中小银行的人才储备无论数量还是质量都相比大型银行更弱。由于和国有银行的规模差距较大，单纯比较不同类型银行机构的员工总数不具有参考意义，但可以比较人均总存款，相当于每位员工所承担管理资产的规模。这一指标，上市城商行为7000万／人，而国有大行为3700万／人，股份制银行为5400万／人，表明从人才储备的数量上看，城商行的员工人数还是相对低于大行，资产管理效率也更低。

而在人才质量上，差异更为明显。选择研究生及以上员工占比考察人才质量，发现由于国有大行的网点和员工数量庞大，因此整体高学历员工占比低于股份制商业银行，城商行的高学历员工占比差异较大，一些农商行这一指标甚至低于国有大行。

而对于中小银行而言，进行委托投资业务最应当注意三点：

首先，寻找适合自己的委托投资机构。在寻找第三方资产管理机构时，中小银行应当努力找到适合自己的委托投资机构。目前中国的资产委托人在选择委托机构时往往过于注重机构的规模，一味求大求全。但从海外经验看，资产管理机构的业绩表现与所管理资产规模之间往往存在倒U型曲线关系，即当资产规模超过一定范围之后，随着所管理资产继续增多，业绩表现则往往恶化。在当前"资产荒"的国内市场，这一点同样重要，一家资产管理机构的能力圈往往建立在某一细分市场，所能够提供的高收益资产也有限，中小型银行更加应该选择擅长于自己感兴趣投资方向与资产品种、规模大小适中的委托机构。

其次，资产配置能力至关重要。事实上，直接投资和委托投资最大的区别在于，直接投资要求资产管理人对某细分领域极为擅长，而这些领域往往产品复杂程度高、投资难度大，主要包括非标准化的投资标的，例如私募股权投资、对冲基金产品，此外还包括监管受限的投资方向，例如股票市场。委托投资对委托人的能力要求则完全不同，资产配置能力才是关键，决定每种资产配置比例、不同市场的配置比例，并动态进行调整，这才是委托人的核心竞争力所在。未来可以预计，类似FoF、MoM等对资产配置能力较高的品种将成为中小银行产品条线上的亮点。

最后，风险控制能力是最后一道防线。委托投资并不是将所有的投资责任和风险全部转移，对于中小银行而言，不能为追逐高收益而盲目追求高风险资产，必须在内部建立严格的风控体系，如果发现管理人的资产配置内含的组合风险已经超过内部的阈值，应当建立强制移交处置机制。

李海涛

中国如何发展衍生金融市场？

发展资本市场已经成为中国深化改革、加速发展的进程中一个日益重要的课题，政府的"十三五"规划中明确表达了发展资本市场的决心。近年来，中国开通沪港通、深港通，向境外金融机构开放债市，而且2016年10月中国证监会和基金业协会在北京召集多家国际知名机构座谈，进一步明确外资私募入华政策口径，都是为了这一目的。与发达国家相比，中国股票和债券市场已具有相当的规模，但衍生品市场却差之甚远，这阻碍了资本市场的进一步成熟。

首先，由于金融衍生工具的缺失，市场上缺少做空的工具，价格发现功能不够完善，为市场带来更多的不确定性。同时机构投资者缺乏对冲市场风险、利率风险和信用风险的工具，导致其缺乏在大陆市场投资的信心。

其次，近年来中国开通了沪港通、深港通，本意是吸引境外投资以增加国内市场的体量，但大陆衍生产品的缺乏给国外机构投资者对冲风险带来一定的限制。

再次，同样因为缺乏对冲工具，国内的私募投资基金以做多为主，难以真正地对冲，也很难追求绝对收益。一些采用市场中性策略或多空策略的私募投资基金，也由于股指期货的名存实亡而不得不转向商品投资或是海外股票市场。

最后，对境外机构投资者而言，汇率风险也使他们对中国市场望而却步。中国最近进一步向境外金融机构开放债市以吸引境外资金进入债券市场，但由于国内市场上作为风险控制工具的汇率和利率衍生品的缺乏，这一政策推出后的效果仍是一个疑问。

基于中国发展衍生品市场的迫切需求，本文旨在介绍大陆衍生品市场的现状，及其与香港衍生品市场的比较，并且对大陆衍生品市场未来发展提出几点建议。

大陆衍生品市场的现状

随着金融改革深化，中国衍生品市场逐渐发展起来，按资产类别划分有以下几类产品。利率类产品包括场内的国债期货以及场外的利率远期和利率互换产品。2015年中国国债期货市场全年日均成交金额达246.20亿元人民币，相比美国国债期货2015年每日成交金额3140亿美元而言规模较小。中国的利率远期市场更是处于萌芽阶段，而利率互换产品则相对较为成功，2016年6月人民币利率互换名义本金成交额约9000亿元人民币。

表1 我国现存衍生产品分类框架

资产类别	产品种类
利率类	国债期货,利率远期,利率互换
权益类	股票期权,股指期货,认股权证
货币类	人民币外汇期权和期权组合,外汇远期,外汇掉期,货币掉期
商品类	金属期货,农副产品期货,能源期货,化工期货
信用类	信用风险缓释合约,信用风险缓释凭证

权益类衍生品主要包括股票期权、股指期货和认股权证。股票期权中仅有唯一一只以上证50ETF为标的的ETF期权，还未有任何个股期权上市。股指期货包括以沪深300指数、中证500指数和上证50指数为标的的三

个产品，一度十分成功，2014年其交易量在全球主要股指期货交易所中排在第五，然而自2015年"股灾"后，股指期货成为众矢之的，持仓交易保证金和平仓手续费大幅提高，其流动性受到重创，基本名存实亡。国内的认股权证产品种类稀少，市场开创初期投机炒作严重，交易异常频繁，价格常常远远偏离理论价值。自2011年8月后，权证交易陷入停滞，而且在2011年7月后已无新上市权证发行。

货币类衍生品包含人民币外汇期权和期权组合、外汇远期、外汇掉期和货币掉期。外汇期权和期权组合的市场规模较小，2015年交易金额共达4047亿美元，并且多数发生在银行间外汇市场。外汇远期最早由中国银行于1997年推出试点，2006年已有50家银行开办该业务，2015年全年交易金额共达4950亿美元。人民币外汇掉期和货币掉期分别于2005年和2007年在银行间外汇市场推出，2015年全年交易金额共达86033亿美元。

商品类衍生品目前仅有期货产品，尚无期权产品。商品期货的标的涵盖化工产品、金属产品、农副产品、能源产品等几大类。中国的商品期货市场发展非常火热，尤其是农产品期货。2014年，世界前20个交易最活跃的商品期货合约中有10个都在中国市场交易，全球最活跃的10家商品期货交易所中，上海期交所、大连商品交易所、郑州商品交易所分别占据第一、第三、第四的位置，主导了全球商品期货交易的大方向。

中国市场上的信用类衍生品目前仅包含2010年10月推出的信用风险缓释合约（CRMA）和信用风险缓释凭证（CRMW）两类产品。前者与国际通行的信用违约互换（CDS）类似，不同之处在于其标的债务限定于具体指定的债券和贷款。后者则是由符合资质的机构所创设，为持有人就公开发行的标的债务提供信用风险保护、可交易流通的有价凭证。由于中国的这两类信用类衍生品的标的债务对应不同的具体债务，而不是像国际通行的CDS一样对应一整类债务，导致其规模效应不足、流动性低。而且在2014年之前中国存在刚性兑付，市场对信用类衍生品的需求不足，因此CRMA和CRMW的市场规模很小。据对外经贸大学金融市场研究中心统计，这两种产品推出3年内累计交易的名义本金仅约50亿元人民币。随着2014年中国刚性兑付的打破以及债券违约事件的增多，通过CDS来规避信用风险的呼声渐起。中国银行间市场交易商协会（NAFMII）2016年9月23日正式发布信用违约互换（CDS）和信用联结票据（CLN）业务指引，并同时发布了修订后的信用风险缓释工具相关业务规则。市场期待中国版CDS产品的发行。

与国外的衍生品市场相比较，中国场外金融衍生品市场仍处于商品衍生品领先、金融衍生品缺乏的初级阶段，在流动性、市场结构、基础性建设等方面均存在很多不足。一方面品种发展不平衡，商品衍生品市场较为发达，但依然缺乏石油衍生品等一些关键性的品种，而金融衍生品中更是匮乏期权产品和信用衍生品。另一方面市场发展不平衡，场内市场品种较多，交易活跃，场外市场（银行间市场）却交易寡淡，许多场外衍生品一经推出即无人问津。

大陆与香港衍生品市场的比较

香港的衍生品市场比大陆市场发展时间更长，产品更加丰富，市场更加成熟，可以作为大陆发展的参考。两者的差别在于交易品种各有侧重，而且市场参与者的组成大相径庭。

如下表所示，香港的衍生品品种比大陆丰富很多，涵盖了股指期货和期权、股票期货和期权、货币期货等产品，而大陆市场的股指期权、股票期货、货币期货则是一片空白，股票期权仅有一只ETF期权。但是相对于香港市场，大陆的商品期货品种更齐全，交投更活跃。

表2 大陆与香港场内衍生品品种比较

场内衍生品市场

衍生品种类	香港市场 产品名称	香港市场 相关资产	大陆市场 产品名称	大陆市场 相关资产
利率期货	一个月和三个月港元利率期货	一个月和三个月香港银行同业拆息	5年期和10年期国债期货	面值为100万元人民币，票面利率为3%的中期和长期国债
股指期货	恒生指数期货 小型恒生指数期货 H股指数期货 小型H股指数期货 IBOVESPA期货 MICEX指数期货 S&P BSE SENSEX指数期货 FTSE/JSE指数期货 恒指股息期货 恒生国企股息期货 恒指波幅指数期货 中华120指数期货	恒生指数 恒生指数 恒生中国企业指数 恒生中国企业指数 IBOVESPA MICEX指数 S&P BSE SENSEX指数 FTSE/JSE Top40指数 恒指股息点指数 恒生国企股息点指数 恒指波幅指数 中华120指数	中证500股指期货 沪深300股指期货 上证50股指期货	中证500指数 沪深300指数 上证50指数
股指期权	恒生指数期权 小型恒生指数期权 H股指数期权	恒生指数 恒生指数 恒生中国企业指数	—	—
股票期货	股票期货	74家股票（3家ETF）	—	—
股票期权	股票期权	83家股票（3家ETF）	上证50ETF期权	上证50ETF
货币期货	人民币货币期货	美元兑人民币（香港）	—	—

续表

衍生品种类	场内衍生品市场			
	香港市场		大陆市场	
	产品名称	相关资产	产品名称	相关资产
商品期货	伦敦铝期货小型合约 伦敦锌期货小型合约 伦敦铜期货小型合约 伦敦镍期货小型合约 伦敦锡期货小型合约 伦敦铅期货小型合约	电解铝 电解锌 电解铜 原镍 锡 标准铅	有色金属:铝、锌、铜、镍、锡、钛合金 化工:天然橡胶、聚乙烯、聚氯乙烯,等等 农产品:玉米、玉米淀粉、黄大豆,等等 贵金属:黄金、白银 黑色金属:螺纹钢、线材、热轧卷板 能源:燃料油、沥青、动力煤	

场内金融衍生品市场方面,香港市场的产品结构相对不均衡,其股指期货和股票期权占据绝大部分。如图1所示,超过98%的期货交易集中在恒生指数期货、小型恒生指数期货、H股指数期货、小型H股指数期货这几个主要产品,所有74只股票期货仅占0.99%。反观大陆市场,因为没有股票期货的存在,所以我们无法从股指、股票期货成交的平衡角度来比较,期货成交量集中于沪深300股指期货,达81.29%,且大陆市场交易张数一度远高于香港市场。当然,这可能归咎于2015年"股灾"风波中股指期货的异常表现,而非正常发展的必然。在2015年"股灾"风波后,只要大陆股指市场由于政策压力形成的沉寂局面不被打破,大陆股指期货的未来就不容乐观。其次,香港活跃的期权市场与大陆形成了鲜明对比。香港期权交易与期货交易恰好相反,个股期权(包含ETF期权)2015年成交92,463,479张,占市场总量的79.46%,股指期权仅占20.54%。而大陆市场唯一一只ETF期权2015年成交35,268,556张,远低于香港市场。同时,大陆市场还没有个股期权,大陆投资者对冲个股风险的工具十分缺乏。

第三章 | 说不尽的改革与政策监管

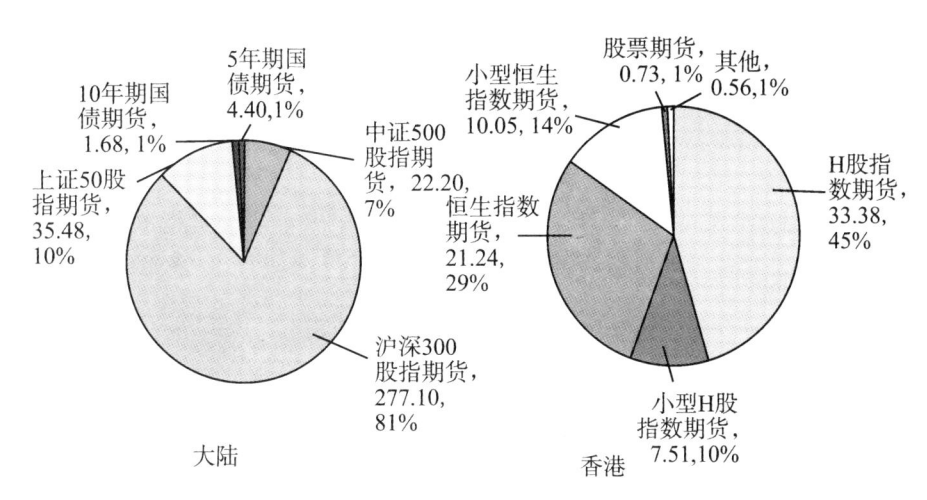

图1 大陆与香港金融期货品种及比重对比

注：图中数据标注依次为衍生品名，2015年总交易量（百万张），占总交易额百分比。
数据来源：中国金融期货交易所、香港交易所

商品期货方面，香港商品期货的标的资产均为基础金属，而大陆有其他诸如化工、农产品、贵金属、能源、黑色金属等多种商品期货，种类更丰富，交易也更活跃。事实上，早在1977年香港即推出棉花期货，其后相继推出原糖和黄豆期货，不过经营并不成功。棉花期货因经营惨淡于1981年停板，到20世纪90年代初黄豆和原糖期货也日渐式微。香港商品交易所于2011年曾推出黄金和白银期货，但由于收入不足以支撑日常开支，香港商品交易所也于2013年停止运营。与大陆交易所相比，香港因为本身并非传统商品市场，缺乏本土商品，不具备发展大宗商品的先天优势，但现有的几只基础金属期货合约都发展得非常成功。长期来看，香港和内地的商品期货联系将愈发紧密、相辅相成。

场外衍生品方面，香港作为一个国际性的金融市场，市场参与者规避汇率风险的需求较大，并且外汇市场交易活跃，因此其外汇衍生品交易非常活跃。如图2所示，香港市场的交易额远高于大陆市场，大陆市场在2004年前还是一片空白，但近年来发展也十分迅速。如图3所示，无论大陆或香

131

港，外汇掉期合约都占据了交易量的半壁江山，分别占51％和63％。相比之下，大陆市场缺乏货币掉期合约的交易，交易额总占比不到1％。

场外外汇衍生品日均交易额（10亿美元）

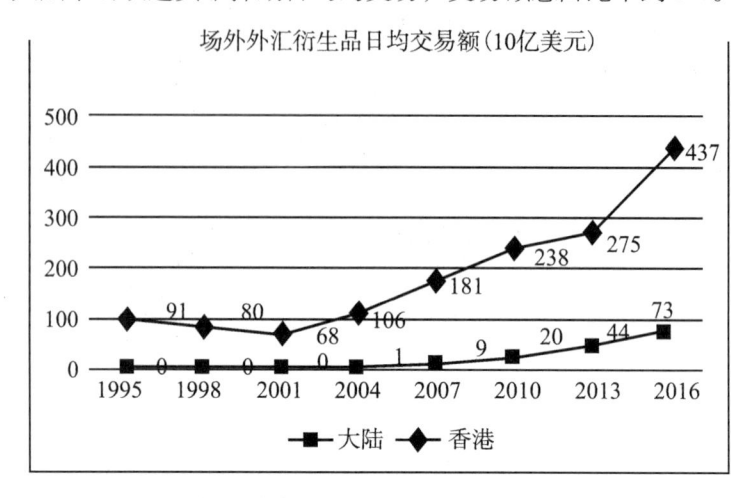

图2 大陆与香港场外外汇及货币衍生品日均交易额比较（包括现汇）

资料来源：国际清算银行（数据时间为2016年4月）

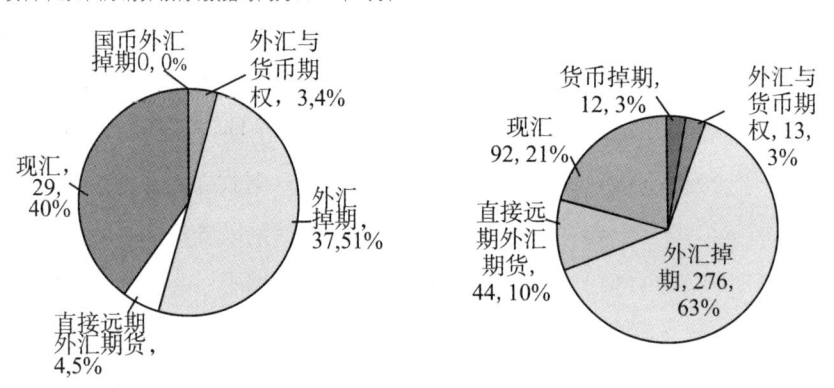

图3 大陆与香港场外外汇及货币衍生品品种与比重比较（包括现汇）

资料来源：国际清算银行（数据时间为2016年4月）
注：图中数据标注依次为：名称、日均交易额（10亿美元）、占总交易额百分比

如图4所示，香港场外利率类产品的交易量远低于汇率类产品，但近年来增长也十分迅速。如图5所示，大陆市场交易额的98％都由利率掉期合约贡献，而香港市场的利率期权、利率远期合约虽然交易额不大，但不容忽视。

第三章 | 说不尽的改革与政策监管

场外利率衍生品日均交易额(10亿美元)

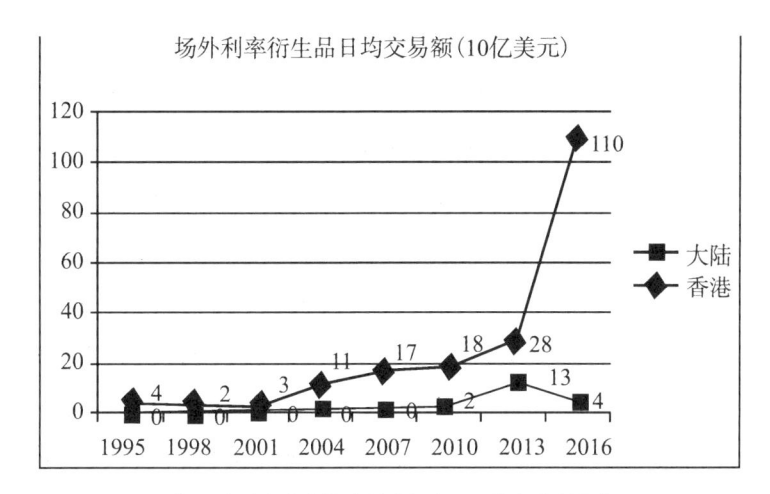

图4 大陆与香港场外利率衍生品日均交易额比较

资料来源：国际清算银行(数据时间为2016年4月)

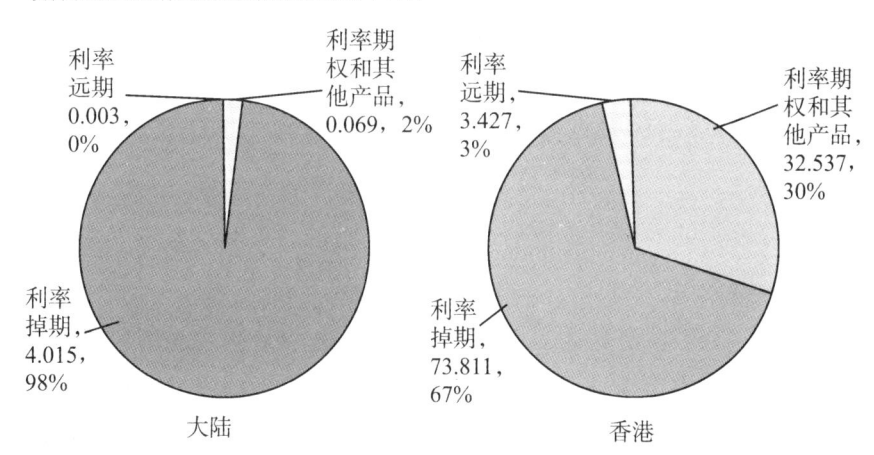

大陆
- 利率远期 0.003, 0%
- 利率期权和其他产品, 0.069, 2%
- 利率掉期, 4.015, 98%

香港
- 利率远期, 3.427, 3%
- 利率期权和其他产品, 32.537, 30%
- 利率掉期, 73.811, 67%

图5 大陆与香港场外利率类衍生品品种与比重对比

资料来源：国际清算银行(数据时间为2016年4月)
注：图中数据标注依次为：名称、日均交易额(10亿美元)、占总交易额百分比

总体而言，与香港市场相比，大陆金融衍生品市场的交易品种有几个特点。其一，无论是场内还是场外，交易品种都较稀少，且现存产品里的合约种数也不多。其二，因为种类稀少，大陆场内金融衍生品市场交易非常活跃且集中。其三，场外市场发展始于近年，相对场内市场而言发展缓

133

慢、规模很小。

大陆衍生品场内市场尚处发展初期，而且出于对个人投资者的保护，目前准入门槛较高，譬如至少拥有50万元的个人投资者才可开通期货和期权交易账户，还需通过一些资格测试。场外市场上，汇率类衍生品的参与者较为分散，利率类衍生品则以其他金融机构占主要，占总交易量的54%，境外做市商的比重较小，在利率类和汇率类衍生品中分别仅占8%和16%。相比之下，香港作为国际性的金融港，海外投资者的交易更为活跃，其中机构投资者居多，主要来自于英国、美国、欧洲其他国家、日本、中国大陆及中国台湾地区，亚洲区的其他国家也占据一定份额。这些海外机构投资者在场内市场上主要投资于港元利率期货及恒生指数期权，在场外市场上主要投资于汇率类的衍生产品，其在利率类和汇率类衍生品交易量的占比分别达到了61%和68%。

大陆衍生品市场未来发展的建议

根据以上大陆衍生品市场与香港市场的比较，我们对大陆衍生品市场的发展提出以下几点建议。

第一，加强衍生产品业务知识的宣传教育。大陆衍生品市场仍处于新兴阶段，投资者对衍生品了解不够充分，投机气氛浓厚，导致市场波幅较大。机构投资者对较为复杂的衍生品业务也不熟悉，内部风险控制机制不够完善，对于较大的市场风险无法把控，近年来也不乏中资企业在海外从事衍生品交易而产生巨额亏损的事件。香港的投资者教育则较为成熟，香港交易所、香港证监会、香港金融管理局及投资者教育中心都会通过各种渠道向投资者普及必要的金融知识，相比之下，内地投资者教育情况仍存在巨大的差距。做好投资者教育和服务工作，引导投资者理性参与衍生品交易，尤其是大力培育内地的机构投资者，是衍生品市场长期稳定发展所不可或缺的。

第二，建立完善的金融衍生工具监管制度，加强政府监管、交易所和行业自律。香港主要采取政府监管和交易所自我管理相结合的办法，一方面通过香港金管局发布的风险管理指引和香港政府于1997年金融危机后推出的30条监管措施，为政府监管设立了总体框架；另一方面成立了证券业检讨委员会、证券及期货事务监察委员会并进行一系列改革，推动了行业内自律监管。大陆市场目前尚处在新兴阶段，政府主导、分业监管的模式无可厚非，但决策部门与众多监管部门间的协调配合应得到重视。尤其是场外衍生品市场由于信息不对称、产品非标准化等原因，需要更加严格的监管。虽然中国人民银行、国家外汇管理局、银行间市场交易商协会都制定了不同的管理规定，但仍然缺乏统一的监管法规，使得对于更加自由、复杂的金融衍生品监管较为乏力。结合香港及其他成熟市场的经验，我国应该加快市场立法进程，对场外衍生品市场进行统一监管。

第三，积极发展场内市场，优先发展及完善股指期货、股指期权。正是由于股指期货、股指期权这些风险对冲工具的缺乏，限制了很多市场参与者投资大陆资本市场，阻碍大陆股票市场甚至债券市场的发展。所以，大陆相关监管部门应加快研究步伐，丰富衍生品种类和产品数量。香港恒生指数期货虽然在1987年全球股灾中几乎崩溃，但在政府果断采取严格的风险控制措施之后再次顺风顺水，新衍生产品也层出不穷，关键就在于恒生指数期货提供的良好基础，其做多、做空的双向机制及价格发现功能有助于平衡现货市场上多空双方力量的对比，在一定程度上降低了市场的不确定性，因而吸引投资者的广泛参与。大陆衍生品市场虽然屡遭挫折、富有争议，特别是在2015年"股灾"中成为众矢之的，但发展的脚步不能停止。随着大陆机构投资者的日渐成熟和大陆市场对海外投资者的逐渐开放，市场参与者对风险控制的需求日益强烈，股指期货与股指期权的发展及完善更是刻不容缓。

为了推进中国资本市场的健康发展，健全现代金融体系，有效防范和化解金融风险，衍生品市场的发展成熟已经成为必不可少的重要一环，它为股票、债券等市场提供了风险对冲和价格发现的工具，有利于加强资本市场的有效性。中国衍生品市场目前仍处于新兴阶段，与成熟市场相比还有一定差距，尤其是通过与香港市场的对比更体现出大陆市场的不足。一方面从交易品种来看，虽然大陆市场的商品市场相对活跃，但缺乏诸如股指期权、股票期权等基本的衍生工具，而且一度活跃的股指期货也由于过度严厉的监管而形同虚设。另一方面从市场参与者来看，大陆衍生品市场参与者较为单一，尤其缺少境外机构的参与。这些缺点都限制了大陆衍生品市场的进一步成熟与发展。

考虑到政府发展资本市场的决心和衍生品市场对发展健全资本市场的重要性，以及中国衍生品市场的现状，我们建议监管部门应当加强衍生品知识的科普和教育，建立完善的衍生品监管制度，以及积极发展场内市场并优先发展股指期货和股指期权，通过这一系列措施来促进衍生品市场的健康发展。最后，随着资本市场的国际化和中国市场的进一步开放，中国更需要深化与国外监管机构的合作和沟通，共同促进市场发展和抵御市场风险。

欧阳辉　孟茹静

消弭金融隐形税，发展中国经济

2017年的《财富》（中文版）中国500强榜单里保有很大的信息量，在净利润额最高的40家公司中，有14家是银行。更值得注意的是，这14家银行的净利润额在这40家公司中的占比高达65%。无论从哪个角度来说，银行依然是这份榜单中最赚钱的公司。

实际上，在整个中国经济中，银行业也是处于一种霸主的地位。根据Wind资讯的统计，2016年，在全部A股中，银行业的净利润占比高达48%。截至2016年年底，A股上市公司的总数达3052家，而上市银行的总数为27家。

银行业在中国经济中至今具有如此高的地位，其中原因何在？在笔者看来，造成这一局面的原因主要有三点。第一，银行在中国属于政府高度管制的行业，有非常高的门槛，民间资本几乎无法参与其中。哪里有垄断，哪里就有高额的利润，银行业也不例外。

第二，中国有非常高的储蓄率，这为银行开展业务提供了丰厚的沃土。根据世界银行公布的数据，2014年在136个经济体中，中国的内地储蓄率名列第3位（49%），仅比中国澳门（57%）和卡塔尔（58%）低。中国是一个以间接融资为主的经济体，银行是金融体系的关键所在，高额的储蓄率给银行带来了大量的资金，这是银行开展业务的必要条件。

第三，中国的经济增长非常依赖投资的增加，投资的背后是融资。假如高储蓄给银行带来了面粉，那么高投资则把这些面粉变为了面包，而银行在这个过程中获得了高额的收益。

从更深的层次上说，银行目前的状况是政府有意为之的结果。为什么政府要让银行处于一种"躺着"都能够赚钱的地位？原因非常简单，政府需要银行为政策服务，因此必然要"保护着"银行。

在一个高度市场化的经济体中，假如银行业存在高额的利润率，而且进入的门槛又很低，那么大量的资本就会进入银行业，进入影子银行业，加剧竞争，导致行业利润率下滑，最终使得各行业的投资回报率与其投资风险挂钩。在市场竞争和利润最大化的引导下，资金会流向风险调整后投资收益最高的地方，而不一定是政府最希望其流向的领域。也就是说，政府无法控制这个金融体系，也无法决定资金的分配。从政府的角度来说，那么谁来为那些带有政策目的的项目提供低廉的资金呢？

显然，要控制金融体系为己所用就不能保有市场化的金融体系。为了获得对金融体系的控制权，政府一般会采取几个措施：一是提高行业准入门槛，减少竞争；二是建立国有银行，直接控制金融业；三是控制利率，从政策上为银行赚钱提供支持；四是实行资本管制，阻碍居民和机构将资金转移至海外。

按照这些标准来看看中国的做法：第一，前文已述，中国的银行业严重缺乏竞争；第二，在银行业金融机构中，国有银行即使不是一统天下，也是举足轻重；第三，央行直接控制利率，目前一年期定期存款利率和贷款利率之间的利差大概是3个百分点，而国有银行最主要的收入来源正是利息净收入；最后，假如资金可以随意流动，那么政府就无法真正控制国内的金融体系。中国目前仍然实行着较为严格的资本管制，尤其是最近一年，由于外汇储备的明显下降，政府更是加强了对资本流出的限制。

在这样的政策组合下，银行获得了高收益，但其需要做的就是"听话"，为政策服务。因此这就是为什么你总是会看到当政府颁布某一项政策时，银行一定会马上予以配合的原因。这方面一个最明显的例子就是2008年的"4万亿"经济刺激计划。2008年年底，为了对抗国际金融危机的影响，中国政府实行了激进的经济刺激政策。为了跟上政府的政策，银行迅速提供了巨量的新增信贷，结果2009年的新增信贷量几乎是2008年的一倍，随之而来的是中国经济的迅速触底反弹。

然而，由于政府的项目主要是以政策目的为考量，其经济回报率往往存疑，因此这导致的结果就是银行需要承担相应的不良贷款。政府既要用银行去控制经济，又要为银行减负，因此需要找别的人去为此买单，这就是利率管制等政策存在的原因。这些政策等于是向所有人征收了一笔金融税，让政府可以有资源去做其想做的事情而无须太考虑这些项目在经济上的可行性。

不过，凡事都有度的问题，市场风险高、收益低的政策项目多了，银行也受不了。这种结构上的问题导致银行的净利润会出现周期性的大幅下滑，甚至演变为巨额亏损。在经历了多年银行坏账率上升、银行资不抵债后，中国政府于2002年决定对国有商业银行进行资产重组和改革。之后为了让银行能够"休养生息"，央行进一步推迟了利率市场化改革的时间表，维持了较高的贷款和存款之间的利息差。在2008年年中，中国商业银行的资产规模和资产质量都居于世界前茅。但在美国次贷危机冲击下，中国政府实施了"4万亿"的财政救助计划和以海量商业银行新增信贷为主体的货币救助计划。伴随着中国经济步入"新常态"，中国商业银行的坏账率又开始不断攀升。

实际上，即使不考虑不良资产的问题，目前银行的利润水平已经出现了明显下滑。根据Wind资讯的数据，银行业金融机构税后利润的同比增速近年来不断下降，在2011年该数值高达39%，但2015年已经降至2%。

与此同时，资本市场对银行股未来的盈利预测也不看好。根据东方财富网的统计，研究机构目前对25家上市银行的未来盈利状况进行了预测。假如我们将这些银行2016年的个股收益与2017年的预测值相比就会发现，有9家银行没有2017年的预测值，在剩余的16家中，盈利上升和下降的均为8家。假如将2016年的数据与2018年的预测值对比，我们会发现在有数据的24家银行中，仍然有6家的预测值低于2016年的个股收益。

另外，监管层加大了对银行的监管力度，过去很多趴在银行资产负债表上的隐性不良资产可能会暴露出来，因此可以预见的是，2017年银行的净利润会进一步下降，未来银行净利润一头独大的局面很可能会改变。

最后，笔者想说的是，这些银行业的政策带来了巨大的扭曲，金融机构实际上在向实体经济和储户征收"金融隐形税"，这导致实体经济回报率下滑，储户的可支配收入减少，全社会的经济效率下降。

要想改变这种状况，简单、根本的办法就是降低行业准入门槛，加大竞争，推行利率自由化，降低金融隐形税，提高实体经济的收益率，让老百姓有更多的可支配收入，这样中国经济才能发展得更好。

李伟

金融消费者保护的有效边界

对中国金融消费者而言，2016年既铭心刻骨，又五味杂陈。一方面是"苦涩的回忆"：从年初的证券市场熔断，到年底的债券市场大跌；P2P平台导致的风险余震也仍在持续。另一方面，则是一些"很爽的回忆"：一位"前台北副市长"公开描述大陆地区移动支付非常普及，消费者"带着一个手机什么事情都可以解决"，移动支付发展"超越台湾，更是超越全世界"。G20杭州峰会期间，杭州作为无现金城市的标杆呈现在世界面前，中国运用数字技术推广普惠金融的经验和成绩也为世界所认可，成为《G20数字普惠金融高级原则》的有力注解。

风险与创新是金融永恒的主题，但这并不意味着我们应该躲避金融。《人类简史》的作者尤瓦尔·赫拉利认为，人类之所以成为地球的王者，是因为文字和货币。文字使得大规模的社会协同和传承成为可能，货币使得交易和劳动分工成为可能，进而带来劳动生产率的提高。以货币为基础的金融体系是生产要素配置的核心机制：没有一个经济发达的国家和地区，金融是不发达的；金融不发达的社会，往往是劳动生产率低下，没有个人经济和信用独立性的社会。用穆罕默德·尤努斯教授的话来说："金融是经济生活的氧气。"

那么在一个不能缺少金融的世界里，我们应该如何让消费者享受金融的益处，同时尽量降低对消费者的伤害，使之成为"蜜糖"而非"砒霜"？好的金融消费者权益保护究竟是什么？有效保护的边界在哪里？

金融有极大的复杂性和不定性，不可能有一套完整的方法论来做到完全保护消费者。但过往的历史经验教训告诉我们，至少有以下一些规律。

第一，好的消费者保护应当是基于历史经验总结出的、符合金融本质的消费者保护制度。

近代金融史就是一部消费者不断被伤害，而监管者对其不断加强保护的历史。以美国为代表的金融史，经历了消费者保护从无到有，到逐渐加强并日益科学化的过程。1791年导致大量投资者血本无归的"杜尔投机事件"发生后，出现以"梧桐树协议"为开端的金融行业自律组织。

1929~1933年大萧条中，披露虚假信息、侵吞客户资金等恶劣情节频发，罗斯福"新政"及证券交易委员会（SEC）的设立为投资者提供了框架性的制度保障；20世纪60年代券商倒闭潮出现后，美国政府通过《证券投资者保护法》并引入投资者保护基金，极大地挽回了投资者信心。

2008年金融危机过后，美国政府总结教训提出："对处于弱势群体的金融消费者的保护，是金融体系生存和发展的根基。"最终颁布《多得-弗兰克华尔街改革和消费者保护法案》，全面加强对消费者保护。

回溯数百年的世界金融发展历程，金融消费者受到的伤害主要来源于三方面：一是融资者利用信息不对称欺诈投资者，二是金融中介存在道德风险和经营风险，三是金融消费者本性趋于逐利，知识水平参差不齐。

过去两年频频出现的"P2P跑路"，只不过是历史的重演。其本质就是金融中介存在道德风险和经营风险，与当年美国"惠特尼丑闻"非法挪用基金案如出一辙；而"虚假标的"、"自融"等归根到底也是融资者利用信息不对称欺诈投资者，与当时花旗银行"秘鲁国债事件"为代表的虚假信息披露类似。在互联网金融风险专项整治中，针对P2P的这些监管措施正在逐步健全，而整个行业也逐渐肃清并焕发新的生机。这些教训告诉我们，金融的本质不变，那准入门槛、信息披露、投资者适当性、救助补偿机制等就依旧有效。

第二，好的消费者保护安排应当区分技术对不同金融产品的不同效果。

数字技术没有改变金融的本质，但放大了金融的可获得性。对于不定性小、相对标准化的金融产品，与数字技术结合能极大地推动普惠金融的发展。反之，对于不定性较大、复杂和非标准化程度高的金融产品，数字技术可能放大金融的风险，前面提到的消费者保护制度就变得更加重要。

中国金融科技近年来快速发展，各领域发展成熟度与风险发生比率印证了这一点。支付和货币市场基金理财等不定性较小，对消费者金融意识要求较低，借助科技发展较快，总体风险趋于可控，已经成为数字普惠金融成功的杰出范例。

具体而言，第三方支付自支付宝获得第一张支付牌照6年来，已累计发放多达270余张支付牌照。正如央行副行长范一飞在2017年3月份指出的，这一行业"存在过度竞争的情况"，但总体风险趋于可控，仅有4家机构因业务违规被吊销牌照。再作深究，4家违规机构都是预付卡机构，而预付卡机构交易规模与另两类即网络支付和银行卡收单机构相比要小两个数量级，三者业务规模比例为1∶606∶387（根据中国支付清算协会数据，2015年第三方支付机构交易规模中，预付卡发卡机构合计发卡金额761.43亿元、网络支付业务46.15万亿元、银行卡收单业务规模29.50万亿元）。支付宝等网络支付的资损率低于十万分之一，已经低于银行卡万分之几的资损率。以余额宝为代表的网络货币基金自从2013年问世以来，不但把理财的门槛从几千元直降到一元，而且催生了大量的货币基金产品，让数亿原来从未理财的老百姓享受到了收益，并且没有人遭受本金损失。

反之，根据零壹财经发布的《2016中国P2P网贷年度报告》的数据显示，截至2016年年底，P2P问题平台已达3201家，占到行业累计上线平台的65.9%。货币基金和P2P网贷的区别在于，前者只能投资于最好机构发行的短期债（或短期银行存款），安全性和流动性是其最重要的特点。P2P平台的投资标的却没有明确限制，存在较大不定性，这样一方面数字技术放大了融资的便捷性，让很多缺乏金融知识的老百姓参与其中，另外一方面融资者的风险和不定性却没有改变，各种消费者受到损害的因素被放大。虽然不乏风控和运营优秀的P2P平台，但问题平台大面积出现，影响行业整体健康度。

互联网支付、货币基金和P2P平台的迥异结果表明，数字技术和不同金融产品的结合，消费者需要保护的程度和方法截然不同。

第三，好的消费者保护需要对金融产品的益处和风险做客观、公正的评估，这种评估应当尽量基于有统计意义的实证数据，而非仅仅是逻辑推理出的假说或者个案。

现代科学最重要的方法论，是通过逻辑思考产生假说，并通过实证研究来验证。从理论上说，各种金融创新都既可能给消费者带来益处，也可能带来伤害。仅仅从理论上论证是不够的，需要实证数据支持。在此基础之上，就能对什么是有利于消费者的金融产品做出相对客观的判断。

在前面讨论到的互联网支付、货币基金和P2P平台的案例中，因为已经有了大数据证据，可以清晰地辨别什么是相对成熟、成功的数字普惠金融产品，什么需要更好的消费者保护机制。

另外一个值得讨论的案例是经常被提到的"数字鸿沟"，指的是原来不能被金融覆盖的人群，由于教育程度、经济能力等方面的限制，往往也不容易享受到数字技术带来的红利。进而，数字技术的普及反而可能增加金融不平等的差距。但从实证数据来看，并非如此。

在北京大学编著的《北京大学数字普惠金融指数（2011～2015）》中可以看到，从2011～2015年，金融服务缺失的第三、第四梯队省份数量已明显减少；实际上，数字普惠金融发展最快的反而是西藏、青海这样原来金融不发达的区域，所以数字普惠金融有助于缩小城乡差距。

在2017年年初中国支付清算协会发布的年度报告中也指出，县域移动支付的渗透率超过了省会的移动支付渗透率。县城移动支付用户最多，占比为19.6%；省会城市列第二，占比为19.0%；农村地区列第三位，占比为

17.0%；其后依次是地级市、直辖市和乡镇地区。可见城乡二元化特征在移动支付领域并不明显，这也将成为农村普惠金融的重要基础。

在全世界范围，数字技术已经成为缩小发达地区和贫困地区差距的关键。你或许难以想象，贫困的肯尼亚竟然是全球移动支付渗透率最高的国家，该国68%的成年人都在使用移动支付产品M-Pesa。截至2015年，该国超过2000万用户可通过这一业务便捷地转账、取款、购物、缴费等。

所以，评判金融创新的好坏，切忌停留在理论讨论的层次，也切忌基于个案的感性认识。

第四，好的消费者保护，"避害"与"趋利"同样重要。

从"避害"的角度，无论是前面提到的P2P创新，还是传统金融机构，对于伤害消费者的行为，都应该精准定位金融发展中的风险点，重拳出击严惩危害消费者权益的"害群之马"。

富国银行曾是全球市值最大和最具盈利能力的银行之一，但2016年私开虚假账户事件让上百万客户在不知情的状况下承担了额外的费用。为此，美国消费者金融保护局（CFPB）要求富国银行支付1.85亿美元的罚款，美国参议院也介入调查听证。更严重的是，这一事件造成的声誉风险，将对这家世界一流的银行产生不可磨灭的负面影响。

对国内消费者而言，信息泄露已成为谈之色变的话题，其背后原因，是部分市场机构违规留存用户敏感信息以及买卖用户信息造成"黑色产业链"泛滥。信息安全存在"短板效应"——即一旦某机构违规留存用户敏感信息，并且在保护不当情况下主动或被动地将之泄露，信息将通过"黑色产业链"快速流通泛滥，导致用户隐私权受损，甚至造成财产损失。因此，如何通过健全法律法规以及技术认证手段，定位并严惩"短板"机构，成为防止风险积聚和蔓延，有效保障消费者权益的关键。

从"趋利"的角度，应当鼓励经过实证验证的有益消费者的创新，不断增进消费者福祉。以金融科技为例，人民银行行长周小川在2017年3月10日表示，"高度鼓励金融科技，同时也希望和各种业界共同合作，把金融科技的发展搞上去。"副行长范一飞也表示："我国支付业务的产业规模、普惠程度在世界主要经济体里都是比较好。……一些同行跟我讲，他们也很希望了解中国在支付产业发展和监管方面的做法。"

对于还没有经过实证检验，但可能会给消费者带来益处的金融创新，英国、新加坡和澳大利亚等国近年所推行的"监管沙盒"（Regulatory Sandbox）可能是解决这一问题的有益实践——该项目旨在简化市场准入标准和流程，在确保消费者权益的前提下，允许企业在"监管沙盒"创新金融产品及服务，并根据测试情况决定是否进一步推广。如此可在保障消费者安全的前提下，推动实现对消费者有益的金融创新快速孵化并加以推广。

第五，好的消费者保护制度安排，要致力于熨平金融创新周期可能带来的社会情绪周期。

历史上金融创新周期循环往复，一个重要原因，就是缺乏合适的消费者保护而导致波折。社会各界，无论消费者、金融机构还是监管机构，往往在早期过于乐观，在后期则过于悲观。

这种情绪周期，不但会最终伤害消费者，还会带来巨大的金融创新成本。中国的国债期货交易于1992年开始试点，到1995年被叫停，到2013年，国债期货不但重新启动，而且得了年度上海金融创新奖。美国2008年金融危机之后，于2010年推出《多得-弗兰克华尔街改革和消费者保护法案》，由于对银行影响过大，新任的特朗普总统开始推动对该法案的废除。2013年诞生的"互联网金融"一词，曾经炙手可热，现在很大程度上让消费者联想起跑路平台。

如果对金融消费者保护的本质有主动的认识，并积极实施前面讨论的方法论，不但可能减少对消费者的伤害，而且可以让金融创新更健康地长期发展，真正发挥配置资源、提升社会效率、造福消费者的作用。

结　语

没有合适的权益保护，金融消费者可能受到伤害。但好的消费者保护绝不仅仅是限制金融。"金融是经济生活的氧气"，没有氧气的社会难以为继。所以好的消费者保护应当"避害"与"趋利"并重。如果只是"避害"，很容易以保护消费者为由，结果却误伤消费者。

好的金融消费者权益保护，应当至少具备几个特点。第一，充分尊重和运用基于历史经验教训总结出来的、符合金融本质的消费者保护基本原则和制度，只要金融的本质不变，这些基本的制度安排也不应该改变。第二，区分技术对不同金融产品的不同效果，进而采取不同的消费者保护措施。第三，运用科学的方法论，用实证研究的方法辨别不同金融创新的益处和风险。第四，"避害"与"趋利"并重，大力发展真正经过实践检验对消费者有益的金融创新，同时坚决打击伤害消费者的行为。第五，积极把消费者保护的方法论运用到金融创新的认知、使用和监管中，尽量熨平金融创新的周期。

所以好的消费者保护，不但可以降低对消费者的伤害，而且可以为金融创新的长期健康发展提供更好的环境，进而让金融发挥资源配置优化、提升社会效率和造福消费者的作用。但这并非一蹴而就，需要监管与行业各界持续推动、共同构筑。

陈龙

中国居民应该加杠杆吗

2015年至今非常火爆的一个名词就是"去杠杆"。在金融领域中,杠杆与信贷息息相关。表1展示了中、美、德、法、英、日、加这七个国家对非金融部门的信贷情况。我们把一个国家对非金融部门信贷定义为该国非金融企业信贷、政府信贷和居民信贷的总和。

从表1我们可以看到,中美两国对非金融部门债务占GDP的比均为248%左右,次于法国、英国、日本、加拿大等国家,债务总体不是很可怕,相对比较健康。然而中国的非金融企业债务占GDP的比值(下文简称"债务占比")却超出美国非金融企业债务占比的两倍;相对地,美国政府债务占比和居民债务占比也超出中国的两倍。这反映出中国债务极大地偏向企业这一现实。

表1 非金融部门的信贷情况对比

		中国	美国	德国	法国	英国	日本	加拿大
对非金融部门信贷	金额(10亿)	26075	44160	6270	7083	7380	15975	4231
	占GDP比(%)	248.6	248	186.8	291.3	262.6	387	285.8
非金融企业	金额(10亿)	17442	12628	1824	3027	1966	4201	1650
	占GDP比(%)	166.3	70.9	54.3	124.5	70	101.8	111.5

续表

		中国	美国	德国	法国	英国	日本	加拿大
政府	金额（10亿）	4559	16734	2411	2356	2486	8725	1052
	占GDP比（%）	43.5	94	71.8	96.9	88.4	211.4	71.1
居民	金额（10亿）	4073	14079	1807	1373	2429	2715	1421
	占GDP比（%）	38.8	79.1	53.8	56.5	86.4	65.8	96
债务清偿比率		—	38.4	19.8	49.4	30.4	36.2	53.4
资产负债率（%）		49	54.78					

注：债务清偿比率，即 debt serviceratio(DSR)，另外，以上债务包括银行贷款、其他金融部门贷款、债券工具。
资料来源：国际清算银行、OECD、tradingeconomic，数据截至2015年第三季度

中国学者李扬曾指出，"日本的杠杆率问题主要是政府，美国的杠杆率问题主要是居民，中国的杠杆率问题集中在中国企业上"。中国非金融企业债务占比为166.3%，已经达到了金融危机的水平，美国这一数据，只是70.9%。企业的过高债务会造成金融危机爆发或者经济增长长期放缓的风险。

对比美国和其他国家，中国非金融企业的杠杆偏高，而政府和居民的杠杆都偏低。一些经济学家提出，为了使中国企业降杠杆，中国居民应该加杠杆。他们认为居民应该增加消费信贷和住房贷款。在买车这个领域，新能源车贷最低首付降至15%。腾讯的微粒贷、阿里的花呗、京东的白条、中信银行的梦想金等产品都是消费信贷发展的产物。2016年2月初，央行和银监会联合下发了个人住房贷款调整的通知，不限购的城市首套住房首付比例最低降至20%。银行贷款利率也进一步降低，体现了银行对增加住房贷款的支持。

然而我们认为：中国居民目前不宜加杠杆。为了使中国企业降杠杆，中国政府应该先完善社保体系和民生事项，待教育、医疗、就业、社保等福利体制完善后，中国居民才可以适当增加杠杆。

中国居民目前不宜加杠杆

中国是一个储蓄率偏高的国家，为什么储蓄率偏高呢？因为中国的社保和养老金体制不健全，而且孩子教育成本很高，老百姓需要为医疗、孩子教育，以及退休之后的养老存钱。对比各个国家，我们可以看出社会福利越好的国家，居民债务对GDP的占比也越高。

在表1中，我们看到居民债务占比最高的三个国家是加拿大、英国和美国。

加拿大的福利制度是世界一流的，其社会福利政策包括：儿童牛奶金、终身医疗免费保险、完全免费的学前班到高中的教育、优厚的社会福利金、老年养老金，等等。医疗方面，加拿大每个省都有医疗保险计划，提供廉宜而高质的医疗服务。加拿大政府每年拨数十亿加元用于实现医疗保健福利。保险计划包括各项医疗服务、诊金、住院和手术等费用，但不包括药费。如果家庭医生认为需要住院，甚至手术，不论手术大小，一切费用全部由医疗保险计划负责。在住院期间，病人的伙食、药费等都不用自己支付分文。65岁以上的老人和领取社会救济的人，其处方药大部分为免费提供。子女教育方面，在加拿大，学前班之前的教育是自费的，而且费用较贵。一个小孩的月托费要600~800加币，很多低收入家庭没有经济条件让小孩接受早期教育，因此政府就专门拨款成立托儿补助金。政府根据申请人的具体情况，有时补贴一半，有时全额补助，补贴直接支付给孩子所就读的幼儿园。在这之后，加拿大实行免费教育，凡国家公办的中学、小学，全体学生一律免费就学，只有大学才要付费。退休养老方面，加拿大的法定退休年龄为65岁，加拿大的居民不论其资产或收入，只要在加拿大定居10年以上即有资格参与"老年人福利保障项目（Old Age Security Programs）"。实际上，养老金与中国最低生活保障金类似。养老金的数额多少要依申请者在加拿大居住的年限长短来定，由加拿大联邦政府按月发放。除魁北克省以外，加拿大各省都实施加拿大退休计划。加拿大退休计划是一项公共保险计划。加拿大居民在每月的收入中扣除一定数额的退休金供款，在退休后或身体长期有障碍的时候，就可以通过这项计划得到补助。退休金必须付税，申请者不管在世界上任何地方都可以得到。魁北克省有自己的计划，称作"魁北克退休计划（Quebec Pension Plan）"。

英国的社会福利制度历史久，内涵广，对英国社会的发展发挥了积极的推动作用，大致分为七类：儿童和孕妇福利、伤残或者疾病福利、退休福利、寡妇福利、失业福利、低收入人士福利和社会基金。医疗方面，NHS（National Health Service），全称为全民医疗保健系统，创建于1948年7月，是英国社会福利制度中最重要的部分之一，它追求的目标是：不论个人收入多少，只根据不同需要，为人们提供全面的免费医疗服务。英国公民可享受免费医疗服务。基本退休福利，为超过退休年龄（女60以上，男65以上）及符合国民保险金条件的人士设定。要照顾未成年子女的人可以获得其他福利。

美国的福利制度是在1936年社会安全法案实行之后逐步完善起来的，主要包括联邦社会保险、失业补助金、公共援助金、孕妇与儿童福利四大类。其中联邦社会保险是为就职人士设立的，在职或曾经工作过的本人及其家属都可参加，主要包括退休金（Retirement Benefits）、抚恤金（Survivor's Benefits）、伤残金（Disability Benefits）和医疗福利（Medicare Benefits）等。

目前中国对比以上几个高福利的国家而言，居民福利依然有所差距。整体来看，高福利国家的社会福利可以保证其居民享有较高的生活品质。而中国的社会福利实际上仅够维持基本生活。在医疗方面，中国的医保制度实施社会统筹与个人账户相结合的制度。每月缴纳的医疗保险仅部分放在个人账户中，有一部分是放在社会统筹账户中。而在去医院治疗非重大疾病的时候，优先使用个人账户中的资金进行报销。对城镇和农村户口人员、针对不同的就医方式有不同的报销比例。我国的医保制度采用部分自费的方式来抑制居民不必要的医疗消费。因此若没有购买补充医疗保险，视情况居民需要自行承担一定比例的金额。此外，我国的医保制度对具体疾病和具体用药的报销范围都有严格的规定。因此，即使是工作稳定的企业职工，如患有重大疾病，想要接受最好的医疗，也会受到一定的限制，除非自费或走商业保险报销的途径。更不用说家庭困难的居民，若没有缴纳医保或其他保险，一旦患病，就面临巨额的医药费支出。子女教育方面，虽然中国实行九年义务教育，但是因为竞争激烈，家长对子女课外辅导的支出是巨大的。与许多教育免费的高福利国家相比，在中国养儿育女必须要有相应的储蓄资金做支持，这也是教育储蓄在中国非常火爆的原因之一。养老退休方面，在中国，达到法定退休年龄或提前丧失劳动能力必须退休，之后视之前缴纳的社会保险情况领取退休金。不同的地区、不同企业员工的退休金差异较大。而在美国，只要达到法定年龄就可以领取社会安全金，何时退休取决于自身的身体条件及存款金额。目前随着中国老龄化的问题日益加重，社保基金缺口巨大，政府已开始研究推迟退休时间来缓解社保基金压力。在中国工作的年轻人，许多都不指望当前每月缴纳的社保可以为其提供晚年退休生活的资金来源，相反，大部分人都会为自己购买一些储蓄基金来作为养老金。

因此，我们认为在中国，社保、养老金和教育福利体制改善之前，为了增强社会稳定，老百姓还是应该多存钱和做好长期投资，而不宜过度消费加杠杆。

中国政府应该增加惠民生方面的支出

据中国财政部公布的数据，2015年1~12月累计，中国一般公共预算支出175768亿元人民币。各项重点支出如图1所示：1~12月累计，教育支出26205亿元，占比14.9%；医疗卫生与计划生育支出11916亿元，占比6.8%；社会保障和就业支出19001亿元，占比10.8%；城乡社区支出15912

亿元，占比9.1%；农林水支出17242亿元，占比9.8%；节能环保支出4814亿元，占比2.7%；交通运输支出12347亿元，占比7.0%。

对比美国，美国联邦政府2015财年的财政总支出为36876亿美元。如图2所示，美国联邦政府2015年重点财政支出占比为：国防支出5913.72亿美元，占比16.0%；教育培训等支出1203.76亿美元，占比3.3%；健康支出4821.53亿美元，占比13.1%；医疗保险支出5462.03亿美元，占比14.8%；收入保障支出5094.32亿美元，占比13.8%；社会保障支出8877.48亿美元，占比24.1%；利息支出2233.3亿美元，占比6.1%。

从中美两国的对比来看，中国政府财政支出中关于民生的教育、医疗和社保的占比合计为32.5%；美国政府财政支出中关于民生的教育、健康、医疗、保障等占比合计高达69.1%。因此虽然美国政府债务占比较高，但是财政支出给美国人民的比例却是相当高的，这对提高人民生活质量有决定性作用。

中国政府惠民生体制完备之后，居民才宜加杠杆，促使企业降杠杆。

由于相较于其他国家，中国政府的债务比例并不高，因此政府通过发债扩大惠民生的支出，来达到藏富于民的目的是可行的。政府可以加大改善和健全中国的社保、养老金和教育等与民生息息相关的设施及体制方面的财政支出，从制度上保障老百姓的生活福利。老百姓

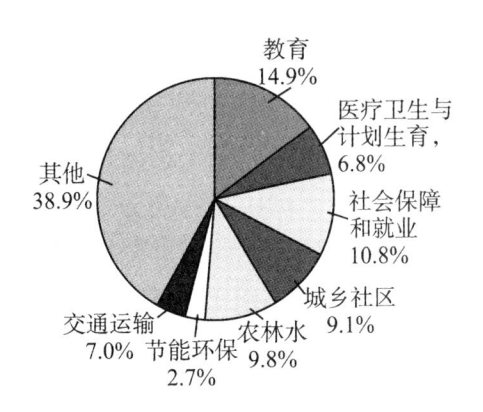

图1　2015年中国重点财政支出占比

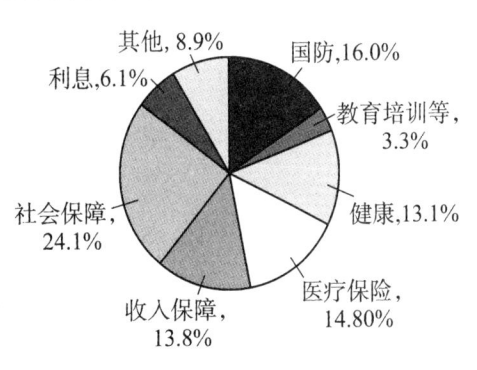

图2　2015年美国联邦政府财政支出占比

有了福利保障之后，自然愿意增加消费和投资，这样，中国的储蓄率就会降低，钱就不会都集中在银行系统。从而，既可以给老百姓吃定心丸、鼓励居民增加社会消费，也可以使资金流向社保、保险、基金等其他长期的机构投资者。

居民消费增加，会使得企业盈利增加。企业盈利增加了，一方面，企业会雇用更多的员工及增加工资奖金，达到改善就业环境以及实现财富效应的良性循环。另一方面，企业有了更多的内部资金，对外部融资的需求就减少了。如此，企业自然降低了债务，达到企业降杠杆的目的。

居民投资增加，以及资金流向社保、保险、基金等其他长期的机构投资者，这些都有助于企业进行股权融资，企业通过股权融资会降低企业债务，优化资本结构，也有助于达到企业降杠杆的目的。

总　结

从对非金融部门的信贷占比指标来看，中国总体债务杠杆比例并不算高，整体而言比较健康。但是中国的债务问题在于非金融企业的债务比例过高而政府和居民的债务比例较低。企业杠杆过高会增加违约风险，为了降低企业的杠杆比例，有观点认为应该通过居民加杠杆的方式来实现。我们认为，在社保、养老金和教育福利体制改善之前，中国居民暂时不宜增加杠杆。因为中国的社会福利相较于其他发达国家有较大差距，中国居民保持较高的储蓄率是有意义的。只有当政府完善社保体系和民生事项后，中国居民才应该适当增加消费和投资，促使企业利润增加，而且使资金流向长期投资的社保、保险、基金等领域，优化企业融资结构，在良性循环形成后，企业自然而然地会降低债务杠杆。

欧阳辉　孟茹静

货币基金三辩

货币基金是否推高了融资成本

2017年7月，余额宝规模突破1.5万亿元，成为全球最大的货币基金，但也引发一系列的热议。争议的焦点在于：余额宝这样的货币基金有没有推高融资成本？其代表的是金融体系的进步，还是监管套利？货币基金的风险有多大？监管应该如何平衡创新的益处和风险？这些争议不仅针对货币基金，而且适用于大多数金融创新，因此从实证研究出发，对这些问题做一番剖析和澄清，十分必要。

争议中的观点，在形成结论之前，需要尽量通过科学的验证。分析中外货币基金发展的逻辑、历史和实证数据，我们可以看到，在中国货币基金蓬勃发展的4年间，银行业的整体规模、增长趋势都没有改变，社会融资成本没有上升；作为货币基金的一部分，余额宝是市场利率的跟随者而非发动者。利率市场化带来的是更丰富、更有活力的金融体系。

如果货币基金实质性地推高了融资成本，那么可以验证的假说是，在控制其他因素后，货币基金体量越大，社会融资成本越高；而且在货币基金增长更快的时候，对融资成本的上升推动越大。

实证数据则呈现出以下特征。特征之一，中国货币基金余额与贷款基准利率、银行间利率、同业存单利率呈现相反趋势。如图1所示，从余额宝诞生的2013年6月至今，国内货币基金规模已经从不足5000亿元发展到超过5万亿元的水平。在此期间，各项短期市场利率，包括银行融资利率指标逐渐下降：同业存单发行利率由6.62%下降至2.85%，短期贷款基准利率由6.00%下降至4.35%，上海银行间利率（SHIBOR）由5.25%下降至4.76%（注：从宏观环境看，2013~2017年之间，货币供给量M2的增长率从约16%下降到不足10%的水平，所以也不能推断说是货币政策的过度宽松克服了货币基金给融资成本带来的冲击）。

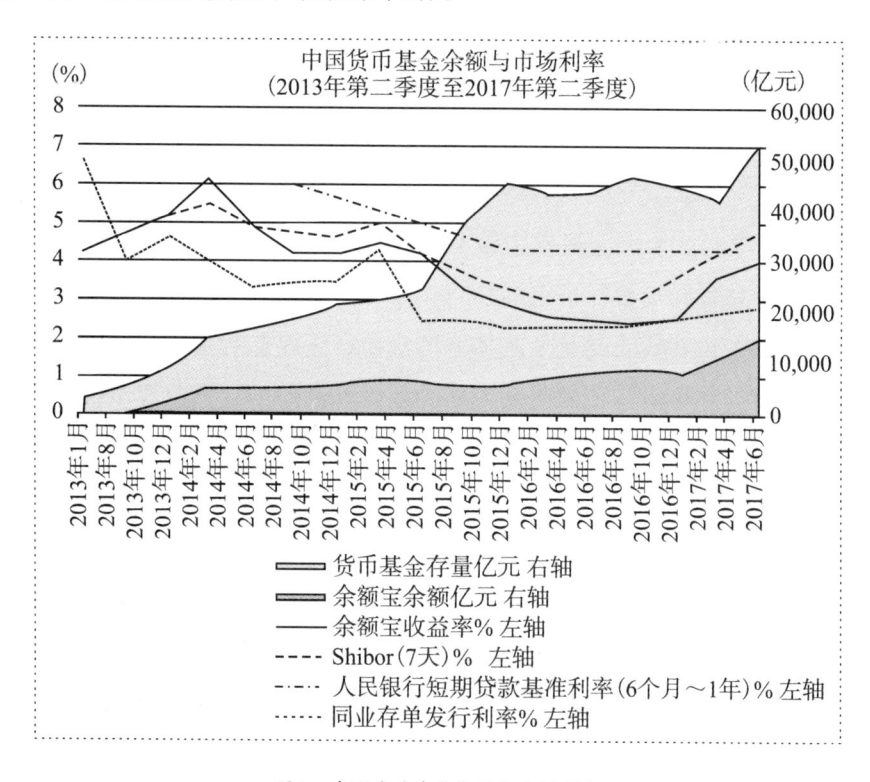

图1 中国货币基金余额与市场利率

注：1.货币基金、余额宝、Shibor（上海银行间同业拆放利率）、同业数据来源于Wind数据库；2.人民银行短期贷款基准利率来源于人民银行官方网站。

特征之二，货币基金的增长速度和利率水平没有清晰的相关性。图1表明中国的货币基金市场在过去四年中经历了三个快速增长期（2013年6月～2014年3月，2015年6月～12月，2017年3月～6月），一个温和增长期（2014年4月～2015年6月），和一个徘徊期（2015年12月～2017年3月）。在增长最快的2015年6月～12月，货币基金余额从不足2.5万亿元增加到了4.5万亿元，但这是一个各种融资成本都在明显下行或者保持低位的阶段。

特征之三，统计模型分析表明，银行间利率领先于余额宝收益率，对余额宝利率的升降有显著影响；反过来，余额宝收益率对银行间利率无显著影响。换句话说，市场利率是因，余额宝利率是果。

货币基金利率更高有利于其体量的扩大，但大家关心的问题是，货币基金是市场利率趋势的接受者，还是趋势的发动者？以余额宝为例，我们首先通过构建VAR时间序列模型，分析余额宝年化收益率和SHIBOR利率在2013年6月～2017年8月的关系。我们发现上个月的SHIBOR利率对本期的余额宝利率有非常显著的正向传导影响，但是上个月的余额宝利率和本期的SHIBOR利率则没有关系。

因为余额宝很多资金以协议存款的方式存在银行，我们也可以研究余额宝利率和同业存单利率之间的关系。这个关系呈现出三个特点：第一，余额宝利率和银行存单利率关系紧密，表现在余额宝利率上升的时期往往也是银行存单利率上升的时期（图1）。第二，数据模型分析表明，银行存单利率领先，并且是余额宝利率的显著驱动者，反过来，余额宝利率对银行存单利率毫无影响。最典型的例子是银行存单利率于2016年9月开始明显上扬，而余额宝利率一直到一个季度之后才开始上升。第三，在绝大部分时期，余额宝利率都明显低于银行存单利率（平均低0.4%）。这三个特点结合起来：余额宝利率与银行存单利率高度相关，但是往往同步或者滞后于存单利率，并且低于存单利率，表明余额宝是市场利率的跟随者而非决定者，并且在缓解资金紧张方面做出了贡献。

特征之四，货币基金没有根本影响银行存款和银行理财的发展趋势。

在2009~2017年，银行存款呈现阶梯式增长的趋势，没有因为货币基金而改变（图2），存款总量从2009年的24万亿元增长到2017年的64万亿元；严格的统计分析表明，银行存款的增长趋势在这8年中没有显著改变。尤其值得注意的是，银行理财的规模从2009年的1.7万亿元增长到2016年底的29万亿，年增长率50%。2013~2017年，银行存款和理财合计新增40多万亿元，远超货币基金的4万多亿元。所以，和"货币基金导致存款搬家"的假说相悖，无论从趋势还是规模上看，银行的发展都没有因为货币基金而发生较大改变。

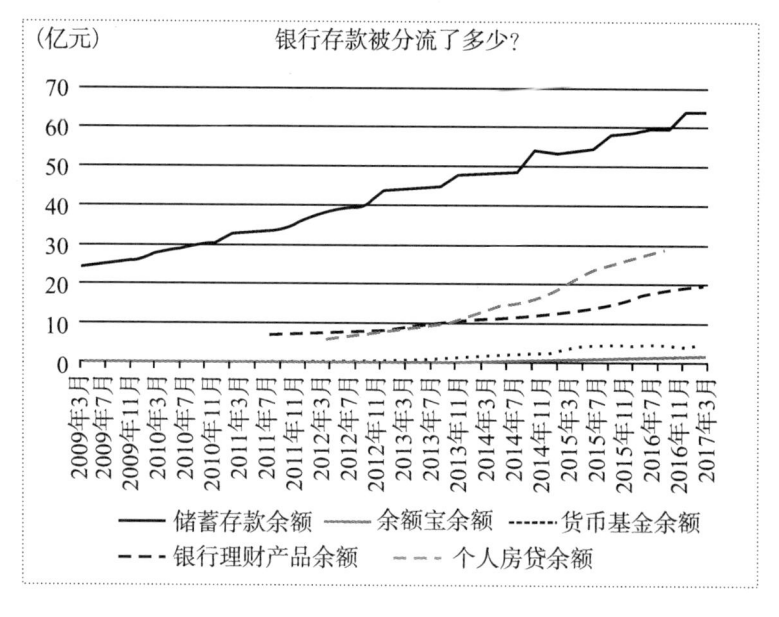

图2 银行存款和理财的增长趋势

资料来源：Wind资讯

中国的货币基金市场只蓬勃发展了4年，我们或许可以借鉴货币基金历史最长、最发达的国家——美国的情况。20世纪70年代是布雷顿森林体系崩溃、通胀肆虐的时代，而银行活期存款按照法律规定不提供任何利息。在这个背景下，第一只货币基金于1971年在美国诞生，到1980年年底货币基金总规模达到755亿美元。但是货币基金真正的腾飞，是从1980年的755亿到2009年的3.4万亿美元；如果货币基金是推高社会融资成本的重要力量，我们应该看到银行贷款利率上升。与此相反，美国银行优质贷款的利率，从1980年的20%降到了2009年的3.25%。和在中国看到的情景类似，长期来看，货币基金余额的上升伴随的是融资成本的下降。1974~2017年，美国银行优质贷款利率由9.73%下降至4.25%，联邦基金有效利率由9.65%下降至1.15%，LIBOR（1个月）由8.17%下降至1.23%。

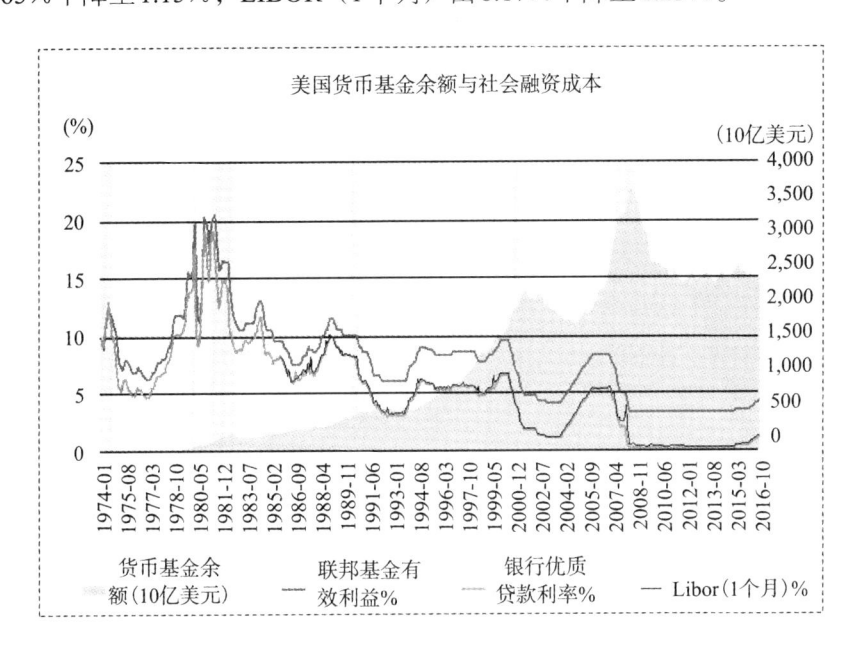

图3 美国货币基金余额与市场利率

注：1. Libor（1个月）数据来源于Wind数据库；2. 货币基金、银行优质贷款、联邦基金有效利率数据来源于美联储圣特路易斯分行官方网站；3. 灰色背景部分是NBER（美国国家经济研究局）定义的经济萧条期，详见http://wwwdev.nber.org/cycles/cyclesmain.html。

货币基金是利率市场化的产物。说货币基金推高了融资成本，等同于说利率市场化推高了银行乃至社会的融资成本，而实证数据表明并非如此。无论在中国还是美国，没有迹象表明利率市场化带来了银行间利率或银行贷款利率的上升。

我将在下一节解释为什么货币基金不同于银行，为什么从银行到货币基金的产生代表了金融体系的丰富化而非监管套利。现在想请读者记住三个实证结论。第一，在中国货币基金蓬勃发展期间，银行业的整体规模、增长趋势都没有改变。第二，货币基金体量的上升并没有带来银行间利率或贷款利率的上升。第三，作为货币基金的一部分，余额宝是市场利率的跟随者而非发动者。

为什么货币基金不是银行

货币基金的发展没有带来社会融资成本的增加。从表面上看，这个现象令人疑惑。货币基金高比例持仓银行存款和银行存单并非中国特例，以美国最大的摩根大通机构货币基金为例，在2017年6月底，其28%投放给银行存款，44%投放给银行存单，合计72%提供给银行。这样引发了两个问题：既然货币基金的回报率高于活期存款利率，为什么这不会带来融资成本的提高呢？为什么货币基金不直接是银行的一部分呢？

要回答这些问题，我们必须理解货币基金区别于银行的逻辑。银行的一个核心目的是提供风险性贷款，其资产组合杠杆高（往往10倍的杠杆）、期限长（从即时到几十年的贷款）、流动性差（很多资产缺乏流动性）、集中度高（为很多大企业、项目提供贷款）、不透明（银行不需要披露投资项目），在资产负债表两端兼具杠杆、金额、期限、风险、流动性等各种错配。

银行为经济发展提供了重要的金融支持，但是因为业务的复杂性和风险性，要求较高的经营和组织成本，需要几个百分比的成本覆盖，又因为在历史上曾发生过多次挤兑行为，需要配以资本金、准备金、存款保险制度、央行流动性支持和扮演最后贷款人等制度安排。

反之，货币基金的设计就是为了尽量剔除风险，通常只能投资于流动性好的优质资产，对投资剩余期限、剩余存续期有严格要求，并且要求投资标的分散①。货币基金杠杆非常低，一般体现在债券回购交易中，且监管对此有严格的上限要求。作为公募基金，货币基金必须按期进行有效的信息披露，并充分揭示潜在风险。

所以，和银行迥然不同，货币基金的核心特征是安全性、流动性、低杠杆、分散和透明。因为其风险已经被限制到极低，也就不要求资本金、准备金、存款保险、央行流动性支持这样的安排。因为业务简单透明，不需要做很多风险甄别，也就不需要几个百分比的存贷差模式来覆盖成本，适合于"金融脱媒"，让最好的机构通过货币基金的方式向投资者直接融资，用于短期需求；投资者多了一个风险低、流动性好的现金管理工具；同时让银行提高效率，更专注于提供需要风险甄别的融资服务。

表1　银行与货币基金的区别

	银行	货币基金
杠杆比例	十倍杠杆左右 资本充足率要求： 大银行11.5%，中小银行10.5%	杠杆低 投资者资金和投资标的一一对应； 货币基金杠杆一般体现在债券回购交易中货币基金持仓债券正回购的比例不得超过20%
盈利模式	投资风险性贷款 专注于提供需要风险甄别的融资服务	只能投资安全性最高的资产 投资现金、存款、存单、央票、高评级债券等，并且投资于主体信用评级低于AAA的机构发行的金融工具的比例合计不得超过10%

---

①2017年8月31日，证监会发布《公开募集开放式证券投资基金流动性风险管理规定》，自2017年10月1日起施行。在风险性和分散度方面，该规定要求："货币市场基金投资于主体信用评级低于AAA的机构发行的金融工具占基金资产净值的比例合计不得超过10%，其中单一机构发行的金融工具占基金资产净值的比例合计不得超过2%。""同一基金管理人管理的全部货币市场基金投资同一商业银行的银行存款及其发行的同业存单与债券，不得超过该商业银行最近一个季度末净资产的10%。"在流动性方面，该规定要求"单只货币市场基金主动投资于流动性受限资产的市值合计不得超过该基金资产净值的10%"。

续表

	银行	货币基金
风险分散	集中度较高 （为很多大企业、项目提供贷款）	集中度较低 并且同一基金管理人管理的全部货币市场基金投资同一银行的存款及同业存单、债券，不得超过该银行最近季末净资产的10%
标的流动性	投资的风险性贷款期限较长	只能投资短期证券 加权平均期限不得超过120天
信息透明度	不需要披露投资项目	按季度披露持仓标的和比例并充分揭示潜在风险

只有最优质机构（包括银行）的短期资金需求才能通过货币基金向投资者融资，银行需要风险甄别的主营业务并没有因为货币基金发生改变，这个安排代表了金融体系的丰富化和进步，并不会带来社会融资成本的整体提高。也因为这个原因，货币基金对银行的借贷被归为同业拆借。就像不能说同业拆借的存在推高了银行的融资成本一样，我们也不能说货币基金推高了银行的融资成本。

有人指出货币基金当天赎回的便利等同于活期存款，却又能够提供高于活期存款的回报，这似乎是监管套利。实际上美国早在1974年就开始允许货币基金当天用于支付，美国的银行从20世纪80年代开始的类货币基金服务，同样是结合利息和高流动性。货币基金高质量、短期债的特点意味着流动性好，容易当日赎回。

货币基金是在利率市场化过程中诞生的。所以一个更深层次的问题是，利率市场化以及金融体系的丰富化是否会推高融资成本？

美国的利率市场化主要在20世纪70到80年代中完成。图4展示了1974～2016年美国居民和非营利部门的金融资产分布的演变。这里统计的金融资产包括现金和活期存款、定期存款、养老基金、保险计划、共同基金和货币基金。1974年，一个典型公民把8%的金融资产放在现金和活期存款，35%放在定期存款，0.1%放在货币基金，3%放在共同基金，47%放在养老金。到2016年，这些数字演变为2.5%、22%、2.7%、31%和53%。在这43年中，活期存款的比重降低了5.5%，银行存款的比重整体下降了8.5%，货币基金的比重超过了活期存款，共同基金和养老金合计增加了34%。

美国居民非营利部门的金融资产分布与社会融资成本（1974年～2016年）

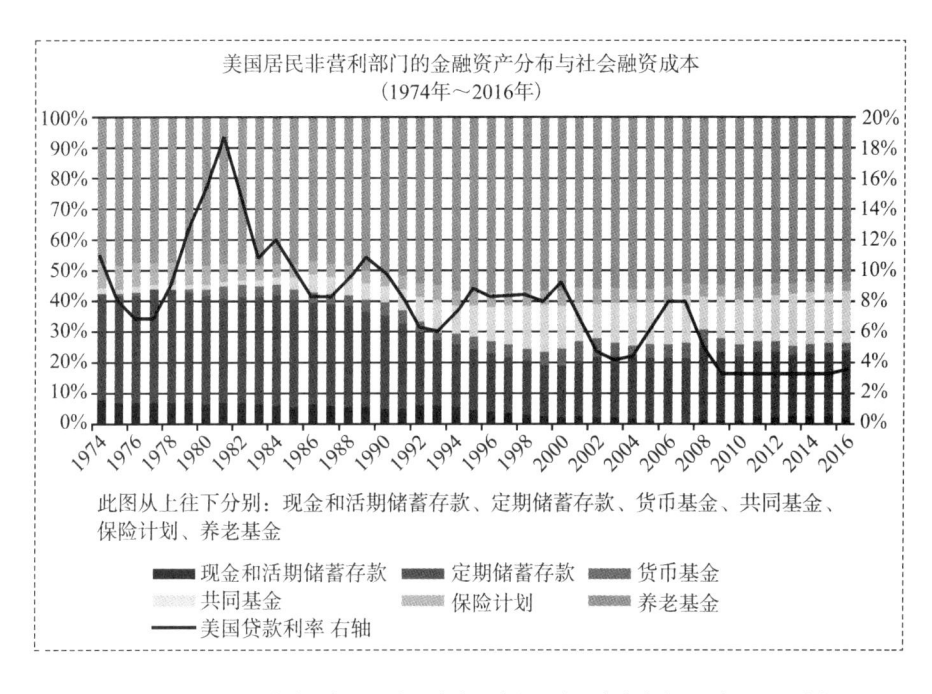

此图从上往下分别：现金和活期储蓄存款、定期储蓄存款、货币基金、共同基金、保险计划、养老基金

- 现金和活期储蓄存款
- 定期储蓄存款
- 货币基金
- 共同基金
- 保险计划
- 养老基金
- 美国贷款利率 右轴

图4　美国居民和非营利部门的金融资产分布与社会融资成本（1974年～2016年）

注：1. 金融资产数据来自于美联储发布的美国国家资产负债表年报。2. 贷款利率数据来自世界银行官网。

如果只是从活期存款的角度来衡量，几乎所有其他资产——尤其直接融资——的增长都意味着"存款搬家"和融资成本的提高。而实际的结果是，美国贷款利率从1974年的10.8%下降到了2016年的3.5%。

一个丰富有活力的金融体系，应该尽可能地满足投资者和融资者的需求，达到有效配置资源的目的。从融资效率看，固定利率代表的是金融抑制和低效；从融资工具看，这个体系需要的不只是银行，还有各种股权和基金融资手段。利率市场化从表面上似乎会带来银行利率的上升，股权和基金融资似乎会带来银行存款的分流，但是从实证经验看，这些金融体系的供给侧改革不会带来融资成本的上升。

所以货币基金不是银行，活期存款也不是衡量融资成本的最佳尺度。货币基金和直接融资的发展，代表的并不是融资成本的提高或者监管套利，而是金融效率的提高和金融体系的进步。

货币基金的风险和监管

银行和货币基金在风险性、流动性、杠杆率、透明度等方面有本质区别，其基于历史风险演化出来的监管方式也完全不同。银行在历史上遭遇过大量挤兑、倒闭的案例，所以有资本金、准备金的风控要求，有存款保险和央行短期流动性支持。即便在这些安排之后，风险和流动性错配仍然存在。对于货币基金，监管的方式是限制风险性、流动性错配、杠杆率、集中度，并提高透明度。

那么哪一种监管制度安排能够更好地抵御风险呢？金融监管制度实际上都是从危机案例中演化出来的。所以对监管制度是否有效的最重要的判断，就是回顾其在历史风险案例中的表现。需要指出的是，监管的本质是有效地管理和平衡风险与益处，而不是完全消除风险。

美国在20世纪大萧条之前曾有近3万家银行，大萧条抹去了一半，期间大量的挤兑行为曾经迫使美国政府宣布银行暂停营业，这也成为美国金融史上一个最黑暗的时刻。存款保险制度的推出大大降低了挤兑行为，但银行破产仍然时有发生。20世纪80年代中期美国仍然有超过1.4万家银行，到今天只有5800多家。2008年的金融危机使得300多家银行消失。银行危机带来存款保险的成本、政府购买银行不良资产的成本，破产为存款者带来超出存款保险的损失，也为股东带来巨额资本金损失。

反观货币基金，从违约风险看，从1971年诞生至今，没有让政府和纳税人损失过一分钱。美国历史上只发生过两只基金跌破本金的案例，一只基金在1994年让投资者损失了4%，另外一只在2008年损失了3%。换句话说，因为货币基金低风险的特点，在不需要资本金、准备金支持的情况下，其在历史上给政府、纳税人、投资者带来的损失几可忽略不计。这个结果是对现有货币基金监管制度的整体肯定。

自从20世纪70年代货币基金诞生以来，美国经历了6次经济衰退期。从流动性风险看，一般当市场在预期或者进入经济衰退的时候，资本市场动荡，货币基金往往被视为避风港。从2006年年底美国次贷危机开始发酵，投资银行贝恩破产，到2008年8月金融危机爆发之前，美国货币基金的体量从21939亿美元飙升到33134亿的历史新高，新增超过1万亿美元。

历史上货币基金唯一需要政府担保的"特例"是2008年9月被前美联储主席伯南克称为"包括大萧条在内全球历史上最严重的金融危机"，从银行、投行、房贷公司、保险公司、基金到股市的整个金融体系都需要担保或救赎。危机过后，美国通过《多得-弗兰克华尔街改革和消费者保护法案》，对整个金融体系全面加强了监管，其中具体的监管措施广泛涉及银行、储蓄和贷款公司、房贷经纪商、衍生工具、对冲基金、保险公司、清算机构、评级公司、证券交易商等，但是没有任何针对货币基金的条款。金融危机最重要的诱因，是银行次贷、杠杆、表外业务和复杂衍生工具的结合。这些都和货币基金关系不大。

货币基金主要的风险就是流动性错配。根据原美国证监会主席夏皮罗在国会的听证，从20世纪70年代至今，曾经有300次个别货币基金动用自有资金熨平流动性问题，但没有一次带来挤兑。所以对货币基金的监管政策在调整之后，仍然允许货币基金使用自有资金对抗可能的流动性风险。

货币基金历史上曾经历过两次明显的萎缩：2001~2005年和2009~2012年。萎缩的主要部分发生在衰退和危机之后，其原因不是挤兑，而是美联储把基准利率调整到了0~1%，货币基金失去了利润空间。一个著名的例子是PayPal在2011年关闭了其货币基金，原因很简单：由于量化宽松，当时的短期融资利率已经跌落到0.25%左右，而此前PayPal收取0.75%

的费率，已经没有了获利的余地。实际上，货币基金存量在2012年触底之后，仍然高于次贷危机发生以前的水平。

金融危机之后，美国对货币基金的监管政策修改，并没有提出资本金或准备金要求，而主要着眼于流动性管理和信息披露，包括1.把平均到期期限从90天缩短到60天；2.必须把10%的资产投资于国债以应对每天的赎回需求，同时要求把20%的资产投资于1周内到期的证券；3.更频繁的披露基金组合，包括组合持仓的月度报告和逐日盯市。

监管政策的另一个改变是区别对待机构型和零售型货币基金。零售型基金往往对于市场流动性压力不敏感，也就更稳定。在2008年金融危机爆发后，机构型货币市场基金中近30%的份额在短时间内被赎回，而零售型货币市场基金赎回份额仅占其规模的5%左右。据此，2014年美国货币基金监管新规出台，限制的重心放在了机构型货币基金，要求面向机构投资者的货币基金采用浮动资产净值，旨在让投资者意识到机构型货币基金的资产价值会随市场条件发生变化，从而促使他们及时调整持仓，而不是等到基金净值跌到1美元以下，才大批进行集中赎回，引发金融市场动荡。

机构型和零售型货币基金的差别在中国也得到验证。2016年12月中旬，国内债市大跌，多家货币市场基金流动性紧张，余额宝不仅没有遭受赎回潮，而且还有持续资金净流入。其原因在于余额宝是典型的零售型货币市场基金，个人用户占比高达99%以上，消费者把余额宝当作零花钱的现金管理工具，而不是"快进快出"的投机工具。用户更看重余额宝的支付便利性，对收益波动较不敏感。小额分散的特性决定了余额宝整体不容易因资本市场波动而发生大幅波动，在本质上阻隔了惯常的风险传导机制。

在证监会2017年9月1日发布的《公开募集开放式证券投资基金流动性风险管理规定》中，根据基金持有人集中度情况进行分类监管，对持有人集中度较高的货币基金在风险、流动性、分散度等方面做出了更严格的限制，更进一步降低了货币基金可能的风险。

结　语

以余额宝为代表的货币基金推进了中国利率市场化的进程，并且让数亿老百姓第一次接触到理财。从银行活期存款的视角看去，每一分带利息的投资都似乎是对其模式的背离，都意味着融资成本的上升。但是一个健康、有生命力的金融体系不应该仅仅为融资者服务。实证研究表明，中国的利率市场化并没有带来社会融资成本的上升，也没有从根本上影响银行的增长模式。那些动辄从银行活期存款的角度讨论监管套利的论调，不妨重新借鉴历史和实证依据。

银行的一个核心功能是提供风险性贷款，不但杠杆高，透明度低，而且充满了风险、流动性、金额种种错配；可以说，银行是经营错配的机构。反之，货币基金的核心定位是降低风险，相对而言，其主要特征是低杠杆、安全性高、流动性好、透明度高。货币基金不是银行，也不应当用银行的方式来评判和监管。

金融创新的健康发展需要监管者和从业人员共同用科学的方法论去寻找共识，而不是从假说直接跳到结论。诺贝尔经济学奖得主罗伯特·席勒在《金融与好的社会》一书中写道：把我们双方加在一起就是金融这个充满智慧、以公众利益为导向的群体的最佳代表。争论是检验理智的试金石。关于金融与好的社会的讨论，将会始终贯穿中国金融体系的构建。

陈龙

影子银行：同业存单的发展与风险分析

广义的影子银行是指游离于监管体系外的信用中介活动，具有与传统银行类似的信用创造、期限转换与流动性转换的功能，但较少受到金融监管。包括以下三部分：首先是银行的部分同业业务与表外业务，包括同业存单与表外理财；其次是信托、券商等非银行金融机构充当信用中介，包括信托受益权、银行委托投资、银信合作、银证合作等；第三是民间借贷。同业存单的发行是银行主动负债的重要工具，也是银行进行表外理财或委托投资的基础之一，是影子银行的重要组成部分，撬动了2017年金融杠杆的迅速上升。2016年以来我国同业存单呈现爆发式增长，同业存单余额占银行实收资本的比例从2016年1月的76.60%增长至2017年8月的174.83%。2017年1月至10月，同业存单发行总量为15.20万亿元，占整个债券市场发行量的比重为48.60%。

同业存单的爆发式增长是2017年我国金融市场的重要特征，也是2017年金融去杠杆的监管重心。2017年4月银监会连续发文加强同业存单监管，触发金融去杠杆进程。十九大中央金融系统代表团讨论会中，银监会主席郭树清提到"今年银行业加强监管主要针对银行同业业务、理财业务等方面，选择这些领域主要是因为其覆盖了比较突出的风险点，包括影子银行与交叉金融"。我们需要思考以下几个问题：同业存单究竟是什么？同业存单如何撬动金融加杠杆与影子银行的规模扩张？本文将详细分析同业存单的性质、扩张动机与潜在风险，并提出同业存单发展的相关政策建议。

同业存单：与同业拆借、同业存款的区别

同业存单是存款类金融机构在全国银行间市场发行的记账式定期存款凭证，属于货币市场工具。固定利率存单期限为1个月、3个月、6个月、9个月和1年，参考同期限上海银行间同业拆借利率定价。同业存单单期发行金额不得低于5000万元人民币，发行后可以进入二级市场流通，也可作为抵押品进行质押式回购。

与同业存单相关的一个概念是"同业业务"。同业业务是指商业银行与其他金融机构间的资金往来行为，目前包括三种形式：同业拆借、同业存款（也称为同业存放）与买入返售。同业拆借是指通过全国银行间拆借市场进行的短期、临时性头寸调剂，计入"拆放同业"与"同业拆借"一级科目。同业存款是金融机构与商业银行之间的一对一的存款协议，没有有价证券作为载体，也无法进行流动，计入"存放同业"与"同业存放"科目中。买入返售是指金融机构在买卖金融资产时约定在未来时间以约定的价格买回，包括质押式回购、买入返售银行承兑汇票、买入返售信托受益权等业务。

目前同业存单不属于同业业务，而是一种金融资产投资。在资产负债表中，同业存单的发行方在负债端增加"应付债券"；同业存单的购买方在资产端增加"金融资产投资（交易性金融资产／可供出售金融资产／持有至到期投资）"。同业存单目前不属于同业负债（同业负债科目包括同业存放、拆入资金和卖出回购），不受同业业务规范与MPA（宏观审慎评估体系）的限制，为一些中小银行提供了监管套利的空间。

同业存单的发展现状：增长迅速、中小银行是发行主力

1986年交通银行、中国银行和中国工商银行相继发行了大额可转让定期存单，但由于利率过高、流动性不足等原因，央行在1997年暂停了同业存单的发行。2013年12月，央行为了促进利率市场化、深化金融体系改革，重启同业存单市场。2015年后同业存单市场开始快速增长，2015年至2017年10月15日，同业存单发行总量为33.53万亿元，其中2015年发行量为5.30万亿元，2016年增长至13.02万亿元，2017年1月至10月发行总量为15.20万亿元。2016年底同业存单市场托管余额为5.9万亿元，截至2017年10月15日，银行间市场同业存单的托管余额增长至7.93万亿元。

同业存单在债券市场上占比迅速增加：从存量上看，截至2017年10月15日，同业存单市场余额为7.93万亿元，债券市场整体余额为71.93万亿元，同业存单占比为11.03％。从增量上看，2016年债券市场发行量为36.37万亿元，同业存单发行量占整个债券市场的比重为35.81％，2017年1月至10月15日，这一比例增长至48.60％。

从发行主体看，城市商业银行与股份制银行是发行同业存单的主力。2017年年初至2017年10月15日，同业存单发行量为15.20万亿元，其中城市商业银行发行量为8.24万亿元，占比为54.19％，股份制商业银行发行量为6.68万亿元，占比为43.97％，国有商业银行发行量为0.28万亿元，占比为1.85％。从单个银行角度看，2017年年初至2017年10月15日区间内，同业存单发行量排名靠前的银行均为股份制商业银行，同业存单发行量最多的是兴业银行（10367.8亿元）和浦发银行（8400.1亿元），大型国有商业银行发行同业存单的数量较低，其中建设银行同业存单发行量为1182.2亿元，工商银行发行量为37亿元。股份制银行与城商行对于资金的需求更大，国有商业银行主要作为同业存单的购买方（资金融出方）。一方面原因在于中小规模银行的揽储能力低于大型银行，另一方面原因是央行在发行

常备借贷便利（SLF）等新型货币政策工具时对抵押品偏好较强，这一点将在后文详细叙述。

从发行利率上看，2017年年初至10月15日，所有发行同业存单的平均收益率为4.55%，其中城市商业银行发行收益率为4.6%，股份制商业银行为4.4%，国有商业银行收益率最低（4.19%），发行同业存单的资金成本最低。

从存单的购买主体上看，2017年9月，在所有同业存单投资者中，货币/债券基金等非法人机构合计持有同业存单的规模为3.72万亿，占比达到44.68%；商业银行持有同业存单占比为33.86%，其中农商行与农合行、城商行、国有商业银行、股份制商业银行持有比例分别为11.68%、7.56%、6.88%与5.78%；再次是非银行金融机构（11.68%）、政策性银行及国家开发银行（7.91%）和人民银行批准的境外机构（1.66%）。

同业存单迅速增长的原因：货币创造与监管套利

从货币创造机制上看，同业存单迅速增长背后是货币创造机制在总量上与结构上的转型。从总量上看，外汇占款是指中央银行从商业银行购入外汇，投放基础货币，并形成外汇储备的过程，是我国基础货币投放的重要渠道之一。但受到国际贸易格局改变与人民币汇率等因素的影响，我国贸易顺差逐渐减少，中央银行外汇占款从2016年1月的24.2万亿元下降至2017年8月的21.5万亿元，外汇占款对基础货币投放的支持作用在逐步下降。而央行通过公开市场操作的方式支持基础货币发行，新型货币政策工具的应用逐渐增加，2016年1月抵押补充贷款（PSL）、常备借贷便利（SLF）、中期借贷便利（MLF）的余额总和为2.5万亿元，2017年8月余额增长至7万亿元。从结构上看，央行发行短期流动性调节工具（SLO）、抵押补充贷款（PSL）、常备借贷便利（SLF）、中期借贷便利（MLF）等货币政策工具时需要抵押品，包括信用等级较高的国债、央票或信用债等，而大银行的抵押品数量更多、质量更优，所以基础货币投放方式呈现出显著的结构性特征：大银行吸收了央行投放的流动性，再通过购买同业存单等方式，将流动性转移至中小行。

从同业存单的发行银行看，之前通过数据说明了城商行与股份制银行是发行同业存单的主力。中小规模的银行流动性来源不足，揽储能力也低于大型银行，需要通过发行同业存单的方法进行主动负债。发行同业存单在中小银行资产负债表的负债方计入"应付债券"科目，不属于同业负债，所以不受到"同业负债／总负债不超过1／3"的监管要求。同时，银行在季末受到流动性指标的考核压力，具体来说，流动性覆盖率（LCR）＝合格优质流动性资产／压力情形下未来30天的现金净流出，银行可以通过发行同业存单的方法获得现金等优质资产，以改善这一流动性指标。

从同业存单的购买银行来看，由于目前实体经济增速放缓，民间投机会下降，银行向实体经济贷款风险较大。而同业存单收益相对稳定，且信用风险较低。所以银行也更愿意将资金通过购买同业存单的方法转化为交易性金融资产。

同业存单的影响与风险：金融加杠杆、期限错配与流动性风险

同业存单撬动了金融杠杆的迅速上升，增加了影子银行规模。具体的，中小银行通过发行同业存单获得流动性，之后会在资产端寻求更高的收益，主要有三种渠道：一是购买其他银行的同业存单，不同评级的银行、不同期限的同业存单收益率不同。例如2017年10月15日，同样是AAA＋级的同业存单，1个月期限的到期收益率为3.96％，而一年期限的到期收益率为4.36％。信用评级更低的AA级一年期同业存单的到期收益率达到4.88％。所以银行会选择发行期限短、收益低的同业存单，去购买期限长、收益高的同业存单，形成"同业存单与同业存单"之间的资金空转。二是购买其他银行的同业理财产品。银行通过发行同业存单筹措资金，之后投资于其他银行的同业理财产品,进行套利,形成"同业存单与同业理财"之间的资金空转。三是将同业存单或同业理财筹措的资金委托给信托、基金子公司等进行委外投资,投资于股市或风险较大的房地产企业以及地方政府融资平台,承担了较大的信用风险与违约风险。上述三种渠道都会导致资金在金融系统内部空转,增加影子银行规模,并增大系统性金融风险。

同业存单导致金融体系的高杠杆,隐藏着期限错配风险与流动性风险。银行发行期限较短的同业存单,购买期限较长、收益率较高的同业存单或同业理财,导致资产久期大于负债久期。当短久期的负债到期时,银行只能发行新的同业存单或表外理财,通过"借新还旧"的方法保证流动性。而一旦流动性趋紧、货币政策转向,中小银行面临较大的流动性风险,甚至可能导致系统性金融风险。同时,一些中小银行依赖发行同业存单的方法主动增大负债规模,而此种负债的稳定性远低于储蓄,使中小银行更容易受到流动性风险的冲击。

从金融与实体经济的关系上看,资金通过上述三种形式在金融系统中空转,将拉长资金链条、增大融资成本,降低金融对实体经济的支持。这也导致银行对非金融企业债权(向企业发放的贷款或债券)占总资产的比重由2015年1月的39.42%下降至2017年8月的36.11%。

政策建议:将同业存单纳入同业负债的监管范围

首先,2017年上半年金融风险的快速积累引起了决策层的关注。一方面,银监会先后出台了7个关于同业监管的文件,强调治理"监管套利、空转套利、关联套利"。同时央行决定自2017年9月1日起将同业存单的期限明确为不超过1年,此前已发行的1年期以上同业存单可继续存续至到期。另一方面,央行在2017年二季度货币政策执行报告中提出拟于2018年一季度起,将资产规模5000亿元以上的银行发行的一年以内同业存单纳入MPA

同业负债占比指标进行考核。这些监管措施将抑制部分银行过度依赖同业存单，降低期限错配风险与流动性风险。

第二，同业存单兴起的背后是中小银行面临资金短缺、流动性压力大，如果这种结构性的流动性环境不得到改变，将同业存单纳入监管范围后可能会出现新的监管套利行为，例如增大表外理财规模等。所以需要适当调整央行基础货币投放框架，例如发放抵押补充贷款（PSL）时适当放宽对中小银行抵押品数量、质量的要求，增加对中小银行的基础货币投放，引导中小银行的负债工具重回拆借和储蓄。

欧阳辉　刘一楠

经济的虚与实

经常听到关于"实体经济"和"虚拟经济"的争论,大家似乎认为,"虚拟经济"很强大,"实体经济"处于劣势。有人呼吁政府出台政策,发扬实体经济,打压虚拟经济。

实与虚的舆论之争并不公平。如果只有一个赢家,"虚"是不会赢的。这就像两个孩子打架,一个名叫"好娃",另一个名叫"坏娃",街上的人不知道孩子们为什么打,如果要拉架,不偏向"好娃"才怪。同样,大多数人相信,经济应当是实实在在的,关系到老百姓福祉和国家兴旺,怎容"虚拟经济"捣乱?

由于可能产生偏见,没有人会给孩子起名"坏娃",但有人把某些经济活动归类为"虚拟",而在现代经济学体系里,并没有这个概念。"虚拟经济"包括哪些内容,说法也不相同。

金融和互联网是完全不同的概念,在经济中起着完全不同的作用。为了分析方便,我们可以把金融和实业对立,实业解决制造和服务问题,金融解决投资和融资问题。我们也可以把互联网等"新经济",和之前的"传统经济"对立起来,它们的区别主要在对信息技术的利用上,信息技术用得多,传统经济也可以变成新经济。

按照上面的分类,无论传统经济还是新经济,都可以既有实业也有金融；无论实业还是金融，也都可以既有传统经济也有新经济。这两组概念是交叉的，所以无法把金融和新经济统称为"虚拟经济"，这是一个含混的概念，对经济分析的价值是负面的。

当前，所谓传统经济，无论是实业还是金融，正在受到信息，尤其是互联网技术的颠覆式改造。互联网的力量并不来自它的"虚"，因为它一点也不虚。互联网技术的核心是信息的运算成本、传输成本、存储成本以每年百分之三十几的速度下降，30年下来就是上万倍的成本下降。如果一架飞机的制造成本有同样幅度的成本变化，今天一万美元就能买一架；如果汽车产业也这样降成本，一辆汽车也就卖100美元左右。

互联网产业巨大的成本变化，必然会挤压传统经济的高信息成本环节，比如渠道成本，比如存货，通过互联网，这些成本都可以大幅下降。如果一家传统企业拒绝做"＋互联网"的改造，竞争能力会大打折扣。在这种改造的初期，什么企业跑得快，什么企业就更有竞争力。大家公认的互联网公司，比如阿里、腾讯，走在最前面，竞争和盈利能力都很强。

但说到底，互联网公司不会取代实业，因为它本身就是实业，并不是金融，它们只是实业的一种新模式。当大多数实业公司做完"＋互联网"改造后，利润会重新分布，一部分会回到制造厂家去。消费者要的是以最低价格、最方便的方式，取得最优质的产品和服务。互联网可能帮助消费者很快找到最低价格，但对鉴别产品和服务的质量却帮不上大忙。

相对于实业，金融的繁荣与互联网没关系。在中国，金融体系长期以来是国有金融机构主导、受政府重大影响的系统。中国金融中介不仅有商业性的，也有政策性的。这种金融体系的设计有一定扭曲，因为要为国企、政府投资匹配价格低廉的资金，爱储蓄的老百姓就得不到很好的回报，民营企业就必然融资难，这就是"金融压抑"。其中，多数金融机构处于半垄断的市场环境，掌握定价主动权，业务规模和盈利能力相对就强。

但金融并不直接创造价值，金融的商业和社会价值，来自于它对实业的扶持，只有实业创造价值了，金融作为辅助机构才能体现自己的价值。

综上所述,"虚拟经济"是一个模糊的、不科学的概念,应该摒弃。中国的实业处于艰难转型期,有多方面挑战。互联网是新技术,带来了冲击,更带来了机遇,传统企业拥抱这种新技术是唯一的出路。但是,一个压抑性的金融体系,对产业升级和民企壮大都没有好处。通过改革和市场化,把金融从一只"压抑的手"变成"帮助的手",是让中国实业振兴的重要条件。

刘劲

人民币汇率的非政治化

中国政府经常被指责为了刺激出口而操纵汇率。在2013年,时任美联储主席伯南克曾说:"在过去多年时间里,中国政府一直都在管理人民币汇率,并将其保持在低于平衡水准的水平以下,其目的在于提高出口量。"在2015年,美国《华尔街日报》也曾报道过美国总统竞选人特朗普在阐述自己施政主张的政策文件中指责中国"操纵"汇率,让人民币价值低估了最多40%,以获得相对其他国家的"竞争优势"。

然而,我们认为目前人民币的贬值并非中国政府为刺激出口而故意为之的政治问题,它属于正常的经济现象。让我们用数据说话,首先看看中国与主要贸易伙伴的贸易顺差及其货币兑人民币汇率之间的关系。

贸易顺差与人民币汇率的关系

2005年7月21日,我国进行汇率改革,开始实行以市场供求为基础,参考一篮子货币进行调节、有管理的浮动汇率制度,人民币不再盯住单一美元,形成了更富有弹性的人民币汇率制度。如图1所示,自2005年7月汇率改革之后,人民币进入了升值通道。汇改前美元兑人民币汇率为8.2765,据Wind资讯数据显示,该汇率在2014年1月的平均值达到了6.1043这一峰值，与汇改前相比人民币升值35.58%。之后，汇率趋于稳定，在2015年8月11日央行宣布修改人民币汇率中间价形成机制后，人民币兑美元开始贬值，截至2016年6月22日，中国外汇交易中心公布的美元兑人民币汇率中间价为6.5935。

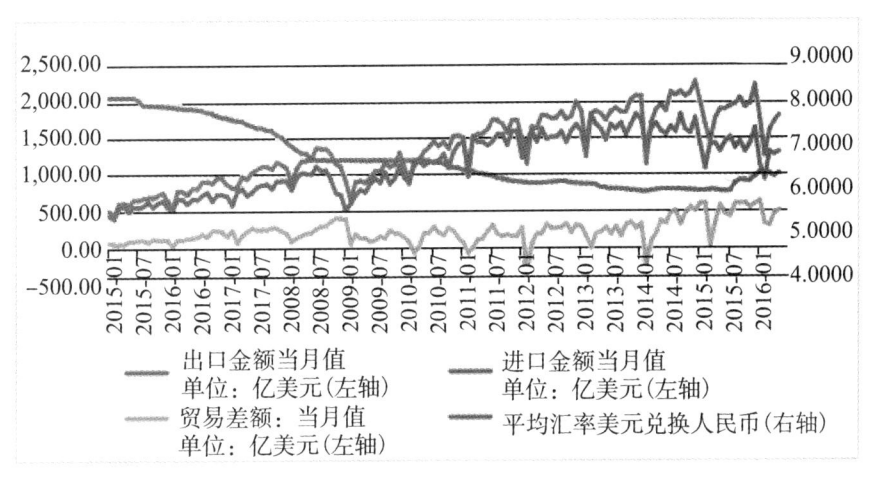

图1 中国对外贸易情况与美元兑人民币汇率走势图

资料来源：Wind资讯

如图1所示，虽然在2005年至2014年期间人民币大幅升值，但是中国的贸易顺差并没有减少。从月度的数据来看，除了极个别月份为贸易逆差，汇率改革之后的月贸易顺差处于比较平稳甚至缓慢上升的趋势。如果观察年度贸易差额数据，现象会更加明显。如图2所示，我国近年来的贸易顺差呈周期上升趋势，2005年之后每一年的贸易顺差均超过2005年。我国贸易顺差没有如许多人预期的一样，受到人民币升值的影响而大幅下降。

(单位：亿元)

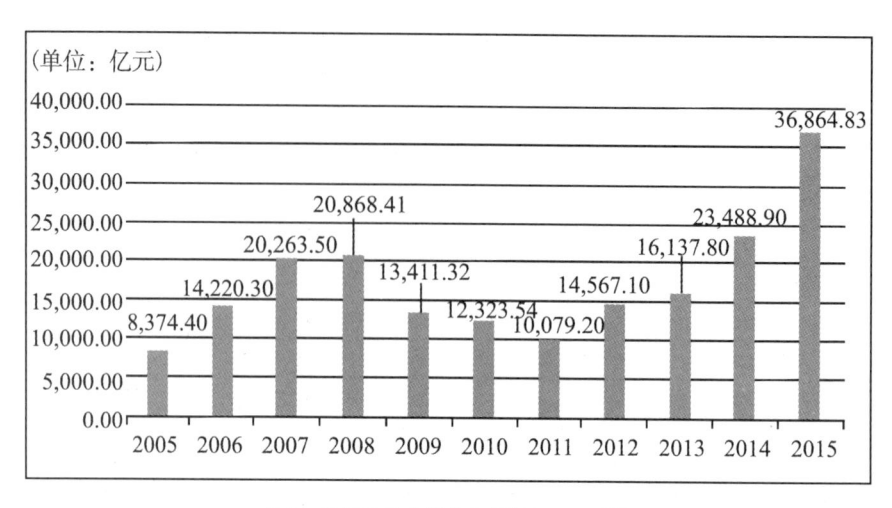

图2 我们近年来贸易差额(2005～2015)

资料来源:Wind资讯

图3展示了2015年中国对主要贸易伙伴的贸易差额分布情况。如图3所示，中国对美国、英国、欧盟和日本这几个国家和地区的贸易差额占全年中国总贸易差额的74.3%。因此，可以认为中国的贸易顺差主要由美国、英国、欧盟和日本（日本实际为逆差）的贸易往来形成。对上述国家和地区的贸易与汇率情况做具体分析是有意义的。

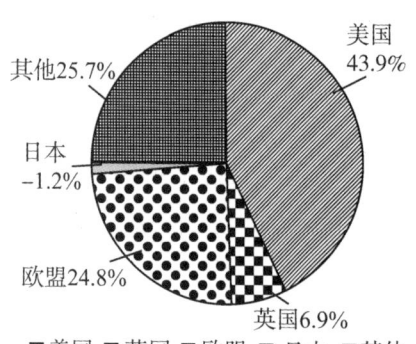

图3 2015年中国贸易差额分布图

资料来源:Wind资讯

下面，我们将分析中国与上述国家和地区的贸易情况与对应国家和地区的货币兑人民币汇率的走势之间的关联关系。

如图4所示，在2005～2014年间，中国对美国的贸易顺差并没有随着人民币的大幅升值而下降，基本上处于震荡上升的区间。

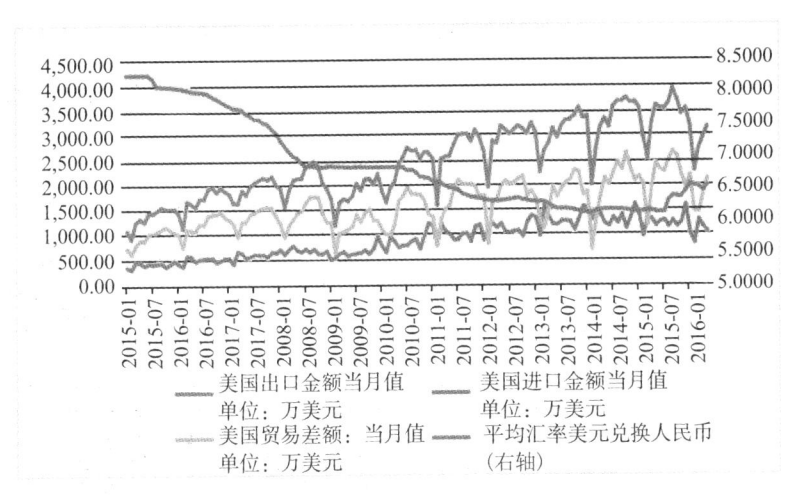

图4 中国对美国贸易情况与美元兑人民币汇率走势图

资料来源:wind资讯

如图5所示,2005年以来,人民币相对于英镑基本处于升值区间,而中国对英国的贸易顺差同样没有下降,基本处于震荡上升的区间。

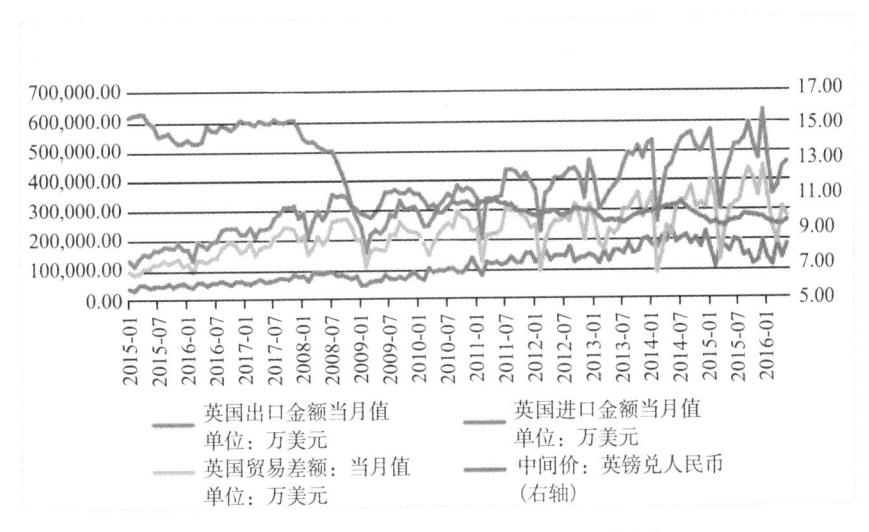

图5 中国对英国贸易情况与英镑兑人民币汇率走势图

资料来源:Wind资讯
注:图中英镑兑人民币的月汇率为每日英镑兑人民币汇率中间价做算术平均得出。

如图6所示，与英国类似，2005年以来，人民币相对于欧元基本处于升值区间，而中国与欧盟的贸易顺差与欧元兑人民币的汇率相关性不大，基本处于周期振荡的趋势。

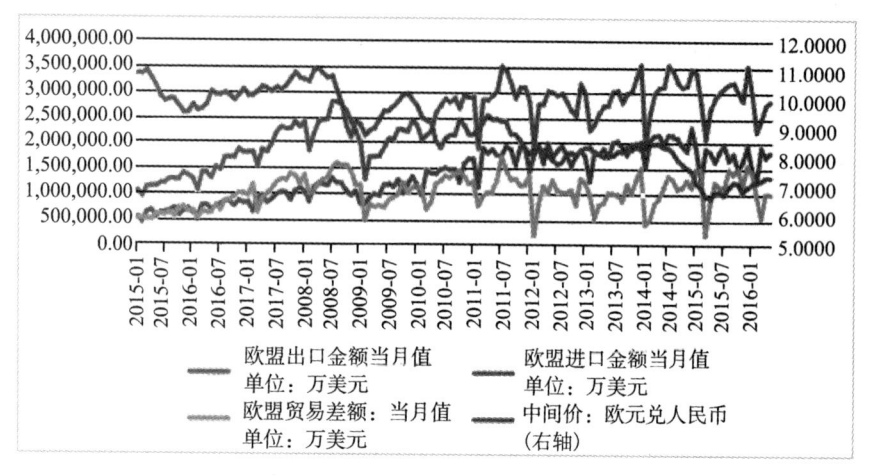

图6 中国对欧盟贸易情况与欧元兑人民币汇率走势图

资料来源：Wind资讯

如图7所示，日元兑人民币的汇率没有像美元、英镑、欧元一样处于长期升值区间。在2009~2011年人民币兑日元贬值期间，中国对日本的贸易逆差没有缩小反而有扩大趋势；在2012~2014年人民币升值期间，中国对日本的贸易逆差没有进一步扩大，而是基本处于减小甚至出现顺差的趋势。

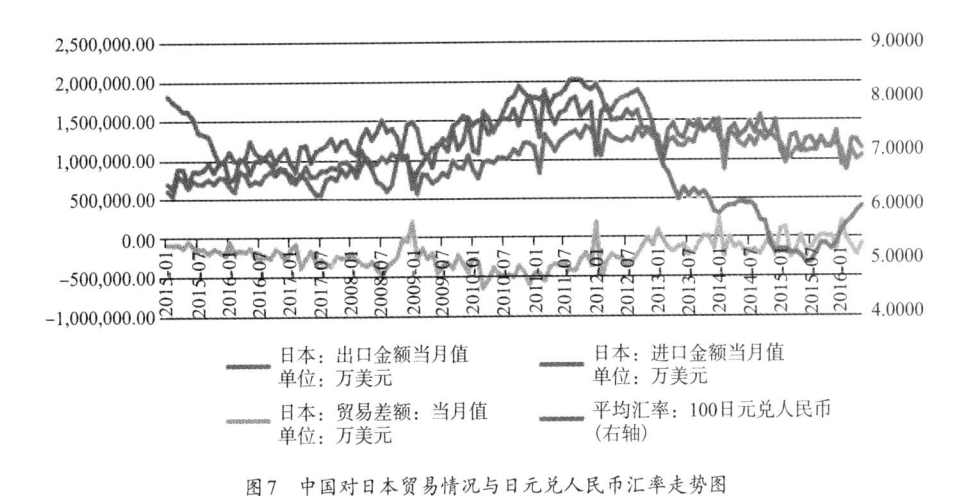

图7 中国对日本贸易情况与日元兑人民币汇率走势图

资料来源：Wind资讯

以上历史数据显示贸易顺差与人民币汇率并没有显著关系。关于人民币汇率与中国国际贸易收支的关联关系，有许多学者都做过研究。沈国兵（2005）基于1998~2003年月度数据计量表，表明美中贸易收支与人民币汇率之间没有长期稳定的协整关系。陈宗义（2012）采用TVP-VAR模型，基于2001年6月~2011年3月的月度数据，实证分析后发现，人民币汇率对于中国长期贸易顺差的影响微小，支持了"汇率非重要论"。龚影（2016）利用1993~2013年年度数据，采用"格兰杰因果检验"方法，实证分析表明，人民币汇率不是导致中美贸易顺差的主要原因。

我国的贸易顺差没有随着人民币的升值而下降，文献中已经分析了多种原因：其一，中国作为发展中国家，目前经历的长期贸易顺差阶段是许多发达国家在其工业化进程中都经历过的。裴长洪和郑文曾指出，美国在1874~1970年的97年间有93年是贸易顺差。发展中国家经历长期贸易顺差是由其生产力和劳动力的阶段性特点决定的，与汇率因素关系不大。其二，加工贸易在我国贸易中占据非常重要的地位。由于加工贸易企业在产品生产中使用了进口原材料和中间产品，人民币升值虽然会导致成品销售利润下降，但是同时也会导致成本减少。因此，相对于一般贸易而言，汇率变动对加工贸易出口的影响较小。其三，随着全球化的进程，许多发达国家将制造、组装等非核心环节向发展中国家转移，自己保留服务业和高科技产业。这种新的国际产业格局决定了我国出口的商品主要是劳动密集型的生活必需品，然而我国进口的商品主要是高技术含量产品。发达国家从我国进口大量的劳动密集型的廉价产品，而中国在向其进口技术密集型产品时，经常被发达国家以技术敏感等理由拒绝。需求弹性和技术封锁使得中国和许多发达国家之间的贸易顺差长期保持。其四，为了应对2008年国际金融危机，我国连续多次上调出口退税率，减缓了国际金融危机对我国出口产业的冲击。

人民币贬值并非是一个政治事件，而是属于正常的经济现象

2015年8月11日，央行在《关于完善人民币兑美元汇率中间价报价的声明》中指出，为了增强人民币兑换美元汇率中间价的市场化程度和基准性，中国人民银行决定完善人民币兑换美元汇率中间价报价。当天央行公布人民币兑美元汇率中间价报6.2298，较上一个交易日贬值1136点，下调幅度达1.9%，为历史最大单日降幅。从图1可以看出，从2015年8月至2016年1月，人民币兑美元发生了贬值。一些观点，包括美国总统竞选人特朗普认为，中国政府让人民币贬值是为了刺激中国对外出口。然而，从图1历史数据可以看出，人民币汇率的变化并不能决定贸易顺差的增减。我们认为，当前人民币贬值并非是中国政府为了刺激出口而刻意为之，而是由中国经济增速放缓、中国稳健略偏宽松的货币政策以及美国经济回暖、加息预期升温等多种因素共同作用的结果。

第一，经济增速趋缓。

2010~2015年的国内生产总值增长率分别为10.4%，9.3%，7.8%，

7.7%，7.4%，6.9%。由以上数据可以看出，近几年来我国的国内生产总值增长率持续降低，经济增长速度放缓。受调整经济结构阵痛期、GDP增速换挡期以及为应对2008年金融危机所推出"4万亿"刺激政策消化期的共同影响，我国国民经济社会总体需求相对疲软，产能相对过剩。我国经济增长速度趋于缓和，逐渐转入新常态。经济增速降低也意味着我国的国民收入增长趋势以及产品价格有下行压力，从而形成人民币贬值预期。

第二，中国稳健略偏宽松的货币政策。

面对经济衰退、消费能力降低，中国央行为了刺激经济，2014年11月起连续6次下调存贷款基准利率，并多次下调存款准备金率。利率下降导致货币吸引力降低，进而造成汇率下跌。2016年2月，央行提出中国的货币政策为稳健略偏宽松。

第三，美国经济回暖，开启货币政策常规化进程。

相比中国，美国由于经济回暖退出了量化宽松政策。在2014年10月29日，美国联邦公开市场委员会宣布将会结束此前每月从市场购买850亿美元规模资产的计划，美国正式退出QE3（第三轮量化宽松）。随着2015年2月份美国失业率回落至5.5%，美国经济进一步复苏，美联储逐步启动了货币政策中性回归周期。2015年12月16日，美联储在实施了7年"零利率"之后首次加息，市场预期美联储进入加息通道。美国退出QE3以及开启加息周期，使巨额美元强势回归，导致全世界范围的非美元货币出现不同程度的贬值。因此人民币的贬值与美国经济的回暖和加息预期是相关的。

总结及建议

中国政府多次被指责为了刺激出口而控制人民币汇率，本文通过历史数据来分析中国的贸易差额和人民币汇率之间的关联关系，并解释近期人民币贬值的真正原因。2005年汇率改革以来，人民币大幅升值，人民币兑美元汇率在2014年年初达到峰值，直到2015年8月，才进入贬值。在人民币大幅升值期间，中国的贸易顺差并没有大幅度减小，反而继续增加。

历史数据显示贸易顺差与人民币汇率关系不大，因此目前人民币的贬值并非中国政府为刺激出口故意为之。当前人民币贬值是由中国经济增速放缓、中国央行降息降准刺激经济以及美国经济回暖、加息预期升温等多种因素共同作用的结果。所以，不必过度解读为一个政治事件，这属于正常的经济现象。

虽然我国目前长期保持贸易顺差，实际贸易结构还有很大的提升空间。为更好地实现国家长远发展，我国需要淘汰部分过剩产能、降低劳动密集型产品的占比，提升资本、技术密集型产品的占比，实现上述目标的最重要抓手为"科技创新"。中国目前许多发展战略如"互联网＋""一带一路""中国制造2025计划"都要以发展高科技为核心。当自主科技水平得到充分发展，高科技产品逐步满足国内需求的时候，我国对发达国家的技术进口依赖就会降低。同时，我们也应该呼吁主要发达国家贸易伙伴解除对中国的技术封锁。中国对技术密集产品有较大需求，受汇率的影响也比较小，因此即使人民币贬值，如果打破技术封锁，中国的技术密集产品进口额也不会大幅下降，反而可能会上升。这样有利于实现贸易平衡，是一种双赢的结果。因此，说中国的贸易顺差是由于中国政府操控汇率造成的，这样的观点是没有根据的，实际上那些对中国实施技术封锁的发达国家应对这一结果负一定的责任，而这也许是其中唯一的"政治因素"。

欧阳辉　孟茹静

国际货币金融体系是如何演变的?

人民币是否贬值一直备受关注,尤其是近几年,人民币对美元的汇率再次成为热点话题,长期来看人民币会升值,短期依旧有大波动,但是一定不要被所谓的货币战争的阴谋论所迷惑。

一般而言,中国所谈的货币战争往往是指别国通过各种经济或非经济手段使人民币贬值。而从经济学的角度看,货币战争的定义是指本国将自己的货币贬值,以抢占别国饭碗,是与前者截然不同的概念。

第一次世界大战前几乎所有国家都采取金本位制,但"一战"时期欧洲国家为了打仗从金本位中退出,不断发行钞票,导致通货膨胀。"一战"结束后,各国试图恢复金本位,但没能成功,作为战胜国的英法两国向战败国德国收取战争赔款,德国由于没钱开始大量印钞票,从而出现恶性通货膨胀。与此同时,英美的日子也不好过,两国股市大跌,遭遇巨大的经济恐慌。解决办法是实施宏观刺激政策,但是由于实行金本位制,不能发行更多的货币,于是英国退出金本位,而美国则继续保留。

此后,英国大量发行钞票,英镑相对美元贬值,引起美国的不满。美国认为英国是在搞货币战争,将本国的货币贬值,增加出口产品的价格竞争力,从而抢走美国人的饭碗。与此同时,由于经济大萧条时期英国是世界第一强国,许多国家在恐慌之下将货币积聚于伦敦,美国也不例外,这意味着美国货币供应量下降。在这种情况下，美国必须提供更高的利息将黄金重新吸引回来，才能保证经济不崩盘，但这也使美国经济陷入更深的陷阱。

美国对英国政策十分不满，最终决定对欧洲的进口产品加收关税。这一行为很快引起英国等老牌资本主义国家的抗议，并效法向美国进口产品加收更高的关税，而后美国继续提高关税……最终由于关税过高，全球贸易几乎全军覆没。

第一次世界大战前，凯恩斯曾写过一篇文章说，在伦敦办公室可以享受来自孟买的咖啡，也可以品尝从肯尼亚来的巧克力。这是令人十分震撼的。可见第一次世界大战前全球化就已经实现，结果大萧条时期，由于各国竞相加收关税，全球贸易的冷清局面一直持续到第二次世界大战结束。

"二战"结束后，英美考虑恢复全球经济和金融的持续性，采取了两项措施：第一，实行自由贸易，降低关税，于是产生了当时的关贸协议；第二，建立一个新的金融体系，避免货币战争和国际贸易的崩盘。

为避免货币战争再次发生，凯恩斯、美国财长怀特在布雷顿森林度假的酒店，和很多参会国的代表一起协商建立了一个新的金融体系——"布雷顿森林体系"。新体系建立过程中许多国家试图回到金本位，这是不可能的。

回归金本位制意味着全球在第二次世界大战结束后的货币供应量和第一次世界大战之前的供应量是一样的，然而从"一战"前到"二战"结束，各国的通货膨胀率均上升很多，但有限的黄金储量并未发生很大变化，这就意味着各个国家都会有通货紧缩。

然而，通货紧缩对持有资产的社会民众来说不是坏事，但对国家而言却是不可能实行的。第一次世界大战和第二次世界大战期间，国家为了打仗发行了大量国债，战争结束后，这些国债都要用未来的税收来还。而未来的税收＝汇率×物价×实际GDP，实际GDP大概每年以3%～5%的速度增长，税率很难变，关键是物价。如果物价下跌，未来的税收就可能不断下降。国债对于投资人来说，是固定收益类资产，对于国家来说，却是固定成本类的负债。如果未来的税收不断下降，而还本付息是固定的，债务就有可能永远还不完，政府信用会越来越差，未来借钱的成本也越来越高，政府实行通货紧缩，因此回归金本位制是不可能的。

因此，"布雷顿森林体系"将有限的黄金加杠杆，即实行金汇兑本位制。由于凯恩斯认为货币战争的行为十分恶劣，"布雷顿森林体系"本质上依旧采用固定汇率。该体系的核心是将美元与黄金挂钩，当时的定价是35美元／盎司，除美元与黄金挂钩外，其他货币均与美元挂钩。

李伟

第四章

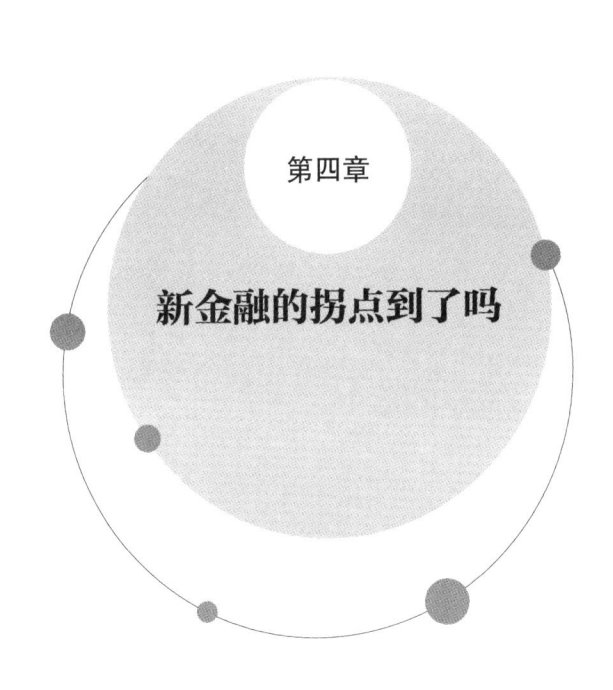

新金融的拐点到了吗

冲破灰色穹顶

这个时代最大的危和机

美国总统特朗普试图对主要伊斯兰国家关闭边境的决定，正在受到从美国到世界的质疑。但对很多关注人类命运的专家学者来说，在这个能源气候时代（energy-climate era），即能源的使用在实质性地影响气候和生态的时代，环境相比恐怖主义更是一个全球性的挑战。在中国这样一个典型的新兴国家，环境问题已经不再只是鲸类灭绝的问题，不再只是"孩子的孩子"需要面对的问题，而是与当下每个人每次呼吸、饮水和进食密切相关，迫在眉睫。

根据环境保护部的资料和公报，2015年，在空气方面，全国338个地级以上城市中，78.4%城市的环境空气质量超标；在水源方面，水质监测点较差级占比42.5%，极差级占比18.8%，中国7条最大河流中的一半以上水资源已经无用；在土壤方面，土壤侵蚀总面积占普查范围总面积的31.1%，超过1/3的土地有酸雨，可居住、可使用土地在过去50年中已经减半。

如此触目惊心的情况仅仅是开始。人口激增和社会消费增长正在成为这个星球的"不能承受之重"。地球上的人口正从1950年的25亿人膨胀到

2050年的预计90亿人，其中21世纪所有的新增人口主要来自新兴发展中国家——即清洁能源使用效率相对低下、生态保护机制尚不健全的国家。另一方面，大众消费、城镇化、中产阶级崛起等社会消费增长现象从经济发展的角度令人兴奋，但也同时带来巨大的生态压力。仅以中国为例，"下一个20年新增的商业建筑面积相当于再造两个今天的美国"（托马斯·弗里德曼所著《世界又热又平又挤》）。

包容性增长和可持续发展关乎全球经济未来，是G20杭州峰会最关心的议题。包容性增长意味着所有阶层、所有个体都能够参与增长。但如果不是用绿色环保的方式达到，所有人的增长会变成一场不能承受的灾难，不可持续，甚至带来经济、社会稳定和地缘政治问题。这意味着包容性增长与可持续发展之间存在着天然的矛盾。工业革命以来的数百年间，技术一方面为经济带来了前所未有的进步，另一方面也为包容性增长和可持续发展带来了新的难题。如何在技术革命的同时协调包容性增长和可持续发展，而非加剧矛盾，是这一时代经济发展的最大挑战之一。

看似不可逾越的挑战，往往意味着巨大的机遇和风口。皮凯蒂在《21世纪资本论》中探讨了能源时代的非包容性增长所带来的问题。可以想见，在能源气候时代，最强大、最稳定的国家是能够高效地使用清洁能源推动经济包容性增长的国家，也是世界经济新秩序的引领者。中国的发展是世界的机遇，一个能够一边普惠、一边普绿的中国，一个能让包容性增长持续的中国，是世界的福音。

绿色经济

成功的绿色经济至少应包括三要素，即技术创新、生态力量和市场机制。

首先，为支持基于绿色的增长，清洁能源技术的开发应用非常关键。

我国煤炭占能源消费的67%，清洁能源只占了13%，是发达国家占比的1/3～1/4。不但能源不够清洁，我国的重工业占比过高，是所有大国中占比最高的，而重工业单位产出的污染量是服务业的9倍。我国还有污染性的交通运输结构，城市地铁出行只占7%，93%是靠公路。同样的距离，汽车对空气的污染是地铁的10倍。

通过技术创新和产业结构改变降低对污染型能源的依赖非常关键。同样重要的是，数字技术正在社会经济诸多领域大幅度地提高效率，降低成本，从而减少对生态的破坏。

其次，绿色经济需要用生态的方式完成。

每年冬天的雾霾告诉我们，在环境问题面前，所有利益相关方，包括政府、企业、研究机构、消费者等，都不是独立的孤岛。如果只有政府和大生产机构参与，但占就业和消费大头的小微企业和消费者置身事外，很难想象经济向绿色经济的转型能够成功。

最后，关键是建成一个具有自我驱动力的市场化机制。

除了自上而下的政策引导，绿色经济成功的关键，是建成一个具有自我驱动力的市场化机制，让经济中所有绿色和污染要素，能够基于符合可持续发展目标的奖惩机制，加以衡量和交易，最终实现资源最优配置。

金融在绿色经济中的关键作用

邓小平曾指出，"金融是现代经济的核心""金融棋活，全盘皆活"。金融在绿色经济中的作用，可以体现在三个层面：第一，"绿色＋金融"本身就是向绿色经济转型。中国金融行业在经济活动中的占比已经超过9%，是实体经济的重要组成部分。金融行业属于服务业，污染程度远低于重工业，但由于其高比重，需要追求更低碳、低成本和高效的增长。

第二，为绿色经济提供金融服务支持。对绿色产业，包括基础设施和清洁、可持续的行业，提供有倾向性的支持，提高这些行业的金融可获得性，降低其融资成本；对于污染性的行业，则提高其获取金融服务的难度和融资成本。

第三，为绿色经济加上金融属性，让绿色经济活动中的各要素可衡量并且可交易，从而有效配置绿色经济资源，让建立具有自我驱动力市场机制成为可能。

第三点的作用尤为关键。回溯人类经济发展史，经济中并非天然就有金融，但是为经济赋予市场化的金融属性是经济得以发展的一个关键条件。在没有货币以前，生产要素的价值无法普遍衡量，劳动者只能进行物物交换；因为交换范围有限，劳动者必须自己生产大部分产品，没有劳动分工，生产率低下。货币最重要的作用，一是使得生产要素的价值能够用普遍接受的标准来衡量，二是促进了生产要素和产品的交易，进而促进了劳动分工和资源配置，让生产要素向劳动生产率更高的行业聚集，带来劳动生产率的提高和经济发展。这个"衡量→交易→配置"机制的形成过程，就是为经济赋予金融属性的过程。历史还告诉我们，这个配置机制需要通过市场化的方式才能更好地发挥效果。同理，有效率的绿色经济需要相对应的金融配置机制。

联合国环境规划署执行主任索尔海姆（Erik Solheim）在2016年IMF（国际货币基金组织）年会上指出，绿色金融需要问正确的问题——不是政府和金融机构自身为绿色经济融了多少钱，而是金融是否真正起到了推动世界向绿色经济转型的作用。根据联合国环境规划署的报告，为了向绿色经济转型，全球每年需要5万亿～7万亿美元的投入，其中发展中国家需要2.5万亿美元在基础设施、清洁能源、水和卫生体系以及农业方面的投入。但是政府能够提供和主导的资金不到1／10，超过90％的资金必须通过市场机制解决。如果没有一个市场化的资源配置机制，这个任务就不可能完成。

技术在绿色金融中的作用

数字技术正在深刻地改变普惠金融的成本和效率，它也可以有效地推动绿色金融。

"绿化"

数字技术的第一个作用是"绿化"——让金融及其服务的行业真正低碳节能。"绿化"体现在获取用户的成本、基于信息甄别风险的成本、运营成本和资金成本的降低。以2016年"双十一"当天的数字为例：

1. 支付

在天猫、淘宝平台上1207亿元的销售额通过网络完成，而非消费者驱车至线下店铺购物，其中超过81%的购物通过移动支付瞬间完成，节省了乘车、线下购物、纸张、运营方面的成本。

2. 算力

支付峰值达到每秒12万笔，接近VISA公布峰值（1.4万笔）的10倍。重点是，云计算技术本身具有高弹性特点，可根据实际需要分配计算资源，非支付峰值时的盈余计算能力又会分配至别处，对电力资源具有可观的减负效果。

3. 保险

"双十一"在线上卖出了超过6亿单和消费相关的保险，平时超过95%的保险理赔是通过人工智能自动完成的。

4. 客服

支付宝"双十一"接到800万个询问需求，全部接通，其中97.5%通过人工智能完成。

以移动互联、大数据、云计算、人工智能、物联网、区块链等为代表的技术驱动力，在改变金融及其服务场景的方式和效率的同时，也帮助金融步入资源节约、环境友好的发展轨道，成为绿色经济的一部分。

"普惠化"

数字技术的第二个作用是让绿色金融更"普惠化"。普惠金融的英文原意是包容性金融（inclusive finance），即希望给所有的群体和个人提供平等、丰富、可承担的金融服务，从而推动包容性增长。如果说传统金融不够普惠包容的话，那当下多数绿色金融就更是如此。现在的绿色金融是自上而下模式的典型代表，几乎没有例外地只出现在政府和大机构的话语里面。

这种自上而下的作用虽然重要——大企业是污染性经济的重要组成部分，绿色金融的提供有助其减少污染，但问题是小微企业和个人消费者才构成了就业和消费的绝大部分，也是极重要的污染源。如何让千千万万的小微企业和消费者不但能够获得金融服务，而且能够引导他们的生产和消费向绿色转型，是达到绿色经济的必由之路。普惠和普绿需要同时进行。

"金融化"

数字技术的第三个作用是帮助绿色经济金融化，通过数字技术触达每个绿色生产要素和每次绿色行为，并将其精准量化，使其具有金融属性，形成"衡量→交易→配置"的市场机制。

目前我国已经在7个省市开展了碳排放权交易试点工作，并计划在2017年启动全国碳市场，覆盖1万家以上的碳排放量较大的企业。这个碳市场将采用统一的标准来衡量企业的碳排放量，企业可以从交易所购得一定时期内"合法"排放温室气体的配额，用以抵消实际中的超额排放量，也可以将节约出来的碳配额进行出售。通过交易可衡量的碳排放额度，让低碳企业获得更多市场价值，同时增加污染型企业的运营成本，最终达到用市场机制配置绿色资源的目的，真正对控制温室气体排放发挥核心作用。

"蚂蚁森林"是市场配置机制的另外一个实践。蚂蚁森林是蚂蚁金服

2016年8月在支付宝推出的一款绿色公益活动项目。在征得消费者同意的情况下，消费者的地铁出行、电子缴费、行走等低碳行为可以被衡量，进而经科学测算积累成一棵棵虚拟成长的树。这棵树"长大"后，愿意投资环保的公益组织和企业可以"买走"，在现实某个地域替用户种下一棵实体的树。"蚂蚁森林"开通四个多月来，已有上亿消费者开通种树计划，每天产生的碳减排量有数千吨。用户每天低碳生活的结果，是促成几万棵新树被种植。目前，"蚂蚁森林"一方面在继续接入更多的低碳消费场景，另一方面也让更多愿意投资低碳经济的机构参与进来。

乍一看，让消费者在一个金融平台上种树似乎是奇怪的现象。但这个案例的本质，是让绿色生活可衡量，进而变成真实的可"交易"的树。可以想象，当数亿消费者和越来越多的企业参与进来的时候，经济中越来越多的和绿色相关的部分将被赋予金融属性；用户的低碳行为将被鼓励，环保意识将增强；用户的行为反过来也会影响产品和服务，从而推动整个经济向绿色转型。社会各界共同构建的，其实是一片有干净空气、水和土壤的绿色森林。没有数字技术，很难想象会有这种全民参与构建的绿色生态。

陈龙

数字技术让金融规模化回归实体经济

在十九大期间提出，得到社会各界认可并热议的一个话题，是如何给每个人提供公平、充分发展的机会，以满足他们对美好生活追求的需要，这已经成为今天中国最核心的挑战。十九大还提出，金融一定要服务好实体经济。在这里涉及金融的，实际上是过去数百年中一直没有解决的两个难题：金融难普难惠，金融脱实向虚。有人说金融天生嫌贫爱富，其实更准确的表述，应该说由于成本效率的限制，嫌贫爱富是历史上金融能够在商业上可持续的前提条件。而到今天，数字技术的进步正在改变这个前提条件。

我们都知道在金融这个领域，一个需要小心的说法，是"此次不同"。很多以为此次不同的现象，后来被发现不过是周期的骗局。但是用在数字技术上，此次真的不同。数字技术一个特别重要的特点，就是其普及速度远远超出了以往的技术。世界银行在题为《数字红利》的报告中指出，截至2016年，在发展中国家，80%的人拥有移动电话。在全球最贫穷的20%的人口中，超过70%的人拥有移动电话，却不一定有厕所或者清洁用水。蒸汽轮船发明160年后，印度尼西亚才享受到其便利。电力产生60年后，肯尼亚才通上电。而计算机出现15年后，就应用到了越南。手机和互联网只花了几年时间就出现在了发展中国家。

数字技术的快速普及为普惠金融的规模化带来了真实的可能性。普惠金融中的普，不是在某村建立一个标杆，而是指真正的规模化。而在数字时代之前，我还没有看到可以规模化实现的方式。肯尼亚只用了4年时间就覆盖了1400万移动支付的用户，印度的Paytm在两年多时间新增了2个多亿的移动支付用户。在今天的中国，移动支付不但非常普及，而且非常实惠。在美国这个金融比较发达的国家，银行卡收单费率高达3%，而中国的支付费率已经降到了6‰甚至更低。移动支付也很安全，传统银行卡的资损率是2‰，我们是百万分之几的水平。既普且惠且安全且好用，移动支付已经成为数亿老百姓的一种生活方式。

数字技术带来的不只是支付的便利，而且是史无前例的积累信用的速度。有了信用，用户才能够享受更普及的金融服务。在过去的几年中，因为有了数字信用，我们已经为超过800万小微企业提供"310"的微贷服务，就是3分钟申请，1秒钟放贷，0人工干预；这个模式在2017年IMF年会期间也被世界银行的金墉行长称赞。因为有了数字信用，共享单车的使用者可以不需要押金，用手机开锁，享受共享单车的便利。如果骑车摔伤了，可以拍照，马上得到赔偿。因为有了数字信用，消费者可以自由进入无人超市消费。这些千千万万的小微企业、谋生营业者、创业者以及消费者，小而分散，集聚起来却规模巨大。他们是实体经济的毛细血管，他们是追求美好生活的主体。前面的例子告诉我们，实体经济中这些海量／碎片化的金融需求，也就是普惠金融的需求，只有通过技术才可能大规模的满足。好的数字普惠金融，不但可能解决难普难惠的问题，而且是长在场景中的金融，是和实体经济结合的金融。数字技术为解决金融的两个大难题带来了希望。

2016年推出的《G20数字普惠金融高级原则》有八条，其中第一条明确指出，数字普惠金融，也就是用技术推动的普惠金融，是发展普惠金融的优先选择，应该是一个国家战略。

我觉得只要技术真的让成本效率改变，再加上市场机制，就会有人发现这是一个普惠金融的黄金时代，就会尝试用技术的力量推动普惠金融。我想说的是，保持初心非常重要，但技术进步加上市场化的机制，是让金融回归初心，缓解使命飘移的最好的保障。国家大力推动数字技术基础设施的发展，再加上市场化的机制，才真正可能规模化地服务好小微企业、三农和边远地区的金融需求。真正推动普惠金融，应该是推动数字普惠金融的市场机制。

当然，推动金融创新，一定要平衡好风险与对社会的收益。这其中一个很有意思的安排是沙盒机制，就是在可控环境里面尝试金融创新。2016年6月，英国正式启动"监管沙盒"政策，2017年11月英国金融行为监管局发布了《监管沙盒实践经验报告》，其中总结到，过去一年共有50家企业参与"监管沙盒"项目，整体达到预期效果，具体表现在：第一，大大减少了创意从孵化到产出时间与成本；第二，让产品能在面向市场前得到充分的测试和改良；第三，允许监管机构与创新企业共同为新产品建立适当的消费者保护措施。

刚才讲的是英国，更应该被点赞的是中国。正是在一行三会和互联网金融协会推动的前瞻、鼓励的政策和监管环境下，中国的金融科技的应用才能够得到大力发展，走到了世界的前列，在2017年的IMF年上，IMF总裁拉加德数次用"美丽新世界"来形容金融科技可能给世界带来的变化，其中多次盛赞中国金融科技的发展。我们也期待看到沙盒机制在中国的实际、有成果的落地。

用技术驱动的创新，是经济发展的第一动力。数字普惠金融是中国金融体系改革的一个重要方向，也是正在发生的未来。

陈龙

第四章 | 新金融的拐点到了吗

智能投顾，大众财富管理市场的搅局者

传统金融行业早已开始被互联网金融（Fintech）玩家所撼动，而其中的财富管理领域作为历史最悠久的金融行业，也迎来了新的挑战者。

金融行业的新玩家通过将人工智能、数据挖掘等技术运用到财富管理领域，实现自动化资产组合配置，也被称为机器人投顾（Robot Advisor），进而被称为智能投顾（Robo-advisor）。这些智能投顾的新兴玩家提及最多的字眼包括现代投资组合理论、ETF、大数据、自动化和税收优惠等。

智能投顾最早出现于美国，作为行业先锋的智能投顾玩家都成立于2007~2008年。经过接近10年的发展，美国的智能投顾行业已经初具规模，像Wealthfront和Betterment这样的行业龙头管理资产规模也分别达到46亿美元和73亿美元。中国的智能投顾公司从2014年开始快速发展，新兴玩家不断涌现。

智能投顾"神"在哪里？

同传统的财富管理行业相比，如此火爆的智能投顾究竟改变了什么？

首先，财富管理业务的流程被简化，效率大大提高。传统的财富管理从获客、收集客户信息、设定资产管理目标，到具体配置资产、资产组合

再平衡、风险收益目标的回顾等环节，通常都需要投资顾问和客户的接触，客户可能需要填写冗长的调查问卷。但智能投顾可以将这些流程简化，最简短的问卷调查可能只包括3~5个问题，即使较长的也只有20个问题左右。

第二，提供的财富管理产品大不相同。虽然一些传统金融机构旗下的智能投顾业务分部也会推荐配置共同基金，但整体上看，新兴的智能投顾公司提供的资产配置建议主要标的仍然是ETF，低交易成本是主要考虑。

第三，财富管理服务的佣金费率被大幅降低。由于智能投顾公司通过全自动化的客户管理服务流程能够节约成本，同时ETF产品手续费也更加低廉，因而其提供的产品佣金费率也更便宜，例如美国的传统投资顾问通常收取的佣金费率超过100个bps（基点），而Wealthfront在25个bps。

第四，财富管理领域的门槛被降低。和传统金融机构不同，智能投顾公司主要瞄准财富管理领域的"剩余市场"，更低的投资门槛也成为这些玩家的主要揽客手段之一。其中，传统金融机构旗下的智能投顾业务分部往往相比纯粹的智能投顾公司要求更高的投资门槛，例如先锋基金旗下的Vanguard Personal Advisor、嘉信旗下的Intelligent Portfolios和贝莱德旗下的Future Advisor要求最低的投资门槛在5000~50000美元不等，而Wealthfront只要求500美元的投资门槛，Betterment甚至0门槛。

表1 智能投顾公司提供了更低的投资门槛以招揽长尾客户

	主要运营国家	投资门槛
Betterment	美国	0门槛
Wealthfront	美国	500美金
Vanguard Personal Advisor	美国	50000美金
嘉信Intelligent Portfolios	美国	5000美金
Future Advisor	美国	10000美金
Moneyfarm	英国/意大利	0门槛

续表

	主要运营国家	投资门槛
Nutmeg	英国/意大利	500 欧元
8 Securities	香港/日本	1000 港币
摩羯智投	中国	20000 元人民币

资料来源：公开资料整理

智能投顾为何此时爆发？

智能投顾来势汹汹，背后驱动行业增长的核心力量到底是什么？总体而言，技术的成熟、大众富裕阶层的崛起和金融市场的繁荣是最重要的三点因素。

首先，技术是智能投顾背后的重要支撑。事实上，智能投顾最传统、最核心的算法部分可能只涉及投资组合理论等内容，但现在的智能投顾已经越来越多地引入领先的数据挖掘技术和量化模型，此外，由于需要对客户的信息进行更加深入的甄别，人工智能也越来越成为核心的技术壁垒。以Wealthfront和Betterment这样的领军公司为例，核心团队中都包括出身硅谷的顶级工程师。

其次，随着财富累积，居民部门特别是大众富裕家庭财富管理需求不断增长。由于低佣金和低门槛的特点，智能投顾对于"长尾客户"，即可投资资产总规模较小的大众富裕阶层更具吸引力，这部分目标客户恰好是传统金融机构的剩余市场。

根据波士顿咨询公司（BCG）统计，截至2016年，全世界的私人财富中有53.3%掌握在可投资资产低于100万美元的投资人手中，总规模达到89万亿美元，如果将这一阶层定义为大众富裕阶层，西欧、北美和亚太地区合计拥有接近80%的大众富裕阶层财富，这一目标市场的增长为智能投顾提供了更加广阔的市场空间。（见图1、图2）

财富分配情况(%)

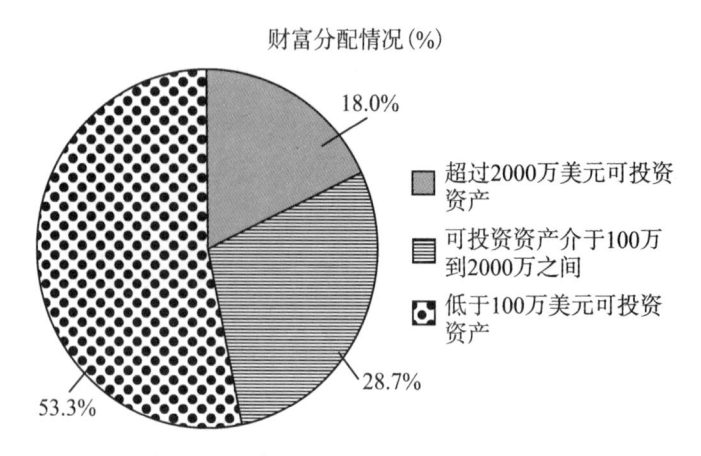

- 超过2000万美元可投资资产 18.0%
- 可投资资产介于100万到2000万之间 28.7%
- 低于100万美元可投资资产 53.3%

图1 截至2016年有53.3%的财富掌握在大众富裕阶层手中

资料来源：波士顿咨询

大众富裕阶层财富占比(%)

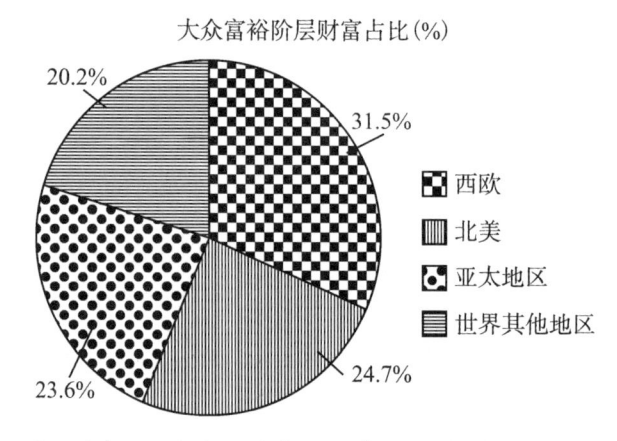

- 西欧 31.5%
- 北美 24.7%
- 亚太地区 23.6%
- 世界其他地区 20.2%

图2 其中西欧、北美和亚太地区大众富裕阶层合计占比接近80%

资料来源：波士顿咨询

再次，金融市场的繁荣，特别是ETF市场投资品种的多样化，为智能投顾提供了更多可供选择的投资标的。ETF作为一种严格跟踪指数的金融产品在海外市场风行已久，通常被免于征收印花税，从而拥有较低的交易成本，也因此成为智能投顾可供选择的最好标的。

美国是ETF市场最发达的国家，根据美国投资公司协会（ICI）数据，截至2016年年底，全球ETF市场总规模达到3.5万亿美元，其中美国国内的ETF市场接近2.6万亿美元。美国ETF市场繁荣的原因一方面在于其股市有效性较高，被动投资更加受到欢迎；另一方面原因是，美国股市自2009年以来已经经历了长达8年的大牛市，盯住股指本身已经成了一种很好的投资选择。

但在中国市场，由于A股市场的有效性欠佳，内幕消息往往仍然能够获利颇丰，被动投资的理念并不受欢迎。目前，沪深两市共有129只ETF交易，对比其他亚洲主要交易所而言，这一数字显得太少，东京、中国香港、韩国交易所分别有234只、156只和283只ETF上市交易。ETF市场的不发达使智能投顾本身的成本优势难以发挥出来。（见图3）

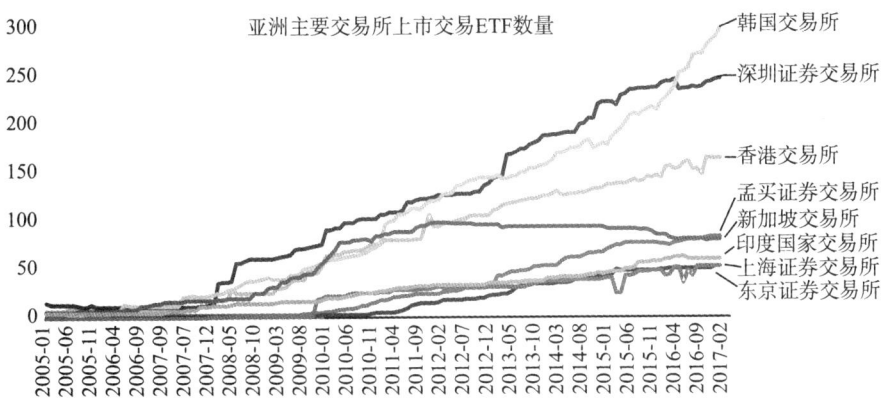

图3 沪深两市交易的ETF相比其他亚洲主要交易所仍然太少

资料来源：世界交易所联合会

智能投顾是财富管理市场的搅局者吗？

2015年之后，美国的智能投顾市场发生了一些变化，大型资产管理机构和经纪商纷纷开始进入智能投顾行业。

中国的传统金融机构也正在进入这一市场，商业银行、基金公司和证券公司都开始通过收购和内部研发的形式推出自己的智能投顾产品。

那么智能投顾市场的玩家是财富管理市场的搅局者吗？目前看来，传统金融机构似乎并不落于下风。

第一，智能投顾和传统财富管理机构的目标客户群并不冲突。如前所述，智能投顾公司瞄准的目标主要是财富管理市场的长尾客户；而由于固定成本较高，追求规模经济，传统财富管理机构的主要精力放在可投资资产较大的高净值人群，目标客群并不冲突。例如，招商银行2016年12月推出的摩羯智投服务门槛为2万元人民币，而其面向高净值人群的私人银行服务门槛为1000万元人民币。

因此，智能投顾实际上影响最大的并不是那些定位于高端客户的传统财富管理机构，而更可能侵占的是在线经纪商等服务大众富裕阶层的机构的市场份额。这些在线经纪商已经意识到了危险并开始进入智能投顾。

第二，同其他被互联网行业颠覆的传统行业有所不同，财富管理行业的属性决定了目前人工服务仍然必要。根据Phoenix Marketing International的一项调查，只有1/3的受访者愿意使用完全电子化的投资顾问服务。事实上，智能投顾的玩家也已经开始从纯粹"模型"走向"人+模型"，而一旦需要人，成本就将大大提升，智能投顾的优势又将缩小。

第三，庞大的客户基础和分销网络导致传统金融机构更加容易获客。虽然传统金融机构在智能投顾市场上是后发者，但凭借其庞大的客户基础和分销网络，这些传统机构的智能投顾业务在规模上很快超越了原有的玩家。

第四，传统财富管理机构能够为客户提供除资产管理外的多种附加服务，从而增强自身的竞争力。附加服务包括抵押贷款融资、家族信托计划、设立公益基金等。对于大众富裕阶层而言，可能附加服务并不重要，但随着客户财富的不断累积，未来会产生多种理财需求，而对于这些传统金融机构显得更加得心应手。

第五，传统金融机构的智能投顾业务能够产生协同效应。传统金融机构的产品条线较为丰富，这能够与智能投顾业务产生良好的协同效应，例如先锋和嘉信之所以会成为最早涉足智能投顾市场的玩家，很重要原因在于其旗下的ETF业务能够借此而获得更大的发展。

最后，监管导向目前更加有利于传统金融机构。和传统金融机构相类似，智能投顾公司同样容易受到监管的影响。虽然现在各国金融监管部门对这一新生事物都相对友好，但整体上看各国的监管部门都和传统金融机构更加熟悉，监管政策也更加有利于传统金融机构，这为智能投顾公司埋下了监管风险。例如在中国，部分地方金融办规定，如果智能投顾机构从个人投资者募资投向信贷类产品，则视为类P2P机构，而近期中国的监管部门陆续出台措施规范P2P相关业务，这都可能为智能投顾机构的展业带来不便。

综合看来，智能投顾行业的勃兴目前并不会对传统金融机构构成威胁，整个智能投顾行业的竞争格局也呈现出"以大为美"的特点。而具备了庞大的客户基础、强大的分销网络、丰富的附加服务、潜在产品协同效应和监管相对友好的传统金融机构目前更加可能在这场竞争中胜出。

但这并不意味着传统金融机构可以无视这一新兴事物，恰好相反，智能投顾能够帮助这些"大象"服务到那些此前的空白市场，从而更有可能在这些客户拥有更多财富之后成为这些机构更为重要的客户，走入其私人银行部门。

李海涛

从野蛮生长到理性回归：转型时期的P2P

P2P平台作为互联网思维下的金融创新，是我国多层次融资体系的重要组成部分。但野蛮生长之下，P2P平台跑路、破产、诈骗等行业乱象不仅威胁了投资人的财产安全，也极大损害了行业发展秩序。2016年之后，P2P平台由野蛮生长转向理性回归，平台数量与交易量均趋于稳定。同时，备案登记的实施标志着平台进入规范运营阶段，银行存管的逐步展开也进一步深化了P2P平台与传统商业银行的合作关系。在P2P行业发展转型的关键时期，我们需要思考以下几个问题：转型期的P2P平台呈现何种发展特征？美国大型商业银行与P2P平台呈现何种关系？对我国P2P平台的理性发展有何种借鉴意义？

转型期的P2P平台呈现何种发展特征？

我国P2P行业的发展可大致分为以下几个阶段：第一，2012年~2013年，平台处于缓慢增长期，平台数量与成交额均增长缓慢，2012年年底P2P平台的贷款余额仅56亿元。第二，2014年平台进入高速增长阶段。从平台数量上看，图1显示2014年1月正常运营的平台数量仅为880家，2014年12月增长至1575家，2015年12月增长至2595家，2016年12月正常运营平台数量为2448家。从成交量上看，图2显示2014年全年平台成交量为2528.17亿元，2015年全年平台成交量增长至9823.04亿元，2016年全年平台成交量增长至20636.26亿元。从贷款余额上看，2014年12月贷款余额为1036亿元，2015年12月底，贷款余额快速增长至4005.43亿元，2016年年底贷款余额为8162.24亿元。但在高速增长的同时，P2P行业也涌现出一些问题，平台质量良莠不齐、问题平台不断增长，2014年共出现227家问题平台，2015年全年问题平台为1206家，2016年全年问题平台为1849家。问题平台事件类型包括诈骗跑路、提现困难和经侦介入，极大影响了行业的正常竞争秩序。

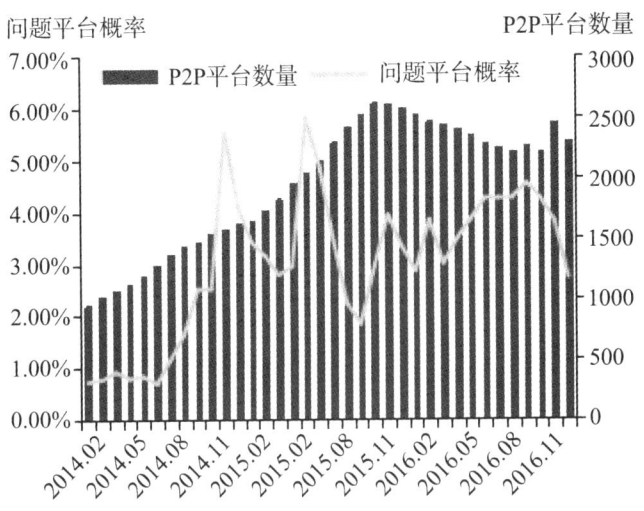

2015年12月，正常运营P2P平台数量与平台成交量均首次出现下降，标志着P2P平台由

图1 P2P运营平台与问题平台概览

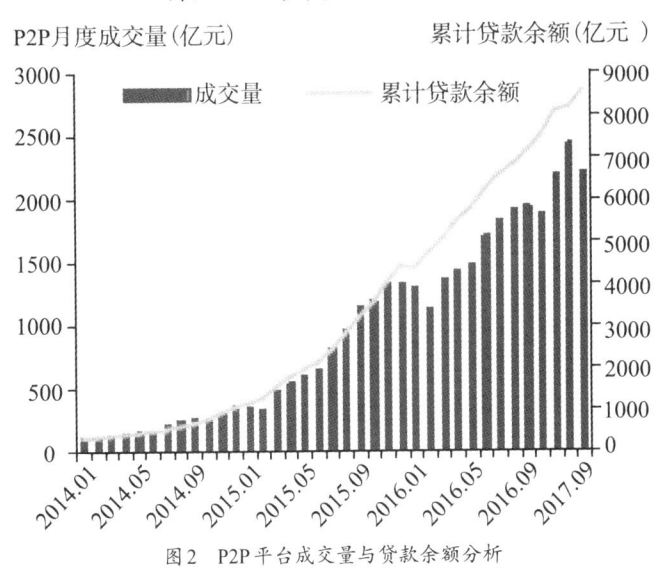

图2 P2P平台成交量与贷款余额分析

注：问题平台概率＝当月新增问题平台／当月正常运营平台
数据来源：网贷之家

高速增长期转变为整合转型期。转型期内的P2P行业呈现以下特征：第一，问题平台概率逐渐降低，平台优胜劣汰。2016年正常运营的P2P平台由2566家下降至2448家，2016年10月之后问题平台出现的概率逐渐下降，新增问题平台数量显著降低，说明P2P行业正在经历高速增长之后的理性回归，通过优胜劣汰进入一个相对稳定的发展阶段。

第二，平台借贷期限不断增长，图3显示P2P平台的年度借贷平均期限由2014年的5.85月增长至2016年的7.78月，2017年1月平台借贷期限增长至9.48月。原因在于，P2P行业经历了行业整合与存量淘汰后，大平台不断显示出规模优势，呈现出大成交量与长借款期限的特征，体现出P2P行业信用逐渐向好、竞争逐渐规范。

第三，平台利率不断降低，图3显示P2P平台利率呈现不断降低趋势，2014年平台平均综合投资收益率为18.5%，2015年降至13.8%，2016年降至10.6%，2017年1月平台综合投资收益率为9.71%。P2P平台投资收益率逐渐下降，意味着P2P平台利润空间增大，能够更好地支撑合规和风控工作；另一方面也意味着P2P行业正在逐渐摆脱凭借高利率吸引客户的恶性状态，呈现出可持续发展的良性态势。

第四，民营系成为平台主力，图4显示目前正常运营的P2P平台中81.95%为民营系平台，7%左右是上市公司系，银行系平台则占比较少。

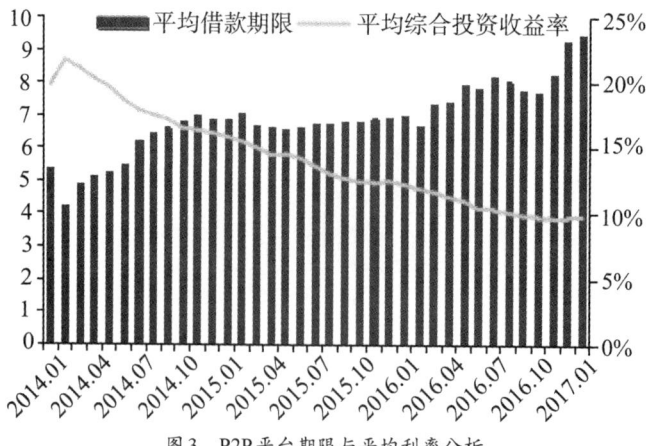

图3　P2P平台期限与平均利率分析

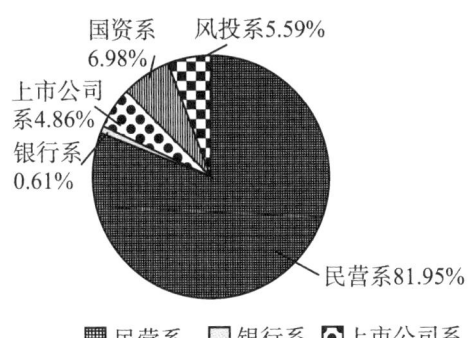

第五，转型期内平台监管措施不断落地，行业秩序不断规范。2016年11月发布P2P备案登记指引与2017年2月银监会发布的《网络借贷资金存管业务指引》，均对P2P平台的资金运用提出更高要求。目前，共有209家正常运营的P2P平台宣布与银行签订直接存管协议，约占正常运营平台总数量的8.75%。商业银行方面，中小银行在资金存管上表现积极，华兴银行与40家P2P平台进行存管合作，江西银行与浙商银行的存管平台数量分别为29家和13家，而国有银行与大型股份制银行则表现相对冷淡。处于转型期的P2P平台与大型金融机构之间是否存在合作空间？美国富国银行的经验对我国商业银行具有较强的借鉴意义。

图4 P2P平台性质分析

美国大型商业银行与P2P平台呈现何种关系？

富国银行是目前全世界市值最高的商业银行，2016年三季报显示富国银行总资产为19421.2亿美元，也是美国最为成功的社区银行。富国银行的主要业务由三部分组成：社区银行业务，主要为个人及小企业（年销售额小于2000万美元）提供包括投融资、保险、信托等全方位金融服务，2015年营业收入为493.41亿美元，占总营业收入比重为54.21%；批发银行业务，为年销售额超过2000万美元的大中型企业提供包括投融资、投行、国际业务、房地产、保险、咨询等金融服务，2015年营业收入为259.04亿美元，占整体收入比为28.46%；财富管理业务，提供理财、经纪和养老业务，为客户提供包括财富管理、个人金融总体方案等服务，2015年营业收入为157.77亿美元，占整体收入比为17.33%。其中，社区银行业务占总收入比重超过50%，是富国银行最为重要的收入来源。

而以Lending Club和Prosper为代表的P2P平台的本质是直接匹配借贷双方，绕开金融机构形成借贷关系，势必对传统银行的借贷业务形成一定冲击。面对新型金融创新对传统社区银行业务的威胁和冲击，富国银行2014年1月一度禁止员工投资Lending Club，不过2014年3月富国银行决定撤销对其员工利用自己钱款从事网络平台借贷活动的禁令，此举意味着富国银行改变了其对P2P借贷的看法。2015年1月，富国银行旗下子公司Norwest Venture Partners持有Lending Club 16.5%的股份，成为Lending Club的股东，标志着富国银行开始与P2P平台开展一定的合作。同时，富国银行还为另一家P2P平台Prosper进行资金存管，平台将投资者资金存放在富国银行的FBO账户（特别持有账户），账户名为"Prosper Funding LLC代投资者持有"，投资者使用自动清算协会（ACH）进行资金在用户的银行账户和FBO账户之间的转账。

富国银行对我国P2P平台的理性发展有何种借鉴意义？

富国银行在与P2P平台的合作中表现出相当积极的态度，一方面通过子公司持股的形式投资Lending Club，另一方面积极为Prosper进行资金存管。对我国P2P平台的良性健康发展具有以下借鉴意义：

从整个金融体系的发展看，P2P平台的兴起和发展有其深刻的制度基础。在间接融资为主、商业银行主导的金融体系中，商业银行占有金融中介的绝对垄断地位，存款利率较低、贷款利率较高的"剪刀差"式资金配置模式导致小微企业、个人消费贷款等资金需求得不到满足，而P2P平台正是基于以上需求的一种信贷制度探索，是对传统商业银行信贷模式的一种补充和替代。从这个意义上看，二者具有一定的竞争。但银行与P2P平台具有不同的比较优势，银行的优势在于资产基础较好、风险承担能力较强，适合服务于规模较大的客户，而P2P平台在服务小微客户上具有一定优势。

正是基于以上比较优势，使二者存在一定的合作空间。

富国银行的案例为我们提供了大型商业银行与P2P平台进行合作的经济实践，银行参与P2P资金存管就是二者合作的机会之一，一方面银行通过资金存管能够使平台资金运用和风控体系更为规范化；另一方面，银行也能够向P2P平台学习小微信贷标准化、简洁化的处理方法，提升盈利能力。例如富国银行小微贷款业务是社区银行业务的重要组成部分，在为Prosper平台进行资金存管时，可以形成优势互补，不断提升小微贷款业务的盈利能力和用户体验。鉴于银行与P2P平台在小微贷款上存在一定的合作空间，国有银行与大型股份制银行在与P2P平台合作上应该采取更为开放的态度，二者将进行一定程度的合作和竞争，最终能够根据自身的比较优势进行客户细分，并达成金融体系的均衡。

随着利率市场化进程的不断推进，以P2P平台为代表的互联网金融将在很大程度上推进商业银行改革力度，倒逼利率市场化进程，对提升商业银行经营效率具有积极意义。处于转型期的P2P行业正在完成行业内部的理性回归与优胜劣汰，在行业转型中存活下来的平台基本表现出期限增加、利率稳定、良性竞争的特点。在政策层面，一方面需要规范引导，例如备案登记与银行存管制度，并确立P2P平台"信息中介"的性质，帮助P2P行业建立良性高效的竞争秩序。另一方面，政府也需要对合规平台提供更多支持，例如征信体系的建设等。

欧阳辉

互联网金融的理解误区

社会公众对金融创新的理解和接受往往有一个情绪周期。互联网金融于2013年在广受瞩目中被冠以元年，仅仅三年后，因部分领域风险积聚而面临专项整治。这种起落的例子还可以找到很多，如在美国被公认为对冲利率风险最有效的金融工具国债期货，于1995年在中国被取缔，然后于2013年恢复，并获得年度创新奖。

经济的发展离不开金融的发展。资本是最基本的生产要素之一，金融注定会在中国的供给侧改革中扮演重要角色。在"捧"和"杀"之间，如果社会对互联网金融的本质有一个更清晰的认识，金融创新之路可以走得更好，新经济也可以走得更好。

误区之一：跑路平台代表互联网金融

互联网金融包含诸多领域，发展速度不尽相同。一个普遍规律是：金融不确定性越低、复杂性越小的产品，就越容易标准化，并借助技术革新的力量快速普及；反之，不确定性越大、复杂性越高的产品，"互联网+"所需要的时间就越长。

互联网金融到今天的发展遵循了这个规律。一方面，金融不确定性相对较低的证券交易、支付、货币基金等已经获得长足发展，跻身世界一流。在线交易已经成为证券公司的标配，支持交易和咨询的同花顺、大智慧等企业都已经成为服务数千万用户、市值数百亿元的上市公司；在线支付和网购一起实现换道超车，2015年中国网购总金额超过3.8万亿元，无论从金额还是在社会零售总额中的占比都超过了消费大国美国，以支付宝和财付通为代表的第三方支付企业也成为世界一流的支付机构，让数亿用户体验便捷、安全、高效的消费；在理财领域，以天弘基金的余额宝为代表，通过货币基金这样的低风险产品把理财门槛从几千元直降到1元，从规模上看，超过2.6亿账户使用过天弘基金的余额宝，而天天基金网的单日活跃用户超过1000个。另一方面，金融不确定性和复杂性较高的小贷、众筹、并购等领域，难以标准化，需要基于大数据的风险甄别能力，同时对信息披露和投资者适当性也有更高要求，互联网化也需审慎推进。以蚂蚁小贷为例，发展数年所积累的大数据风控能力以保障风险可控为前提，实现"310"的用户体验：3分钟申请、1秒钟到账、0人工干预。

因此，正如金融各领域的本质不同，互联网金融各领域差别极大。交易、支付、一部分理财领域已经在支持实体、助力消费等方面发挥了重要作用。跑路的P2P平台恰恰是互联网金融中发展相对不够成熟的领域，并非典型代表。

误区之二：互联网金融不安全

互联网金融的安全状况也和不同领域的成熟程度密切相关。

证券交易领域已经实现电子化、远程化，少有恶性事故发生。在网络支付领域，和网上流传各种触目惊心的银行卡盗刷、账户被盗案例形成鲜明对比的是，中国支付行业不但便捷，且整体安全，已经达世界一流水平。根据银联数据，2014年中国银行卡总体欺诈率约为万分之二，贷记卡欺诈损失率约为万分之一，与全球风险水平相比处于低位。支付宝资损率小于十万分之一，国外最著名的第三方支付公司资损率是这一数字的数百倍，同时这个支付公司资损率又低于美国传统支付企业的资损率。当然，行业资损率低并不能弥补个别风险事件对用户的伤害，整个行业也在探索通过事后补偿措施来保障消费者权益，如快速赔付和账户安全险等。

在互联网理财领域，除了产品自身的风险，由于金融产品销售和风险爆发滞后之间的错配，充分的信息和风险披露非常重要。P2P平台连接融资和理财，一方面对接的资产往往自身风险较大，另一方面信息和风险披露不够，甚至误导、欺诈，后期暴露的问题也就尤为突出。

因此，和传统金融相比，在交易、支付等方面，互联网金融的风控能力和成效毫不逊色。在理财和众筹等风险更大的领域，在资格准入、风险披露、投资者适当性等方面则需要更加规范。

误区之三：互联网金融是监管套利

2013年，余额宝刚刚诞生的时候，适值"钱荒"。当时有人认为余额宝这样的产品是监管套利，当利率市场化之后，就没有生存空间了。到2016年，随着银行间利率下行，虽然余额宝利率已经跌破2.5%，但用户数和基金金额仍然在稳健增加，原先的说法不辩自破。美国货币基金之所以在利率市场化以后仍然能够发展，是因为其依据法律规定只能投资于最好的机构发的短期债。由于风险敞口小，货币基金不需要3%的存贷差来覆盖成本，而只需要千分之几的率差。这意味着，即便在利率市场化以后，货币基金仍然可以用高于银行活期存款的利率吸引资金，用低于银行贷款利率的水平贷给最好的机构，保持安全性和流动性。由于有了货币基金，最好的机构可能不再依靠银行获得短期贷款，这会迫使银行更加关注中小企业的融资问题。所以货币基金的产生并不会带来融资成本的整体上升，而只是最好的机构通过资本市场直接融资（金融脱媒），这正是金融市场化想要达到的效果。

另外一个关于监管套利的说法是，货币基金相当于同时拥有了利息和活期存款的银行功能。美国的富达基金在1974年即推出货币基金享受利息的同时可以写支票购物的功能。虽然银行拥有金融的所有基本功能，但金融市场化的目的，就是要推动一个比银行更加丰富的、竞争力更强的金融体系。通过资本市场功能的组合来部分替代银行，并非监管套利，而是金融的进步。中国的货币基金自2004年就已经存在，可以快速赎回。余额宝并没有改变货币基金的金融属性，而是把货币基金的高安全性、流动性和网购结合起来，产生便捷的消费体验，这正是金融促进消费的好案例。

误区之四：互联网金融会颠覆传统金融

这是一个自从互联网金融诞生以来就一直被讨论的话题。而事实是，世界上没有一个金融行业，没有一个银行，曾经因为互联网而倒闭。

为什么没有银行被颠覆？因为银行长期积累的甄别风险的专业能力很难被互联网轻易取代。另外，金融消费者一般需要很长时间才接受金融创新，但是在接受以后往往信任，很少"挪窝"，所以我们很少观察到银行间大规模资金转移的现象，金融创新吸引的资金往往是增量部分。

互联网金融与传统金融将在未来长期存在一种健康的竞合互补关系，尤其在小微企业和用户方面提供有益补充：在支付领域，互联网金融机构将重点覆盖小微商户，同时也依赖银行对备付金的存管，在小贷领域，互联网金融将专注触达小微企业，单笔贷款金额不足5万元的蚂蚁小贷即是力证；在理财领域，互联网金融将降低理财门槛，持续为"小白客户"提供简便、低风险的理财产品。

误区之五：美国互联网金融比中国先进

因为美国整体的金融和技术水平比较发达，一个容易做的假设是美国的互联网金融，即所谓的金融科技（fintech）也更发达。事实上，美国的互联网金融明显落后于中国。

以领军企业比较，支付宝、微信支付等已经服务数亿用户，数倍于PayPal的全球活跃账户，二者在移动支付方面的差距尤其明显；在融资领域，美国最大的互联网小贷企业Lending Club累积发放贷款近160亿美元，远远低于国内蚂蚁小贷在过去5年发放的超过6000亿元人民币的贷款；在理财领域，美国著名的Wealthfront管理30亿美元的资产，Motif吸引了20万投资者，而东方财富网日均登录者已超1000万，有超过2.6亿的账户投资过余额宝。

因此，几乎在所有的领域，美国互联网金融触达用户的深度和广度都远远落后于中国。中国的互联网金融不但更"普"，而且更"惠"。举例而言，中国支付企业对商家的收单费用已经在千分之几，远远低于美国约3%的费用。在技术方面，支付宝峰值每秒处理8.59万笔交易，远远高于Visa每秒4万笔的纪录。

为什么美国的金融和技术水平更高，互联网金融却不够发达？因为金融的发展不但取决于技术进步，更取决于金融在多大程度上能够在商业和生活场景中使用。美国传统金融的相对发达，延缓了使用互联网金融的速度。在中国，由于金融的覆盖程度相对较低，新金融得以更快地在网购等场景中使用，高频使用不但培养了用户对互联网金融的接受度，还迫使互联网金融企业更快地使用云计算来提高技术效率，降低成本。其结果是更普、更惠、更有效率的金融。技术、金融和生活场景中的应用形成正向循环。

互联网金融是什么

拨云见日，互联网金融存在明显的领域分隔，不同领域的安全和发展程度截然不同。互联网金融机构间更是千差万别，除了合格的互联网金融企业，还有一些打着互联网金融的旗号欺诈的伪互联网金融企业，以及试图做互联网金融却达不到技术门槛的劣互联网金融企业。合格的互联网金融并非跑路和不安全，其竞争力也并不来自监管套利。

互联网金融的优势在于使用新技术（移动互联、云计算、大数据）来触达用户、甄别风险。这些优势和数字时代下的普惠金融有天然的契合，也和中国经济新常态的发展方向（消费驱动、技术驱动）相匹配。中国的互联网金融并没有颠覆传统金融，而是作为其补充，共同推动了普惠金融进程。

陈龙

互联网股权融资平台路在何方

国内互联网股权融资历程目前股权众筹的商业模式仍在探索阶段，监管层不宜过早抬高平台的资质门槛，如果最后只留下几家大平台运营，不利于互联网股权融资行业的竞争和发展

2016年6月初，一篇关于36氪在宏力能源股权融资项目中"涉嫌欺诈"的报道在业内激起了不小的水花，一夜之间将36氪以及互联网股权融资行业共同推到了风口浪尖。

"宏力能源"是36氪作为互联网股权融资平台第一次尝试拓展的新三板定增项目，定增价格10元，认购门槛100万元。据2015年12月宏力能源路演时资料显示，公司2015年预期盈利3500万元，全年营收预测3亿元，定增后做市挂牌价在18元~28元区间。然而，仅4个月后宏力能源披露的2015年财报显示，公司全年实现营业收入7373.72万元，净亏损2676.06万元，与前期宣传中的预期存在巨大落差。宏力能源在新三板的股价也随之一路下挫。预期的投资收益变成巨额亏损，引发了投资人的剧烈反弹。

投资人对36氪的质疑主要集中在项目审查不力与误导性宣传两方面。一方面，项目融资方宏力能源在前期宣传中所预期的公司财务表现与披露的实际数据相差甚远，存在提供虚假信息的嫌疑，而36氪作为平台中介以及项目的唯一牵头人，在项目信息真实性和质量的审核上存在严重失职；

另一方面，36氪被认为有误导性宣传的嫌疑。除平台自身在投资人微信群里对"宏力能源"项目"极力推荐"外，更有内部员工在群里假扮成"托"为项目"说尽好话"，以及36氪"承诺"认购1000万元的投资份额，但后来并无下文。这些都给投资人的决策带来诱导性暗示，超越了信息中介平台应有的角色。

事实上，"宏力能源事件"只是目前国内互联网股权融资行业发展乱象的集中体现，由此引发社会及投资人对36氪平台角色的质疑与争议，值得我们对互联网股权融资平台这一新生事物，以及其行业发展现状进行反思。

互联网股权融资最早起源于美国，顾名思义是企业通过互联网渠道出让一定比例的股份向投资者进行融资，投资者投资入股并以股份转让或分红的形式获得收益。参与互联网股权融资的融资主体一般为处于早期阶段的创业企业，而投资方除了专业投资机构、高净值人群外，还包括大量潜在的社会投资人。平台通过互联网技术广泛地对接投资和融资需求，在风险投资市场充当中介人的角色，为投融资双方提供相关的金融服务支持。

互联网股权融资平台通过信息撮合降低投融资双方的搜索成本，既可以帮助企业节省线下寻找投资人的成本和精力，也方便了投资人在更大范围内更高效地找到感兴趣的创业项目。此外，互联网股权融资平台通过互联网以及一定的投资结构安排，也为大量的潜在投资人提供了参与早期风险投资的机会。

国内大多数互联网股权融资平台的投资结构采用"领投＋跟投"模式。该模式即是针对单个项目，由一个经验丰富的专业投资人或投资机构担当"领投人"角色，其他投资人通过资金跟投的方式参与该项目投资。

在具体操作上，领投人与跟投人共同设立有限合伙企业（LLP）向融资企业进行投资。领投人作为普通合伙人（GP）承担对LLP的管理运营等全部职责，跟投人作为有限合伙人（LP）将管理及表决权等交给领投人代理行使。在投资退出后，跟投人须支付领投人部分投资收益（附带收益，carry interest）作为其投资管理工作的回报。

在"领投＋跟投"模式下，跟投人只需投入一小笔资金即可参与项目投资，降低了跟投人的投资门槛。并且不同于基金，跟投人无须向领投人支付固定比例的管理费用，进一步减轻了跟投人的投资负担。而领投人通过该模式，一方面既可分享跟投人的投资收益，又可撬动大量的跟投资金；另一方面，领投人通过"杠杆"作用，可以集合一众投资人的资本和股权，使得一些天使投资人通过领投方式有机会成长为"超级天使"。

此外，信息不对称是从事风险投资的主要障碍。大量的研究表明，风险投资人更愿意投资于自己熟悉的创业者和领域，甚至在地理位置上更偏好于创业企业集中的地区，譬如美国的硅谷、中国的中关村等。而借助于"领投＋跟投"模式，投资人可借助跟投方式"搭乘"领投人的专业投资经验，理论上为跨区域、跨领域投资提供了解决方案。

互联网股权融资2011年进入中国，随着天使汇、创投圈、原始会等第一梯队的互联网股权融资平台诞生，经过前三年的"不温不火"，乘着2014年"双创"的东风，开始出现跳跃性增长。

中国互联网股权融资行业得以迅速发展，除政策刺激外，也与压制已久的创业企业融资需求、日益扩大的中产阶层投资需求息息相关。然而伴随着国内平台数量和交易规模的不断扩大，关于互联网股权融资的各种问题接踵而至。

早在2014年，众筹咖啡就出现了投资人分歧而失败的案例，而创业企业融资造假事件更是层出不穷。此外，类似上述宏力能源事件中，36氪作为信息中介平台，在项目审核与宣传、投资人保护，以及自身定位等方面也存在不同程度的缺位和越界行为，更进一步助长了行业乱象。根据网贷之家此前发布的数据，2015年全年倒闭平台共40家，而2016年前4个月这个数字即已达到43家。大量的平台倒闭，以及频发的融资丑闻和纠纷事件，导致投资人对互联网股权融资业态产生怀疑。

事实上，互联网股权融资虽属金融创新，但也无法逃出金融投资的本质。在更有效地对接投融资双方、筛选优质项目、降低投资过程中的信息不对称风险、在投后管理中更好地保护投资人利益，以及实现投资退出等问题上，任何一个环节出现纰漏，都可能影响整个业态的有序发展。

针对当下互联网股权融资业态的发展现状，作为支撑行业发展的基础设施——立法和监管体系，是保证上述问题得到有效解决的前提。在互联网股权融资发展初期，我国并未有专门法律法规对此做出规定，行业参与主体只能参照已有的法律规范，在可能触及"红线"的问题上加以规避，其他方面更多的则是参考国外经验，"摸着石头过河"。因此，上述各种行业问题的存在和发生也有其客观原因。

国内立法和监管状况

借鉴国外经验，从国内第一家互联网股权融资平台天使汇诞生起，市场上普遍将相关的、通过互联网平台进行股权融资的活动称为"股权众筹"，体现的是向更多社会潜在投资人融资的普惠金融特点。对于新生事物的成长，法律和监管总是走在后面。

2014年12月，中国证券业协会首次发布了《私募股权众筹融资管理办法（试行）（征求意见稿）》（以下简称《意见稿》）。《意见稿》针对行业问题提出了严格规定，包括：在法律地位上，将"股权众筹"限定在私募范畴；规定融资方不得公开或采用变相公开方式发行证券，不得向不特定对象发行证券；对于合格投资人的界定参照传统私募基金所设立的投资人门槛；同时，要求平台对融资项目的合法性进行必要审核、采取措施防范欺诈行为、禁止误导投资者等。

但《意见稿》发布后，正式版却迟迟没有出台。最主要的争议在于对合格投资人的认定，业界普遍认为门槛过高，有悖互联网"众筹"的普惠金融本质。对此，2015年7月，在央行牵头下出台《关于促进互联网金融健康发展的指导意见》，正式将股权众筹界定为"通过互联网形式进行的公开小额股权融资活动"，即具有"公开、小额、大众"的公募特征。

同年8月，证监会发布《关于对通过互联网开展股权融资活动的机构进行专项检查的通知》，指出"未经国务院证券监督管理机构批准，任何单位和个人不得开展股权众筹融资活动"。这意味着，不论是股权众筹发起还是股权众筹平台设立都需要获得证监会的"审批或许可"。

随后不久，中国证券业协会发布关于调整《场外证券市场业务备案管理办法》个别条款的通知，最终将"私募股权众筹"修改为"互联网非公开股权融资"，与公募性质的股权众筹概念加以严格区分，并归入场外市场，采用相对宽松的事后备案制管理。这样，除阿里巴巴、京东和平安已取得股权众筹试点的三家平台外，其他互联网股权融资平台所开展的业务实属于"互联网非公开股权融资"的私募范畴，这意味着，一大批相关平台将面临"被迫"改名的"窘境"。

从第一家互联网股权融资平台在国内落地，监管部门花了五年的时间完成了对业务形态的法律界定，但相应的法律和监管细则仍未正式出台。上述三家"公募"试点平台也尚未正式开展股权众筹业务，而各大"私募"平台的募资活动目前仍处于灰色地带。

平台运营如何操作

在当前阶段，由于各国监管和风险投资环境不同，平台在实际操作中也有不同表现。在此，我们从募资阶段的项目筛选、投资人认证、投资管理、盈利模式、投资退出这几个关键环节来看看国内外主流平台在实际运营中是如何操作的。由于目前国内真正意义上、带有公募属性的股权众筹尚未开启，因此我们这里所讨论的内容主要集中在私募范畴（国内或称为互联网非公开股权融资）。

首先是项目筛选。如果将互联网股权融资平台认为是一种特殊的电商，则该平台销售的商品为创业企业的股权。因此，为吸引优质项目，平台需要采取更高效的手段提高融资项目的质量，根据企业的档案质量、企业在平台上的活跃度以及其他用户对该企业的响应程度对融资企业进行排名。那些受高质量用户关注的优质企业会被推选为热门企业在 AngelList 首页等多处进行推送。与此同时，为了获得更多的优质项目，平台也需要扩大发现和培育好项目的途径与来源。此外，平台大多着力打造创业服务社区／生态，吸引更多创业企业入驻平台，并通过提供增值服务将优质企业"黏在"平台上。

互联网平台的信息和数据优势，有助于提高线上筛选项目的效率和质量，但前提是平台本身已积累了海量的数据库资源，并可据此进行有效的大数据分析，而这对于大多数草根或早期平台而言并非易事。即使对于较大的平台，数据的维度，信息的可靠性、丰富性也是决定性因素之一，尤其是早期项目，更多的判断仍然基于创始人团队能力。

其次是投资人认证。在私募领域，由于投资风险较高，各国法律对投资人都会设定一定的准入门槛。同时，对于平台而言，高质量的投资人也会吸引更多的项目。

在实践中，AngelList 的投资人需要向平台提交官方出具的收入证明、纳税证明、个人信用报告等资料。AngelList 会根据投资人提供的这些原始凭据，出具合格投资人验证报告，该报告可以在 AngelList 网站上查阅，具有通用性，可供投资人进行其他品种的投资时使用。

在国内，《意见稿》规定，平台须对用户信息的真实性进行必要审核。而现实中，除天使汇等少数平台外，几乎很少平台严格执行合格投资人验证，甚至像36氪、京东东家这样的大平台，只需提交身份信息、联系方式，很快就能获得跟投资格。

在缺乏资质审核的情况下，大多数平台对投资人的资格门槛又普遍低于传统私募要求，使得那些不具备风险承受能力的投资人参与早期投资，一旦出现亏损和纠纷，将可能危及平台生存。这也是平台最担心的事情。据业内人士透露，为了避免纠纷，一些平台甚至直接向投资人进行刚性兑付，或为投资人的亏损提供"隐性"担保，投资风险变相由平台承担。

再次是投资管理。如上文所述，国内外大多数平台采用"领投＋跟投"模式进行投资管理，其中，领投人是项目成交的关键。风险投资的特性使得其对领投人的专业和技术要求相对较高。AngelList会在已认证的合格投资人中，选出投资或创业经验丰富的投资人为"顶级投资人"，而其中更少一部分具有优秀投资成绩的职业投资人或连续创业者在投资活动中才可充当领投人角色。据2015年12月数据统计，AngelList平台上的领投人仅占所有合格投资者总数的0.27％。

国内平台对领投人的素质要求基本一致。比如，京东东家要求领投人须在项目所在领域内有相对丰富的投资或创业经验，至少有1个过往非上市股权投资项目退出案例等。

然而，据大家投联席CEO祝佳嘉在接受采访时表示，目前，领投人资源比较集中在京东东家、36氪这样的国内知名平台，很多"草根"平台普遍面临领投人匮乏的难题。对此，有些平台既做信息中介，又做投资中介，甚至由平台自身或其关联机构充当领投人。在这种情况下，如果投资亏损，平台按理应承担责任。同时，项目数量和质量严重依赖平台的投资团队，平台自身也会成为业务发展的瓶颈。

由于平台上的早期项目规模一般较小且"零售化"，很难吸引顶级投资机构参与投资，因此，各个平台在投资管理模式上也在不断尝试和创新。AngelList通过设立"基金"的方式来吸引顶级投资机构参与天使投资。投资人可以直接投资于基金，再通过该基金批量投资"合投项目"。基金由AngelList负责管理，主要选择有丰富经验的投资人或投资机构领投的项目进行投资。在该模式下，每个项目获取的投资收益首先要支付项目领投人15％的附带收益，同时AngelList会收取5％。

相比于"领投＋跟投"，"基金"模式的优势在于，一方面平台通过成立基金的方式直接对项目进行投资管理，为投融资双方提供了便利；另一方面，对于投资者而言，直接面对更具公信力的平台，也使投资更加安全。在国内，据了解，一些平台也在采取类似"基金"模式。简单来说，在平台以外独立组建风险投资基金对项目进行投资，并将投资组合中一些愿意进行互联网股权融资的优质项目介绍到平台来，基金管理人可同时作为项目领投方为企业再融资。在该模式下，管理人除获得基金管理费、收益提成外，同时又可分享平台上跟投人的投资收益。

但上述"基金"模式也存在一定的利益冲突：平台既做信息中介，同时又组建关联基金投资项目，"裁判员"和"运动员"身份发生重合。与其他投资人相比，平台更具信息优势，如果平台不能自觉约束行为，主动抵制利用其信息优势不正当获利，利益冲突事件迟早发生，对平台上其他投资人而言显然不够公平。

关于盈利模式。目前国内外各类平台主要有三种盈利模式：一是收取佣金，即当项目在平台上融资成功后，平台按成功融资额的一定比例收取交易费，项目不成功则不收费。二是增值服务费，譬如提供合同、财务、法律、文书等方面的服务费用，或类FA（Financial Advisor财务顾问）费用。三是平台分享投资人一定比例的投资收益。

国内绝大多数平台收取佣金费用或类FA增值服务费用来获取盈利，业内惯例在5%左右。这种前向盈利模式虽能在短期内现金回流平台，但同时也存在一定问题，一是佣金费用成本的存在，可能导致好的项目在接洽到投资人后直接"跳票"到线下完成交易，造成平台上剩下的项目质量偏低，带来逆向选择问题；二是对于平台而言，由于平台收入多少直接与项目成功与否相关，可能引发平台为提高交易规模而模糊角色定位，向投资人兜售、传递诱导性信息等道德风险。

国外平台AngelList则主要采取后向收费机制，即与投资人分享投资收益（附带收益）的方式获取盈利。这种后向收费的盈利选择，虽短期内现金回流较少，但平台可分享项目未来增长空间，一方面可避免上述前向收费的诸多问题，获得长期发展动力，二是有利于平台自身估值提升，为平台融资助力。同时，AngelList作此盈利选择也是基于美国金融法规的相关规定，即只有证券经销商才能收取交易费用，而申请为经销商将面临较高的监管成本。

关于投资退出。目前国内外投资退出渠道主要集中在上市、次轮融资、被收购、股权回购等，投资人平均等候时间一般较长。尤其在国内，大多数投资者已养成短线投资习惯，较长的退出期限恐影响更多投资人参与投资。

对于创业企业来说，真正能走向上市的企业毕竟少数，靠上市退出概率极小，一般不足5%。相对而言，通过次轮融资来退出的项目稍微多一些。比如，天使客平台上的"积木旅行"获美国风投机构投资，41位股权投资者成功实现退出并获得5倍投资回报；聚募众筹上的PP基金项目以1.5倍溢价成功退出等。不过总体上，成功退出并不普遍。另外，不同于美国存在较为成熟的SecondMarket、SharePost、纳斯达克非公开市场、Xpert Financial等交易"玩家"市场，目前国内缺乏非上市股权转让市场，且《意见稿》明确禁止平台提供股权转让服务，堵塞了"股权转让"的退出渠道，投资人只能通过私下沟通的方式进行股权转让。

除了常规退出机制外，国内很多平台正在寻找新的退出渠道。除对接新三板外，京北众筹近期与北京股权交易中心、北京股权登记管理中心战略合作签约，通过运作"股权众筹企业挂牌股交中心"寻找潜在投资者接盘。同样，36氪也为投资者独创特殊的退出机制，即"下轮氪退"：当融资项目正式交割完成后，股东在随后的两年或三年内企业的正式融资环节中均有选择退出的机会，跟投人出让的股份，将按照领投人、融资企业股东、新股东、创始人回购的顺序进行购买，最终，确保上轮要求退出的跟投人能够在本轮退出一部分。

理论上，"下轮氪退"为投资者提供了新的退出选择，但也遭到业内人士的质疑。质疑的焦点在于"谁来接盘"？首先，根据"下轮氪退"的受让股东顺序，领投人首当其冲。但承担了大量工作的领投人还要承受股权退出的受让压力，这对于领投人未必公平；其次，如果项目本身有问题，也很难再进行下轮融资；另外，即使是优质项目，下轮投入的这笔资金首先要拿去与退出跟投人进行结算，这对其他股东是否公平？

另外，还有一种方式是融资方与投资者签订回购协议，承诺投资者投入的资金在一定期限内会被返还，并获得分红，譬如京东东家的"自由飞跃"项目。回购协议本质上是一种债券模式，对于投资者而言，收益稳定、风险低，但这实质上已经偏离风险投资范畴。到预定时间，融资人是否有能力或有意愿回购股份？这本身就是一大风险隐患。

关于公募性股权众筹的探讨

虽然国内外互联网股权融资平台实质上主要从事的是私募股权融资业务，但在JOBS法案颁布后，以及国内已颁发股权众筹试点平台的政策导向看，面向大众投资人的股权众筹或将成为互联网股权融资行业发展的重要方向之一。但从美国情况看，WeFunder平台上90%以上仍是基于506（c）条例的私募股权融资，真正利用股权众筹进行融资的项目占比不到10%。

一方面，相对于私募，从保护中小投资人利益角度出发，股权众筹对融资项目的监管要求相对更高，融资需求较大的企业会优先考虑相对较为宽松的私募股权融资，在减轻监管成本的同时，也更容易接触到优质的投资人资源。而对于规模较小的融资需求，可能会存在一定的逆向选择风险，即往往那些无法得到专业投资人认可的项目才会选择股权众筹。

另一方面，AngelList创始人纳瓦尔·拉维肯特（Naval Ravikant）在选择平台商业模式时也曾谈道，"若未来发展股权众筹业务，由于面向的更多是不成熟、缺乏经验的非合格投资者，平台可能会提供数据、资源的支持，以及相关的投资建议，并收取一定的咨询、顾问费用等，费用门槛可能会在一定程度上限制大众投资者参与股权众筹的热情。"他也认为未来股权众筹可能只会在互联网股权融资中占据很小的份额。

股权众筹与上文提到的私募性的股权融资类似，也会涉及三个参与主体——融资方、投资方和平台方，其资质门槛会形成一个三角形的"跷跷板"，任何一方的门槛降低，需要提高另外一方或两方的门槛，以便平衡风险。

譬如，私募范畴的互联网股权融资普遍通过设定合格投资人准入条件以提高投资方门槛。而对于股权众筹，其"公募性"即表明会向大众开放，在低融资门槛下，这就意味着"跷跷板"的第三只脚——平台方的资质门槛必须要有相应的提高，这对平台和行业监管能力提出挑战。

对此，风投侠股权众筹平台联合创始人和CEO邵海涛认为，"目前，股权众筹的商业模式仍在探索阶段，监管层不能过早抬高平台的资质门槛，这样做可能最后只留下几家大平台运营，不利于互联网股权融资行业的竞争和发展。"

杨燕　欧阳辉　王砚波

第四章 | 新金融的拐点到了吗

AI 颠覆金融的拐点到了吗？

对于金融科技行业的从业者来说，如果现在不提"AI＋金融"绝对已经"OUT"了，正像前几年如果不提"互联网＋金融"就"OUT"一样。其实，AI（Artificial Intelligence，即人工智能）并不是一个新生事物，这一概念最早在1956年被提出。算法的持续革新、硬件的发展成熟和更大量级的数据共同驱动AI在沉寂了近20年之后再一次卷土重来。

金融的核心本质功能是降低交易成本和资产定价，互联网的广泛应用可以算作对金融第一个核心本质的颠覆，而AI正在改变金融行业资产定价相关的核心业务条线。传统银行的信贷业务、资产管理机构的资产配置和投资业务、证券公司的投资咨询业务和保险公司的精算定价业务都开始受到威胁。但较强的消费黏性、较重的资本投入和数据的先发优势为传统金融机构提供了一定保护。未来产生威胁的不是金融科技的新兴玩家，而更有可能是在这三点上不输传统金融机构的互联网巨头，传统金融机构需要做出改变。

AI已经带来的金融变化

事实上，已经有众多的金融机构开发了基于AI的智能客服。例如北欧联合银行已经推出了名为 Nova 的基于 AI 技术的聊天机器人和虚拟助理，这位 AI 主力已经开始服务于该银行位于挪威等地的网点。目前 Nova 能够顺畅地理解挪威语，并回答与养老金和保险业务相关的问题，如果遇到 Nova 无法理解的问题，会推荐一位人工客服进行回答。

这样的 AI 助理在欧洲和美国已经开始逐步取代现实中的网点雇员，这些银行已经开始关闭线下的实体网点，例如北欧的大型商业银行在过去的 10 年内已经关闭了大约 30% 的线下实体网点。

部分领先的传统金融机构已经开始通过 AI 技术进行客户信息收集。客户身份信息的收集和认证是传统金融机构风控的重要一环，而 AI 技术能够大大提高这一过程的效率。例如平安已经开发了准确率达到 99.8% 的活体人脸识别技术，每分钟处理人脸数最高能够达到 3 万个。

尤其是传统的信贷审批员已经在失业的边缘。传统贷款审批主要由信贷审批员通过收集信息决定是否发放贷款。但随着 AI 技术的应用，范围更广的数据被用来信用评估，传统的商业银行信贷风控模型使用的变量通常只有 20~30 个左右，但量化的、基于大数据的信贷风控模型超过万级单位。不仅如此，深度学习等算法模型甚至可以自行甄别出对于信贷表现更加重要的特征变量，而这些变量在传统的评估框架中可能并未受到重视。此外，AI 在反欺诈方面也能发挥作用。

虽然这些 AI 技术的应用，已经显著帮助传统金融机构解放了人力、节约了成本、提高了效率，但这些并不能体现 AI 对金融行业颠覆的真正实力。核心原因在于，这些变革并没有触及金融行业的本质，只能被看作是行业借助 AI 技术的自我完善，而不算是"革命"，因为并未触及金融行业的降低交易成本、资产定价两大核心本质功能。

什么才会真正被颠覆？

AI 对于金融的第二个核心本质功能——"资产定价"的颠覆，才是整个金融行业所最应该警惕的。目前来看，AI对于金融行业的压力，恐怕比互联网金融行业要更大，原因在于对于大部分金融机构来说，"资产定价"相关的业务都比"降低交易成本"相关业务更加核心。例如对于商业银行来说，吸储放贷的信贷业务是利润的主要来源，而非支付结算；对于保险公司来说，核心是保险产品的设计和定价，精算师才是保险公司的核心，而非保险销售代理人；对于资产管理公司同样，投资和资产配置相关的业绩才是衡量资产管理机构长期水平的标尺，销售能力通常只能锦上添花。但目前来看，AI的下一个"革命"对象正是这些金融机构的核心命脉。

一些过往严重依赖"人"的因素的业务也开始受到AI技术的威胁，例如证券公司的投资咨询业务。分析师是投资咨询业务条线的"灵魂"，通过对宏观经济数据、上市公司的财务数据等进行研究，撰写研究报告，为客户提供股票买入卖出的推荐建议。在过去，分析师自身的经验和对市场的判断非常重要，但AI同样已经攻破了这一堡垒，通过算法模型能够高速将最新的经济变量、财务指标输入模型，并做出判断，例如可以找到历史上和当前情况最类似的时间点，并根据当时的资产收益表现对这一次进行预测。美国的一些平台已经能够利用AI基于上市公司公告、新闻媒体报道甚至社交媒体的最新新闻（例如特朗普总统钟爱的Tweet）来自动生成分析报告，例如Automate-dInsights和Captricity。华尔街最为人熟知的先行者是肯硕（Kensho），例如肯硕能够基于历史大数据告诉你，在历史上的数十次联储加息前一周之内，标普指数和道琼斯指数的涨跌幅，判断哪些行业的股票会表现更好，而这在过去需要分析师进行大量的数据处理工作，更不必说这些分析师的高成本。

按照业务的复杂和专业程度看，下一个可能被AI算法颠覆的是保险行业。毫无疑问，保险公司的中流砥柱是设计保险产品并进行定价的精算师，这些精通金融学、保险学和统计学的专家过去主要处理的就是概率，通过生存率、死亡率、发病率等概率来为保险产品进行定价。由于这一业务的复杂性和较高的专业壁垒，精算业务长久以来并没有过多受到科技的冲击，但这一次情况可能有所不同，因为AI的算法的核心优势就在于预测概率。未来AI将完全改变精算行业的商业模式，海量数据使得能够动态、更加精确地预测死亡率和发病率。

传统金融机构手中的牌

虽然传统金融机构的不同业务条线都面临着AI的冲击，但目前看来，并不需要过于担心，原因有三点：

首先，金融行业的消费习惯黏性比较大。毕竟是和钱打交道的行业，很多时候还是需要有面对面的交流才能够取得信任。例如智能投顾行业虽然能够吸收很多长尾客户的小额资金，但高端私人银行客户仍然需要客户经理的服务，此外这些客户经理也能够提供更多附加服务。

其次，AI目前仍然需要较重的资本投入，金融机构雄厚的资本使得每年都能够支出大手笔的IT投入。以美国为例，摩根大通银行每年的IT支出是95亿美金，美国银行是90亿，富国银行是70亿美金，而截至2016年三季度末，美国投资于AI创业公司的资金总额也只有31亿美金。例如中国平安每年的研发投入经费在70亿元人民币以上，这是金融科技的新兴玩家所不能比拟的。

再次，金融行业在数据的先发优势上更加明显。数据是深度学习乃至于AI的基石，与财富相关的数据保密性要求更高，而金融机构在这一方面先发优势更加明显。

李海涛

谁来决定资产管理业的未来?

在不知不觉中,中国的金融结构已经发生了重大变化,中国资产管理行业的规模已经占到存款规模的约7成。尽管银行仍然占据整个社会经济体系中最核心的地位,在经过多年发展之后,资产管理业务对银行存款业务的替代已经非常深入。

资管行业是个非常奇怪的行业。从消费者的角度,很多研究表明,选项越多,不确定性越大,人的愉悦程度就会越低,甚至会感觉到痛苦。而资管行业恰恰在让消费者选一堆他根本不知道该如何选的东西。中国有近7000只共同基金、上万只私募基金,更有令人眼花缭乱的信托和理财产品。一般的投资者完全没有能力去评判产品的风险与回报,更没有能力选择适合的产品并构建合理高效的投资组合。有趣的是,所有投资者的投资需求其实惊人的相似:高回报和低风险。投资者没有能力也不需要选择地产股还是能源股,他们只需要选择适合他们风险承受能力的最高回报率。

反观其他行业,消费者的选择既不算多也不费神。买智能手机,消费者只需从几家大公司做出选择,苹果、华为或者小米。每家公司每年仅推出几款产品。消费者不用选芯片和玻璃屏的供应商,也不用纠结于每个元件的设计和操作系统的改进,只需要选择是否喜欢最后的产品。而公司需要对产品的整体设计做出决策,更需要承担决策的后果。每个错误的决策可以直接影响公司的存亡，比如诺基亚和黑莓的陨落。

资管行业的特殊在于它的同质化竞争和转嫁决策风险的能力。投资机构不用决定到底投资股市还是债券、主板还是创业板、价值还是增长型股票，它们只负责提供分析报告和各种细分产品，最后的决策和风险完全由投资者承担。

众所周知，2015年夏季那场史无前例的股灾让很多投资者付出了沉重的代价。但是证券业协会的统计数据显示，2015年行业全年营业收入达到5750亿元，同比年增长121%。行业利润同比年增长率则为153%，125家证券公司中有124家实现盈利，利润总额达2450亿元。这正是资管行业的现状，在其他任何行业都不存在这种旱涝保收的现状。从以下简略的分析中我们可以看出，这种现状是由行业的竞争导致的，并且严重束缚了这个行业的发展。

推进行业的发展，需要改变这种盲目竞争的状态，并且从根本上认清这样一个规律：行业的成熟在于产品的成熟，主导产品的一方不是消费者而是企业。伟大的企业正是通过对产品的定义来征服消费者的。在资管行业，鉴于需求与供给之间的巨大落差，鉴于网络消费的普及，中国比美国更有可能诞生创新型的大资管平台。

资产管理业的大、多、难

资管行业的现状可以用三个字概括：大、多、难。

"大"是指资管行业资产规模之大。随着居民财富的持续积累和理财市场的快速扩张，中国资产管理行业正经历快速的发展。截至2016年年底，国内资管市场管理资产总规模约为120万亿元，超过银行业的信贷总规模。

"多"是指资管行业产品之多。先看总量，中国有近7000只共同基金、上万支只私募基金，更有各类的信托理财产品。再看各类公司，从基金公司到信托、从银行到P2P，每年发行的产品不计其数。单以基金公司为例，前二十大基金公司每家所发产品数大多在100只以上,将所有你能想到的投资风格一一罗列。

所以,在任何时间,就算选定了投资公司,每个投资者还面临无数的选择。更要命的是,这个选择极大程度决定了投资者的投资回报。根据美国先锋基金的一份研究报告,资产配置,也就是合理地将资金分配到不同资产类别,能解释90%的投资回报。大家回头想一想何时买房、买几栋房对现在的资产规模的影响,就能理解选对资产类别的重要性了。可惜的是,向前看,预估将来的回报,决定合理的配置太难太难。

这个"难",就是资管行业的第三个特点,产品选择及资产配置之难。理论上讲,1990年诺贝尔奖得主哈里·马科威茨和威廉·夏普早在20世纪五六十年代就推导出投资组合和资产定价理论,告诉我们如何平衡风险和收益以及建立最优投资组合。

但是理论所基于的假设是我们有足够多的数据来评判所有投资项目的风险与回报,而现实中可用的数据少之又少;理论上假设所有投资者的信息都一样,所以大家的投资组合也大同小异,只需要调整股权与债券类产品的配置,而现实中投资者有不同的信息也对不同基金管理者有不同的判断。理论上投资者可以用脚投票,选择好的资产管理者、好的行业、好的投资策略。但现实中,绝大部分投资者是迷茫的投资者,机会不平等,圈子、时间、信息不对称,只会盲目地跟风。这些现象由来已久。

理论如此丰满,现实却极其骨感。

中国有上万家对冲基金,一半以上都是2015年中以后才推出的,只有900多只基金有三年的业绩。假设有三个客户在2013年分别有幸投资了对冲基金排行榜上前三名的基金,到2016年他们的回报又如何呢?我们会发现,第一名还不错,三年以后排第5;第二名排到21,第三名到2015年的时候是负99%的回报,也就是基本上血本无归。所以事前看来相当好的投资机会,事后也不一定都靠谱。

这就值得问一个问题:投资者一定有投资需求,但是金融这个行业到底能给他提供什么？而投资者又该如何去选择？

没有一个行业是一成不变的，只要有需求就有创新。家具这个行业大概也有几百年的历史了，但是仍然会有宜家这样的模式出来：书房怎么摆，卧室怎么弄，商家已经给你搭配好了，你直接拎回家就万事大吉了，其实金融产品也有点这个味道。面对成千上万的对冲、私募股权基金、共同基金、信托和银行理财产品，投资人有保值增值的需求，但是他该怎么选呢？这件事情对于投资者来说太挑战了，那个能让消费者把整套产品拎回家就万事大吉的商家在哪里呢？

反观资管业的现状，大致可以归纳成为两个极致：多的极致和少的极致。所谓多和少，指的是投资策略，也就是产品。

竞争导致"多"的极致

截止到2017年11月，中国有近7000只共同基金，排名前二十的基金公司每家都有上百只基金。比如说南方基金有229只，华夏基金有179只，这两家公司大概有40多位基金经理，也就是说平均每位基金经理管理四到五只基金。有这么多不同基金的结果就是基金公司将投资决策和风险完全地转移给了投资者。投资者不仅要选择基金公司，更要选择基金经理，还要选择同一个基金经理推出的不同产品。

投资者的选择很大程度决定了他们的投资回报。那么，投资者有没有能力选择基金呢？他们可以研究基金过去的业绩，基金经理的履历及他们在各种渠道发表的投资观点，也可以咨询朋友的意见或者专业理财师的建议。

但是，再多的研究也不能让投资者收集到与基金公司内部相当的信息，比如基金经理的能力，他们的投资逻辑和风格，甚至他们每次调仓的逻辑和调仓后市场的反应。基金公司还有专业的宏观分析师，可以研究各行业的发展趋势以及各种投资策略在不同经济形势下的预期表现。总而言之，基金公司的信息一定比个人投资者要好很多。为什么不能让基金公司

第四章 | 新金融的拐点到了吗

来决定一个最佳投资组合呢？

一个可能的解释是，基金公司不愿意做这件事。因为这样做意味着决策风险从投资者转移给了基金公司。这种说法相当普遍，但是普遍认可的观点并不一定就是正确的。如果我们去观察其他行业，我们会发现，在任何一个行业，做什么样的产品其实都是由企业这一方来做决策的，比如iPhone之于苹果、视窗之于微软、磨铁之于星巴克，而不是由消费者这一方来决定。对消费者来说，企业应该也需要完全承担这些决策所带来的风险。那为什么基金公司就不愿意也可以不承担这样的决策风险呢？

这里有个很重要的因素，那就是投资者行为。投资者，尤其是散户，都会追涨杀跌，这就导致做得好的基金，一大堆钱进来，做得不好的基金，一大堆钱出去。在这样的情况下，基金公司就会愿意采取"多"的策略，就是分成好多个产品来卖。

他们的逻辑是，我做一两只基金不一定成金牛，但是我做上百只基金，总有几只是牛的。从市场的角度来说，基金公司总需要有新产品来吸引投资者。从基金公司的内部管理来说，如果基金公司只做一个产品，虽然这样做可能对投资者是最有利的，但是在基金公司内部会有很多的争吵和分歧，难以留住优秀的基金经理。

毫无疑问，肯定也有人会说产品的多样化是好的，可以满足不同人的投资需求。从战略层面来说，投资策略的简单化，很容易导致一些简单的复制策略以低收费和差强人意的回报挤占市场，冲击那些以深度研究为主的基金公司。在这样的压力下，作为一种应对策略，基金公司只能推出更多的投资品种来丰富自己的投资策略。甚至有人预测说，如果不这么做，未来基金业的费率水平有可能会继续下降，这有可能危及行业的兴衰。

但是他们忽略了一个基本的事实。对穿衣打扮而言，两个人穿一模一样的衣服是令人窘迫的事情。但是，对金融产品而言，我们需要那么多个性化吗？对投资者来说，大家的品位其实都一样：高回报和低风险。

这就是"多"的极致：大部分基金公司和资管平台为了让自身的利益

最大化，不停地推出新的产品，让投资者眼花缭乱，望而生畏。行业的竞争更是导致劣币驱逐良币，加剧了以量取胜的乱象。

少的极致：巴菲特

在投资领域，我们看到了"多"的趋势，但是也有"少"的趋势，而且我们认为这很有可能也应该是未来的方向。

一个最具代表意义的例子就是巴菲特的伯克希尔-哈撒韦。该公司以2236亿美元的营业额在《财富》2017年世界500强排名第8位，总部却只有几十名员工。巴菲特被誉为过去50年中最伟大的企业领袖之一。他从未分拆过伯克希尔的股票，该公司最近的股价约为每股28万美元，是历史上最成功的上市合伙投资公司。

只要有钱，任何人都能购买这家公司的股份并因此致富，却不用为该公司的任何投资策略做功课。比如，因为预计到美元贬值，伯克希尔买入大量外汇，包括巴西雷亚尔、欧元、澳元、加元、英镑和韩元，在六年中为股东斩获23亿美元的税前收益。大部分投资者没有能力也不用去评判巴菲特的这些决策是否合理，他们只用买入并持有伯克希尔的股票。

其实，我们可以把伯克希尔的股票理解成一款产品，巴菲特把所有东西都打包了——投资者信任我，你就投我，我去决定怎么配置。这是符合企业决定产品的行业规律的。

在国内，我们也看到有一些类似的情况，比如复星集团的母公司复星国际的做法就有点类似伯克希尔-哈撒韦。它用以保险为核心的综合金融能力来支撑产业，并替投资者决定如何在全球各行业各资产类别之间配置资产。

比如，前几年他们开启了"中国动力嫁接海外资源"的海外并购浪潮，这几年又开始重仓包括医疗和养老的"健康、快乐和富足"产业，目前这几个行业已经超过复星总资产的80%。而投资者并不用随时去评判他们的决策是否正确，也不用在海外投资和医疗养老之间做取舍，公司层面已经替投资者做出了最合适的抉择。

如果说让某些基金公司去拷贝巴菲特的模式，可能目前还有困难。"少"的模式有个很大的弊端，那就是资管公司需要承担非常大的决策风险。而且，把所有产品打包在一起以后，很难出明星产品，业绩会相对"平庸"。如果其他竞争对手推出多款产品并成功"制造"明星基金，追涨杀跌的投资者很有可能将更多资金转入竞争对手的明星基金。公司整体的收益降低，进而面临优秀投资经理流失的挑战。这些因素很容易让公司放弃"少"的决策。

但是，资管行业最新的一个动向是开始慢慢往少的方向去做，比如说智能投顾。美国的Wealthfront和Betterment以被动投资的ETF为工具，为中小投资者定制适合他们风险承受能力的全球配置的投资组合。上周，NYSE Arca更是正式推出了全球第一只人工智能ETF，可以模仿一整只股票分析师队伍进行主动投资，365天无间断工作，丝毫没有人工误差和偏差。它的使命是"通过创新的投资技术消除金融市场中的财富歧视"。

"少"的优点在于，投资者不选产品，而是选资管公司，因此他们需要较少的信息。而且不同投资者之间信息更对称、机会更平等。对资管公司来说，因为只有一款产品，他们会更自律，有建立品牌的动力。

未来之路："多"还是"少"？

投资到底应该是用户的决策还是企业的决策？如果看智能手机行业，我们会发现定义产品的不是用户，而是iPhone。如果看电影行业，我们会发现主导这个行业的是好莱坞而不是买票的观众。如果看家具行业，我们买整套家具还是单件家具，很大程度上是参照宜家的设计。那么我们看基金业，用户需要决定投资大健康还是军工吗？他们有能力做这个决定吗？答案显而易见。就算对专业人士来说，做这样的决定都不容易。

基金业未来的方向是"多"还是"少"，目前我们并不知道答案。一个行业要想有突破性的创新，一定要找到这个行业的痛点。我们能看到的是，基金业的痛点一直存在而且非常明显：投资人整体很痛苦，因为企业给消费者提供的产品不是他们想要的，他们也没有能力搞清楚，投资者永远都是撞大运。

这个行业另一个痛点是，投资者对于回报率的预期有太大的偏差。在美国，学术界用很复杂的算法仔细研究了所有的数据，把风险等因素都考虑在内之后，一个非常牛的投资者，其回报率大概能比平均数高1%。机构投资者大都认同这个观点，但是大多数个人投资者很难接受这个数据。

有人喜欢用"割韭菜"来比喻中国的资本市场，亏钱的人离开市场，下一波投资人又信心满满地冲进来，重蹈前面的覆辙。如果市场当中投资人越来越少，对整体经济来说并不是件好事。股市做的一件事情就是风险共享，回报共享。企业在资本市场融资，投资人分享企业增长的回报。美国股市在过去30年中之所以做得很好，就是因为平均参与率要比中国高很多，基本上最大的几家退休金都参与其中。长远来说，一个有广泛参与度的资本市场对中国经济非常重要。

就像家具业会被宜家改变，手机会被苹果重新定义一样，投资业也并不是一成不变。最有可能诞生一匹黑马的不是在美国，而是在中国。谁来决定这个行业的未来？到底是"多"还是"少"的模式？是投资者还是金融机构来决定？这些问题还没有答案，却值得更多地思考。投资业的未来也决定了谁可以主导资金的配置，影响资源的使用效率，促进和推动供给侧结构性改革的方向。年轻的资管行业需要从金融的本质探寻资管行业的未来。

记得乔布斯说过一句话："预见未来最好的方式就是亲手创造未来。"

黄春燕　史颖波

第五章

资本市场的他山石

西方"门口的野蛮人"对A股的启示

近一段时间,险资举牌频频遭遇监管寒流,各大保险机构的态度也从趋之若鹜变成避之不及。2016年12月3日,中国证监会主席刘士余发表演讲抨击举牌、杠杆收购,称之为"门口的野蛮人""行业的强盗"。同期,保监会副主席陈文辉也指出,保险公司的核心竞争力应是风险管理。个别险企的万能险业务被暂停,恒大人寿更是被暂停股票投资业务。

事实上,股东举牌、敌意收购等在欧美国家证券市场并不鲜见。在监管得宜的前提下,股东积极参与公司治理或可以创造很大的价值。因此,不少投资者奉行"股东积极主义(Shareholder Activism)"的投资哲学,即股东(一般为机构投资者)利用自己的权利来影响公司的行为或决策,进而提振公司业绩,得到优于被动持股的回报。Brav等(2008)的研究表明,在持有期内,实行这一策略的对冲基金平均得到的回报为42.0%,中位数为18.1%。年化后,这两个数字分别为33.0%和14.9%,在控制了市场收益和公司规模等因素后它们仍然显著为正。在仔细了解"股东积极主义"在欧美国家的发展情况之后,我们或许能对当前A股市场的险资举牌现象有更深入的看法。

"股东积极主义"在欧美国家的发展情况

　　根据Stuart（2007）的描述，早在1900年，美国的保险公司、共同基金、银行就开始积极地参与到他们所持有的公司的监控和治理之中。1942年，美国证监会SEC颁布14A-8条例，首次允许持股人在股东大会6个月前提交股东提案（Shareholder proposal）与一篇500字的相关介绍，这篇短文将被收录在公司年底分发的委托声明书（Proxy Statement）里，并在董事会和公司年会表决。14A-8条例极大地降低了持股人准备自己的委托声明书和投票代理权争夺战（proxy fight）的成本，增加了股东参与公司事务的可行性。1987年左右，以养老基金（Pension Funds）和公会基金（Union Funds）为排头兵，机构投资者开始加入"股东积极主义"的浪潮；这一时期，"股东积极主义"表现不佳。2000年后，对冲基金（Hedge Funds）与私募基金（Private Equity Funds）扮演了重要角色，在公司治理方面普遍取得了较大成效。另外，早期的"股东积极主义"实践中，机构投资者通常更关注治理结构较差、业绩较差、股权持有分散化的目标公司；最近的研究表明，被对冲基金选为目标的公司更多的是被低估、表现良好、有充足现金流的公司，同时这些目标公司在对冲基金介入前通常有较低的股利支付比例、更高的管理层薪酬，和更多的反并购措施。

　　著名的华尔街"狼王"卡尔·伊坎（Carl Icahn）就是一位代表性的激进型投资者。2013年他开始大量购入苹果股份，2015年已拥有超过60亿美元的苹果股票；他不断要求苹果公司动用闲置的资金，高价回购在其手中的股票。另外，2013年，伊坎牵头其他戴尔股东，公开强烈反对戴尔公司CEO迈克尔·戴尔（Michael Dell）和银湖资本（Silver Lake）私有化戴尔公司的提案，并游说修改提案投票规则，甚至状告到当地法院。另一位投资大鳄丹·勒布（Dan Loeb）曾通过旗下的Third Point对冲基金持有索尼公司股份，他坚称索尼的娱乐部门管理不善，主张进行大刀阔斧的改革，并将电影和音乐部门拆分出去单独上市。比尔·阿克曼（Bill Ackman）是对冲基金潘兴广场（Pershing Square）的创始人，在他持有杰西潘尼（JC Penney）股份期间，他多次批评杰西潘尼管理不善，并提议替换管理层。在著名营养品公司康宝莱（Herbalife）的传销争议战中，具有戏剧性的一幕出现了：先是比尔·阿克曼公开做空康宝莱，批评它的模式就是非法传销，一时间康宝莱股票大跌，随后丹·勒布购入8%股份表示支持，卡尔·伊坎更是购入18%以上的股份，与比尔·阿克曼唱反调。总而言之，现实中的股权争夺和"股东积极主义"甚至比布莱恩·伯勒在他的著作《门口的野蛮人》中所描绘的还要精彩。

20世纪，尽管"股东积极主义"看起来声势浩大，实证研究结果发现，其实际影响和规模并不大。根据Bernard（1998）的研究，即使是最活跃激进的机构投资者也只在"股东积极主义"上花费微不足道的资金。例如，这些机构投资者投入"股东积极主义"方面的资金通常低于其管理资产总额的0.005%。同时，大多数关于这一时期的实证研究都没有发现公司业绩和机构投资者持股比例有任何明显的关系。包括Carleton等（1998），Gillan和Starks（2000）等在内的一些研究均发现，在公司披露机构投资者的提案前后，并没有显著的超常股票回报现象出现。在控制了信息披露日期，委托书寄送日期，公司年会日期，以及《华尔街日报》披露日期等因素之后，仍不能发现超常回报。不过，有一些研究发现某些特定的提案或者公告会导致超常的股票波动。例如，Bizjak和Marquette（1998）等研究发现，在公司披露关于废除毒丸计划（股权摊薄反收购措施poison pill）的提案后股票会明显下跌。Carleton等（1998）发现市场对有关董事会成员多样性（board diversity，例如任命女性和少数族裔成为公司董事）的议案反应负面。至于长期影响，Wahal（1996）与Del Guercio和Hawkins（1999）等众多研究也没有发现任何超常股票收益或长期公司业绩改善的证据。

还有一些研究观察了"股东积极主义"对于目标公司在公司治理结构、管理层更替方面的影响。来自Jonathan（1998）的总结表明，目标公司在资本支出、股利支付等方面变化不大，但是资产分布、重组以及员工解雇等事件会显著增加。Smith（1996）发现，加州公共雇员退休系统（CalPERS）在1988~1993年所投资的公司里，72%的目标公司提出或者实行了改革以和投资者达成一致。Akyol和Carroll（2006）、Bizjak和Marquette（1998）发现，在投资者提交相关提案后，毒丸计划更有可能被修改、废除，或者交由股东重新表决。Del Guercio和Hawkins（1999）做的一项关于养老基金的研究显示，在投资者积极参与公司治理后的三年时间中，股东诉讼、非养老基金股东提案、否决票发生的概率都有显著提高。另外，大多数研究表明，高管的薪水并没有显著变化。

近20年来，对冲基金成为"股东积极主义"领域的主力。Brav等（2008）认为，对冲基金的"股东积极主义"与其他机构十分不同，进而导致了不同的影响和结果。概括而言，对冲基金经理有更强烈的提高投资回报的动机，同时对冲基金较少受到监管压力，在投资组合构建上也更为灵活，有些对冲基金还要求其投资者在较长时间内锁定投资。这些特性使得对冲基金在影响公司治理上拥有得天独厚的优势。根据Kahan和Rock（2006）等的研究，对冲基金不仅使用股东提案、直接商谈、媒体攻势等其他机构投资者也经常使用的策略，也使用包括投票委托书战、诉讼、直接接管等策略。

关于对冲基金"股东积极主义"的研究并不是很多。Klein和Zur（2006）与Clifford（2007）发现，相对其他被动股东持有的可比公司，对冲基金"股东积极主义"可以产生显著的股票超常收益（alpha值）。Brav等（2008）发现，在对冲基金举牌公告的前后20天观察期内，目标公司的超常收益平均达到了7%。研究者还发现，短期内股票市场对不同类型的举牌报告的反应很不一样。在报告中关注公司商业策略，例如重新定位和重组非核心资产，可以分别达到最高的年化超常收益，为8.54%和5.95%，这一发现表明市场认为对冲基金有能力促进公司改善经营，进而提升公司价值。对冲基金的介入对于目标公司的长期股票表现和业绩也有正面影响。Bebchuk 等（2015）发现，目标公司在被对冲基金持有的时候都有显著的正超常收益，在干预开始三年和五年期内，公司的累计超常收益平均达到2.58%和5.81%。

目标公司的其他方面也有明显变化。Brav 等（2008）发现，在对冲基金举牌公告的一年后，目标公司的总股利支付比例从0.3%提高到0.5%，杠杆比例从1.3%提高到1.4%，暗示着代理问题的减少、现金流的增加和公司治理的改善。研究还发现，对冲基金的"股东积极主义"并未损害债权人的权益。事实上，那些没有长期负债的公司反而有更高的超常股票收益。不过，对冲基金介入确实使得高级经理的待遇变差了。在举牌公告一年后，CEO的平均薪酬下降了约100万美元，CEO离职率提高了10%。

美国公司主要的反收购策略

在美国，面对来势汹汹的"门口的野蛮人"，许多企业选择了抵抗而非束手就擒。我们上面所回顾的研究表明，机构投资者的举牌对于公司长远业绩可能并无显著影响，但很可能改变公司治理结构、增加股东议事积极性、降低管理层薪酬，甚至废除反收购计划。出于诸如此类的顾虑，许多上市公司的管理层会事先制定计划来应对敌意收购。接下来，我们对主要的几种反收购策略及它们的有效性做一个介绍。

毒丸计划，一般而言是向原股东发行一定数量的权证或优先股，一旦公司遇到恶意收购且收购方占有的股份达到15%甚至20%时，原股东就可以以远低于市价的价格认购公司的新增发股票，这将摊薄股权，无形中增加收购公司的成本。1985年，美国特拉华州（Delaware）法院肯定了"毒丸"的合法性，因此20世纪80年代后毒丸计划被广泛地采用。对公司股东而言，虽然他们同样要承担股权被摊薄、管理层权势过大、无法轻易增持的风险，但是毒丸计划可能提高公司卖出时的价格，因而毒丸计划对于普通股东不见得是一件坏事。Stultz（1986）认为股东财富的变动将取决于以上效应的相对大小，但大多数研究发现在公布毒丸计划后，此公司将产生负的股票超常收益（-1%左右），暗示着这一措施对于阻碍潜在收购者是很有效的。据 Heron（2015）研究者还发现，毒丸计划显著地增加公司在被收购时的身价，但并不显著降低收购的成功率。

"金色降落伞"（golden parachute）亦被许多美国公司采用，当公司员工或高层管理人员在公司控股权更替后被迫离职时，这项计划将给予他们一笔丰厚的离职补偿金，这一措施会提高收购方的成本进而阻止敌意收购。不过，降落伞计划的有效性受到了广泛的质疑，原因在于降落伞计划的平均成本相对于收购总成本而言很低，同时敌意收购方极有可能原本就希望撤换管理层，因此不会在意所谓高级管理人员的流失。另外，过于丰厚的"降落伞"可能反过来促使管理层寻求收购，不利于公司的平稳发展。

分级董事会条款（staggered board）也是常见的反收购策略之一，经常和毒丸计划等一起使用。具体地说，是将董事会分为若干个等级，每年只会有不超过一级的董事任职期满，因此最多只能改选董事的一部分（通常为1/3左右）。这一措施防止了敌意收购股东在占有大部分股份之后立刻撤换所有董事，进而延缓敌意收购进程。例如，1995年，美国 Moore 公司曾欲以45%的市场溢价收购 Wallace Computer Services 的股份，尽管 Moore 已经收购了70%以上的 Wallace 股份，但毒丸计划有效地阻止了完全收购。Moore 想通过董事会的力量废除毒丸计划进而完成收购，但由于分级董事会的作用，Moore 只成功替换了1/3的董事，只能等待下一年的股东大会，最终导致收购失败。Bebchuk（2002）表明，分级董事会制度可以将目标公司反收购成功的概率从34%提高到61%。

事实上，分级董事会条款只是众多以反收购为目标的公司章程修正案（anti-takeover charter amendments）之中的一种。根据 Borokhovich 等（1997）的总结，公司还可能采取以下修正案中的一种或多种：并购需要得到66%至80%的投资者的同意；要求收购方提供的价格必须达到一个预先给定的值；给予董事会发行新股和裁定投票权的充分自由；限制股东召开特别会议；废除累积投票制。McWilliams（1990）发现，最严厉的反收购条款往往出现在内部持股很高的公司，显然，这些持股的管理层并不希望他们手中的权力被抢走。Pound（1987）发现这些措施会显著提高收购难度，降低收购发生的概率。Borokhovich 等（1997）还发现拥有反收购章程的公司的高管通常有更高的薪酬和股权激励。

总的来说，中国的"险资举牌"热潮，从某种意义上反映了中国"股东积极主义"的萌芽。且不论它是好是坏，我们可以肯定地预见，随着中国机构投资者的影响力日益增强，机构投资者举牌、敌意收购、反收购将会越来越常见，一套行之有效的行业规范或监管体系将是必要的。因此，我们应当从其他资本市场的投资者与公司汲取经验，平衡各方利益、加强监管、避免市场动荡。

孟茹静　欧阳辉

A股"入摩":倒逼资本市场深化改革

A股在叩关四次之后终于成功"入摩",未来预计A股市场作为全球第二大市场将越来越融入全球资本市场中去,目前相对割裂的现状将逐步改善,这是对中国的监管者过去相当长时间内持续推动资本市场改革初见成效的肯定。

"入摩"是一个长期的主题,未来随着国内制度的继续完善,A股在美国著名指数编制公司明晟(MSCI)指数体系和全球资本市场中的权重都将越来越高。

短期看,资金层面的影响不大,但未来随着被纳入MSCI的程度不断深化,可以预见A股的投资者结构和市场风格将继续发生改变,而海外投资者未来将作为外部的监督机制存在,对国内资本市场微观和宏观的体制改革产生深远影响,A股投资者、上市公司和监管者都需要为此做好准备。

2017年6月21日凌晨,宣布,将从2018年6月开始,将中国A股纳入MSCI新兴市场指数和MSCI ACWI全球指数,而初始会有222只大盘A股被纳入MSCI指数体系,这些公司主要是现在已经存在于MSCI中国指数中的成分股,同时能够通过互联互通买入的大盘股,此外还有12只长期停牌的股票以及10只在指数审核期间停牌的股票被剔除。基于5%的纳入因子,这些A股大盘股将占据MSCI新兴市场指数0.73%的权重。

中国的上市公司此前在MSCI的指标体系中已经占据了相当大的权重，但A股并不在其中。根据明晟公司在2016年6月披露的数据，中国的上市公司在MSCI新兴市场指数中已经占据了26%的权重，远高于排在第二位的韩国市场（权重15%）和第三位的中国台湾市场（权重12%）。但这些上市公司主要在中国香港、美国等市场上市，虽然上海和深圳证券交易所上市公司的市值近年来不断增长。如果以市值计，A股已经超越日本，成为仅次于美国的全球第二大资本市场，更是亚洲最为重要的资本市场，市值远远超过中国香港、印度、韩国等海外投资者更为熟悉的市场。但此前由于资本市场成熟度不够等原因，中国国内的资本市场并没能参与到全球资本市场中来，海外投资者并不能够顺利地将A股相关标的加入自己的投资组合中。

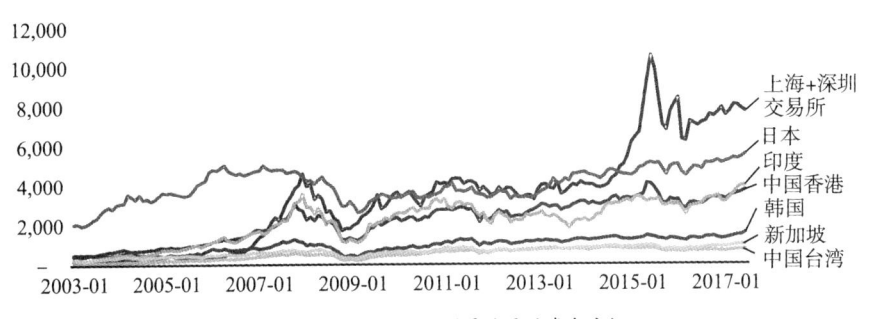

图1　A股已经成为亚洲最重要的资本市场

资料来源：Bloomberg

明晟公司将所有资本市场主要分为四类，按照经济发达程度和资本市场的成熟度，最高层级的是发达市场，例如中国香港市场和美国市场属于此类；其次为新兴市场，代表性的包括巴西、俄罗斯、南非、印度等金砖国家和韩国、中国台湾等市场；再次为前沿市场，例如阿根廷、罗马尼亚、尼日利亚、科威特、越南等；而最后一类为所谓独立市场，中国A股此前就属此类，位置非常边缘化，追踪这种独立市场指数的基金体量也微乎其微。

而从此前表现看，正是由于A股的这种"边缘化"位置，使得A股与全球主要市场呈现出一种割裂的状态，2015年以来上证综指和MSCI新兴市场指数的相关性在53.6%，而在新兴市场指数中，权重仅次于中国的韩国和中国台湾地区的主要股票指数表现却完全不同，韩国综合指数与MSCI新兴市场指数的相关性为70.4%，中国台湾加权指数相关性更是达到90%。正是由于这种市场的分割，A股年初至今才在全球经济回暖和资本市场繁荣的大背景下，走出了下跌的独立行情。虽然除A股外的MSCI中国指数年初至今上涨24.54%，但作为国内代表性指数的上证综指年初至今仅上涨2.64%，国内的投资者并没有分享到全球资本市场的牛市，也没能分享到中国的优质上市公司业绩增长带来的回报。

与MSCI新兴市场指数相关性

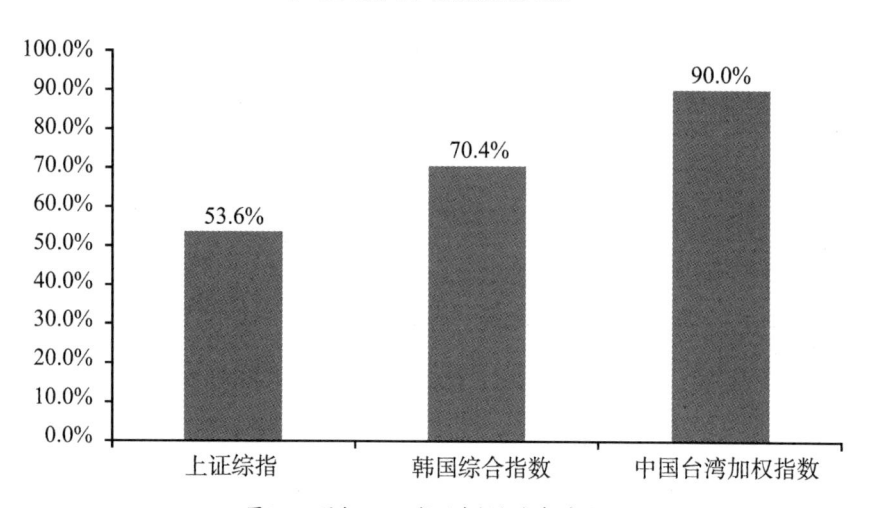

图2 A股与MSCI新兴市场指数相关性小

资料来源：Bloomberg

被纳入MSCI对于A股而言，首先最为直接的影响是资金层面的流入，由于全球范围内为数众多的基金在追踪MSCI指数，特别是被动投资的指数型基金，一旦A股被纳入重要的新兴市场指数，将迎来这些基金的被动资金流入。事实上，在宣布即将被纳入MSCI之后，A股已经开始有所表现，金融、地产、白酒等大盘蓝筹股相对集中的板块连续跑赢大盘，自2017年6月21日以来申万大盘股指数上涨3.3%，跑赢申万小盘股指数近4%。

然而从目前阶段的资金流入体量来看，对A股的影响并不显著。根据MSCI在市场分类评审结果中给出的指引，未来A股将分两步被纳入新兴市场指数和全球指数，主要是考虑到沪股通和深股通当前存在的每日额度限制问题。第一步预计将在2018年5月半年度指数评审时实施，第二步预计将在2018年8月季度指数评审时实施。但明晟同时也表示，如果未来一年之内A股的资本流动便利性有所提高，则不排除会将此纳入计划修改为一次性实施。

如果量化地看短期影响，根据明晟公司董事长兼首席执行官Henry Fernandez披露的数据，目前全球追踪MSCI指数的资金总规模在11万亿美元左右，其中追踪新兴市场指数的资金约为2万亿美元，按照0.73%的初始权重计算，对应的资金规模在150亿美元，即1000亿人民币左右。而A股当前的总市值已经超过50万亿，即使当前成交量萎缩，沪深两市每日的成交金额也在4000亿~5000亿人民币左右的水平，仅仅1000亿左右的资金流入实在难以构成显著影响。

事实上，被纳入MSCI新兴市场指数对于A股而言最重要的影响在于，中国的监管层过去相当长时间持续推动资本市场改革的决心与行动开始逐步被海外投资者认可。证监会发言人张晓军也在第一时间指出，"A股纳入MSCI指数，是顺应国际投资者需求的必然之举"，同时表示"中国资本市场将以更加开放的姿态欢迎境外投资者"。

过去A股曾经三次闯关MSCI，但都以失败告终，明晟公司去年曾经披露了延迟纳入A股的主要理由，包括QFII每月20%的资本赎回限制、内地交易所对与A股挂钩的金融产品的预先审批限制、改善停复牌制度等。而在宣布将A股纳入新兴市场指数后，明晟也披露了在多轮咨询全球投资者过程中收集到的反馈意见，本次A股闯关成功的核心原因在于内地与香港互联互通机制的发展完善以及交易所放宽对涉及A股的海外金融产品预先审批的限制，此外投资者也看到A股市场监管制度的完善，例如停牌数量相对减少等，而这些都是中国的监管层在过去数年中持续推进资本市场改革的结果，改革的初见成效已经开始获得海外投资者的认可。

从海外市场经验看，韩国市场从1992年被首次纳入MSCI新兴市场指数到1998年被全面纳入历经6年时间，而中国台湾市场从1996年被首次纳入到2005年被全面纳入历经9年时间。随着A股市场不断融入全球资本市场，国内的投资者、上市公司与监管者都需要为此做好准备。

对于国内投资者而言，市场风格和结构的变化将产生深远影响。事实上，自沪港通机制开始，海外投资者在A股的话语权正在不断提高，而2017年年初以来A股市场的风格更是变得越来越"价值"，包括白酒、家电、保险、机场等稳健增长的价值蓝筹股远远跑赢其他个股。从韩国和中国台湾地区的经验看，A股未来与海外市场的关联度会提高，投资者可能需要开始关注海外市场的波动。而目前A股高换手的现状可能将发生改变，例如韩国股市在刚纳入MSCI时换手率在330%左右，而后期逐步下降到100~200%之间。此外A股的估值体系也将逐步与海外趋近，这种趋势对于行业的影响分化明显，一些行业面临估值的压抑，但一些中国的龙头行业可能将逐步获得溢价，例如医药、家电、部分高端制造业，A股上市公司的估值相比海外公司而言仍然具备吸引力。

然而整体看，A股"入摩"对于投资者而言的影响，远没有对A股上市公司和国内监管者的影响深远。

对于上市公司而言，未来需要在公司治理、信息披露等市场微观层面多下功夫。随着海外投资者市场参与度的不断提升，A股的上市公司也需要提升国际化水平，例如未来可能需要迎来外资董事，例如信息披露方面，可能未来A股的上市公司也需要强制披露英文的公告信息。此外，在市场参与方面，A股上市公司需要更加自律，停复牌制度就是一例。在MSCI披露将被纳入的222只大盘股名单时，投资者意外地发现，包括万科、格力电器在内的大盘明星蓝筹股"落选"，其核心原因即在于过去的一年中停牌时间过长。在过去相当长的时间里，A股上市公司的停复牌显得很随意，但未来这种随意的停复牌可能带来的成本将越来越大。

对于国内的监管者来讲，A股"入摩"成功更只是万里长征第一步，从长远来看，更加融入全球资本市场的A股，相当于在监管者之上又引入了外部的监督机制。

A股在MSCI指数中的初始权重仍然相对较低，虽然明晟公司已经表示未来将考虑逐步纳入能够解决停牌问题的大盘股，有可能纳入195只中盘股，此外，未来有可能提高纳入因子，这一因子目前为5%。但整体上看，为达到这一目标，中国的监管者仍然有需要努力的空间，例如海外投资者的额度问题仍然悬而未决，虽然当前互联互通的额度并没有用完，但未来随着A股被纳入权重的提高，跨境资金流动规模将不断增加；例如虽然停复牌制度有所改善，但A股的停牌股票数量相比海外市场仍然畸高，而在海外投资者眼中，股票的流动性是最重要的考量指标之一；再例如A股市场的相关金融衍生工具仍然缺乏，投资者无法通过期货期权等进行套保和套利等，这些都需要包括中国证监会、沪深交易所等市场监管主体在内的机构持续深化改革。这种改革是漫长的过程，需要不断地做出调整和改善，例如韩国金融监管部门就不断提出要通过进行外汇改革的方式，争取被纳入MSCI发达市场指数中。

此外，除了证券市场的相关直接监管者外，其他监管主体也需要参与到其中来，例如央行和外管局未来在跨境资本监管政策上需要更加审慎，例如银监会和保监会在市场参与主体的监管上也需要和证监部门协同配合。

虽然长路漫漫，但通过"入摩"推动推动A股市场的国际化是"功在当代，利在千秋"，相信未来A股在MSCI全球指数和新兴市场等重要指数中的权重将逐步提升，进而在全球投资者的投资组合中占据更加重要的、与中国经济体量与资本市场规模相一致的地位。

李海涛

何种因素影响A股上市公司盈利质量？

在2015年，中国股市出现较大波动。随着上市公司年度报告公布完毕，我们就财务数据从盈利变动和市盈率的角度观察A股市场，评估当前股票市场价格与公司盈利的关系，以及考察上市公司盈利质量。在盈利增速下降的情况下，A股的市盈率按公司市值大小呈现结构分化；金融类和石油类公司的盈利变动对整体市场影响较大；非经常性损益在净利润中的占比不断上升，影响了上市公司的盈利质量。

盈利能力与市场表现

截至2016年4月30日，中国上市公司的2015年年度报告公布完毕。根据年报财务数据统计，2847家A股上市公司共计赚得归属母公司股东的净利润24768亿元人民币，比2014年增加0.64%，净资产收益率（ROE）10.17%，总资产收益率（ROA）1.64%，近五年的增速呈下降趋势。（数据来源：Wind）

在经济增长趋缓、上市公司盈利能力下降的背景下，股票市场的价格波动剧烈。在2015年6月中国股市上涨至年度高点后，第三季度出现了快速下跌，上证指数收盘数据从6月12日的5166点下行至8月26日的2927

点，跌幅达43%。随着一系列稳定市场的措施实施，市场稳定性增强并逐渐回升，上证指数自8月份的低点上升至年末的3539点，升幅达21%，创业板指数的升幅更是高达51%。2016年1月4日指数熔断机制正式实施，沪深300指数触发5%和7%两档熔断阈值，市场停止交易至收市，2016年1月上证指数下跌幅度超过22%，后逐渐回升。

市盈率与盈利增速

基于上市公司2015年年度报告和2016年第一季度报告中的财务数据，对A股采用按市值大小建立组合的方法，对比市盈率和盈利增速。

本文选取全部2847个A股作为样本，因为计算盈利增速TTM的需要，剔除111个未公布2016第一季度报告的股票（多为新上市公司），剔除3个退市股票，剩余分析样本2733个。选取截至2016年5月6日的A股收盘价格数据，股票市值为该日收盘时的总市值；组合市盈率TTM：组合合计总市值／组合合计归属母公司股东的净利润TTM；组合盈利增速TTM（%）：组合总计净利润TTM相比上个同期组合总计净利润TTM的增速；组合PEG指标：组合市盈率／（组合盈利增速TTM×100）。（数据来源：Wind）

计算结果显示，基于TTM2016Q1的上市公司盈利，截至2016年5月6日，整体组合的市盈率为19.6，盈利增速－0.8%。从分市值组合的市盈率看，低于100亿市值的组合市盈率为141.3，显著大于整体水平，大于3000亿市值的组合市盈率7.7，低于整体水平；从分市值组合的盈利增速看，低于300亿市值和高于3000亿市值的组合盈利增速为负，低于100亿市值的组合盈利更是下降33.2%。

表1 样本分析：上市公司市盈率与盈利增速

	整体	<100亿	100亿~300亿	300亿~1000亿	1000亿~3000亿	>3000亿
股票数量	2733	1695	807	177	40	14
市盈率TTM	19.6	141.3	55.5	24.2	12.5	7.7
盈利增速TTM	-0.8%	-33.2%	-7.3%	6.4%	14.9%	-3.8%
PEG指标	负值	负值	负值	3.8	0.8	负值

资料来源：Wind资讯

根据2015年年度报告统计，16家银行类上市公司实现归属母公司股东的净利润1.26万亿，占所有上市公司总净利润的51.26%，中石油和中石化两家上市公司实现归属母公司股东的净利润0.067万亿，占所有上市公司总净利润的2.73%。银行及其他金融类上市公司加上中石油、中石化共计56家，占所有上市公司数量的1.9%，而它们的市值变动和净利润变动对整体结果的影响太大，剔除后分析可以更细致地观察其他上市公司的业绩情况。

剔除金融类上市公司和中石油、中石化后的计算结果显示，基于TTM2016Q1的上市公司盈利，截至2016年5月6日，整体组合的市盈率为40.6，较未剔除前明显上升，盈利增速-3.7%，较未剔除前明显下降。数据表明，金融类上市公司和中石油、中石化的市值较大，盈利对上市公司总体盈利的影响比较显著，这两类公司的较低市盈率拉低了市场整体市盈率，影响了对其他公司市盈率大小的判断。

表2 样本分析：剔除金融及中石油、中石化后上市公司市盈率与盈利增速

	整体	<100亿	100~300亿	300~1000亿	1000~3000亿	>3000亿
股票数量	2675	1691	799	158	26	1
市盈率TTM	40.6	141.3	56.6	26.6	15.8	19.8
盈利增速TTM	−3.7%	−33.3%	−8.7%	−0.9%	11.4%	0.1%
PEG指标	负值	负值	负值	负值	1.4	260.8

资料来源：Wind资讯

非经常性损益

为了更细致地观察上市公司盈利能力，我们对非经常性损益进行分析。非经常性损益是指与公司正常经营业务无直接关系，以及虽与正常经营业务相关，但由于其性质特殊和偶发性，影响报表使用人对公司经营业绩和盈利能力做出正常判断的各项交易和事项产生的损益。中国证监会要求上市公司在编制年度财务报告时应披露非经常性损益，因此我们对年度报告中披露的数据进行分析。

统计结果显示，A股上市公司合计非经常性损益从2011年的1158亿元逐年增长到2015年的2498亿元，其占归属母公司股东的净利润的比例也从2011年的5.8%逐年增长到2015年的10.1%。非经常性损益对上市公司净利润的影响逐年变大，剔除金融类公司和石油石化后，占比达到25.9%。

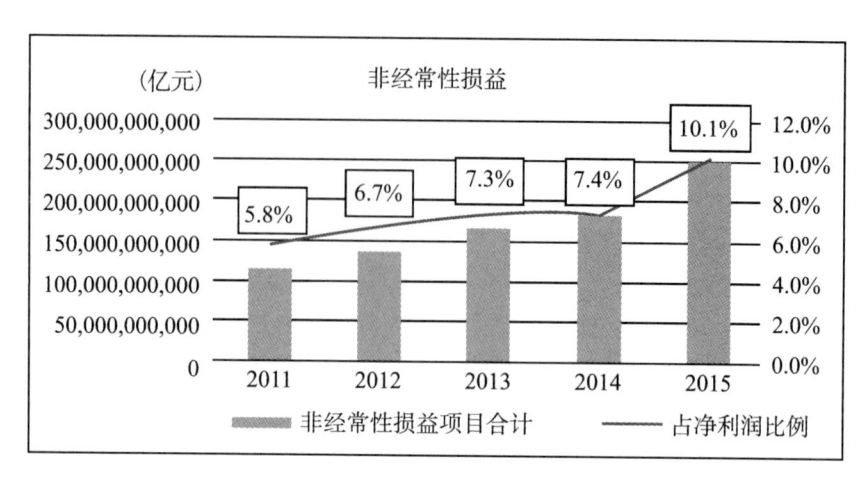

图1 上市公司非经常性损益

资料来源:Wind资讯

进一步分析非经常性损益的构成发现，政府补助项目、非流动资产处置损益和中国证监会认定的其他项目是主要组成部分。上市公司为当地提供税收和人员就业，当经营业绩有压力时，政府部门有动力出手相助。非流动资产处置损益和证监会认定的其他项目则表明在主营业务承压时，上市公司可能通过资产负债表的调整用来改善业绩表现。报表使用人在评估上市公司业绩时，应当对非经常性损益项目予以关注。

基于2015年年度报告披露的财务数据，对剔除金融类公司和石油石化后的样本组合进行计算发现，整体组合的非经常性损益项目比2014年增加29.4%，扣除非经常性损益项目的净利润下降14.1%。扣除非经常性损益项目后各市值组合的盈利增速也出现了显明的下降，低于100亿市值的小公司组合更是下降83.6%。

表3 上市公司非经常性损益

	整体	<100亿	100~300亿	300~1000亿	1000~3000亿	>3000亿
股票数量	2675	1691	799	158	26	1
市盈率TTM	40.6	141.3	56.6	26.6	15.8	19.8
盈利增速TTM	−3.7%	−33.3%	−8.7%	−0.9%	11.4%	0.1%
非经常性损益项目增速（年度对比）	29.4%	19.7%	29.4%	26.9%	74.8%	−33.5%
扣除非经常性损益项目的净利润增速（年度对比）	−14.1%	−83.6%	−24.9%	−3.8%	4.4%	0.6%

资料来源：Wind资讯

随着宏观经济发展速度放缓，中国继续调整经济结构，从制造业和投资拉动向服务业和消费驱动转型。在此背景下，上市公司承受着放缓和转型带来的双重压力，实体经济不振难以提高主营业务业绩，而迫于公开上市公司对经营业绩的要求，上市公司有动力采用脱实向虚的金融手段来改善报表表现。由于非经常性损益的性质特殊，持续性存在不确定，未来上市公司顺应改革打造核心竞争力，提高主营业务收入，提高盈利质量显得尤其必要。

银行类上市公司

选取16家银行上市公司进行分析，截至2016年5月6日，市盈率为5.9，显著低于全体水平19.6；其盈利增速TTM为1.79%，扣除非经常性损益的盈利增速为1.82%，高于全体样本的-0.8%。对2014年以来的银行类上市公司季度报告披露的盈利数据进行同比显示，近两年银行季度盈利水平同比从两位数快速下跌至个位数。

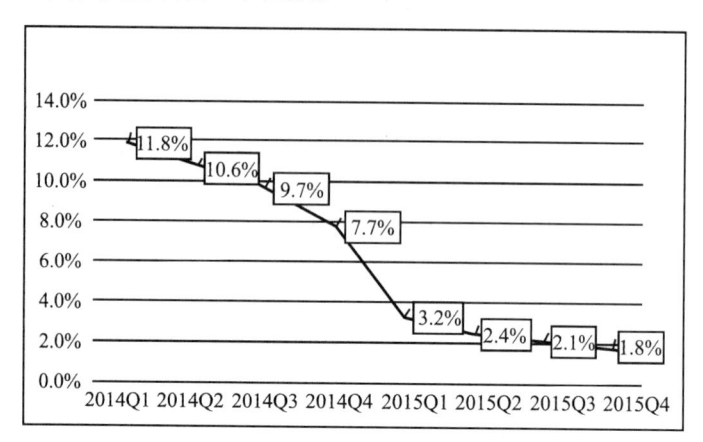

图2 归属母公司股东的净利润增速季度同比

与"低市盈率、盈利增速下降"的现象相对应的是银行业的不良贷款比率和不良贷款余额均创出新高。根据上市公司2015年度报告所发布的数据统计，16家上市银行的平均不良率已达1.47%；不良贷款余额超过9942亿元。

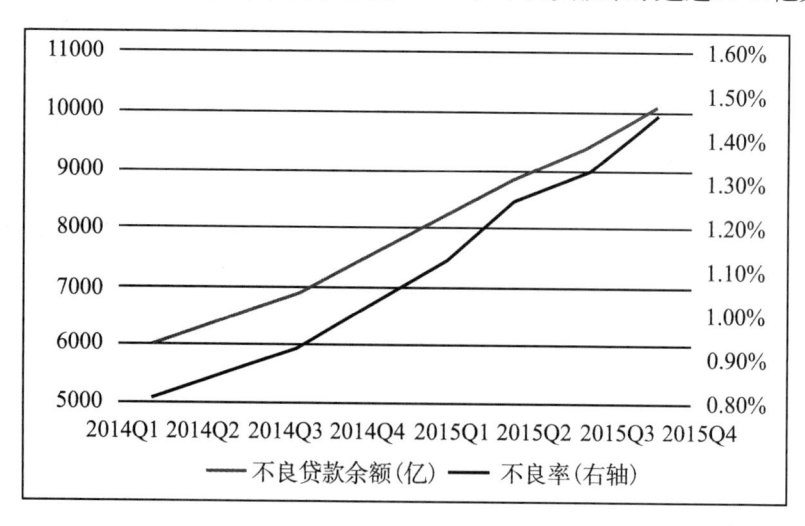

图3 银行不良贷款余额及不良率走势图

资料来源：Wind资讯

在经济增长放缓的背景下，银行资产质量问题日渐显露。在经济转型和产业结构调整的过程中，高耗能、高污染及产能过剩、技术落后的企业被调整淘汰，这些行业资金占用量大且周期长，贷款回收慢导致不良贷款增加。加上以互联网金融为代表的各类理财业务的竞争，对银行业原有的盈利模式形成挑战，银行业盈利增速下降和不良率上升的风险值得关注。

截至2016年5月6日，以2733家A股上市公司为样本的整体市盈率TTM为19.6。不同市值大小的上市公司市盈率分化严重，金融类公司和石油石化的盈利对上市公司总体盈利有较大影响，这两类公司的低市盈率拉低了市场整体市盈率。

近五年，非经常性损益项目总金额和对净利润的占比逐年变大，由于非经常性损益的性质特殊，持续性存在不确定，上市公司提高主营业务收入尤其必要。

特别值得担忧的是，100亿元人民币市值以下的上市公司数量占62%，它们的市盈率明显较高，扣除非经常性损益的盈利增速更是下降83.6%。投资者应该密切关注企业盈利能力的变化。

欧阳辉　常杰

香港创新板如何吸引下一个"BAT"

2017年6月16日,香港交易所就建议设立创新板以及检讨创业板征求了市场意见。这一新闻的发布立即使"港交所设立创新板"这一话题被市场热议。

那么,创新板到底是一个怎样的板块?创新板的设立对于大陆高科技型企业在香港上市有何影响?以及香港创新板与内地新三板又有什么区别呢?

接纳在香港第二上市的内地公司

香港交易所在6月16日发布了《有关建议设立创新板的框架咨询文件》,文件中指出,香港交易所拟设立一个独立于主板与创业板之外的创新板,目的是拓宽香港的资本市场以及吸引更多类型的发行人到香港上市。

港交所创新板的设立,主要针对三类公司:第一类是尚未有盈利的公司;第二类是采用非传统管治架构的公司;第三类则是拟在香港作第二上市的中国内地公司。

这三类公司中目前第二和第三类公司在香港的上市机制中是不被接纳的,而属于第一类的盈利能力较弱的初创公司目前一般也很难通过创业板现金流量测试，或是通过香港主板"盈利测试"、"市值／收益／现金流量测试"，或者"市值／收益测试"中的至少一个，因此这一框架的完善有利于吸引更多类型的公司到香港上市，使香港资本市场更加完善。

第二上市指的是已经在香港以外市场上市的大陆企业，通过托管银行和经纪商来香港实现相同类型股票的跨市场流通。例如，某些目前已在美国上市的中概股（例如阿里巴巴、京东、百度等）如果成功以香港存托凭证（Hong Kong Depositary Re-ceipts, HDRs）的方式在香港上市交易的话就会属于这一类型。香港于2008年7月推出HDRs项目，目前只限于海外公司和香港主板。HDRs与美国存托凭证（ADRs）和全球存托凭证（GDRs）类似，是以港元计价（应发行公司要求，也可以以美元计价），面向香港投资者发行并在港交所交易的存托凭证。它们代表香港托管银行发行的存入保管机构的海外公司的指定数目的普通股的所有权。

在港上市有助打造企业国际知名度

通过在香港第二上市，大陆企业不仅有可能拓宽融资渠道，还可以提高公司品牌在香港和亚洲市场的知名度。例如，继世界知名奢侈品牌Prada和Samsonite于2011年6月在港交所上市后，本身已在美国纽交所上市的世界知名奢侈品牌Coach在2011年12月于港交所以HDR的形式第二上市，其当时并未通过HDR融资，而主要目的就是提高Coach品牌在亚洲市场的知名度。

第二上市与AH股两地上市不同。第二上市在两个市场上市的是相同类型的股票，例如中石油和中国人寿在美国上市的ADR是在香港发行的H股中的一部分。而两地上市在两个市场上市的是不同类型的股票，例如中石油和中国人寿都有A＋H股两地上市，在大陆上市的是A股，而在香港上市的是H股。

同一个公司的A股和H股是同股同权的，但是两者市场价格通常不同，目前总体上A股相对于H股有溢价。A股在中国境内发行，除了QFII／RQ-FII及沪港通和深港通等特殊政策外，只许本国投资者以人民币认购，因此，在现有规定下，大陆公司很难以A股为基础在香港或海外发行存托凭证。

然而，H股是面向全球投资者的，所以，有些大陆公司以H股为基础在美国发行ADR。一份ADR对应预定数目的基础股票，被称作兑换比率。ADR按照兑换比率和汇率以美元发放股利。ADR投资者通常通过在美国的ADR发行银行来行使股东权益。

而且，因为ADR与其代表的基础股票之间可以相互转换，所以ADR通过市场汇率转换后的相对价格理论上与基础股票的市场价格相同，而实践中则由于转换费用、交易时间差别等因素通常会有小额偏差。

创新板将设立快速除牌机制

为了针对不同风险类型和不同条件的发行者和投资者，同时根据不同板块的风险水平设定股东保障方式，香港创新板将分为创新初板和创新主板两大板块。

两个板块的联系和区别是，创新初板只针对专业投资者开放，上市条件较为宽松，不设最低财务记录和财务要求，只需达到上市时的市值最少2亿港币，并且容许不同投票权架构（即同股不同权），及容许内地公司进行第二上市。为保证创新初板的流动性，上市时至少有100名投资者及公众持股量至少达25％。因此创新初板吸引的公司主要是未符合创业板或者主板财务要求的公司，与内地新三板制度有点类似。

创新主板可以对散户开放，监管与主板类似，相对更加严格，上市的申请门槛等同于主板的规定，容许不同投票权架构以及内地公司的第二上市。可以说，创新主板主要针对的公司是在财务和营业能力满足香港主板上市要求，但是管制架构方面不符合香港主板上市条件的公司。

同时，为保障市场的安全和投资者的利益，创新板也将设立快速除牌机制，一旦公司不符合上市条件，创新初板股停牌90日、创新主板股停牌6个月，就会被强制退出市场。目前香港主板及创业板缺乏这样的快速除牌机制。因此，相对于香港主板和创业板，香港创新板会具有公司上市容易，但经营不善的公司也更有可能面临被强制退市的特点。这一特点将有助于防止壳股、千股的肆虐。

创新板有助提升港交所流动性

对于咨询文件中给出的是否将不同股票权架构的公司纳入指数这一点，国际三大指数公司标准普尔、富时罗素和MSCI公司中的标准普尔于7月31日做出公告，出于公司治理方面的考虑，将不再把不同股票权架构的公司纳入其旗舰指数，而另外两家指数公司也在考虑是否做出相同的规定。这方面的新规对全球交易所的影响还有待观察。

而香港设立创新板更深层次的原因可能包括香港交易所的流动性比率一直不好。流动性比率（turnover ve-locity ratio）指的是年度交易额／平均市值，是用来衡量股市流动性的指标。

据报道，香港交易所2014～2016年的流动性比率分别为50.40%、70.82%和42.2%，与此同期的上交所流动性比率158.3%、218.3%、192.4%，深交所的流动性比例为374.2%、419%、326.1%。这些交易所的数据都远超香港交易所的比率。

而流动性指标可以决定上市发行人在股市中后市的交易量。这一现象直接导致香港IPO质量的下降。据毕马威的报告，2017年上半年香港达到69宗IPO，虽然较去年同期的38宗增长了几乎一倍，但是由于这些IPO中大部分是中小型企业的上市募资，因此募资总额仅仅增长了22%，由去年的435亿元增长到530亿元。该报告中还表明，虽然香港仍然募资活跃，主板IPO中大约73.5%的募资金额都少于10亿港元。2017年上半年香港的募资排名仅排在第六位,与其在2016年的第一位相比下滑明显。

毕马威预测,2017年香港的募资总额将会低于纽约、上海和深圳。因此香港开通创新板的最主要目的还是吸引更多的资金,尤其是大陆的公司到香港上市,维持香港活跃金融市场以及国际金融中心的地位。

将吸引内地中小创新企业在港上市

2006年～2017年5月,内地公司市值占香港总市值的占比由50.3%增加到64%。而且资料显示,在2016止的5年间,内地公司在香港IPO募集资金占比达91%。因此可以推断内地公司在香港的IPO市场中正占据着越来越重要的位置。近年来,内地也推出了很多措施来提升其市场融资的吸引力,比如2009年的深交所创业板和2012年的新三板,近期也推出了新三板转创业板等一系列的服务,导致香港市场受到大陆市场的压力进一步增大。

而香港创新板的推出就是为了应对这一挑战,提升香港市场的吸引力。创新板主要可以吸引内地人工智能、生物科技和金融科技等在新经济领域具有创新潜力并且未盈利的企业在香港上市,预计未来创新板也将会更加适应内地科技型企业的特点。

在香港上市也能够帮助内地公司变得更加国际化。作为国际金融中心的香港有着更加成熟的法律,以及更加具有弹性的金融市场。所以这些公司在香港上市不仅意味着有更多的机会接触国际资本,而且还会吸引到长期的机构投资者。

以中小创新型企业聚集的中关村为例。据新华社报道,中关村的97家境外上市的企业中,选择香港上市的达52家,占比大于50%,这些公司的总市值约为5000亿元人民币,其中市值排名前三的企业分别为中国民航信息网络、北京汽车、联想集团,市值均在500亿元左右。

而目前,中关村有400多家企业具备了境外上市条件。

而且,内地与香港的监管部门一直在为大陆企业在港上市融资做出了多方努力。

对内地新三板是挑战也是创新动力

而预设立创新初板对于内地的新三板将会有一定的挑战。创新初板想吸引的公司类型和对资金要求都与内地的新三板有一定的重合度。而且创新初板的快速除牌机制会对优质、劣质企业起到一定自我筛选的作用。在目前新三板的创新制度有待完善的情况下，创新初板可能会对新三板产生严重的冲击，带来新三板优质企业资源流失和资金分流等负面的影响。当然竞争也会带来创新，希望创新初板的出现会加速新三板的进一步创新与发展。

香港推出的创新板会更多覆盖高科技创新企业，旨在吸引更多类型的优质企业进入香港上市。创新主板与创新初板的划分分散了不同投资类型的风险，也给投资者更多的选择余地。

而且内地具高增长潜力的创新型公司也会面临更多融资渠道的选择，既可以直接来香港上市，也可以在香港完成第二上市。香港的市场条件成熟，金融基础设施高效，进入香港市场能为这些公司带来更加国际化的资本，因此创新板的推出对于优质的高科技的小公司会有很大的吸引力。

同时，创新初板与内地新三板的相似之处也为新三板带来了更多的挑战。新三板市场要想留住优质企业则需要加速创新，完善自身的不足。预推出的香港创新板在提升香港作为全球金融中心竞争力的同时，对内地公司拓展融资渠道是机遇，而对于内地新三板市场则是挑战及创新动力。

孟茹静　欧阳辉

中国IPO究竟由谁来监管、核准？

2017年，中国证券市场监管全方位加强，在上市、退市监管等事宜上表现得尤为明显。据《证券日报》2017年5月18日报道，2017年以来IPO审核未通过率接近三成，新上市公司的业绩总体好于A股公司整体平均水平。随着IPO进入常态化，IPO审查逐渐趋细、趋严。5月17日晚间，*ST新都因连续亏损而进入退市程序，这亦是加强退市制度的一个信号。此外，针对IPO监管的权力分配问题，2017年4月15日证监会主席刘士余在深圳证券交易所会员大会上指出，交易所必须行使对公司上市、退市和并购重组的实质性监管职能，发挥监管主体职责。

当前，中国IPO监管实行核准制，即对拟上市公司进行多方面的实质审核，这项工作主要由证监会发行审核委员会（下称发审委）负责。中国IPO是否应该向注册制过渡，舆论对此观点不一。反对者认为中国市场条件仍不够成熟，支持者则称注册制可优化融资结构、提升金融效率，证监会主席刘士余亦指出注册制不能单兵"突进"。那么，中国的IPO制度改革应该走向何方，监管应如何实现？今天，我们将通过比较分析美国与香港的IPO制度来探讨这两个问题。

美国与香港的IPO制度

什么是注册制？宽泛地讲，它要求拟上市公司按要求进行信息披露，而监管机构只负责监督其信息披露的充分真实性，而不对其信息内容做价值判断。而在核准制中，监管机构或交易所会根据拟上市公司提交的申请文件，对其是否适宜上市做出判断，然后批准或拒绝上市申请。

美国被普遍认为是注册制的代表性市场之一。美国证监会SEC对IPO的发行以披露为重心，只确保信息的逻辑性、完整性、客观性、相关性，其对IPO的批准并不代表对其证券的质量进行了认证。美国证券市场制定了严密详细的信息披露规则，规定的披露范围不仅包括财务信息，也包括对上市估值有重要影响的其他信息。同时，《1933年证券法》《1934年证券交易法》以及国会之后制定的法律和SEC制定的规则，均对证券市场中的信息披露违法行为有明确的规定，违法代价极高。不过我们不能片面地认为，因为注册制的存在，拟上市公司可以在美国的任一个证券市场上来去自如。若拟上市公司不是在全国性交易市场（如纽交所和纳斯达克）上市，那么除了要向SEC申请注册，还需向各州的监管机关提交申请，而州层面的审核往往涉及实质审核。另外，美国IPO过程分为两个阶段，第一个阶段是向SEC申请上市，而第二阶段是向交易所申请登记注册，两者缺一不可。而香港与内地的IPO过程在实际操作中都不区分这两个阶段。

虽然香港市场的IPO制度由于其程序高度透明、上市审核周期较短以及强调信息披露而常常被误解为注册制，但其实际上采取的是高度市场化的核准制度。这主要表现在，目前香港的上市标准中，有关于盈利、市值／收入或市值／收入／现金流量的测试，还有适合性审查。适合性审查并无特定的明确测试界线，而是会考虑每个IPO个案的事实和情况，例如董事及控股股东是否胜任、公司的规模和前景是否与上市目的匹配等等。这表示香港联交所会对申请上市的公司进行实质审查，然而美国并没有类似的适合性审查，相对来说IPO较容易。

当前，香港实行"双重存档制"，规定证券发行上市的申请人，须在向香港联交所提交申请书后的一个营业日内，将副本交给证监会存档。香港证监会进行形式审核，联交所进行实质审核。如果证监会认为申请材料不符合《证券及期货条例》及其配套规则的规定，可以否决上市申请。不过，香港证监会极少否定香港联交所的决策。而联交所及其下设的上市委员会和上市部是IPO申请的主要负责机构，旨在确保投资者对市场的信心，保护股东的合法权益。上市审核标准可分为两部分内容：客观条件与上市适当性要求（如盈利能力不够、业绩下滑、关联交易比重较大等等）。第一部分由《上市规则》详细规定，而第二部分受联交所发布的常见问题和上市决策的指引。例如，联交所在其上市决策LD107~2017中指出，某公司的收益中若刨去可能不合规的贷款收益的部分，则并不符合《主板规则》中的最低盈利规定，因此不适宜上市。

可以看出，美国与香港为大陆提供了两种不同的参考制度。香港与美国的IPO制度的主要区别在于：首先，美国IPO分为向SEC申请上市和向交易所申请登记注册两个阶段，而香港的IPO和发行审批是一体的；第二，美国不存在如香港一般的适合性审查，主要强调信息披露真实有效。

中国大陆的核准制与香港的核准制在实质上比较相似，但是目前还没有像香港那样市场化，香港的IPO审查程序透明程度较高、上市审核周期较短，另外香港更为强调信息披露的真实性。而且审核主体不一样，大陆是证监会，香港主要是联交所。

中国应实行高度市场化的IPO核准制度

我们认为，中国大陆在现阶段应该先参照香港，实行高度市场化的核准制度，而非美国的注册制度。正如大量相关讨论所指出的那样，真实、准确、完备的信息披露是注册制的关键所在，而中国目前还没有建立起与之相适应的信息披露制度和法律法规体系。近年来不断增加的信息披露违规事件,就是一个明证。其次,中国投资者的权益保障不够充分,由监管机构发起的行政处罚和刑事处罚仍不足以对上市公司实行有效的事后监督。在美国,一旦投资者发现上市公司有虚假不实的信息披露,就可以代表投资者集体向发行人提起诉讼,这称为集体诉讼制度。根据《萨班斯-奥克斯利法案》(Sarbanes-Oxley Act),若上市公司被调查出造假,将面临巨额罚款和刑事惩罚。香港亦有类似的制度,遭受损失的投资者可以通过民事诉讼程序将不法上市公司告上法庭,还可以从投资赔偿基金中获得因第三方风险造成的投资损失补偿。

在此,我们想着重阐述中国目前不适宜注册制的另一个重要原因:中国大陆股票市场的投资者结构中散户占绝大多数。事实上,美国与香港市场均以机构投资者为主。根据 Marshall E. Blume 和 Donald B. Keim(2012)在工作论文 *Institutional Investors and Stock Market Liquidity: Trends and Relationships* 的统计,美国的机构持股比例持续增加。1950年美国的机构持股比例低于10%,而在1980年,机构投资者持有的股票市值占市值总额的34.3%,到2010年,这一比例上升至67.1%。而另一份资料显示,美国三大证券交易所中散户日均成交量仅占总体成交的11%。另外,根据港交所公布的《现货市场交易研究调查2014／15》,截至2014年年底,64.84%的交易量来自于机构投资者,35.16%的交易量来自于个人投资者。

中国的情况则与这两者迥然不同。从账户数量上来看,中证登数据显示,截至2016年,个人投资者账户数达到12257.89万,占总数(12291.57万)的99.73%,而机构投资者账户数仅为0.27%。从持有市值来看,根据Wind数据和申万宏源研究的计算,截至2015年第三季度,中国股票市场上个人投资者、一般法人、专业机构投资者持股的流通市值占比例分别为41.58%、51.71%、6.71%。因此,无论是绝对数量还是相对持股市值,机构投资者都处于较弱的地位。相对而言,香港的机构投资者比例处于中国内地与美国之间。

在这种现实情况下，注册制可能并非是一个好选择。首先，注册制的行之有效依靠投资者有对披露的信息筛选、分析及理解的能力。如果中国大陆实行注册制，就算上市公司进行完全、及时、真实、准确的信息披露，由于信息披露量大、公司数多，大部分的散户可能也没有时间和精力来收集和了解这些信息。彭博社经济学家欧乐鹰（Tom Orlik）称在新开户的中国股民中，有67.6%的民众具有高中及以下学历。根据深交所金融创新实验室就2014年年初到2015年3月31日之间的深市个人投资者开户情况做的分析，深交所高中及以下学历新开户投资者占比为19.67%，而学士及以上新开户投资者占比达33.34%。尽管数据分歧较大，但考虑到中国散户基数庞大，我们仍然有充足的理由为投资者素质而忧虑。广大散户可能由于投资知识有限，无法理解所披露的信息究竟意味着什么，遑论根据这些信息来选择最佳投资组合，进而实现市场的"用脚投票"乃至维护市场素质，因此注册制的根本目的也就不能达到了。当然，我们并不是说学历与投资能力之间有什么必然联系，然而，我们想提出在这种客观现实情况下，实行注册制会对投资者提供有力的保护吗？

第二，当散户无法处理上市公司披露的海量信息时，他们会求助于市场上形形色色的金融中介，希望通过投资建议和股市分析来获取更简明的情报。因此，分析和解读财务数据的任务可能就落在了投行的身上。如果中国现在实行注册制，有什么制度或者细则，可以保障投行以及投资顾问是在为广大投资者服务呢？投行的主要客户是上市公司，以及潜在可能成为自己客户的上市公司，为了实现自身利润最大化，即使财务数据不容乐观，投行和其他金融机构有什么动力来做客观陈述呢？研究报告中微妙的用词都可能带来不同的解读。Michael S. Drake, Lynn Rees, and Edward P. Swanson2011年在《会计评论》（*The Accounting Review*）上发表文章中指出，总体而言，按照分析师的股票建议投资，投资者并不会获得显著的超常收益，而且在某些时期实际上会产生显著的负回报。《华尔街日报》在2012年年底刊登的一篇文章中提到，如果投资者在过去5年间每年买入股票分析师和基金经理最看好的10只股票会遭受11%的损失，而同期追踪标普500的指数基金的回报为9%。那么，如果投资者在过去5年间每年买入股票分析师和基金经理最不看好的10只股票会有任何的表现呢？结果是获得16%的收益。

2017年以来中国IPO审批提速，不乏上市后业绩突变的企业，致使投资者出现损失。据Wind数据库和投中资本研究部的数据，2017年年初到5月8日IPO的190家企业中，2016年净利润下滑的有25家，下滑超过1亿元的有4家。更耐人寻味的是，2017年已经获得证监会批准而又暂缓发行的企业共有4家，其中三家暂缓发行的原因是被媒体或群众举报，或数据合理性存疑。如果失去了证监会的保护，如果不对IPO进行比较严格的监管，广大的散户投资者可能会被股市深套而遭受损失。

因此，内地应借鉴香港的高度市场化的核准制度，引入相关配套措施，提高审批程序透明度。具体操作上，应出台相关的细化的法律法规，以及具体的、可执行的赔偿机制等等。同时，中国应该加强对投资者教育，培育长期、专业、理性的投资者。2017年5月6日，巴菲特在全球股东大会上指出，A股市场投机氛围浓重。要减少投机氛围，除了要加强投资者教育，还需培育上市公司进行完全、及时、真实、准确的信息披露的意识和技能。

中国一级市场发行应由证监会进行集中式监管

那么，IPO应由谁来监管、谁来核准？文章开头提到，证监会主席刘士余在深圳证券交易所2017年会员大会上指出，交易所必须行使对公司上市、退市和并购重组的实质性监管职能。那么，在监管权分配方面，我们真的应该将这一任务委于交易所吗？我们认为，尽管交易所更为贴近市场，发挥前线监管的职能，但证监会仍应该发挥监管主体职责。换言之，相比香港的以港交所为一线监管机构的做法，美国证监会SEC在一级发行市场上的证监会集中性监管制度可能更适合中国，原因如下。

首先，深交所和上交所之间目前已经存在着竞争。两个交易所需要对上市资源进行争夺，所以很难对发行人进行严格的实质性审核。

其次，虽然上交所和深交所目前还没有上市，但是它们将来有可能会上市。一旦上市，由交易所来审批公司上市，存在潜在的公职身份和商业身份双重身份的利益冲突。事实上，由纽约证券交易所集团和欧洲证券交易所合并而成的纽约～泛欧交易所集团已经与2007年4月4日在纽交所和欧交所同时挂牌上市（交易代码：NYX）。因此，将IPO审批权集中在美国证监会手中可以避免相关利益冲突。

香港交易及结算所有限公司（简称香港交易所或港交所，英语：Hong Kong Exchanges and Clearing Limited，缩写：HKEx）也是上市公司（交易代码：00388），于2000年6月27日在香港联交所上市。香港交易所的前身是由香港联合交易所（香港联交所）、香港期货交易所（香港期交所）及香港中央结算有限公司于2000年合并而成。目前旗下成员包括香港联交所、香港期交所、香港中央结算有限公司、香港联合交易所期权结算所有限公司及香港期货结算有限公司，还包括基本金属市场——英国伦敦金属交易所。

作为上市公司，港交所的根本目标是最大化股东利益，因此扩大联交所的上市公司数量和交易量与提高其盈利应是一个自然的选择。但联交所作为IPO的主要监管者，必须审慎使用审批IPO的权利。同时，联交所还需要审查并监督作为上市公司的港交所。为了避免港交所作为商业组织及监管机构角色之间的冲突，凡是涉及港交所的上市事宜，均交由香港证监会代管。同时，港交所与证监会须根据《证券及期货条例》的规定，共同承担香港证券市场的监管职能，港交所还要定期接受证监会的审核覆检。而且，港交所还采取了特殊的内部管制架构，例如半数董事会成员由政府委任，且董事在获得委任时必须向证监会确认其与港交所高级管理人员之间并无关联，使之在面临冲突时以公众利益为重。

然而，2016年6月17日，香港证监会和港交所刊发联合咨询文件，提出让证监会更直接地参与上市政策事宜和上市监管。具体措施包括设立新的上市政策委员会和上市监管委员会，由证监会和港交所方面的人员共同组成。在某些涉及上市合适性问题和具有政策影响的上市决策上，上市监管委员会将参与进来。据《21世纪经济》报道，记者翻查政府提交立法会的文件显示，虽然大部分上市公司、券商、企业融资顾问及保荐人、律师事务所、立法会议员／政党／智库表示反对，但是大部分参与咨询的互惠基金等投资经理、会计师事务所、学术界则表示支持改革现有的上市监管框架，认为香港市场素质下降，现行机制也无法迎合市场需要，并指出证监会如能在上市事宜方面有更高程度的参与，将有助处理港交所同时作为商业组织及监管机构所可能引起的潜在利益冲突。

因此，从美国与香港两方面的经验来看，内地无须急于赋予交易所过多审批权力，而应坚持以证监会为主、交易所为辅的集中性监管制度。

综合而言，在当前投资者结构以散户为主的市场环境之下，内地应借鉴香港的高度市场化的IPO核准制度，大力培育长期且专业的投资者，提高IPO过程的效率和市场化水平。同时，我们不妨坚持以证监会为中心的监管框架，以最大限度地保护投资者的利益。

欧阳辉　孟茹静

第六章

实体经济的转型之路

工业4.0：探寻中国企业转型路径

近些年，中国制造业企业普遍面临产能过剩和成本上涨等发展问题。国家信息中心报告显示，中国制造业产能持续过剩，与此同时劳动力、土地和能源等成本不断走高。牛津经济研究院调研结果显示，2016年中国劳动力生产率仅为美国的14%左右，然而劳动力成本已与美国基本持平。与欧美等国相比，发展参差不齐、大而不强是我国制造业的主要现状。

在摸索转型的过程中，不少企业都把目光对准了工业4.0为代表的智能制造模式来进行转型升级。然而，根据麦肯锡2016年11月发布的一项调查研究，中国制造业企业对于工业4.0热情有余，但准备不足。超过70%的中国受访企业相信技术革命将增强自身竞争力，但只有57%的中国企业对工业4.0做好了充分的准备，远低于美国（71%）和德国（68%）。

围绕工业4.0也有很多迷思：有人认为工业4.0就是机器换人，有人认为是更强大的信息化，有人认为就是制造业的"互联网+"……

笔者认为，工业4.0真正本质不是追求所谓的高新技术，而是利用先进的数字化智能制造技术，以最快的速度满足客户个性化需求，从而提高用户的满意度并确保企业的持续竞争力。在技术手段上，工业4.0运用信息化和自动化两化融合的技术，共同服务于满足用户的个性化需求。在转型的路径上，中国企业并不应该盲目跟风欧美，而应根据企业的实际情况进行适当的升级改造。

工业4.0：体验至上的新经济

纵观工业化制造的发展进程，笔者认为可以分为四个阶段，或者称为四次工业革命。第一次工业革命是英国开创的机械化生产时代，以瓦特发明蒸汽机为契机，机械替代传统的手工劳力，解决了生产制造的人力问题。第二次工业革命是美国福特公司引入的批量生产，具体表现为大规模批量流水线以及科学式管理，解决了生产制造的数量问题。第三次工业革命是日本的精益生产，以丰田精益系统（JIT）为典型代表，以自动化、JIT和零库存解决了质量问题。第四次工业革命是由德国带头的智能生产（工业4.0），意在通过大规模定制解决用户体验问题。在延续自动化、信息化发展趋势的同时，工业4.0试图通过降低满足客户个性化需求的时间来提高客户的使用满意度。

具体来看，四次工业革命的差异可以体现在它们的产品结构、能源动力以及组织结构上。从产品上来说，以汽车为例，工业1.0时代的汽车仅有一个小锅炉在车底下烧木柴。2.0时代的汽车以福特Model T为典型代表，纯机械操作，颜色和型号统一而单调。标准化、价格低廉的福特Model T让汽车成了大众消费的标配。到了3.0时代，市场上出现了更多汽车品牌，它们在外观性能等方面也纷纷差异化。曾经垄断市场的福特也在激烈的竞争面前被迫转型。工业4.0时代，汽车的定位则从一个单一的汽车产品过渡到满足交通需求、定义生活品质的全套服务体验，例如特斯拉为顾客提供自主试驾、预订和个性化定制等服务，通用汽车提供全生命周期服务等。

从能源动力上来说，第一次工业革命主要使用蒸汽动力，第二次由蒸汽变成了电力（化石燃料），第三次工业革命的动力能源以化石燃料为主，逐步向新能源转移。第四次工业革命（工业4.0）里，预计新能源将占主导地位，化石燃料将逐步减少。

从组织结构上来说，工业1.0时代以作坊、匠人手工铺为主，机器只是辅助人工作的手段。2.0时代组织架构发展成中央控制的大规模流水线工厂。3.0时代，丰田的精益生产系统成为主流，注重供应链管理、追求零库存的JIT拉动式生产模式被纷纷效仿。而工业4.0时代，传统工厂的概念已不再存在，物联网连接起制造商、零件商、消费者和设计者等生态流程上的多方角色形成一张智能制造的网络。

工业4.0的核心目的是解决定制生产问题，同时降低这样做的时间与成本。在工业3.0时代，产品的标准化是由企业规划、工厂生产，再由营销部门推向市场上的消费者。消费者是被动的接受者，其个性化的需求被隐藏、忽略。只有极少数的个性化需求以高定价的手工定制、VIP服务等形式得以满足。然而，在今天的商业环境下，制造业企业普遍产能过剩，面临激烈的同质竞争，传统的经营模式越来越难奏效。同时，互联网的快速普及和去中心化赋予用户更多话语权，他们对体验、个性主张有了更多要求，制造服务业成为主流。

从产品转向服务、从制造为中心转向用户为中心、从制造业到制造服务业，这是工业4.0区别于前三次工业革命的颠覆之处。智能生产只是手段，个性定制才是目的。如果没有满足定制化生产需求做前提，工业4.0并不是必需的，可能精益生产就够了。海尔集团首席执行官张瑞敏曾表示："机器换人可能是智能制造的一个必要条件但不是充分条件。智能制造是一个体系，它是满足用户个性化需求的一个生态体系。"

工业4.0通过建设有"智慧"的可以和用户、供应商等多方角色实时沟通、灵活排产的工厂，以柔性化、小规模的智能生产单元替代大规模流水线，从而以更低成本、更快速度来满足日益个性化的需求。在最极端的情况下，工厂甚至会为某一个用户生产一个特定的单件商品。以3D打印为例，就是满足定制需求的即刻式设计＋生产模式。

以青岛的服装定制厂商红领为例，它推出的定制化生产模式使得顾客可以拥有贴合自己身材比例的西装，而不必勉强选择市面上标准的尺码。

一套独属于自己的西装，解决的不是穿衣蔽体的基本需求，而是消费者面子、身份的潜在心理需求。又以美国制造业的领先选手通用电气GE为例，这家老牌制造公司正在从传统的工业巨头转型工业互联网的智能服务平台。GE的Predix平台通过收集设备实时回传的大量数据并进行相应分析、预测，为客户提供设备效率提升、故障预警预测等相关服务。

工业4.0的技术：如何解决体验问题

制造企业在工业3.0时代就试图解决生产定制的问题。然而，生产定制往往意味着更高的成本、更多的时间。趋利避害下，大规模流水线成为当时主流的选择。大规模定制（Mass customization）在20世纪90年代被提出，然而还是以传统大规模流水线生产模式的改良版本存在，只是在产品组装、行销的最后阶段给予客户一些次要功能的选择权，例如戴尔的网络个人化直销模式。

直到工业4.0的到来，以低廉成本进行定制生产的技术才逐步成熟。具体来说，这包含两方面的技术：一是让"物"更聪明强大的技术，二是让"物""物"互联、自主决策的技术。

首先，工业4.0时代的技术使得"物"能够承担更加灵活、复杂和精准的生产任务，甚至自我学习、演进。工业3.0已经在自动化、智能设备上达到一定高度，然而工业4.0在机器人发展方面让制造业有了更多想象空间。机器人可以互联互通，与人类一起工作，甚至从自己的工作、人类的工作中学习新技能。以德国库卡（KUKA）公司生产的工业机器人为例，可负荷3公斤～1300公斤的货品，工作范围从635毫米～3900毫米不等，承担物料搬运、加工、堆垛、点焊和弧焊等多种功能。库卡最新的工业4.0智能型工业作业助手LBR iiwa可以直接协作人类工作，还具备自动运行系统，可以不依靠地面标记、感应线圈或磁铁等在工厂内自动来去，运载货物和零件。

工业4.0时代，机器人可以辅助人类工作，甚至替代人类工作。它们可以承担高危作业，提升劳动效率，并解决日益上升的人力成本问题。这也是当初德国提出工业4.0的一个重要动因，即是希望通过更加自动化、智能化的生产解决适龄劳动力不足的问题。除了机器人，智能生产所需要的传感器、数控机床、智能仓库、智能物流等相应技术的逐步成熟也为工业4.0的发展提供了技术基础。

第二，工业4.0时代物联网信息共享、自主决策的技术使得生产更灵活、更柔性，可以快速响应复杂、个性化的市场需求。如果说互联网让智慧人之间得以更便捷地交流，那么物联网的重点则是把死物智能化，使其能够自动抓取相关信息，实时与他人/他物对话，并有判断、决策的能力。如果说工业3.0的自动化是人与机器的对话，工业4.0则是机器与机器的对话。

信息物理系统（Cyber-physical System，简称CPS），换言之一个高效的工业互联网网络是工业4.0技术基础的核心。CPS将物理世界转换为数字世界，形成了物理系统对应的虚拟系统（digital twin），再通过IoT（Internet of things，简称IoT，物联网）技术数字化管理生产，提升机器与机器之间的互联性、减少人为参与，从而实现制造的"智能化"。CPS（虚拟现实系统）中工业设备嵌入的大量传感器充当机器接受外部信息的感觉器官，采集生产流程的所有数据并运用虚拟系统的高级运算能力进行分析、运算和决策，形成可自律操作的、自组织的智能生产系统。如果说机器人、数控机床等设备是工业4.0的躯干和肌肉，那么CPS和相关技术就是工业4.0的大脑。

CPS系统网络化的信息分布形式是关键。以前，制造型企业内的生产流程均由一个"中央"控制，信息和指令自上而下，通过各类生产管理系统下达给生产车间。然而CPS系统里，信息并不需要经过某个统一的、自上而下的渠道进行分发，而是呈网络化分布，共享给生产过程中的每一个参与方，使得每个参与方都可以获得足够信息以做出最优决策。这其中也包括机器。借助物联网和人工智能的相应技术，机器不仅可以掌握信息和知识，还可以自主决策、自主出发动作。

在CPS系统里，机器们会说话、会思考，而且彼此间形成了一个智慧的"社交网络"，协作完成各种高复杂度的生产任务。当一个订单进入工厂，机器不用等待上面的指令就已获得相应信息，了解什么时候该做什么，并自动开始生产。机器还可以根据实时数据、订单信息来安排产线，增加、减少或改变生产流程。例如，根据实时的大数据挖掘分析，系统可以主动给用户推送消息提醒设备维护保养，某个工位可以自动联系供应商增加物料等。这就像曾经叫车须拨打电话给一个呼叫中心，而如今人人都可以通过滴滴出行类似的APP获取自己身边的用车信息并自主进行叫车和乘车。

机器实施通信、自主决策的技术也意味着工业4.0能够以低成本实现3.0时代无法实现的个性化定制生产。在过去，流水线带来了大规模的成本降低，然而一旦遇到生产故障，则会面临整条流水线停产以及处理残次品等带来的高昂成本。然而，通过CPS机器之间的实时通信，某个环节出现问题不会对其他生产环节产生重大影响，生产流程可以不受太大干扰地进行，同时对产品的实时智能控制也使得次品率大大降低。

在工业4.0之前，生产流程中产生的数据是大量浪费的，鲜少得到利用。而现在，工业设备产生的海量数据可以"变废为宝"，借由大数据、云计算进行分析、归纳，用于预测未来的机器行为、潜在故障和生产问题。北京博华科技自主研发的健康监测云平台正是基于传感器采集的大量设备数据、过往故障和维修案例，利用大数据、机器学习等技术来研发出智能诊断和维修决策模型，为石油石化等行业客户提供故障预警、故障报警和维修决策等服务，其报警准确度可达94％以上。

高度精密的机器人（自动化技术）和CPS（信息化技术）即构成了智能制造的两方面核心技术，这和我国制造业提出的"两化融合"的思路不谋而合。

什么样的企业适用工业4.0？

工业4.0的概念如火如荼，但并不代表每个中国企业就要全盘接受工业

4.0模式。个性化定制、信息物理系统的概念很美，但是落实到企业自身时需要更冷静的思考。

首先，德国的工业4.0是切合德国的国情提出的智能制造战略，并不一定适合我国的国情。德国提出工业4.0是为了巩固制造业的传统优势，用互联网、物联网等新技术对制造业升级，强调的是对用户个性需求的满足。另一个制造强国美国也提出工业互联网的概念，强调的是通过惯有的IT软实力提升制造业的生产效率。而我国制造业的传统优势呢？大规模、高复杂度、快速交货——这与其他国家有差异，且所面临的主要问题是产能过剩和创新乏力。

同时，我国的整体制造业水平尚未达到德美等制造强国的水准，不少企业首先得补课工业3.0才可能迈入工业4.0的阶段。没有成熟发达的工业3.0生产技术和基础，难以谈及工业4.0的升级改造。此外，德美等国进行智能制造升级的一大目的是解决劳动力匮乏问题，而如果中国仅采取机器换人的片面做法进行技术密集改造，可能会造成更严重的就业问题。

更进一步来说，在有基础的工业3.0水平之上，是否要实施工业4.0，如何实施工业4.0，也取决于企业相应的定位与目标。麦肯锡的调研显示，在工业4.0的大潮里获益最多的是根据企业自身管理、业务和战略情况来选择部分结合工业4.0的企业，而并非那些彻头彻尾焕然一新的企业。

笔者建议，从企业所处的行业性质、业务特点和战略定位来分析它是否需要同时在自动化／智能化（新技术）和个性化（新制造）上达到比工业3.0更高的标准，从而决定企业是否应进行工业4.0的升级改造。这其中，新技术指的是高度精密自动化（机器人）和工业互联网（CPS），而新制造指的是以满足客户个性化使用为目的的模式创新／革命。

当企业同时需要很高的智能化和个性化水平时，工业4.0是首选。以海尔为例，在最新的网络化战略转型中，海尔同时在信息化和自动化上进行升级改造：底层用户数据互联互通，围绕用户组织全流程，同时打造更加定制化的家电品类，建设互联工厂，以小批量柔性化的生产方式应对更加个性化的订单。青岛红领也属于工业4.0的范畴，但由于行业和业务性质，它的工业4.0路径有所不同。一方面，红领的信息化水平较高，这是因为服装定制相较于家电需要更精确复杂的量体裁衣、合身打造，需要较强的信息化支持。另一方面，红领的自动化水平适中，因为制衣的技术本身门槛不高。

当企业需要达到较高的智能化水平但不需要为客户提供定制化的服务时，那么提升自动化水平、机器换人和提升效率降低人力成本的做法更加切实可行。石油化工、原材料制造和代工生产等行业属于此类范畴。以富士康为例，它的代工生产线为苹果公司等提供标准化的产品生产，对定制的需求不多，相反是对提升生产率、降低成本有着更大的需求。

当企业的业务定位在一个小众的利基市场，同时其生产流程不需要也难以使用高精尖自动化技术时，工业4.0也不是最优选择，反而扎实打磨产品定位、做好个性化服务才是较符合投入产出的选择。往往活跃在这个领域的是一些小而美的公司或者具备稀缺技能的个体职人，他们的产品服务生产量小，但定价高，往往落入奢侈品类，以高定服装、定制珠宝首饰等为例。

一些已经处于经营困境的企业可能在智能化与个性化两方面都不达标，也没有资金投入去进行工业4.0的投资。那么及时改善经营情况、提升基础制造水平等举措是企业应该首先实施的步骤。

笔者认为，工业4.0对我国的制造企业的确有借鉴意义，然而，是否全部或部分采纳仍需结合企业自身发展水平和行业特点加以考虑。当然，未来中国制造业面临的将会是一个更加复杂、更有挑战性、竞争更激烈的市场。因此，保持灵活敏锐、持续改善经营、结合自身情况和市场趋势采纳创新技术和商业模式，将会是任何企业保持领先的关键。

藕继红　邓迪

工业4.0有多远

当中国有了实施"互联网+"的有利条件,下一步将是用移动互联网、云计算、大数据、物联网等信息技术改造传统制造业,向智能制造的转型。

通过打造发达的电商,中国有了实施"互联网+"的有利条件,下一步是用移动互联网、云计算、大数据、物联网等信息技术改造传统制造业。根据《中国制造2025》,以信息化技术驱动创新的主线不变,创新的对象由需求侧向供给侧发生转移。

在需求侧,电子商务、生活服务等互联网模式已经为消费者提供了更大便利。现在,政府希望进一步提升生产端或者供给侧的质量和效率。如果说,需求侧的创新可以"集众人之力",那么供给侧改革则需要硬功夫。

《中国制造2025》体现了制造业的未来十年规划,借鉴德国提出的"工业4.0"的思路,把工业互联网、云计算、机器人等先进制造技术融合在一起,重构产品从设计到使用的全过程,通过制造业和信息产业的深度融合,推动向智能制造的转型。

德国工业4.0战略的目标,是使用物联网技术,把产品、机器、资源、人有机联系在一起,推动各环节数据共享,实现产品生命周期和全制造流程的数字化。同样,"中国制造"也希望将各个工厂改造为高生产效率的智能工厂，通过物联网将它们连接起来，使全国成为一个巨大的智能工厂。

制造业现状的多层次性，使智能制造发展面临种种挑战。虽然理想很丰满，中德两国都想把工业4.0和"中国制造"对接起来，双方不断寻找合作的途径。德国总理访华直接访问沈阳这个传统制造产业基地，中国企业则以每周一个的速度并购德国先进制造企业。但现实也很残酷，工业4.0也许是方向，有利于缓解产能过剩难题，但目前只适合于少量达到高端制造水平的中国企业，如何与原有落后生产方式相结合才是重点。中国制造的现状是工业2.0和3.0并存，虽然"黑灯工厂"已经逐渐涌现，但是"血汗工厂"尚未完全转移。

中国市场需求规模大、需求层次差异化明显，新产业、新模式、新技术、新业态的扩散呈现梯度特征：在需求领域，从大都市到县城存在需求扩散梯度，传统企业的生产优化可以针对不同细分市场规划创新；在生产和供给领域，由于产业发展不均衡，企业对先进制造的需求也存在需求梯度。不管现在采用智能工厂、自动化设备，还是手工操作方式，工业4.0是企业发展的长期目标，智能制造不必一步到位。

在这个过程中，工业4.0与"互联网＋"并不矛盾，因为都是应用信息化技术提升生产效率。没有互联网也就无从谈工业物联网和工业4.0，中国强调互联网并非误入歧途。美国工业互联网、德国工业4.0、日本机器人战略，虽然名称不一样，但所追求的智能化、网络化、服务化的未来工业发展方向，基本是相同的，而《中国制造2025》也异曲同工。以互联网为代表的信息技术发展为产业结构转型升级开拓了空间。传统工业依靠单体设备功能提升、生产制造单元局部改革发展到今天，向上提升能力的空间逐步变小，但借助以互联网为代表的信息技术仍然可以进一步优化生产制造全过程，取得降低成本、提升效率的成效。

往更远处看，我们要坚定以智能制造、智慧服务化为目标，推动传统产业结构转型升级。面对市场需求多元化、个性化以及国家间竞争激化的形势，要提高企业的竞争力，就必须借助以智能设备为主的智能工厂、物联网、大数据分析等手段，促进企业提高产品开发、制造以及供应过程的效率，为顾客提供个性化服务，创造出新的附加价值。

为此，要逐步升级现有设备，打造实现工业智能化、网络化、服务化的基础条件。其中的技术基础是CPS，是由能够互联、互通信息发出指令并进行控制的智能生产设备构成。因此，生产制造的自动化、数字化程度是构建CPS的重点。

国外企业经过长期发展已基本实现生产制造的自动化与数字化，以及供应链管理的信息化，具有产品性能先进、品质稳定、成本低、交货期短的制造能力。多数中国企业的自动化、数字化程度较低，那么就先得在自动化、数字化方面补课。过去二十年，中国制造业规模做到全球第一，只要认准智能化发展的趋势，再次后来者居上，不是梦想。

滕斌圣

互联网驱动产业还魂

互联网打破了很多行业的原有结构，这带来了巨大的阵痛。但互联网能够使中国制造业更具创新性和技术性，能够使中国的服务业更有效率和更具亲和力。

互联网对传统行业强烈冲击，反对的声音不绝于耳。之前有"淘宝不死，中国不富"的警告，后来则借某"英国绅士"之口，说国外是不会允许淘宝这样的模式存在，因为会毁掉社区店，而社区店不但可以养活一家人，而且能够活跃社区，为居民提供社交机会。而网上购物，带来的则是冷冰冰的社会关系。有人总结说：互联网思维的本质就是"走自己的路，让别人无路可走！"

真相又如何呢？其实，互联网对于传统产业的冲击，有点像秋风扫落叶，风来了，吹落不少树叶。但是，这些枯叶是早晚要掉的，因为季节已经过去。中国的快速工业化带来了大规模产能，现如今，不少行业都产能过剩，而且积重难返。

所谓过剩，一种是绝对的，例如钢铁产业，于是才有了"找钢网"——其实不如叫"钢找网"更加贴切。另一种是相对的过剩，过剩产品具有潜在需求，但由于信息不对称被屏蔽掉了。互联网的出现能够提升供给和需求之间的匹配效率。消费者为什么在网上？实体经济的经营成本越来越高,所以才有"不是淘宝卖得太便宜了,而是王府井卖得太贵了"这样的感叹。

不少人赞美互联网出现前的社会,就好像有人怀念改革开放前的日子一样。其实,之前的社区经济模式似乎并没有给我们带来更多的交际,餐厅"不会微笑",商店卖得太贵,银行总是排队,前互联网时代痛点太多,消费者深感不满,才纷纷转到网上。

互联网打破了很多行业的原有结构,这带来了巨大的阵痛。从短期、中期和长期来看,互联网能够带来的"红利"是不一样的。短期内,互联网"卖产品"。人们看到的是电商模式的冲击,淘宝的方式让一些传统的行业,比如批发市场这种业态,几乎难以为继。互联网以颠覆式的免费或低价打法,削平了不少产业的暴利来源。

中期内,互联网"做整合"。小米成功"破冰"智能手机价值链,让设备供应商终于觉得智能手机创业者们并非懵懵懂懂。小米之后,才有了锤子、乐视、大可乐……它们是手机?是消费电子?是互联网?好像都有一点关系。小米启蒙了中国的智能手机行业,融合了行业边界,核心在于价值链的整合。

长期来看,互联网"创需求"。现在的明显趋势,就是行业边界的模糊化。把手机只当手机制造的,就是诺基亚的命运;把消费电子只当成消费电子做的,命运就是刚刚破产的夏普。所有的东西都在变,包括消费者需求。把握未来发展趋势,围绕智能化生产,企业才能立于不败之地。创新之"众",增加了供给的内容,但是市场的竞争也随之加剧。只有竞争,才能够进步。

互联网的下一个时代将是运营驱动。供给端的品质不足制约着中国经济,现在互联网终于能带来一些改变。国内企业的困境是,虽已意识到消费者的需求升级,而自己还不具备满足消费升级的能力。

互联网红利,从表层往纵深发展,有可能帮助企业提升供给侧的质量。淘宝等电子商务模式,连接了工业经济时代的大规模供给和长尾需求，改变的只是商品的存量。现在随着消费升级，人们需要个性化的产品，需要在功能性产品之外多一些人性化设计。

如果说淘宝改变了闲置资源的利用效率，运营驱动将改变中国制造的品质。马斯洛说明了需求的层级特征，满足了基本需求之后，消费者需求终会由"痛点"至优化、由快至慢、由粗放到精致、由物质到文化。

总之，互联网能够使中国经济向具有创新基础和技术依托的制造业，以及更有效率和更加亲和的服务业转型。互联网时代的一些常用手段，比如超低价竞争，压榨供应商等，是中国经济的一些痼疾，早已有之。现在借互联网还魂，并不代表互联网的本质和主流，而是互联网发展初级阶段的产物。最终，"到得前头山脚尽，堂堂溪水出前村"。

滕斌圣

产业智能不是机器换人

共享单车、移动支付等互联网经济新业态发展如火如荼，人工智能、虚拟现实、物联网等新一代信息技术让人目不暇接，制造业企业应该如何利用"新一代信息技术"实现智能化升级呢？

定制或许是一个方向。

区别于工业时代的大规模生产，工业4.0最显著的特征是大规模定制。定制意味着产品种类和零部件种类的增加，生产流程的频繁调整，这给制造业生产组织带来了巨大挑战。因此，制造企业需利用信息化技术实现价值链的优化，把信息技术应用于研发、生产、交易、流通、融资等各个环节，提升生产柔性、降低成本。

目前，有一些企业已经开始在定制生产了，如服装和家电行业，尤其是家电企业，纷纷指望大规模定制给用户提供差异化的体验。如果用户希望定制一台右开门的冰箱，并把全家福印制在冰箱门上，这些需求数据会通过互联网传递给生产线；生产线上的机械手会根据各个零部件的RFID标签，抓取模块化的冰箱门零部件；控制系统也会通知绘图机在门体上喷绘出用户定制的照片。因此RFID扫码设备就成为智能化生产线的感知神经，而控制系统则成为运动神经。除了两者的对话，智慧供应链也会发出指令给仓储系统和自动货架，补充所需要的零部件给生产线。

作为一种新型的生产制造体系，智能制造不是简单的"机器换人"，而是以用户需求数据为起点，利用信息化技术提升每一个生产节点的精度，实现闭环优化。

简言之，新型生产体系以自动化、网络化、智能化为特征，自动化提升生产速度，网络化实现数据传输，智能化推动动作优化。工业4.0有两个关键词，工业物联网和信息物理系统，实现硬件的联网和数据的传输。对于制造企业而言，构成智能制造的要素包括感知、控制、计算、优化等功能。大数据用于生产决策优化，物联网用于构建网络化生产体系，人工智能构成生产"神经系统"，从而最大化地发挥智能制造的潜力。

于是，数据成为继劳动力、土地、资本之后的新型生产要素。智能制造模式的关键在于数据传输的精度，生产体系要保证数据能够精确地传递到生产线的各个节点。制造企业的智能化升级并不是要成为互联网企业，即使制造企业也能成为超大"数商"，有的将其未来定位为数据公司。目前，包括海尔在内的一些传统龙头企业也在加快数字化、智能化转型。海尔通过构建COSMOPlat智能制造平台，围绕用户需求，实现产品的大规模定制。

一些企业已经尝试把新兴技术引入生产制造领域，但在实施智能制造的过程中，首先面临的矛盾就是从大规模生产过渡到个性化定制过程中的效率损失。柔性制造降低了生产线的节拍和效率，企业只有在推动智能化变革的过程中不断地优化和调整，最终才能达到大规模定制的效率。

制造企业只有认清智能化的发展方向，对生产流程的优化从每一个RFID做起，从标准化、精益化、信息化、自动化做起，不断提升生产效率、产能，缩短生产周期，逐渐建立生产信息、物料信息、质量信息的追踪和记录，而不是盲目地"机器换人"，建设"黑灯工厂"。智能化制造虽然是必由之路，但绝非坦途。

滕斌圣

第六章 | 实体经济的转型之路

产业互联网新风口

当消费互联网市场趋于饱和，不少企业开始尝试实体经济与互联网的融合，向上衔接生产企业、向下服务下游厂商，最终实现个性化产品的规模定制。

互联网领域风云变幻，创新的重心正在由消费者向生产者转移。互联网经济始于个人的需求和消费，商业模式层出不穷，最终若干巨头逐渐形成各自的生态圈。有别于消费互联网，产业互联网以生产者为用户、以生产活动为场景，通过对生产、交易、融资、流通等各环节的改造，形成新的产业业态。产业互联网的理念已为广大生产者所认同，正在重构传统产业格局，并迅速进入黄金期。

随着互联网与传统产业融合程度的加深，信息网络技术已经渗透和扩散到生产服务的各个环节。由于消费互联网市场趋于饱和，不少企业开始尝试实体经济与互联网的融合。产业互联网不以消费者为核心，而是向上衔接生产企业、向下服务下游厂商。其终极目标，就是要实现个性化产品的规模化定制。

例如作为船用板材的主要生产商，南京钢铁采用下游用户"先期介入"的方式，利用企业互联网平台，实现造船用板材的规模定制和配送，打造绿色供应链。找钢网则在采购、销售环节中积累和分析大数据，帮助实体产业节约资源与时间成本，并在上游采购和下游分销等方面采用线上平台交易，从而获得更大的增值效益。

根据IBM的研究报告，未来的主导者将是生产者，而不是电商，互联网经济也开始从"小C"时代逐步过渡到"大B"时代。互联网经济的重心逐渐从个人转向企业，从改变消费者的个体行为习惯，到改变企业的运作管理方式与服务模式。互联网经济正在向更为广阔的产业挺进，涵盖企业生产经营活动的全生命周期，通过在设计、研发、生产、融资及流通等各个环节的互联网应用和渗透。产业互联网一方面将优化价值链、打通上下游，重塑企业的核心竞争力。另一方面，将加速产品的革新与商业模式的改变，创造出新的蓝海和新的商机。

产业互联网与消费互联网的区别主要体现在三个方面：一是服务主体不同，消费互联网主要针对个人用户，而产业互联网则主要以生产企业为用户。简而言之，两者之间是B2C与B2B的差别；二是技术基础不同，消费互联网主要基于个人电脑或智能终端，更加强调移动互联。产业互联网则还需要更多可以识别、传递产品身份信息的标识码和传感器，依赖于物联网和智能制造；三是发展动因不同，消费互联网注重提供个人体验，而产业互联网则注重提升生产效率。

以钢铁行业为例，每年交易规模高达5万亿元，却存在着三大难题。一是交易难，钢铁交易方式相对特别，钢铁厂商与下游客户一般没有直接的接触，主要通过中间贸易商实现；二是融资难，中间商有巨大的资金压力，对钢铁厂要预付款，对客户则要压款；三是物流贵，物流成本占到产品总成本的20%～30%。

而找钢网找准行业痛点，认为整个钢铁行业会从批发环节进入到零售，制造厂商可以面对单一用户提供一站式服务。找钢网运用互联网实现钢铁供应链的优化，形成了全国化的零售能力、全网数据分析能力、产业链一体化的协调能力，彻底改变了传统钢铁产业多级代理、层层盘剥、效率低下的业务模式。

产业互联网连接了工业领域的巨大供给和需求，以三方平台的形态提供和满足产业链上下游的需求。据麦肯锡数据，当前国内B2B市场规模达10万亿元，然而市场潜力并未被充分挖掘。美国企业互联网渗透率达75%，是中国企业的三倍。随着产业互联网的功能从信息交换的浅层关系过渡到交易和金融环节，互联网将有效解决传统行业的供应链痼疾。在产业互联网时代，最重要的一定是物联网、大数据，从而实现人与人之间、人与物之间、物与物之间信息互联互通。

正如消费互联网的繁荣，未来也会涌现出产业互联网的BAT，将整个生产流程虚拟化，从智能设备到大数据分析，再到企业之间的实时连接，能够产生出很多中国特色的应用。因为行业优势资源的差异，产业互联网领域不存在赢者通吃的局面，在特定行业领域的经营可以构筑较高的行业壁垒。

产业互联网的数据比消费互联网数据量更大、种类更多，物联网、智能传感器、数字化制造、社交网络等提供了丰富的数据资源。一方面为实施大数据分析提供了现实基础，另一方面对数据分析实时性、准确性、可靠性提出了更加严格的要求。在智能合约、云处理、物联网、工业智能等领域不断涌现出新兴业态和模式，产业互联网已经具备了崛起的所有条件。

滕斌圣

第七章

智能商业离我们还有多远

人工智能加速商业化

从人机对弈，到智能医疗，人工智能浪潮突起，有点像前几年的"互联网+"，大众的期望不断攀升，纷纷视之为绝对不能错过的战略机遇，而此次人工智能的发展浪潮主要是企业引领。

在国内，BAT不断将人工智能融入产品方案。淘宝的商品推荐越来越准确，百度的无人驾驶技术获得进展，这些都是依靠人工智能技术的应用。"拍立淘"可以使用照片来搜索商品，主要得益于图像识别技术的成熟。除此之外，科大讯飞、海康威视也分别在语音识别领域、安防领域建立起了竞争优势。人工智能的应用领域空前广泛，从物流管理到智慧交通，再到智慧医疗，开始改变不少传统行业的运行模式。

人工智能技术不断融入生活，从感知、预测、指导，到形成综合方案，价值创造的生态系统正在形成。在感知环节，科大讯飞的"超脑计划"正在支撑多个项目的商业化应用，如车载辅助系统、语音处理系统等。在预测环节，基于人工智能的天气预测，能够提升能源使用的效率。在辅助指导环节，智慧医疗已经开始帮助医生做出判断，基因组技术能够帮助人类克服癌症等病症。在综合方案环节，无人驾驶，乃至城市智慧交通的系统方案已经非常完善。据麦肯锡预测，到2025年，人工智能的市场规模将达到1270亿美元。

从人工智能的商业化过程来看，基础支撑、关键技术、应用场景是非常关键的三要素。基础支撑环节包括传感设备、用户数据、云计算技术；关键技术则包括视觉处理、语音识别、深度学习等内容；应用场景则有智能制造、金融、医疗、家居等。与大众强烈的乐观情绪形成鲜明对比的是，人工智能应用目前仍偏重B端业务，与传统业态的融合程度不高，提供的用户体验不够多。

首先，AI与信息物理系统结合有限。传统业态中能够利用人工智能进行改造的业务环节很多，但目前人工智能企业大都处于创业阶段，对传统产业的渗透不足。按照麦肯锡的预测，如果企业对人工智能持开放的态度，到2055年有50%的工作都可以实现自动化和数字化。利用"人工智能+"，随着市场容量的释放，将会产生更多的独角兽企业。

其次，基于AI的革命性产品不多：除了美图秀秀、科大讯飞，能让消费者想到的适用产品很少。其实，相对于德国，中国有最优秀的互联网企业；相对于美国，中国有规模庞大的制造业。中国的优势在于用户形成的庞大数据，如果创业企业能够利用开源的算法，把人工智能与用户数据结合起来，创业企业所创新的极致产品、体验服务将会越来越多。

数据基础、硬件能力、算法是人工智能的三大支撑，数据的井喷式成长，来源于中国庞大的用户市场。硬件能力正在被突破，比如我们已经有了"太湖之光"。算法是人工智能的短板，基于浅层次的识别和判断，人工智能目前只能替代那些重复性、简单性的劳动，而创造性、艺术性的工作则有赖于人类的感性和对美学的认知。

未来，人工智能将更为智能，深度学习将进行深层次的数据价值挖掘，让机器系统自己学习、适应和发现规则。如美图秀秀根据用户删除和储存照片的习惯，分析用户对于"美学"的判断，从而让镜头变得更加智能，拍出更美的图像。智能化的云平台将能够支撑前端对于市场需求的判断，形成更加准确的用户方案。

对企业而言，要尽快建立智能思维，尝试和了解人工智能技术。中国的优势在于海量数据，但不同平台之间的数据缺乏互联互通，并且数据存储缺乏统一的标准。尤其是政府数据作为最大的数据来源，向企业和公众开放的程度不够，全球排名在 90 名开外。这些因素都会限制人工智能在中国的商业化发展。人工智能以前案例少、应用窄，现在随着技术障碍的突破，有可能形成极大的用户市场。互联网浪潮之后，中国能否再次站在潮头，还需看接下来这几年。

滕斌圣

正在到来的智能商业时代

人工智能正在成为新的投资热点。据美国第一大商业银行美国银行（Bank of America）预测，到2020年，人工智能可能形成700亿美元规模的市场。公众已经意识到，就像PC、手机和互联网一样，人工智能会成为下一个大事件。人工智能产生的影响并不限于局部，而是会深刻地影响和改变几乎所有产业，带领我们走进一个"智能商业"的新时代，带来商业范式的变革。

商业范式指的是企业所共同接受的商业假设、理念、价值逻辑和实践模式的总和。它与商业模式不同，后者更强调单个企业的业务模式。在智能商业的时代，企业所选择商业模式虽然可以大相径庭，但是它们遵守的是同一套、不同于过去的价值逻辑体系。

时代正在发生改变。要搭上智能商业的"顺风车"，光知道"车要来了"是远远不够的，还必须掌握车辆到达的时间、地点，并且要用正确的方式买对车票上车。

在这篇文章中，我们将探讨智能商业的一系列问题：智能商业时代会在什么时候到来（天时）？哪些行业会从中受益（地利）？企业又应该如何调整商业模式去适应和拥抱新的机会（人和）？

一、天时：智能商业时代何时开启？

什么是智能商业时代的开启？其实今天从智能手机、智能家电到智能电动汽车，我们的身边充斥了大大小小、五花八门的智能产品。但是智能产品的出现本身并不代表着我们的商业范式发生了变化。企业仍然按照以往的逻辑进行产品的研发、生产与销售，只是产品目录中多了一些具有智能交互功能的"智能产品"罢了。

智能商业时代的业务范式是完全不同于今日的：届时智能终端所产生的数据会被广泛地应用于算法的迭代优化，并反过来指导和改变企业的各项业务活动。如果说今天的商业活动是由资本驱动的，那么智能商业的一个重要标志是：数据将会替代资本，成为整个商业系统运行的根本驱动力。因此这样看来，今天智能终端的出现只是一个"序章"，距离智能商业时代的真正开启尚有时日。

所以时代交替会在什么时候发生呢？答案是：或许并不会有明确的分界。在《只有偏执狂才能生存》一书中，作者安迪·格鲁夫（Andrew S. Grove）用"变脸"来比喻战略转折点的来临：不知不觉中一张脸消失了，与此同时，一副新面孔也显现了，你无法准确地说第一张脸消逝、第二张脸新生的那转瞬一刻。你所知道的只是在那过程的开始你见到的是一副模样，而到结束时又是另一副模样。

可以肯定的是：智能商业时代的开启不会是"忽如一夜春风来，千树万树梨花开"的骤变，而是悄然、渐次地改变各个产业的游戏规则。有一些行业转变得早一些，另一些则转变得晚一些。而如果深入到某个行业，我们也很难判断是哪一天、哪一刻，它正式进入了智能商业时代。

因此，预测智能商业时代的起始时间不仅不具有可行性，意义也不大。重要的是：通过一些趋势指征，我们可以判断出：智能商业时代正在加速临近。而这就足以让我们在今天就提高警觉，做好迎接的准备了。

这些趋势指征主要体现在三个方面：算法、数据和计算能力。

1. 算法

智能算法一直在不断更新，在最近几年取得了突破性的发展。

人工智能学科早在1956年就正式设立，但是发展并不顺利。早期的研究方向注重逻辑推理、自动证明和向计算机发出指令，使计算机执行命令。但是真实世界是多样、不确定的，人类对其的感知也很难用因果、指令来模拟，因此基于逻辑的人工智能范式很快就遇到了瓶颈。之后人工智能领域发展出了"机器学习"这一分支。它不依赖于事先定义好的程序和规则，而是从现实的经验和例子中进行学习，虽然这种智能范式更接近于人的思考方式，但是早期的算法一直未能取得突破性进展。

2006年深度学习算法被首次提出，将人工智能算法的发展推上了快车道。深度学习算法使得机器能够通过学习后自主提取特征，克服了之前难以进行机器训练的瓶颈。2012年左右，深度学习算法在图像识别、视频分类、语言翻译等各个领域的应用开始显现出威力。2013年随着谷歌、百度等企业设立人工智能/深度学习研究机构，深度学习算法在不同商业场景的应用研究可谓全面开花。我们由此进入了算法研究不断突破的高峰。直到2016年，AlphaGo的表现引起了人们的普遍关注，成为人工智能的重要里程碑。但围棋游戏只是众多深度学习算法应用中很小的一部分。它在其他领域的应用还会有更大的想象空间。

智能商业时代的临近，不仅仅是因为算法的突破。算法其实一直都在突破：AlphaGo固然是一个重要的里程碑，但是这样的里程碑AlphaGo并不是第一个，也绝不会是最后一个。比算法更重要的是：智能商业的基础设施正在趋于成熟。

基础设施是推动技术商业化的重要条件。例如：汽车普及除了需要具备造车技术外，还必须有配套的公路和加油站系统，而后者才是阻碍汽车普及的瓶颈因素。同样，智能手机也不是在触屏技术一成熟就迅速成为主流的。一直等到3G通信网络全面覆盖、上网价格逐步降低（也就是网络基础设施成熟）后，才有了全民手机的智能化。

智能算法的发展还远远不够，只有基础设施的建设也跟上来，才能将智能商业带入高速轨道。而智能商业的基础设施主要包括两个方面：数据和计算能力。

2. 数据

数据是智能商业非常重要的"燃料"，我们知道AlphaGo的围棋能力是建立在百万级别棋局的学习基础上形成的。没有百万个高手对弈的棋局数据。算法无法迭代，就不可能成就AlphaGo的能力。此外，算法的应用也需要数据输入，例如：智能汽车、智能工厂、智能医疗的发展需要海量的路况交通、制造生产和医疗病史的数据。

近年来大数据积累的指数级增长为智能商业爆发奠定了良好的基础。数据资源的丰富化得益于计算领域的多场技术革命。从大型主机、小型计算机、微型计算机到智能手机、平板电脑、智能汽车、再到未来由智能设备连接而成的物联网，设备呈现出小型化、多样化、增量化的特征（图1）。根据IBM的预测，2020年互相连接的设备将达到300亿。这些智能设备不仅能捕捉社交和交易数据，还可以植入工业和交通设备中，走进消费者的冰箱、门锁、服装里，像触角一样渗透到商业场景的方方面面。

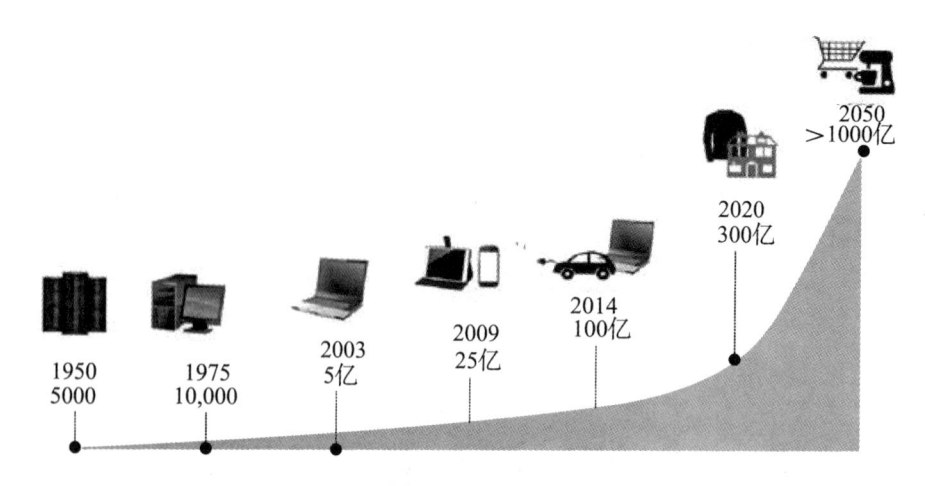

图1 技术革命推动互联设备数量激增

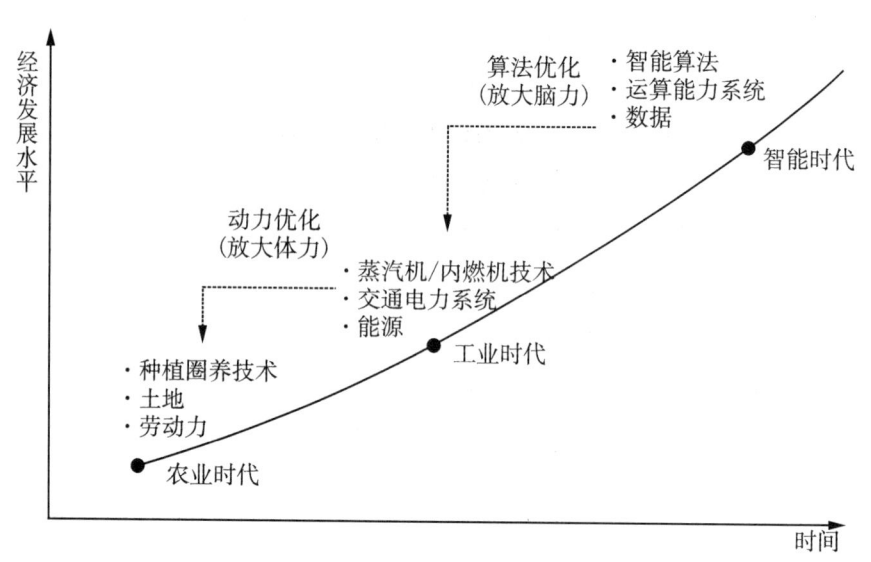

图2 智能商业时代的开启

互联网设备数量激增的结果是：我们的数据会变得更加"3D"，即更直接（Direct）、更多元（Diverse）、更民主（Democratic）。海量的设备能够极大地丰富数据的来源，直接、全方位地搜集商业场景中的信息。它们也能够扩展可搜集数据的类型，从文字、视频，到位置、温度等，多维度地刻画场景。最后，数据的分布不再是中心化的，而是能够涵盖几乎所有的人和物。

数据的积累在近两年来指数级增长，为智能商业的开启打下了坚实的基础。实际上，我们所说的大数据，90%的数据是在近两年才生成的。这也是为什么智能商业不能在更早的时候到来的一个重要原因。而未来随着数据的进一步积累，必然会助推智能商业时代的开启。

3. 计算能力

计算能力是智能商业的另一项重要基础设施。

从计算能力上看，智能商业对于计算能力提出了很高的要求。一方面，随着算法的进步，尤其是在模拟大脑神经网络的复杂情境下，模型所使用的参数数量难以计数；另一方面，随着数据的积累，算法所使用的数据规模也会呈指数级增长。这两个因素加起来，必定需要消耗大量的计算资源。如果硬件的计算能力没有等数量级的增长，算法的训练时间会大大延长、迭代速度难以突破，会成为智能商业发展的瓶颈。

事实上，有限的计算能力一直是人工智能领域挥之不去的阴影。数年前，先进的系统设计只能在理论上成立而无法实现，就是因为所需要的计算资源过于昂贵或超出了计算机的胜任范畴。

但是今天，计算机的运算能力在不断提升。在摩尔定律的作用下，同样体积、价格的计算机运算能力已经大幅提升。现在，虽然摩尔定律已经接近"终点"——让晶体管更小无法保证成本更低或速度更快——但是计算能力的发展仍然会以不同的逻辑延续下去。近年来，在计算架构领域有了新的突破，以并行计算见长的GPU性能快速提升。其他专注于深度学习加速的芯片也纷纷涌现，高性能计算领域内的"量子计算"概念被提出并投入研究。这些方向上的突破将保证计算能力的提升跟上人工智能发展的步伐。

另外，计算成本也在不断下降。有研究表明，三项核心数字技术的能力——计算能力、数据存储和带宽——成本都在加速下降，并且下降的速度比之前技术基础设施（电力、电话）的速度更快。其中，每百万个晶体管的成本从1992年的222美元降低为2012年的0.06美元，在短短的20年间降低了3700倍之多。未来，随着云主机、云计算技术的成熟，企业可以按需租用计算能力，可以进一步精减计算能力的投资成本，降低了实现智能商业的资金门槛。

算法、数据和计算能力是促成智能商业发展的三大不可或缺的要素。近年来在这三个领域的突破性进展叠加在一起，将产生奇妙的化学反应，引爆智能商业的新浪潮（图2）。

二、地利：重回原子时代

如果我们回顾商业活动的历史，可以发现：每一次商业范式的重大变迁都会带来产业格局的重塑，使商业价值在不同产业内重新分配。

例如：从农业时代到工业时代，在人类经济生产方式被深刻改变的同时，一系列围绕工业化的新兴产业（如电力、运输）开始出现，以农耕、手工业为中心的旧产业则逐渐被改造和替代。

从工业时代到信息时代，又诞生了一大批互联网企业，价值从传统的工业制造业转移到互联网行业。在互联网领域，诞生了越来越多像谷歌、Facebook、阿里巴巴这样的明星企业，光环盖过了能源、金融、医药等领域的传统巨头。

面对商业时代的更迭，代表旧经济体势力的企业如果没有被替代的话，也会逐渐边缘化。这是前两次工业革命和信息革命中，传统企业不可挣脱的宿命。

智能革命是否会带来同样的影响？如何选择符合技术趋势的产业？这是在智能商业时代我们要考虑的"地利"问题。

好消息是：无论企业处于什么行业——实体产业或是虚拟经济——都能够在智能商业的生态中找到自己最合适的位置。这是因为智能商业将虚拟世界与真实的商业场景融合在了一起。

对于高科技和互联网公司（例如Google、Facebook等）而言，它们独特的先天优势能够助力它们成为人工智能的基础服务提供商。一方面，这些企业在云计算和智能技术领域的布局领先；另一方面，多年深耕于互联网行业又帮助它们积累了规模庞大的数据。同时具备技术与数据的优势，有助于这些企业开发和迭代先进的算法，成为提供包括图像识别、语音识别、客户关系管理等一系列人工智能基础服务的服务商。

对于传统的各行各业而言，它们并不会轻易被新技术冲击颠覆，而是可以与人工智能技术碰撞后，重塑自身、放大价值。例如：医疗行业与图像识别技术的碰撞会提升医学影像的诊断效率。交通运输行业与预测技术的结合有助于预判拥堵情况和进行最优路线推荐，提高交通系统的效率。零售行业与客户关系管理服务融合后，能够进行更全面的用户画像，进行产品与客户的个性化匹配，提高促销的转化率。

与以往"新兴行业代替传统行业"不同，智能商业时代，新兴行业与传统行业是相互融合的关系。传统行业以具体的商业场景为切入点，提供更加优质的产品与服务。技术服务商则以云端的能力为立足点，通过提供数据和算法服务创造价值。两者相互交错，形成了一张数据聚集和协同的动态的网络矩阵。

当然，这样的"角色分工"并非绝对：传统企业也可以自己积累数据，在算法的更新迭代领域进行投入；技术型企业也可以渗透到行业端的商业场景中，完成智能商业的闭环。但是这只是一种选择，而非必须。重要的是：无论身处哪个行业，企业都可以找到在智能商业新生态中的位置，在此基础上进行商业价值的提升。

在这其中，有两个趋势特别值得一提。

第一个趋势是：智能商业是对接和重新塑造实体产业的。从20世纪80年代个人电脑问世到2015年左右，我们见证了商业价值的重心逐渐从物理世界转向虚拟空间。有人说：我们从原子时代走向了比特时代。但是智能商业又会将我们拉回原子时代。因为智能算法一定是服务于实实在在的商业活动的。人工智能与实体的制造、零售、医疗、金融等结合起来，才能够创造价值。智能商业必定是对接产业并重新塑造产业的。我们即将重回原子时代，这些传统产业将焕发新的生命力。

第二个趋势是：智能商业将会深入到产业链的前端，实现全价值链的智能化。在过去，计算机和互联网产业的发展初步构建了信息时代的基础设施，但是其影响范围有限，主要作用于消费互联网——改变的是产业链后端的营销、零售服务环节。而智能商业主要影响的会是产业互联网——改变的是产业链前端的研发设计、制造、仓储物流等环节。这样，就实现了对全价值链的改造和赋能。

所以说，把握智能商业的"地利"，需要我们重新审视和释放实体产业的价值。其中，价值链前端的产业互联网又是特别值得开垦的处女地。

三、人和：商业范式的革命

在智能商业时代的转折点上，不仅仅要求我们把握住时间窗口（天时）、布局合适的生态位置（地利），还必须要采用正确的姿势进行智能范式的转型（人和）。而这一点往往很容易被忽略。

很多人认为：智能化无非就是产品与服务的智能化——添加一些智能模块、采购一些云端的智能服务，其实不然。由于产品形态和服务逻辑发生了变化，相应的商业范式也需要做出调整。只有在商业范式上彻底转型，才能将智能商业的价值发挥到最大。

产品：从交易价值到使用价值

大多数传统的产品和服务追求的是"交易价值"的最大化。也就是说：企业最重要的任务是把产品卖出去，之后的维护修理都被视为不得不履行的义务。因此，一个企业的售后服务中心通常被视为"成本中心"也就不难理解了。

但是智能产品改变了这一状况，它可以将产品转变为服务。不同于传统的物理产品，智能产品的使用恰恰是价值创造和获取的开始：客户的持续使用意味着其数据的持续输出——客户的使用习惯轨迹反映了其个性化的偏好，因此可以针对每个客户的独特需求进行算法的迭代。这样的参与使得价值创造转变为企业与客户共同创造的过程。

充分关注产品的"使用价值"，而非死守"交易价值"不放，企业可以创造新的商业模式。例如：GE（通用电气）是传统的工业巨头，业务领域广泛。它制造涡轮机、飞机引擎、火车头以及医疗影像设备等产品的技术在业内领先。但是现在它已经转型成为一个智能服务的平台。GE的CEO杰夫·伊梅尔特（Jeff Immelt）曾经这样说过："一辆火车头就是一个奔跑的数据中心，飞机引擎是飞行的数据中心，它们每天产生巨量的数据，这些数据可以反馈给客户，用于提升燃油效率，改善它们的环保表现。"

GE借助其在工业领域的产品影响力，正在将其转化为数据和算法的影响力。以飞机发动机为例：发动机上的各种传感器会收集其在空中飞行时的各种数据。这些数据传输到地面后，经过智能软件系统分析，可以精确地检测发动机运行状况、预测故障，提示进行预先维修等，以提升飞行安全性以及发动机的使用寿命。而GE就成了在这背后提供智能分析与服务的平台。它不仅仅卖设备，还在设备的使用过程中创造价值，将一次性的交易价值转变为持续性的使用价值。在这个逻辑下，实际上是每个航空服务公司和GE一起实现飞机发动机价值的最大化。

市场：从大众市场到人人市场

传统制造企业的市场逻辑一般是：通过市场的细分和选择进行定位，再针对所定位人群的同质化需求，提供标准化的产品和服务。由于企业大规模生产和效率的要求，最终所满足的需求往往是"千人一面"的。

而今天智能商业将能够改变这样的逻辑。这是因为首先，通过智能化的数据搜集，可以捕捉到每个用户的个性化偏好，发现"千人千面"的需求；其次，智能化的算法也能够有效地实现产品标准化和体验个性化的组合，从而实现"千人千面"的需求。由此，原来的大众市场（Mass Market）得以优化成为人人市场（Market of One）。

在内容平台领域的"今日头条"就是利用智能算法在这方面进行了尝试。"今日头条"于2012年3月创立，在短短的几年里迅速超过很多互联网门户的影响力，其中重要原因是其智能引擎下的个性化推送，形成一个"最懂你的信息分发内容平台"。它根据用户的特征、内容浏览轨迹和环境特征匹配用户最可能感兴趣的内容特征。也就是说：打开"今日头条"APP后，每个用户看到的信息都是根据各自不同的偏好集成的。这背后依靠的是大数据和智能化的推荐引擎，实现了"千人千面"的效果。当然，"今日头条"的推送精准度还有待提高，离"最懂你"尚有距离。

数据：从个体价值到群体价值

通过叠加客户数据，可以在云技术里实现基于数据集合的新价值创造。虽然市场从"千人一面"走向"千人千面"，但是这并不意味着客户的价值是离散的、各自为政的。恰恰相反，智能商业提供了很多将客户的个体价值转变为群体价值的可能性。

例如，2014年被Google以32亿美元收购的Nest是一个智能恒温器的品牌。Nest恒温器通过记录用户的室内温度数据，同时连接家庭的空调、洗衣机、冰箱等家用电器，在充分了解用户使用习惯后，通过智能算法为每个家庭创建一个定制化、自动调整的能源管理方案。由于Nest同时连接着电价动态变化的数据，能够保证整个能源管理方案的节能先进性和低成本效率。这是针对个体家庭层面的价值。

除此之外，Nest数据的群体价值却有更大的想象空间。如果在同一区域内有上百万家庭都使用Nest，Nest在云端就能够动态地了解整个区域家庭能源使用的数据，从而和供电企业一起更加高效地实现对区域能源的合同管理。这就是将个体价值转变为了群体价值。

智能商业提供了大量类似的将个体价值聚合后成为群体价值的机会。而这在传统的商业范式中是很难达成的。当然，在许多情况下，单凭一家企业很难积累和叠加足够的数据，因此就需要在不同的企业间建立合作的网络，进行数据的分享和价值的再创造。

行业：从边界约束到连接跨界

今天行业同质化竞争现象的一个很重要的原因是：企业对行业边界的理解是固化的。它们关注相同的竞争要素，最终走向了竞争的趋同。而智能商业打开了一个真正"以用户为中心"的模式。

通过对用户动态数据的积累和计算，企业能够了解用户全方位的偏好和需求，因此整合其他相关产品与服务就变得相当自然了。当企业致力于更加精准地满足每一个客户对多样化、便利性、及时性需求的追求时，行业的游戏规则就被完全改变了。

以智能冰箱为例：过去作为白色家电的冰箱主要是在价格、性能以及售后服务等方面进行竞争。未来，智能冰箱将能够自动调整冰箱模式，让用户随时了解存储食物的保质保鲜状态和使用数量，始终让食物保持最佳状态。不仅如此，通过聚合这些数据以及用户的健康状况数据，智能冰箱还可以有效地连接超市、药店、营养师等外部服务，为用户提供精准高效的健康生活建议和服务，其价值也远远超出了制冷保鲜的边界。

由此可见，在智能商业时代，企业越来越不像是固守在某一行业中、偏安一隅的玩家，而更像是一个连接器——连接许多不同行业的资源与数据。这种连接不仅仅是简单的流量转换，而是基于数据智能基础上的产品与服务的组合，其最终的价值在于更加精准地满足用户的需求。

无论是产品层面的"从交易价值到使用价值"、市场层面的"从大众市场到人人市场"、数据层面的"从个体价值到群体价值"，还是行业层面的"从边界约束到连接跨界"，都要求企业走出已有的商业范式，重新思考自己在新生态系统中的定位，并做出改变。

古语云，天时不如地利，地利不如人和。其实，最重要的是企业积极地拥抱新的商业范式，在主动学习试错的过程中探索出一条智能商业时代的转型之道。

结　语

智能商业时代的序幕正在徐徐开启。对于企业而言，不仅仅要把握住时间窗口、选择适当的发展方向，还要积极调整、适应新的商业范式，并在此过程中探索出建立和巩固企业新优势的机制。

未来已来，智能商业时代将带来新的机会与挑战。唯有做好准备的企业才能脱颖而出，引领时代。

廖建文　崔之瑜

智能商业激发技术变革

最近几年，有关各种新兴科技的新闻不绝于耳。一方面是人机大战，AlphaGo方兴未艾，德州扑克大战又来。虽然人们对于这些人机大战的细节并不熟稔，甚至对德州扑克和围棋的规则都所知有限，但是并不妨碍对比赛结果的关心。是人胜利了，还是机器更厉害？

另一方面是VR大潮涌动，虚拟现实进入快速增长期，各种VR／AR产品粉墨登场。可是繁华过后，智能商业时代似乎还未到来，实现盈利的企业和项目屈指可数。当新一代信息技术不断推动产业发展，这些技术创新究竟能够从哪些方面，改变企业的经营形态和商业模式？

总体而言，未来智能商业的价值创造形态将呈现三个重要的特征：小前端、大平台、生态圈。从1G到5G，随着互联网基础设施的成熟和完善，"入口"和"平台"成为构建商业生态的关键要素。首先，小前端的优势在于建立用户联系，在员工方面，海尔做"小微"、恒大招聘兼职销售员，都是在做"小前端"，强化与用户的联系，更好更快地发现用户需求。在界面方面，移动终端尤其是手机成为关键的用户入口。同时，VR正在成为新兴的用户入口，不同之处在于电视屏幕挂在墙上、手机屏幕拿在手中，而VR直接把屏幕戴在眼睛上。这也是此起彼伏的VR大战的潜在动力，目标还是争夺用户入口。

然而，决定这些入口所提供的内容和体验的关键在于"云平台"，利用大数据进行决策，人工智能的水准非常关键。通过发展人机交互、深度学习、自然语言理解、机器人等核心技术，利用算法进行决策，人工智能能够精准匹配用户需求。只有围绕入口和平台，企业所构建的商业生态系统才具备用户价值，才能创造出具有黏性的用户体验。这种生态，未必要像BAT那么大而全，关键在于各元素间的协同性，以及关键的连接点。比如小米，用手机将各类智能小家电串联、并联，打造出一个智能家居的小生态。

围绕人工智能，产生了物理和数字世界互动技术、数字化与智能化服务技术、信息化与云端迁移技术、增强信用安全技术等。这些关联性技术形成了一个重要的技术生态圈，互促共荣，并产生良性的化学反应。此外，新一代信息技术还改变了传统制造业的生产方式和产业组织模式。云计算、智能终端等成为基础设施，以算法和决策为特征的数据成为生产要素，围绕商业生态系统实施大规模协作与共享，提升产业组织的效率。

以汽车制造行业为例，互联网汽车虽然饱受"PPT造车"的诟病，一直不为外界看好，但随着蔚来汽车、车合家等企业的崛起，产业组织变革正在发生。因为制造范式的改变，传统汽车工业的大规模生产模式将面临更大挑战。

在传统制造范式中，汽车是一个由超过1万个零部件组成的复杂产品，围绕核心产品形成了庞大的供应商体系，进入壁垒相当高，规模效应非常明显。而利用智能化技术实现汽车的模块化生产，汽车则可能成为一个智能互联网终端，新进入者利用嫁接的方式，跨界进入成为可能。不管是汽车厂商主导的"辅助驾驶"渐进式创新路线，还是互联网企业主导的"无人驾驶"破坏式创新路线，传统汽车制造模式正在被颠覆。跨界创新、极致制造、颠覆模式，互联网技术正在与越来越多的制造业融合，传统的制造模式岌岌可危。

目前，人工智能面临的最大挑战不在技术，而在开发出可盈利并可持续的商业模式。在智能时代，华为的任正非认为，只要聚焦投入、敢于投资，大幅进步是迟早的问题。对于人工智能，需要抛弃科幻的猜想，以及人工智能取代人类大脑的恐惧。最终，所有顶尖企业都将是大数据的集成体，创新思维将来自于人工智能下的数据决策，帮助实现业务的指数型增长。所以，未来商业模式创新的一个关键方向，在于如何运用技术帮助人类思考，帮助企业做决策。人工智能，也许既是企业战略的起点，又是终极目标。

滕斌圣

智能商业战略启示录

毫无疑问,智能商业开启的新时代,将给企业带来许多业务升级和转型机会。

但是这并不意味着所有企业都会自动从中获益。如果对智能商业带来的影响没有准确预判,反而可能会落入隐形陷阱。

在智能商业时代来临前夜,企业所面临的是一个分水岭:虽然表面上看起来风平浪静、波澜不惊,但是企业的根基所在正在悄然变化,这意味着企业可能有机会上升到新的高度,也可能标示着没落的开始。

企业命运的十字路口被称为"战略转折点"(见图1)。在战略转折点上,决定企业未来命运的往往不是成本、价格和管理等竞争要素,而是技术、用户习惯等外部因素共同决定的大势。

回顾商业历史,在战略转折点上由盛而衰的企业并不在少数,并且很难重拾昔日昌盛。它们并非输给了对手,而是输在了对时代趋势的把握上。

每个行业在各自演进过程中都会经历一些战略转折点,这些转折点通常会带来整个行业范围

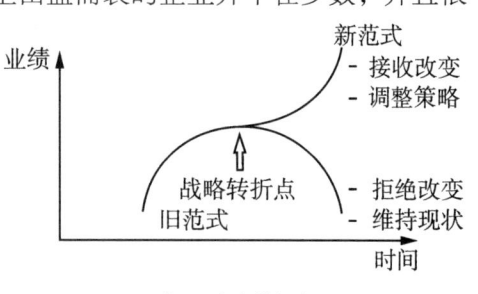

图1 战略转折点

内的洗牌，改变领头羊和追随者的格局。很多时候，不同行业转折点只在其有限的领域内产生影响。但另一些情况下，战略转折点的影响却是广泛和跨界的。

互联网技术就带来了广泛性动荡。不久之前，传统行业爆发的"互联网焦虑症"还历历在目，企业纷纷担心自己的领地会遭到倾覆。而那些被传统企业惧怕的互联网新星们其实也在殚精竭虑，害怕自己变得迟钝，不能适应新的变化。互联网冲击的范围之广，无论是传统制造业、服务业还是高科技行业，都面临战略转折点，概莫能外。

互联网带来的结果是价值在不同行业间被重新分配。大约在20年前，通用电气、壳牌、可口可乐等工业企业还牢牢占据着最高市值的榜单。但是，今天市值榜单的前几名几乎全部是苹果、谷歌、Facebook、亚马逊这样的IT和DT公司。这就是战略转折点，残酷但又令人兴奋。

在互联网带来的大规模冲击还未进入尾声之时，我们又将迎来新一轮浪潮：人工智能推动的新战略转折点。与互联网一样，AI技术将彻底改变企业价值创造和获取的逻辑，它的影响深远、范围广泛，从而开启智能商业新时代。

站在智能商业的战略转折点上，企业在今天的选择关乎未来相当长时间的命运。是拥抱变化、积极蜕变，还是否认变化、墨守成规？是主动了解尝试新的商业范式，还是畏手畏脚、不愿打破已有的行事风格？是延续企业向上的增长曲线还是从此走入下行拐点，在遗憾和叹息中退出？虽然这些问题的答案看起来再明显不过，但在执行起来，却困难重重。

在这篇文章中，我们将探讨智能商业引发的一系列变化以及由此带来的战略启示。

智能商业新生态

今天形形色色的智能产品和应用正在连接一切，跨越了行业的边界。

因此,当我们讨论智能商业带来的影响时,"行业"就不再是一个有效的思考单位。在新情境下,我们不妨围绕"端""网""云"的结构框架来认识智能商业新生态。

在以人工智能为核心的新商业生态中,"端""网""云"跨越了行业,是智能生态中主要的结构层次。它们分别发挥着不同功能,并且相互连接、相互依托,共同构成了智能商业时代的价值基石(见表1)。

表1 智能商业的"端—网—云"

	端	网	云
定义	能够与商业场景发生交互的触点和支点	借助技术模块连为一体的包括产品、用户和企业在内的商业网络	服务于"端"和"网"的进行存储、运算和优化的虚拟解决方案
构成要素	·物品(如手机、Nest恒温器、运动鞋、生产设备等) ·网站平台(如门户网站、社交网站、搜索平台等) ·软件(如客户端、公众号等) ·与用户发生直接接触的人(如促销员、快递员等)	·连接在同一网络的产品群 ·连接在一起的用户群体 ·通过"端"与用户、产品连接的企业系统	·在云端包括硬件、基础架构和软件应用服务等,还有所存储的数据和迭代更新的算法
解决的问题	·数据从何而来?(搜集数据) ·新的解决方案如何触达服务对象?(通道)	·数据还可以从何而来?(搜集数据) ·谁还可能用数据创造价值?(分享协同) ·新的解决方案还可以如何触达服务对象?(通道)	·如何优化产品和服务的解决方案?
作用	智能商业的"神经系统"	智能商业的"循环系统"	智能商业的"大脑"

1. "端"

"端"指的是能够与商业场景发生交互的触点和支点。这里的交互有两层含义：第一是接触，也就是源源不断搜集商业场景中产生的数据；第二是反馈，能够传递不断更新的信息、执行不断优化的命令。触点和支点一起，就形成了互动的循环。

随着技术发展，能够与用户发生接触的"触点"变得越来越多。在过去，"端"的功能往往是由人来实现的。例如，零售店的服务人员通过察言观色了解顾客偏好（搜集数据），并根据不同喜好进行个性化推荐（传递信息）、调整进货的产品结构（优化输出）。

互联网出现后，虚拟空间的网站平台、软件客户端和App等也能够承担信息搜集角色：用户每一次点击、打开以及在各个页面上的停留时间都被记录下来，成为珍贵的数据资源。最近几年，物联网的萌芽和普及进一步扩大了"端"的范围：不仅是虚拟世界的交互界面，看得见、摸得着的物理产品在嵌入数字模块后也能够感知外部环境，成为信息的新入口。

例如，运动鞋可以追踪跑者的运动记录，从而帮助跑者优化锻炼计划；工业制造系统添加数字模块后，不仅可以监测设备的运行状态、及时进行维修更新，还可以记录积累生产数据，为优化生产系统提供有价值的数据。

除了感知和数据搜集以外，"端"的第二个重要功能是：成为整个智能生态系统优化的承载点。这意味着智能算法对系统的优化——无论是提升效率还是优化体验——最终是体现在"端"上的。

比如，随着数据积累和算法迭代，跑者的锻炼计划越来越符合本人个性化需求，这体现在App终端的锻炼建议上。当制造设备采集到越来越多的生产数据，并在算法层面形成提高生产效率、降低能耗的实时建议后，会在设备端自动执行。这样，就在"端"的层面构成了一个自我更新的动态系统。

2. "网"

"网"指的是借助技术模块连为一体的包括产品、用户和企业在内的商业网络。从字面上看,"网"很容易让人联想到布满线路的通信网络系统,但是智能商业系统里的"网"不仅体现在技术层面上,它的本质是商业生态——在不同商业要素之间建立共生、互生和再生的关系,实现网络价值。

毕竟,离散的"端"如果不进行有效连接,彼此互不相干,很难产生太大的价值。只有将不同的"端"联系在一起,形成一个相互分享与沟通的体系,才能实现智能商业的协同价值。

网络价值首先体现在数据的叠加和共享上。与资金、原材料和设备不同,数据并不是消耗性资源,因此数据的叠加和共享往往能够带来"1+1>2"的协同效应。数据叠加指的是对同类或跨界的数据进行合并,从而刻画出更高层次的数据形态。例如,一个司机的行车路线与速度的价值是有限的,但当成千上万的司机实时分享自己的位置和路线,就能够叠加成为车流路况的"活地图",给更多出行者提供有益的参考。数据共享则是将某一个"端"采集的数据在其他相关"端"进行实时分享。信息透明度提高了,人们就可以进行更优决策。

以供应链管理为例:传统的供应链管理一直有一个难题——由于需求信息从终端客户到供应端传递时无法实现信息的实时共享,信息扭曲就会在供应链上逐级放大,导致供应商的生产、供应、库存管理和市场营销的不确定性增加。如果能够实现零售端和供应端的数据共享,也就是说各级供应商能够实时看到产品销售、库存和生产数据,就可以提高需求预测的准确率,使整个供应系统的生产、物流和营销计划趋于合理。这就实现了数据共享的协同作用。

除了数据的叠加与共享,网络价值还体现在各个"端"之间的衔接互动上。由于智能设备具有相互"对话"的能力,一个"端"的动作会触发其他各个"端"的一系列响应,形成整体的联动。企业可以借此创造一体化的体验，例如智能家居领域就向人们描绘了这样一幅图景：当用户打开智能门锁进入室内后，音响就会播放轻快优雅的旋律，灯光转至冷色或暖色，空调、窗帘也会同步调整。整个过程一气呵成，极致的体验正是得益于"端"之间相互对话、触发彼此行动的能力。

在生产供应领域，工业4.0概念下的柔性制造系统是用计算机系统进行联系，实现从订货、设计、加工到装配、检验、发货等一系列环节的自动衔接与调整。由于各个生产环节的启动与调整是自动触发的，就能够提升柔性制造系统的生产效率。

因此，网的本质是通过连接人、产品（物）和企业，实现数据的协同。

3. "云"

"云"是服务于"端"和"网"的进行存储、运算和优化的虚拟解决方案。"网"虽然可以进行数据的叠加、共享和协调，提高网络价值，但是这些活动仍然停留在"数据拿来就用"的层次。换言之，"网"的本质是将碎片化的数据聚合、梳理，但还没有产生"化学反应"。要挖掘数据的深层次价值，就一定要通过"云"——这一智能商业最核心的组成部分——来实现。

如果我们把"端"比作智能商业的运动神经系统（感知外部环境、进行反馈调节），把"网"比作循环系统（给身体的各个部分传递氧气和营养），那么"云"就是一个不断思考和发出指令的大脑。它是整个智能商业体系中的灵魂。

"云"有两个功能：其一是基础服务，包括数据的存储和计算；其二是核心服务，即数据智能和算法优化。其中，后者决定了一个商业系统的智能化程度。许多商业系统从表面上看差别并不大，比如它们都掌握了丰富的入口（端）、都致力于信息的分享与数据的协同（网），但是在如何深挖数据价值方面却有着天壤之别。这也直接决定了对不同智能商业体的价值评估。

例如，著名的流媒体网站 Netflix 就通过在"云"端算法的投入，挖掘出数据的巨大价值。从事在线视频网站业务的 Netflix 是一个天然的"端"：用户在网站上的行为轨迹，包括会选择哪些影片、跳过哪些片段、停留在哪些片段甚至反复观看等，都可以被一一记录和存储起来。通过对这些用户群体数据的进一步叠加（"网"），可以分析出最受观众欢迎的电视剧要素，如题材、导演和主演等。

2013 年，Netflix 出品了广受好评的剧集《纸牌屋》，该剧之所以大获成功，与其背后的大数据沉淀与喜好预测算法（"云"）密不可分。目前 Netflix 的市值已经突破 3000 亿元人民币。相比之下，其他一些视频网站虽然在流量上可以与之比肩，但由于"云"端智能化的缺失，在估值上只能望尘莫及。

这个例子说明，"云"是区别真正的智能商业与伪智能商业的重要评判标准。今天市场上的智能产品无论是种类还是数量都在快速爆发中，但是如果用"端—网—云"的层次结构来看，大多数智能产品还仅仅停留在"端"的层面——只是预装了交互模块，能够实现基本的互动功能。

很少有产品能够走到"网"的结构层面，进行数据的叠加、共享和协调。而有能力在"云"中进行算法迭代和系统优化的，就更是凤毛麟角了。但是要知道，"云"端的能力恰恰是智能商业的核心。

智能商业的"端"、"网"、"云"互为依托，构成一个整体，刻画了整个智能生态价值构造的大图景。

战略启示录

在智能商业的新生态下，企业的立足点是什么？回到战略层面，它们在智能商业时代的优势源自于哪里？企业如何定位、如何巩固和扩大自身的优势，从而在竞争中先声夺人？对这些问题的回答能够帮助我们对智能商业时代的生存法则有更深刻的理解。

在讨论企业新优势来源的问题之前，有必要先认清"端—网—云"的价值闭环逻辑。

"端—网—云"的价值闭环逻辑指的是：在智能商业的系统中，"端""网""云"相互依托，缺一不可，共同构成了价值循环的闭环。首先，"端"搜集数据，为整个系统提供"燃料"；"网"协同数据，通过叠加、分享和衔接将数据的价值放大；"云"存储和分析数据，不断地优化算法，最后再通过"网"返回到"端"，使商业场景中的交互更符合用户的需要，或者使整个系统的效率提高。

从"端"到"网"到"云"，再返回到"网"和"端"，这样形成了一个价值不断增溢的良性循环（见图2）。

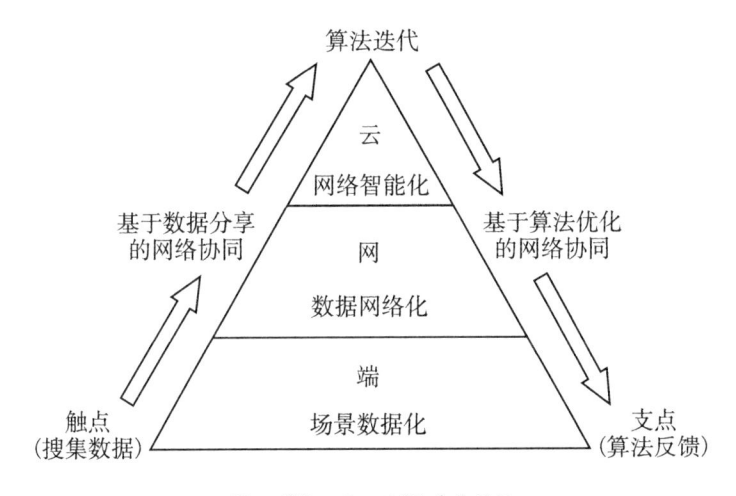

图2 "端—网—云"的价值闭环

所以一个完整的智能商业闭环，必须同时经过"端""网"和"云"。如果没有"端"，就无法获得数据，正如"巧妇难为无米之炊"，再先进的算法如果缺乏数据的基础，就无法训练和迭代，系统的智能水平会大打折扣。如果没有"网"，离散的数据无法协同，算法就只能针对局部进行优化，无法产生聚集的价值。而如果少了"云"，整个商业系统就像一个没有灵魂的躯壳，丧失了智能的根基。只有"端""网""云"相互配合和支持，才能够赋予整个商业系统不断迭代和学习进化的能力，焕发自我更新的生命力。

"端""网""云"缺一不可，这意味着：企业在三者中任何一个环节上的优势，都可以转化为它在智能商业生态中的新优势。

首先，传统行业在"端"上的竞争优势有助于企业占据商业场景的"入口"。无论是制造业争夺的产品销量，还是零售业争夺的顾客流量、店面数量等，都可以通过数字化的手段转化为具有数据交互功能的"端"。如果产品本身受欢迎，或者商店的客流量高，就能够接触到更多的用户、获得更有价值的数据。而这正是在智能商业时代立足的基础。

例如，通用电气借助其在诸多工业产品领域内的市场领导者地位，通过在其出售的大量产品内置入智能模块搜集了极具价值的工业数据，成功地将其在工业时代的竞争优势转化为智能时代的优势。

其次，高科技和互联网行业在"云"上的竞争优势有助于企业把握住智能化的"高地"。这些企业通常在云计算和智能技术领域有所布局，而多年深耕于互联网行业又帮助它们积累了规模庞大的数据。技术和数据的双重优势将助力这些企业开发和迭代先进的算法，在图像识别、语音识别和CRM等领域建立难以撼动的优势。

例如，以谷歌在图像数据库的积累和对人工智能的先期投入，后来者很难在图像识别领域里望其项背。

此外，企业在"网"中通过跨界、合作形成的生态优势也有助于它们在智能商业时代进一步发挥网络协同的优势。这些企业善于连接和撬动外部资源，通过在不同的网络节点间建立联系来创造价值。这在智能商业时代同样重要。

例如，阿里巴巴的成功最初源于它善于在买家、卖家和物流公司等参与者之间建立可信的互动关系。在此基础上，只需对这些互动关系中产生的大量数据进行协同（如交易和物流数据的实时分享），就能够创造巨大的价值。这是其他不具备生态优势的企业无法达成的。

可见，无论企业处于什么行业，具有竞争优势（独占内部资源）或生态优势（撬动外部资源），都可以在新的智能商业时代找到自己的立足点。

并且，这些不同维度的新优势还会彼此融合、放大。例如，医疗行业与图像识别技术的碰撞会提升医学影像的诊断效率；交通运输行业与预测技术的结合有助于预判拥堵情况和进行最优路线推荐，提高了交通系统的效率；零售行业与客户关系管理服务融合后，能够进行更全面的用户画像，提升促销的转化率。而网络化的生态优势又会组合不同的焦点，进一步实现协同价值（见图3）。

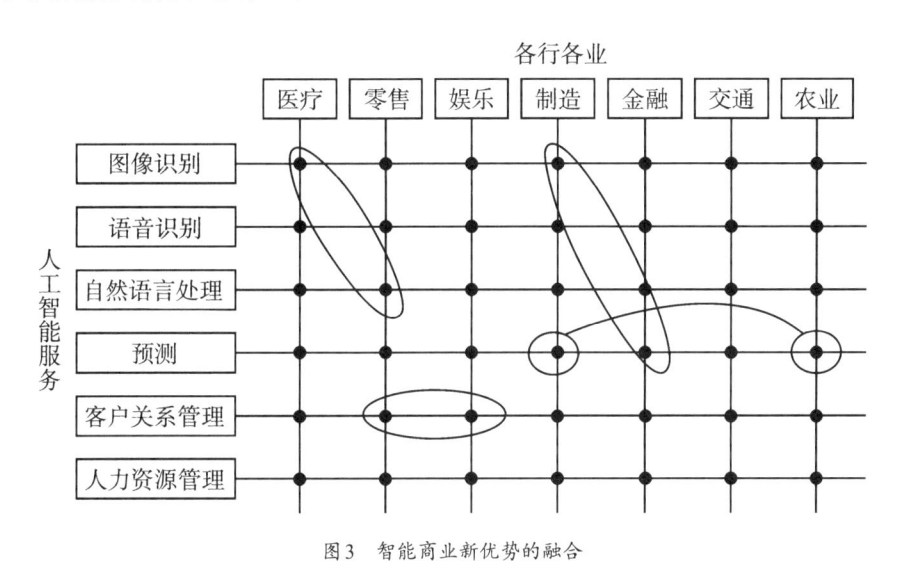

图3 智能商业新优势的融合

巩固优势"四部曲"

"端—网—云"不仅缺一不可，还是环环相扣、相互联通的——抢占了端，就能够形成有价值的网；丰富了网，就能够迭代出先进的算法，形成智能的云；更新了算法，就能够提高端的效率和体验。

这意味着在智能商业时代，企业优势是有流动性的：它可以从一个环节传递到另一个环节，通过不断传递，形成巩固和扩大优势的良性循环。

这个过程中涉及四个具体的步骤——场景数据化、数据网络化、网络智能化和智能平台化。这四个步骤没有固定的始点，因为循环可以开始于任何一个（企业具备优势的）环节。当然，它也没有终点，因为优势巩固是一个持续的过程。

1. 场景数据化

"场景数据化"，是企业要善于在不同的商业场景中获取和沉淀数据。

商业场景是企业在一切商业活动中与利益相关者产生交互的界面。它可以是交易与使用场景（用户数据）、仓储与物流场景（供应数据），也可以是组织内部的管理场景（组织数据）。总之，任何产生价值的商业活动都可以进行数据化。

"场景数据化"首先要求企业定义和创造场景。在用户端，今天很多企业都非常重视"抢占入口"，通过高质量的交互产品占据流量，接触到更多的用户。也有很多企业通过建立和培养社群、完善线上线下渠道和用户体验全周期管理等方式来增加与用户产生交互的"触点"。这些活动都是在定义全新的商业场景。

在供应端，对供应链各个节点的数据（如库存数量和位置等）、生产设备各个零件的状态等实时记录和更新，相当于创造了一个新的信息空间，也是在定义新场景。在组织端，有企业系统地对员工的行为、关系和绩效等进行数据化，用于即时预测其离职倾向、晋升前景等表现，这又是在定义一个人才与组织交互的新场景。

无论是在哪一端，系统地搜集和沉淀数据，是将"触点"价值发挥出来的第一步。

2. 数据网络化

"数据网络化"，是企业要善于利用商业生态圈的资源，进行数据的协同。

数据协同之所以重要，是因为单一的"端"产生的数据价值是极其有限的。对于大多数企业而言，受制于用户数量、业务数据类型等方面的限制，沉淀下来的数据往往是碎片化的——既不能全面地刻画用户画像，又无法叠加出有代表性的群体特征。因此，很难被直接应用于智能算法的迭代。

而异质性数据组合带来的协同价值是巨大的。试想：单独的儿童教育数据可能没有什么太大的价值，但是如果与儿童的DNA、家庭背景和同龄孩子的其他教育数据结合起来，就会产生许多洞察和商业价值。

通过在用户群、企业群与产品群之间建立信息叠加、分享和衔接的机制，可以达到"1+1>2"的协同作用。这要求企业不仅要做有价值的产品（从而产生有价值的数据），还要与利益相关者建立可持续的互惠共存、彼此承诺的关系。这考验的是企业撬动外部资源的生态构建能力。

3. 网络智能化

"网络智能化"是通过技术和算法推动整个系统高效运转。

"网络智能化"实质上是通过对数据的分析形成系统优化的方案，再反过来干预系统的行为。优化的方案可以是针对用户体验的——提供更符合用户需求的定制化产品；可以是针对供给效率的——优化库存分布，降低仓储成本；也可以是针对组织管理的——预测离职员工，提前进行防范。

"网络智能化"是一个动态的过程。在过去，关于如何提升用户体验和系统效率的洞见往往存在于团队的内在知识体系中，洞见的形成和习得依赖经验和悟性，大多是静态且碎片化的。"网络智能化"则是将洞见迁移到云端。通过吸纳、融合不同团体的数据，算法有了不断自我更新的基础。这要求企业不断地对算法进行验证和迭代，从而构筑竞争优势的高墙。

4. 智能平台化

"智能平台化"是将云端的能力（包括数据、计算、算法等）开放给第三方。

一方面，将剩余的云端能力与外部分享，能够增加企业的变现能力。

所积累的资金可以投资于新的业务和能力，巩固企业的优势。

另一方面，通过开放云端的能力，企业也可以将自己的触角伸向更广泛的商业场景中，从而扩大了"端"的范围。例如，菜鸟物流向第三方物流公司开放"物流云"服务，由此可以获得更多企业的物流数据，而这是其原有业务中无法获得的宝贵资源。

"智能平台化"完成了从"云"到"端"的价值再传递。这样，就形成了从"场景数据化""数据网络化""网络智能化"到"智能平台化"的完整闭环（见图4）。

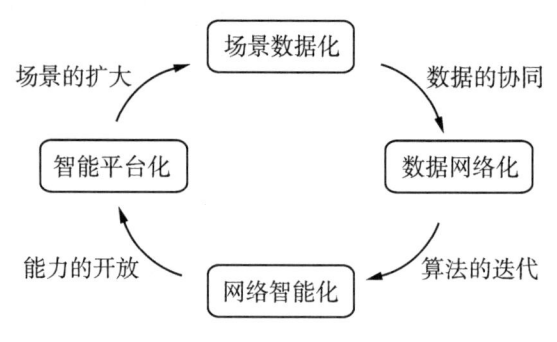

图4 优势巩固的良性循环

智能商业时代的序幕正在徐徐开启。对于企业而言，不仅要把握住时间窗口、选择适当的发展方向，还要积极调整、适应新的商业范式，并在此过程中探索出建立和巩固企业新优势的机制。

未来已来，智能商业时代将开启新的机会与挑战。唯有做好准备的企业才能引领时代。

廖建文　崔之瑜

第八章

商业生态的创新与未来

企业优势矩阵：竞争VS生态

获取和提高利润一直是企业安身立命的核心命题。然而，对于"超额利润从何而来"这一问题，我们的认知却一直在更新。

20世纪80年代，战略大师迈克尔·波特和产业结构学派的追随者将超额利润的来源归结于产业结构要素，"规模经济""经验曲线""进入壁垒"等与产业结构息息相关的理论被奉为金科玉律；

20世纪90年代，随着普拉哈拉德和哈默尔等人提出"核心竞争力"，以及资源基础观和动态能力理论的崛起，人们的视角开始转向企业自身，关注"核心竞争力""动态能力"等与企业价值链活动相关的经典概念。

最近几年，在新技术应用层出不穷、产业环境日趋动荡、消费者对一体化解决方案的期望越来越高的背景下，产业边界逐渐模糊，跨界合作与价值共创成为潮流，使商业生态圈成为炙手可热的概念。

人们越来越意识到：仅仅优化产业结构和培养巩固核心竞争力已经不够了。想在新的商业语境下乘风破浪，还要善于连接外部资源，优化企业所在的商业生态圈。

然而，构建或重构生态圈能否为企业带来持续的超额利润？它与竞争优势有什么关系：是"鱼与熊掌"，还是"缺一不可"？生态优势是否能够替代竞争优势？这些问题迫使我们今天重新思考企业优势的来源。

经典战略框架的竞争优势

要厘清生态圈时代下竞争优势的来源，首先就要对它的参照系——经典战略框架及其对竞争优势的阐述——进行梳理。

经典战略框架的观点有非常鲜明的时代烙印。该理论体系成熟于20世纪80~90年代，代表性的著作有波特的《竞争战略》(1980)、《竞争优势》(1985)，普拉哈拉德与哈默尔于1990年发表于《哈佛商业评论》的《企业的核心竞争力》。20世纪80~90年代的特点是：工业化深入发展、全球化浪潮来袭、企业竞争开始加剧。但是产业界限清晰、结构也相对稳定。

在此时代背景下，经典战略框架认为企业的利润率主要由两个部分决定：

一是行业结构，也就是行业内竞争、供应商与买家议价能力、新进者和替代者威胁这五股力量的综合影响。波特的"五力模型"对产业结构进行了系统的描述，并且用"规模经济""进入和退出壁垒"等因素来预测"五力"的影响方向。这些因素的合力最终决定行业的平均利润率。

二是企业拥有和控制的资源，这可以帮助企业保持成本领先或差异化的竞争优势，获得好的定位。如果企业拥有的资源是有价值、稀缺、不可模仿和难以替代的，就构成了核心竞争力。它决定了企业是否能持续获得高于行业平均的超额利润。

经典视角：ROI＝f(行业结构，竞争地位)

图1 经典战略框架下的竞争优势与利润来源

由此可见，行业结构和企业的核心竞争力共同决定企业的利润率。由于行业结构被视为既定的且在相当长的时间内保持稳定，"核心竞争力"一直是人们考虑提高企业利润率、增强竞争优势时使用的主流概念。

经典战略框架整套逻辑背后有两个重要的假定：

其一，是"零和博弈"。因为核心资源非常稀缺、非此即彼，企业必须你争我夺。这体现在与竞争对手的关系上，是短兵相接、互不相让；体现在与上下游合作伙伴的关系上，是提高谈判力量，争抢利润池中更大的份额。

其二，核心竞争力非常强调对内部资源的占有和控制。普拉哈拉德和哈默尔在提出核心竞争力概念时，把它定义为"企业内部具有的积累性学识，特别是关于如何协调不同的生产技能和有机结合多种技术流的学识"。可见核心竞争力是内生的。也就是说，竞争优势来源于企业价值链活动上所拥有的资源。

这两个假定不可避免地会带来两个局限。

第一是核心竞争力的单一性。对于任何一个企业而言，资源永远是有限的，不可能面面俱到，因此无法在价值链的方方面面都形成可持续的竞争优势。事实上，能够真正培养起一个核心竞争力的企业已经相当优秀了，能有多个核心竞争力的企业几乎不存在。

另一个局限是：核心竞争力往往会变成核心刚性。核心竞争力需要结构、流程、文化等系统性组织体系的支撑。核心竞争力越强，组织流程、文化和人等方面系统性的耦合也越强，从而形成组织的路径依赖。当行业发生变革的时候，核心竞争力越强的企业往往改变起来越困难。柯达公司就是受制于核心刚性的经典案例。20世纪90年代，柯达胶卷年销售额高达190亿美元，其品牌深入人心，利润丰厚，拥有世界领先的技术研发能力。但是，在胶卷技术上的绝对优势反而成了其转型数码技术的最大掣肘。柯达公司首先发明了数码相机，但是由于数码技术的普及会损害其核心业务胶卷的销量，柯达对于数码技术的推进一直踌躇不前，最终反受其害，错过了数码时代的新机会。

经典战略框架下企业竞争优势的来源和局限都相当明显。在大工业时代的背景下，产业结构在相当长的时间内可以保持稳定，消费者对产品诉求也相对简单、单一。因此，核心竞争力的刚性和单一性局限表现得不突出。企业在固定的价值链环节上发展核心竞争力是获取竞争优势最通用、稳妥的方法。这也是经典战略框架在相当长时间内得以经久不衰的原因。

新竞争环境下的生态优势

进入信息时代，尤其是在移动互联网和智能硬件普及后，产业环境、消费者需求发生了巨大的变化。

一方面，整合性的需求提高：消费者不再满足于单一的产品功能，而是希望通过简单、极致的交互，从极小的接触点上获得一揽子的个性化解决方案。另一方面，行业跨界增加了竞争的不确定性。2007年左右，移动互联网诞生后，行业环境进一步变得复杂和模糊。对于身处其间的企业来说，竞争对手和合作伙伴可能来自意想不到的跨界领域，它们必须时刻准备进入陌生领域、应对跨界异业者的挑战。

也就是说在今天，核心竞争力的刚性和单一性问题成了主要矛盾。产业的融合和动荡不允许企业故步自封，消费者的需求升级也迫使企业必须保持开放、灵活。显然，经典理论的适用条件发生了变化，我们必须重新思考新背景下企业竞争优势的来源。

所以，我们提出"生态优势"的概念。这里的"生态"是指具有异质性的企业、个人在相互依赖和互惠的基础上形成共生、互生和再生的价值循环系统。企业的优势不仅仅来源于内部价值链活动的优化和资源能力的积累，还来源于对外部资源的有效利用，也就是企业组合商业生态圈元素，协调、优化生态圈内伙伴关系的能力。与内生的竞争优势相反，生态优势强调的是"外部关系"，不仅仅关注自身的价值链，还要重新定义和优化价值网上的活动，管理好不拥有的资源。

表1 竞争优势 VS.生态优势

	竞争优势	生态优势
竞争的目的	零和博弈	共赢——共生、互生、再生
价值的创造	内生的	外生的
价值的获取	价值链活动	价值网活动
优势的来源	管理好所拥有的资源	管理好不拥有的资源
优势的评判标准	有价值，稀缺，难以模仿，无法替代	异质性，嵌入性，互惠性
优势的表现形式	持续地提供：（1）成本领先；（2）差异化的产品	生态圈具有：（1）适应能力；（2）放大效应
优势的数量	单一的	多个的
优势的可持续性	核心刚性	动态能力

生态优势背后的假定不再是零和博弈、你输我赢了。它强调共赢——把饼做大，形成共生、互生和再生的利益共同体。生态优势不追求"为我所有"，而是"为我所用"，有效地与外部资源发生连接。腾讯并不拥有微信平台上公众大号的所有权，但是公众号文章的阅读量会推动微信平台的繁荣；亚马逊Kindle不做内容出版业务，但是优秀出版商的电子书籍下载量会惠及Kindle产品的号召力。一方的繁荣并不是以另一方的萧条为代价，而是你中有我、互惠互利。

生态视角下，价值的创造、获取和超额利润的来源也发生了变化。价值的创造不再是企业的内部活动，而是与外部伙伴——可以是上下游、互补品生产商，甚至是消费者和用户——共同创造。企业也不仅能从价值链中获益，还可以从范围更广的价值网络中获取价值。所以，超额利润的来源从"管理好所拥有的资源"转变为"管理好不拥有的资源"。

在经典战略框架下，企业通过占有和控制有价值的、稀缺的、难以模仿和无法替代的资源，培养核心竞争力，从而持续地提供成本领先或具有差异化的产品。在生态视角下，企业则应不断地增加生态圈内伙伴的异质性、嵌入性和互惠性。异质性对应了"共生"，使生态的功能更加丰富多元；嵌入性对应了"互生"，使生态伙伴之间彼此依赖、相互扶持；互惠性则对应了"再生"，是整个生态在个体与集体、当前与未来利益之间的平衡和放大。异质性、嵌入性和互惠性高的生态圈具有适应能力和放大效应——灵活地组合不同企业的核心竞争力、适应不断变化的环境，并形成协同和放大竞争优势。

生态优势的系统观正好弥补了竞争优势的两大不足。一是超额利润的来源不再单一，企业可以受益于生态系统中其他成员的优势，以强大的生态作为自身的后盾和反哺。二是超额利润的可持续性更强了。因为生态圈的结构更灵活，可以迅速吸纳和组织新生的资源，使整个系统的优势不断迭代更新，更具有可持续性。

重新定义企业优势

在生态视角下，我们发现决定企业利润率的不仅仅是行业结构和企业因为拥有、控制资源而产生的竞争优势，还与生态圈参与者的集体行动（collective actions）息息相关。因此我们有必要重新系统地思考企业利润率和优势的来源。

生态圈从两个方面改变了企业的利润率。一方面，通过生态圈伙伴的集体行动，可以直接创造生态优势。在生态视角下，表现为决定投资回报率（ROI）的不仅仅有行业结构、竞争地位，还增加了一个要素——集体行动。也就是说，不同主体之间的联合与渗透会比各自为战产生更大的价值，形成1＋1＞2的协同效应。额外的价值可以来源于企业与企业、企业与用户之间的资源互补、相互学习、信任建立和相互锁定等。增加的价值最终会体现在企业的利润率上，成为生态优势的来源。例如，单独的地图定位服务和商户点评给用户带来的价值有限，但是如果将商户点评与地图定位服务嵌为一体，就能够帮助用户在外出场景中迅速找到周边的优质商户，从而促进消费。地图定位服务商与商户点评平台都可以分享其中的价值增益。

另一方面，生态圈伙伴的集体行动也可以优化行业结构，以及巩固竞争优势。在生态视角下，表现为集体行动通过两条线分别影响企业的竞争地位和产业结构。这里的集体行动发生在两个层面上。第一是与企业发生业务关系的伙伴（如上下游伙伴、互补品生产商、用户和相关机构等）构成的集体。通过与合作伙伴、消费者等建立良好的关系，企业可以吸收新的知识、增进对用户的理解，从而内化成为自身的核心资源，巩固竞争优势。许多企业联盟的重要目标就是学习对方的技术或管理经验，从而转化为自身的资产。第二是与企业有竞争关系的同业者所构成的集体。这一层面的集体行动往往可以改变行业结构：通过彼此联合，减少价格战，提高对上下游的议价能力、向政策制定者施加影响等，从而改善行业参与者的共同生存空间。例如，电动自行车兴起之初，不得不在自行车和摩托车行业的夹缝中艰难求生。摩托车生产企业曾向其发难，推动国家出台相关政策将其电摩化，必须持有生产牌照，试图使很多厂家失去生产资格。电动自行车企业迅速联合起来，奋起反抗，最终以该政策"暂缓实施"的结果告终，也为整个行业的蓬勃发展争取了更大的空间。

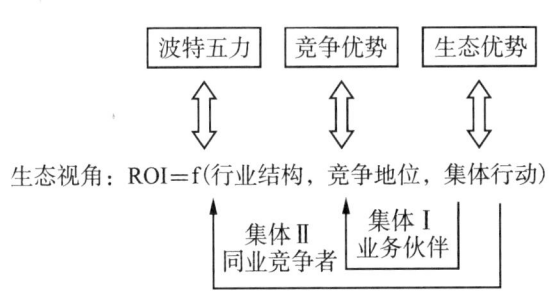

生态视角：ROI＝f(行业结构，竞争地位，集体行动)

图2　生态视角下的企业优势与利润来源

生态圈的价值在于：第一，为企业提供了在传统的行业结构、竞争地位之外的价值来源；第二，有利于行业结构的优化、核心竞争力的建立，也就是巩固传统的价值来源。最终,这为企业带来更高的投资回报率。

企业优势全景图

竞争优势与生态优势是两个平行的概念。从定义上比较,竞争优势主内,生态优势主外,在各个维度上两者都有本质的区别;从影响企业利润率的路径来看,竞争优势直接影响的是竞争地位,生态优势则改变集体行动,并通过集体行动间接优化行业结构、改善竞争地位,分别从不同的路径影响企业的利润率水平。

由此可见,竞争优势与生态优势不具有相互替代的作用,是解释企业利润率水平的不同维度。

我们以"竞争优势"和"生态优势"为两个维度,可以勾画出不同企业的优势图谱。根据企业在图谱中的不同位置,可以区分为"熊猫""猛虎""蚁群""狼群"这四种类型。

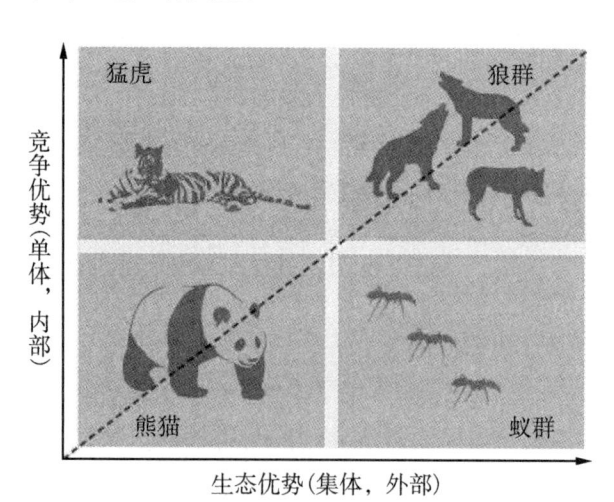

图3 企业优势全景图

1. 熊猫。左下角是竞争优势和生态优势都比较欠缺的企业,我们称之为"熊猫"。自然界的大熊猫对环境适应能力很差,只能在自然保护区才能延续种群的生存。与此类似，熊猫型企业指的是那些自身核心资源较弱，也无法调动和充分利用商业生态圈内合作伙伴能力的企业，通常只能依靠低廉的劳动力成本、政策保护等因素模仿跟进，以求生存。

例如，我们国家的很多产业园区、孵化器内和享受垄断地位的企业就属于这种情况：它们的生存依赖较低的要素价格（有时候以牺牲环境为代价），与相关方的特殊关系或政策保护下的垄断地位，并没有真正建立起竞争优势和生态优势。

2. 猛虎。第二类企业在左上角，我们称其为"猛虎"。老虎凶猛异常，独来独往，是山林里当仁不让的王者。但如果在开阔地带面对行动敏捷的群居猎物，单兵作战的老虎胜算寥寥无几。类比到企业，猛虎型企业指的是具有核心竞争力，能够在既定的轨道上不断创新、实现突破，但是不善于接连外部资源和伙伴、生态圈优化能力较弱的企业。如果猛虎型企业所处的行业结构相对稳定、产业的发展轨迹主要由渐进式创新来推动，那么它们的竞争地位很难受到撼动。

例如，管理大师赫尔曼·西蒙曾经对德国的1000多家"隐形冠"（即不是众所周知的、营业额在一定范围内，是世界前三强或者某一大陆上名列第一的公司）进行了研究，这些"隐形冠军"大多定位小众市场（如幕布、X光机），或生产中间产品（如轴承），或单价低的产品（如钉子、图章），主要依靠自身的力量不断进行技术创新，极少开展合作，但是多年来一直保持高速增长和超高利润。这与它们所在的产业长期保持稳定是密不可分的。

但是，如果所在的产业在技术应用、消费需求等要素的影响下发生巨变，发展路径被非连续创新（discontinuous innovation）所推动时，猛虎型企业就会面临相当大的挑战。即使是行业中的明星企业也可能被倾覆。例如，索尼作为电子消费品领域的领先者，推出的电子书阅读器和MP3分别被亚马逊的Kindle和苹果的iPod打败，很大的原因是在无线网络应用普及的背景下，电子消费品行业的价值不仅仅是技术，还在于与内容提供方的联合，从而提供一体化（同时包括硬件、平台和内容）的解决方案。亚马逊和苹果公司抓住了机会，与电子书／音乐内容提供商一起构建了生态圈。索尼公司尽管硬件设计与工艺一流、核心竞争力强大，但是因为不善于构建生态圈，不得不在竞争中甘拜下风。

3. 蚁群。矩阵的右下角是第三类企业"蚁群"。蚂蚁的特点是虽然身躯弱小，但是有极强的协同组织能力，因此作为一个群体，蚁群的力量不容小觑。蚁群型企业也是如此：尽管作为个体，自身的核心竞争力不强，但是它们对产业变迁的趋势有灵敏的洞察力，对生态圈伙伴有强大的号召力，善于调动和利用外部资源为己所用。这样，凭借生态优势，蚁群企业很有可能在复杂、动态的环境下超越以核心竞争力见长的猛虎型企业。

例如，亚马逊在推出第一代电子书阅读器Kindle的时候，硬件的性能和设计都不算顶尖；小米手机发布时，也只是对一些现有模块整合和系统优化，并没有独一无二的核心资源。但是凭借对用户需求的理解和业内资源的组合，亚马逊和小米以生态圈取胜，产生了很大的影响。

不过，必须看到的是：生态优势只是企业优势的一个方面，无法取代核心竞争力带来的竞争优势。当受到新技术的影响，产业融合、跨界合作变得频繁（也就是生态圈变得重要时）时，蚁群型企业很可能凭借生态优势在与猛虎型企业的竞争中占得上峰，但这只是暂时的。长期来看，产业环境的变化是间歇性的，在相对稳定的阶段主要还是依靠核心竞争力。

另外，当打盹的"老虎"苏醒过来，着力构建生态圈时，也会给蚁群型企业带来很大的竞争压力。小米手机虽然擅长构建生态圈，但是多年来一直没有建立起自身的核心竞争力。最近它受到了来自华为等传统明星企业的挑战，业绩不如预期，质疑小米的声音也越来越多。可见，即使生态圈再完美，也不能放弃核心竞争力的培养，否则很可能是昙花一现。

4. 狼群。矩阵的右上角是"狼群"。狼的速度、耐力都很出众，难能可贵的是协作能力也极佳。这就使它们具有极强的适应能力：山地、林区、草原、荒漠、半沙漠以至冻原，都有狼群出没。对应到企业，狼群型企业指的是同时具备竞争优势和生态优势的企业。今天异常动荡、不确定、复杂、模糊的环境越来越要求企业具有"狼群"的特征。

亚马逊推出第一代Kindle时设计和性能都不如索尼阅读器，饱受诟病，但是之后其性能不断提升，先后推出背光屏幕、彩色屏幕的Kindle Fire系列等创新产品，其极简主义的设计也备受外界好评，这说明亚马逊从根本上加强巩固了竞争优势。其实在第一代Kindle大获成功后，美国最大的书籍零售商巴诺书店就效仿推出了自己的阅读器Nook，苹果公司也发布了iPad和配套的电子书市场，迎战亚马逊。但是这些后来者无一能够撼动Kindle的领导地位，这与亚马逊不断巩固自身的核心竞争力、构筑"护城河"密不可分。电子消费品行业背景具有典型的高度竞争、复杂模糊动荡和不确定性高的特征，要求企业同时具备生态优势与竞争优势。亚马逊正是因为具备生态优势，才能在与索尼的竞争中取得胜利；也正是因为迅速培养了竞争优势，才能在之后与巴诺书店和苹果公司等巨头企业的竞争中立于不败之地。

企业优势图谱要表达的一个重要含义是：未来优势的来源可能来自内部，也可能是外部，是竞争优势与生态优势的组合。每一个企业都可以根据企业优势全景图来评估自己在图谱上所处的位置。有的企业（落在虚线以下、矩阵的右下角）用外部资源来弥补内部资源能力的不足，有的企业（落在虚线以上，矩阵的左上角）则用内部资源能力来弥补外部连接的不足。

该图谱不是要比较熊猫、猛虎、蚁群和狼群型企业的优劣，在许多情况下不同类型的企业（由于所处环境不同）并不具有可比性。其实，无论是熊猫、蚁群、猛虎还是狼群，只要与行业的竞争环境相匹配，都可以生存和发展。但是我们必须看到两点：

第一，企业的优势矩阵能否帮助其获得更高的利润，与所处的环境密不可分。当竞争激烈，但产业结构稳定、渐进发展时，基于核心竞争力的竞争优势更为重要；当产业结构发生非连续的变化、跨界融合成为主旋律时，基于集体行动的生态优势更为重要；当产业环境同时具有高强度竞争和结构性变化时，则竞争优势与生态优势缺一不可。

第二，如果我们来看产业环境变化的大趋势，可以肯定的是：在政策、技术等因素的推动下，适合熊猫的"珍稀动物保护区"（稳定的环境）将会越来越少。企业间的竞争会越来越激烈，产业结构的变化也会越来越频繁。不同行业在经历这一过程时可能会有先后缓急之分，但这仍然是大势所趋。企业要审时度势，基于对未来业务环境的判断未雨绸缪，及时调整和更新自身的优势组合。

增强企业优势的路径

竞争环境千变万化，企业在优势矩阵上的位置也不是一成不变的。在PC时代，微软无论是自身的竞争优势，还是建立在与Intel及众多软件开发商、硬件生产商、渠道商关系基础之上生态优势，都被奉为经典。但是进入移动时代后，由于缺乏相应的布局，微软的生态优势逐渐丧失，一度危机四伏。然而凭借windows 10、Surface Pro等一系列产品的推出和对移动端的重视，微软正在努力重回狼群的行列。可见，企业的竞争优势和生态优势组合是动态变化的。

而这样的动态变化有规律可循。让我们回到"企业优势全景图"上来进行剖析。

当企业处于左上角，具有"猛虎"的特征时，相对于缺乏核心竞争力的"熊猫"，能够更有效地构建生态圈。这是因为：核心竞争力是号召生态圈伙伴、组合生态能力的基础。一旦丧失了这一基础，企业也就丧失了在生态圈里的立足点。试想一个平庸的企业如何能吸引到最优秀的伙伴，协调和调动生态圈伙伴的资源呢？在短期内或许可以——这需要企业领袖具有出众的个人魅力和资源组织能力。但长期来看，高质量的合作伙伴迟早会转向更有实力的企业，抛弃没有核心能力的参与者。

20世纪80年代，作为PC硬件老大的IBM聚集了微软、Intel等一众企业，以开放的姿态成就了围绕在IBM-Windows-Intel周边的兼容机生态圈，并借此打败了当时的竞争对手苹果计算机。但是之后随着IBM进一步开放硬件标准，自己却无法保持在硬件制造上的资源独占性，IBM将核心竞争力拱手让出，丧失了在生态圈里的发言权。PC兼容机市场也逐渐演变成了以Windows和Intel（被称为Wintel）为核心的生态圈。今天，苹果之所以能够吸引众多软件商、渠道商和其他服务商围绕在其周围，形成良性循环的生态圈，与其在硬件和系统设计上的实力密不可分。所以说，基于核心竞争力的竞争优势是撬动生态优势的支点。

当企业处于右下角，具有"蚁群"的特征时，相对于缺乏生态优势的"熊猫"，也可以更充分地利用生态圈的力量发展竞争优势。这是因为：生态圈为企业提供了丰富的外部资源库，从中可以有选择地汲取有价值、稀缺、难以模仿和不可替代的资源发展成为核心竞争力。例如，对于阿里巴巴来说，围绕其电子商务平台，支付工具、通信工具、O2O和其他衍生服务等形成了功能丰富的生态圈。而这些反过来又帮助阿里获得更多数据，对用户有更精准、深度的了解，巩固了其核心能力。苹果公司的硬件、系统和应用生态圈极具吸引力，帮助其建立了坚实的用户基础，由此又衍生出苹果支付（Apple Pay）业务，进入金融领域，成为又一个潜在核心竞争力的增长点。由此可见，生态优势是放大竞争优势的来源。

竞争优势与生态优势是相辅相成的：竞争优势是维系生态优势的基础；生态优势是放大竞争优势的系统。无论是先发展竞争优势，再借助其力量撬动生态优势，还是先发展生态优势，再借助其资源建立竞争优势，都是殊途同归。但是路径的选择与产业环境息息相关：当竞争环境异常激烈时，竞争优势的紧迫性会比较高；当产业融合与跨界合作兴起时，生态优势的重要性会特别明显。

聪明的企业应当时刻关注产业的变化动向，调整自身的优势组合。在这一过程中，如果善于利用竞争优势与生态优势相互促进的关系，形成良性循环，将让企业事半功倍，更快地通向成功之路。

廖建文　崔之瑜

商业生态的圈里圈外

生态圈理念使商业关联的方式不断丰富，包括投资关系、控制关系、联盟关系、主导关系、供应关系等。互惠互利、激励相容将促进健康生态演化。

眼下谈战略，"生态圈"绕不过去。自从安卓打败了塞班，生态概念大行其道，尤其在互联网业态中，不具备生态特征似乎就不是好模式。

所谓商业生态圈，就是相关企业间的关系总和，成员之间构成了价值链，不同的链之间相互交织形成了价值网，物质、能量和信息等在成员间流动和循环。在一个健康的生态圈中，不同的主体之间发生关联，关联的强弱决定了生态圈的价值和持续性。不同企业对生态系统的理解和认知存在差异，导致经营模式大相径庭。小米和乐视代表了移动互联网时代两种不同的生态模式。

小米以智能手机为核心，构建起以社区为载体的生态圈，随着新国货运动的深入，小米把多元化的产品引入用户中。小米的理念从向同仁堂学做产品、向海底捞学做服务，转向沃尔玛和Costco学销售模式，覆盖手机、电源、空气净化器、电饭煲、电风扇等，未来要进入100个行业。要避免大公司病，小米的战略是投资创业公司，打造物联网时代的刚需——智能硬件产品。截至2016年年底，小米已经投资了75家企业，营收约150亿元。对于创业企业，小米持股40%以下，不要求控股，为被投公司提供品牌背书、用户流量、供应链及销售渠道等关键性资源，对被投公司的日常管理不做干涉。

小米希望这100家投资企业能够形成内部良性竞争，对生态链公司的产品不设边界，小米帮助做判断。小米生态链在选择被投公司时坚持"88"原则，一方面要做足够大的市场，即产品至少是80%的用户需要的；另一方面，新产品有可能占据80%的市场份额。所有的新产品与小米有共同价值观，即不做短期变现的生意，能够为用户提供极致的用户体验。所以，小米的生态圈是多元化的硬件产品，与各个主体之间保持投资关系，坚守产品的品质。小米的智能硬件生态圈已取得初步成果，小米手环成为世界第二智能穿戴产品，平衡车世界第一，充电宝世界第一……小米的收入是以高性价比的硬件产品为主要来源。

移动互联时代，乐视的生态圈明显区别于小米，小米生态以智能硬件为主，乐视则专注于构建内容生态圈。乐视的商业模式是吸引那些愿意为服务付费的用户，盈利模式也来自内容付费和广告收入而不是智能硬件。所以，内容是乐视生态的核心，为了保持内容的领先和垄断，乐视通过版权购买、自制内容、节目冠名等形式获取稀缺的内容资源。而乐视网、智能手机、智能电视，甚至超级汽车都是"入口"。乐视进入这些业务领域，主要目的是为自己的内容服务提供便利的渠道。

"生态化反"，成为乐视选择业务的主要标准。在选择新业务时，乐视并不考虑其产业属性，重点在于能否把内容服务打通，与现有的业务之间有无化学反应。乐视的生态圈具有多层次性，可以通过内容付费、硬件补贴的形式开展经营。所以，乐视的思维不是工业时代的专业分工，而是横跨多个产业、打破各个行业的边界，使得原本十分清晰的企业边界变得模糊和重叠。乐视把看似不相关的7个产业，通过互联网融合到一起，产生化学反应，围绕生活场景创造用户体验。

用户体验是小米和乐视生态的相同出发点。生态越完整，用户体验越完整，创造用户价值的潜力也更大。生态圈可以分为紧密型和松散型，小米生态属于松散型，把理念相似、多个企业的智能产品聚集在小米平台上，用户体验的质量取决于各个企业对于产品的投入程度。乐视生态则属于紧密型，通过资本纽带、股权参股等利益绑定方式，强化与合作伙伴之间的关系。乐视与TCL、酷派的合作，都是资本联姻。

总之，生态圈理念使商业关联的方式不断丰富，包括投资关系、控制关系、联盟关系、主导关系、供应关系等，互惠互利、激励相容将促进健康生态演化。如果不掌握原理，就将一些元素混合起来，谋求化学反应，不但炼不成仙丹，反而有可能做出炸药，结果会是一个难以持续的"伪生态"。

滕斌圣

第八章 | 商业生态的创新与未来

撬动商业生态圈

未来的商业模式将是生态圈的竞争,这将有别于传统商业模式。过去,竞争的基础是企业内部的核心竞争力,能不能比别人做得更好;未来,当上升到生态圈层面的竞争时,我们关心的将不仅仅是"你是否比别人玩得更好",还有"你和谁在一块儿玩"。

从自然生态到商业生态

自然生态中物种互相依赖、互相依存,有竞争也有合作。在一个健康的生态系统中,不断会有新物种产生,而一个恶化的生态系统则会导致物种凋亡。比如,美国水域在引入亚洲鲤鱼后,整个五大湖的生态都发生了变化。因为亚洲鲤鱼的繁殖能力惊人,几乎没有天敌,它们吃掉大量的浮游生物,使当地的鱼类因饥饿而减少。所以一定要把亚洲鲤鱼捞出来,才能保护湖里的生态。商业生态和自然生态一样,如果不能形成一个良性循环的系统,生态就会被破坏。

企业的优势不仅仅取决于内化的能力,这是商业生态最核心的观点。突破了这一限制后,我们将目光转向企业之外,致力于在各利益相关者之间建立一个价值平台。企业关注其所在价值平台的整体性,通过平台撬动其他企业的能力，使这一系统能够创造价值，并从中分享利益。

在整个价值创收的过程中，企业传统的做法是从价值链的角度思考：从产品研发到运营、营销，再到服务，所有价值创造的源泉都在于形成持续的竞争优势，也就是核心竞争力，使企业获得超越行业平均的利润。

但是从企业优势的角度来看，竞争优势只是其中的一个维度。企业在竞争优势之外还有另外一个优势，就是生态优势。在商业生态里，企业的竞争优势和生态优势同等重要，却又各不相同。

举个例子，能源合作管理模式的展开依赖的是竞争优势。比如，你是一家换LED灯的企业，政府需要你把大街小巷的路灯都换成LED灯，而你的回报就是未来N年省电的费用。这个模式政府不用掏钱，直接从省出的电费里面返利给你。你的竞争优势来自于招标、设计、施工等，需要和竞争对手拼资源、拼方案、拼价格。竞争的基础是价值链上的每一个环节，谁有竞争优势谁就能赢。但是这个商业模式的延展性有很大的局限性，因为每走一个区域，你都需要投入大量资金，而收入又在远期，最终可能会导致资金链断裂。

如果从生态角度去构建这种模式，会是什么样的结果？

YGreen是一家做旧房改造的公司。为了将旧房改得更加节能，它会先和负责公共设施的政府部门商谈，由它来负责改造，但是需要在政府每年的税收里面给它返点。对于旧房的业主来说，他们会非常愿意支付这个税。因为旧楼改造完之后，业主只是把节能部分的花费用来交了税。对他们而言，并没有其他成本上的增加，但房屋的整体价值得到了提升。

事实上，这整个工程并不是YGreen独自完成的。它先找到8家银行，把公司50%的股份抵押给这8家银行，把未来的收入变成现在的收入。然后找到专门研究老房改造的Carbon Trade War，与其合作。再找来工程方面领先的Lockheed Martin，参与这50%的股权。为了防止旧楼改造完之后出现问题，它还找到保险公司合作。最后，这家公司什么都没做，但它却具有强有力的生态优势，而这些生态优势都主要来自于外部。它不局限于某一个方面的竞争优势，而是有多个方面的优势组合。所以，在思考商业生态时，企业不是要比谁玩得更好，而是要思考这种长期稳定的利益关系如何构建。

比较这两种商业模式我们发现，当企业是竞争思维时，商业模式的延展性非常低，因为特别重。以生态思维构建的商业模式就不一样。首先，它有放大效应，企业规模的放大与人员和资本不成比例，能源合同管理模式就是如此。其次，它更难以模仿。用生态思维构建的模式，它方方面面的关系都不是短时间内能够模仿的。更重要的是，在组织层面上，学习能力和对环境的适应能力都会更强。

从这里看，生态优势和竞争优势有几个不同点：

第一，竞争讲求核心点，如何管理好你所拥有的资源，你希望在自己管理好拥有的资源里形成竞争优势；而生态优势则来自于你不拥有的资源。

第二，竞争优势来自于企业的价值链，而生态优势来自于企业的价值网。

第三，企业的竞争优势来自于某一个方面的竞争优势，最终形成竞争刚性。企业原来拥有的竞争优势随着行业的变化，可能会变成竞争劣势。而生态优势则是由多方面的优势组成，是多方不同的耦合，对环境的应对更快。

商业生态中的不同角色

在商业生态里每个参与者的角色都不同，每个角色对价值创造和实现的影响也不同。在企业外部有两种不同类型的重要角色：一种是在整个产业链中间的供应商，它对价值创造有直接影响。另一种是互补商，它影响价值的获取。这两类价值影响完全不一样。

米其林做过一款有潜力带来行业革命的新式轮胎。它在轮胎里面放了感应器，即使这个轮胎被扎了一个洞，仍然可以继续行驶一个小时，开到最近的修理厂把轮胎换掉。当时在轮胎行业，这是一个革命性的变革，不仅提升了安全性，而且更智能化。

为了推广这个轮胎，米其林首先找到大型的车企合作，比如宝马、奔驰，在出厂时就把轮胎装上去。按理说，高端车就应该配置这样具有变革性的产品。但这个轮胎推得特别差，最后以失败告终。究其原因，其实并不是因为它性能不好，而是在整个价值链里面，米其林忽略了一个非常不起眼的角色——修理厂。

想象一下，如果你开着装有这种轮胎的车，当轮胎被扎了一个洞，你就近找到修理厂时，却发现它需要特别高端、复杂、特殊的工具才能修，而且这些技工都要通过专业的培训。原本轮胎被扎了洞之后，随便到一个修理厂补轮胎就可以了，而这种轮胎不能补，只能换，而且只有很少的技工才能换。

其实，这个轮胎的价值不在于本身做得多好，而在于米其林把特殊的培训手法、工具铺到了多少家轮胎修理店。这才是消费者最末端的环节。虽然修理店对整个产业链只是辅助作用，但这个辅助商会限制轮胎整个价值的实现。

再举一个数码电影的例子。对制片商来讲，从原来的胶片到数码投影的技术革新有巨大的价值。它大大地提升了效率，并让发行变得非常容易。对用户来讲，体验也非常好。但这个链条上有一个很重要的环节——院线。放数码电影要求每个院线买数码投影仪，还要把院线装修一下。这对院线来讲是一个巨大的固定成本，需要N年的回收期。

而在这整个价值链里，院线利益是没有保证的。所以，没有院线有这个动力去投资投影仪。如果院线走不通，整个产业价值将是零。那这个行业价值要如何实现？后来的解决方案是：在上游做一个基金，用非常高的价格出租数码投影仪，转租给院线。通过这个行为把上游的利益转移到院线，院线的价值得到保证后，就会变得很积极，整个行业的价值就实现了。

整个价值链上的价值创新、价值实现，往往不在于产品本身，而在于各方利益的保证。在这两个例子的角色中，院线是一个串联关系。在串联时，如果某个供应商的价值没保证，整个价值几乎是零。而轮胎是一个并联关系。在并联时，如果互补维修商的环节缺失或不足，利益的获取就会受到限制。

如何构建生态优势

过去，企业的组织边界不断地在扩大，因为管理成本要低于外部交易的成本，所以企业会走向纵向一体化。如今新商业的基础设施，物联网、大数据使得企业交易成本要远远低于企业内部管理成本。这意味着管理成本变得相对更高，企业慢慢把这些原来在内部做的事情转移到外面做，连接比拥有更加重要。这在很大程度上也改变了生态的构建方式。

第一种生态构建方式，资源驱动的生态。企业在某些方面（如营销、生产、物流），与其他企业的某些资源能力形成互补协同，组合以后产生商业生态。这背后不仅涉及资本的渗透，还可能涉及非常紧密的股权交易关系。

比如，乐视TV超级电视推出后，给传统彩电企业带来了很大的冲击。传统彩电制造商就开始思考构建生态圈。其中，兆驰股份找到了几个合作方，包括做内容平台的风行网、做渠道的国美、做供应链和服务的海尔等。通过交叉持股将多方的资源能力紧密结合在一起。当这个股权结构变成共享平台时，在整个资源层面便会形成相对稳定的共生再生关系。

第二种生态构建方式，资本驱动的生态。一种典型的方式是搭建CVC（Corporate Venture Capital）架构。集团公司通过构建一个开放基金，以这个集团公司为主体，成为一个GP（合伙人）。然后集团公司聚集一些与公司战略非常协同、匹配的LP（有限合伙人），把这些生态相关的利益方组合在资本层面。当CVC投资一个企业，背后有两个大的平台支撑，一是主体上市公司，另外一个是LP。这样的构建方式不仅仅是把钱放在基金里，更重要的是通过基金组合把LP背后的战略组合在一起，持续影响公司的战略。

第三种生态构建方式，数据驱动的生态。如果过去生态构建依靠的是物理及线下的连接来实现的话，那么未来的生态会越来越多地在虚拟的数据和算法中实现。

比如小米生态，小米有几十种不同的产品，从手环到锅，再到拉杆箱。表面看拉杆箱和手环，中间的数据基本没有交叉，实际却不然。小米米粉社群的转移是一个典型的流量思维，因为之前小米积累了海量的用户，这是过去常见的生态逻辑。未来，更有价值的是这些业务背后的数据，比如通过整合多方数据对用户进行精准画像。

还有一种算法思维，典型的例子就是谷歌以32亿美元收购了NEST。NEST其实是一个非常简单的产品——温度控制器。但谷歌为什么愿意收购一个看起来并不起眼、也没有盈利的企业？因为NEST是真正意义上的智能温度控制器。它知道你什么时候出门，知道你在什么时候喜欢什么温度，而且它具有学习能力，是由算法驱动的温度控制器。谷歌收购它，也是在为自己的生态布局。下一步，奔驰可能会找它合作：当你开着车回家，离家一公里时，这个温度控制器会自动把温度调回来。洗衣机厂商可能会跟它合作，因为这个温度控制器可以非常准确地告诉洗衣机，什么时候洗衣成本最低。当这个温度控制器把家里所有智能设备连成一个网络，从端走到网时，就意味着这个家庭的能源使用会变得非常精准，就可以给每个家庭定制能源解决方案。

如果再把每个家庭放到云里，会发生什么？比如，一个城市有100万家庭都在用NEST温度控制器，这意味着NEST知道这100万家庭每时每刻需要多少电。反过来可以告诉电网，这时候应该供应多少电。从端到网，再从网到云，这背后都是基于学习、算法，形成了一个网络，产生了更大的价值。这时候你会发现，这个生态远远超出了一个简单的温度控制器，走到了原来想象不到的地方。

从生态角度来讲，当我们改变自身对行业、对竞争、对核心能力的固化认知时，才能跳脱出来，产生更大的价值。尤其是在进入以连接为特征的信息时代之后，商业元素间的可连接性大大增加，打破了原本栅格分明的商业关系：行业边界趋于模糊，企业竞争与合作范围无限扩大，我们进入了一个"无疆界"的竞合时代。在这样的背景下，疏于连接的企业即使核心竞争力再强大，也可能面临被边缘化的危险。而要在新的环境下生存和发展，企业需撬动自己所在商业生态圈的价值。

廖建文

四维推动组织变革

信息技术则为组织变革提供了坚实的基础，让组织形态变革有了更大的可能性，从而推动变革形成了系统工程。

互联网时代的企业纷纷探索组织变革，电子商务有京东和苏宁云商，家电制造则以海尔的组织形态演化最为引人注目。过去，很多人都做了这样的尝试，迈克尔·哈默提出的"流程变革"，尝试把运营流程与外部需求联系起来；卡普兰的平衡计分卡则直接把用户需求纳入企业的战略考量中。然而，受制于信息技术，过去企业内部流程并没有真正与外部连通。

互联网改变了企业的边界、生产组织体系，甚至劳动雇佣关系。大数据、物联网等新一代网络信息技术的发展，为组织变革提供了坚实的基础，让组织形态变革有了更大的可能性。例如，资源利用空间、信息处理能力空间、用户参与程度、供应链管理等。

基于网络，企业的生产布局可以不用集中。通过信息技术的协调，众包合作成为可能，而市场交易成本也比以前更低。利用移动互联可以随时随地实现人、财、物的连接，为企业资源利用、决策方式、人才招聘带来灵活性和便利性。企业利用网络优化价值链管理，研发、供应链、生产、市场、销售等环节实现"并联"，促进研发制造的一体化，不断推动从大规模生产到个性化定制的生产模式变革。

考察互联网时代的组织变革，主要体现为小、云、宽、通四个特征，即把业务单元做小，提升需求反应的灵活性；把企业资源做成云，利用碎片化的市场资源；把企业平台做宽，让创客们在平台上成功；把后台系统打通，实现互联互通业务协同。这些做法逐步构成了互联网时代的组织变革趋势，并推动变革形成了系统工程。

首先，组织形态开始变小，小组织灵活多变。企业存在的一个基本前提就是信息的集中与处理。企业决策强调精准有效，而"小组织"无疑是复杂环境中的可行方法。韩都衣舍的产品小组制，正是基于公司最小的业务单元，实现责任和权利的高度统一。企业将评定各小组的毛利率和库存周转率作为考核标准。小组织的关键点在于决策下放和个性化生产，通过决策权下放，业务部门和决策层成为一线员工的资源支撑。企业一线员工与消费者快速互动，实现精准供给和个性化生产。当然，必要的毛利率考核也是形成闭环的关键。

其次，组织形态开始"云"化。企业是资源的集合体，组织的首要功能便是整合与协调企业资源。利用云化组织连接社会化资源，实现资源从集中到分布。基于云概念，利用新一代互联网技术，降低交易成本，使得原本不容易做到的连接通过云连接起来了，比如苏宁云商。

第三，做宽企业平台，给员工充分授权。除了连接需求和供给，平台组织的主要功能是汇聚人才。企业即人，是各种人才的集合体。基于互联网技术，把企业资源数据化并集聚在平台上。最终，通过把员工创客化，把汇聚的资源调动起来为用户创造价值。"让听得见炮火的人"有决策权，让创客们知道为满足市场需求应该调动和整合哪些资源。平台型企业的领袖则积极释放每个员工的主动性，让员工实现自我，最终实现企业的经济利益。

最后，要打通数据，实现数据共享。数据的互联互通可以在企业内部、联盟之间、企业与用户之间实现。在企业内部，小组织背后依赖的是企业强大的IT系统、供应链系统，以及管理体系的平台支撑。海尔打破金字塔科层制的关键也是云。通过把所有资源放在云端，随需调用，充分共享，实现"零签字"，保证各个价值链环节的协同。对于合作伙伴，联盟企业间协同效应的发挥，一定依赖于两者之间的数据信息共享。基于互联网技术，使用户能够参与到企业运营的过程中来，对服务信息时刻保持更新。

  从生态组织到网络组织，有效的组织形式将大幅提高企业运营效率。如果把战略和组织结构看成企业的左右脚，两者必须配合到位。显然，互联网战略需要相应的网络化组织来落地。

滕斌圣

重估"游戏力"

2016年8月,支付宝推出了一款叫蚂蚁森林的产品。在用户同意之后,支付宝可以追踪和衡量用户的低碳行为,根据科学模型换算成绿色能量;用户不但可以收集自己行为产生的能量,还可以收集好友的能量;在能量收集的过程中,一棵小树在支付宝里面慢慢长大,等长到一定规模时,绿色资本和公益机构(例如阿拉善基金会)合作在沙漠里种下一棵真正的树。上线不到半年,超过2亿用户开通了蚂蚁森林,成为互联网史上集聚粉丝最快的应用之一,每天减碳超过2500吨,已经种下100多万棵树。

蚂蚁森林:绿色金融、公益与游戏的结合

蚂蚁森林的成功之处在于,它既是绿色金融——用移动支付和大数据衡量低碳行为,是公益,还是游戏。它让喜欢玩游戏的人找到了真实生活中绿色公益的意义,让喜欢做公益的人觉得没有那么枯燥,好友之间的互动压力又极大地提高了游戏的趣味性。对于绿色资本和公益机构来说,不但对用户传播了绿色理念和品牌,而且其种树减碳行为和用户减碳行为相匹配、相激励。

在成功的手机应用中,有意或者无意,设计者大都运用了游戏的元

素。对80后、90后来说，游戏陪伴了他们的成长，游戏是生活中的必需品、常用品，很难想象没有游戏的生活。实际上，现在的游戏玩家已经分布在各个年龄段，女性玩家也不甘落后。甚至有报道说，在接受调查的CEO、CFO及其他高级主管中，有61%的人每天在工作的休息时间玩游戏。全球每周花在游戏上的时间已经超过30亿小时。

做游戏是人类的一种基本行为，理解并迎合这种行为方式，对商界来说，是一门必修课。人们经常说："玩的时候，尽情玩。工作的时候，认真工作。"现在，这句话已经过时了，玩的时候尽情玩，工作的时候，也应该尽情玩。因为将游戏与现实相结合，会产生一种新的生产力，一种推动未来商业和社会的力量。

认识游戏的力量

一个迫切须认清的事实是，全世界有一个庞大群体一直没有得到主流社会足够的重视：游戏玩家。过去，主流社会一直和玩家群体处于对立状态，前者在道德上抨击后者，认为应该对他们严加管教。在美国，曾经有一些政客甚至提议对游戏课以重税，让它变成一种平常人负担不起的生活方式。这是一种简单粗暴的态度，即游戏归游戏，现实归现实。重新认识游戏的力量，要率先打破游戏和现实之间的樊篱。

美国有1.83亿活跃的游戏玩家，他们每周玩电脑和视频游戏的时间平均为13小时。全球范围内，中东有400多万游戏玩家，俄罗斯有1000万，印度有1.05亿，越南有1000万，墨西哥有1000万，中南美洲有1300万，澳大利亚有1500万，韩国有1700万，欧洲有1亿，中国有2亿。

从根本上说，游戏带给人乐趣，所以沉迷游戏并没有什么特别，但是如果有人沉迷一款无法获胜的游戏，那就值得研究了。"俄罗斯方块"就是这样一款游戏，只要你玩，你一定会失败，但这是历史上最受人追捧的单机游戏。

没有人喜欢失败，那么玩家为什么愿意花这么多时间来失败而且乐此不疲？各种版本《愤怒的小鸟》已经被下载10亿次了，10亿个人会错吗？《Windows纸牌》（Windows Solitaire）游戏，玩家在该游戏中花费的总时长高达90亿小时，这样枯燥无聊的游戏，到底有什么神奇的力量，令玩家体会到"让快乐的颤抖顺着你的脊柱向下蔓延"？对此，我们所知甚少。但是我们知道，在游戏的虚拟世界里，你可以死去，也可以重生，这里没有面试和年终绩效考评，没有就业率，失业率也为零。

自2004年《魔兽世界》这款大型角色扮演游戏推出以来，全球玩家在这款游戏上花费的总时长为500亿小时，相当于600万年。如果把这个数字放在地球演化的长轴里，我们会看到这样一个惊人的坐标：600万年前地球上第一次出现了直立人科动物，也就是说，从人类的祖先第一次站起身来行走到今天的时间，大致等同于人类花在一款游戏上的时间。从这个尺度来看，人类玩《魔兽世界》所用掉的时间，相当于人类物种演进的时间。这就是游戏的力量。如果我们排斥游戏的力量，那我们就错过了一个巨大的机会。

2004年，硅谷高速公路旁的广告牌上突然出现了一个奇怪的内容，上面什么标志都没有，只有这样一行字：{e中出现的连续的第一个10个数字组成的质数}.com。人们开车经过的时候，即便看到了也觉得一头雾水，不知道这是谁家的广告，也不知道这个广告是什么意思。但是，这则广告引起了数学天才们的兴趣，因为只有他们，才知道这道难题的答案：这个质数是7427466391。以这个数字为地址输入浏览器，你会被带到一个页面，上面有另一道等待解决的数学问题，一旦用户解答成功，他们会被带到一个全新的页面，上面写着："我们认为，建立谷歌最简单的方法是，寻找正在寻找我们的人。我们正在寻找的，是世界上最优秀的工程师。而你就是！"这是一则谷歌实验室的招聘广告。

玩游戏，是一种自愿尝试克服种种不必要障碍的过程。当你遇到困难的时候，也许你只需把它设置成游戏里的障碍，一切就变得有趣起来。可以说，游戏思维是今天这个时代的一种领导力。

游戏塑造行为

游戏的意义超出游戏本身。大量研究表明，游戏可以重塑消费者行为，甚至激励人们做出不寻常的事。也许很多人对这个观点还有点陌生，但实际上，除了前面提到的蚂蚁森林，已经有大量这方面的案例出现，包括在金融领域。

对年轻人来说，赚钱很辛苦，省钱更是个很困难的事情。这是个痛点，也是个机会。讲道理谁都明白，但是怎么让乏味的事情变得有趣呢？答案是游戏，游戏可以带给人动力和乐趣。

早在 2007 年，美国 Mint 公司（mint.com）采用了这样一种机制：想攒钱去夏威夷旅行吗？从菜单中选择一个选项，在你向它存入更多资金的过程中，有一个计量器显示你在财务上距离开往夏威夷的航班还有多远。你存得越多，计量器显示离你的目的地就越近。

要让消费变得理性，这是最让人痛苦的事情。Mint 网的做法是，它给每个用户一种理财积分，如果用户采取了攒钱、避免不必要的花费、消费不超预算等负责任的行为，积分就会上升；相反，如果用户进行了不负责任的消费行为，积分就会下降。另外，用户还可以选择与拥有相似目标的用户进行 PK，这种竞争机制让用户有更强烈赢的欲望，为了赢而节俭，节俭也就变得更有意义。

在被 Intuit 公司以 1.7 亿美元收购之前，Mint 已经拥有 150 万活跃用户。几年前，瑞典几名创业者开发了一款与 Mint 功能类似的手机应用程序 Qapital。一位女性用户说，这款应用不仅让她"管住自己的手，不再疯狂购物，而且还能养成储蓄的好习惯"，而之前，她曾经因为把信用卡刷爆而夜不能寐，甚至"做梦都梦到有催费的账单寄来"。

在这款手机应用上，用户可以设定自己的消费目标——比如每月食物开支300美元，并明确一个储蓄目标。这样，凡是在消费目标之外的钱都会"流向"储蓄目标。Qapital的一个独特之处是"储蓄触发条件设定"功能，即一旦你的行为符合某个设定条件，它就会将你事先绑定银行卡中一定数额的钱转为存款（也可能是捐给慈善机构）。这样一来，每当你想纵情花钱时，就得三思而行了。比如，你在宜家买了特价衣柜，或出行没有打车而是坐地铁，这款应用就会帮你存钱。如果你每花3美元在星巴克买一杯拿铁咖啡，这款应用就会自动向慈善机构捐款1美元。蚂蚁森林也运用了类似的理念。

3年前，美国杜克大学心理学及行为经济学教授丹·艾瑞里（Dan Ariely）加盟Qapital，成为该公司首席行为经济学家。丹对人们行为与心理之间的联系有着深刻理解，他提出运用"反目标"理念来矫正用户消费习惯。按照这一理念，所有类别的消费都相互联系，比如你这个月网购金额超出预定数目，那么Qapital将自动降低你看电影的预算。丹是畅销书《怪诞行为学》的作者。

玩家是21世纪全新的人力资源

玩家是一种非常宝贵但是还未被充分认识到的生产力。这样说并不是指他们在虚拟世界里可以拥有更豪华的盔甲，使用更有威力的武器，佩戴更华丽的珠宝，而是说在现实社会，他们是一股训练有素的力量，他们可以解决真正的问题。

2009年，英国议会爆出史上最大的丑闻，数百名国会议员提交非法报销凭证，让纳税人每年为他们完全与政治服务无关的数十万英镑个人支出埋单。《每日电讯报》披露说，来自英格兰南部海岸的议员彼得·维格斯（Peter Viggers）爵士，报销了3.2万英镑的个人园艺费用，其中包括购买浮动鸭舍的1645英镑。

公众对此义愤填膺，要求公布所有国会议员的详细会计报表。迫于压力，政府公布了4年来国会议员报销的完整记录。但是，这些数据未经分类，只是把数百万份开支列表和收据扫描成了电子文档。文件存储为图像格式，根本没法对报销进行检索或前后参照。许多数据还用大块黑色涂抹，以掩盖支出项目的详细说明。政府披露这样的信息，对社会来说毫无诚意。公众对此非常不满，但又束手无措。

面对手里这批超过100万份的政府文件，《卫报》编辑们知道，如果全靠自己的记者来分析整理，耗时太长，而且很有可能会错失最佳报道时机。所以，他们决定寻求公众帮助，他们想到开发一款调查游戏。

用了短短一个星期的时间，花了50英镑租用服务器，开发团队将所有扫描文件转化并摘要为45.88万份在线文档，这样，《卫报》推出了全世界第一款大型多人新闻调查项目——《调查你的议员开支》（investigate your MP's expenses），任何人都可以去查阅这些公共记录，调查违法细节。

游戏上线仅仅3天，2万多名玩家分析了超过17万份电子文档。访客参与率高达56%。访客参与率衡量的是注册并为网络做贡献人数的百分比，这样高的参与率是闻所未闻的。对比一下，维基百科的访客只有4.6%为在线百科全书做出贡献。

一些真相渐渐浮出水面：平均而言，每名议员的开支是其年薪的两倍甚至更高——薪水最高为6.07万英镑，支出却高达14万英镑。纳税人对议员个人物品开支的总负担额为每年8800万英镑。

玩家发现的违法情节被公之于众之后，至少28名议员辞职或宣布有意在任期结束后退出政界。2010年年初，司法程序启动，对玩家们发现的4名议员进行刑事调查。新的开支条例正在拟定，原有的条例执行得更加严厉。更为具体的是，政府勒令数百名议员偿还总计112万英镑的报销款。

当然，这并非全是游戏玩家的功劳。但毫无疑问，如果没有这款游戏，没有这支玩家队伍，不可能达成这样的目标。玩家团队的特长是，他们可以不计昼夜迅速完成任务，而且完全免费，几乎没有其他组织能够与其匹敌。正是在这些数以万计玩家公民的推动下，英国开启了一轮全新的政治改革运动。

  有人预言，人类正在经历一次从现实到虚拟世界的大规模迁徙。还有人预言，未来的诺贝尔奖得主有可能来自一位玩家，这些预言听上去让人心潮澎湃。游戏化很快就可能成为一个热门的商业理念，但是我们应该看到，游戏既不是现实的对立，也并非万能。重新认识游戏，重新定义游戏，真正掌握游戏的力量造福社会，还有很长的路要走，恰如正在成长的蚂蚁森林。

陈龙

技术迭代企业战略

智能商业时代不存在绝对意义上的传统企业。只要将智能决策作为一种方法论，围绕数据的获取、分析，学习先进技术并创造新商业模式，AI方法论将成为企业的核心竞争力。

新技术的商业化应用正逐渐深化，AI（人工智能）促生BI（智能商业），企业经营充斥着新的不确定性。在智能商业时代，企业如何决定自己的战略方向？

随着数字经济的发展，与人工智能相融合，智能商业模式得以逐渐成熟。企业可以利用AI技术优化价值链。马化腾提出，区别于"用电量"作为测试工业经济发展的指标，"用云量"已经成为数字经济的新指标。智能商业就意味着未来企业的基本形态是"在云端用人工智能处理大数据"。

在影响战略制定的诸多因素中，技术从未像现在这么重要，尤其是智能商业时代的企业战略。在数字化和智能化的浪潮里，AI和"云"是刚需，技术的迭代速度在不断加快。面对技术的这种高度动态性，企业应该先战后略、勇于尝试，在获得反馈后，借助人工智能进行决策，形成新的战略方法。然后思考在"脚下"和"远处"之间，科技如何帮助企业做好战略决策。

马云曾说，战略重在"战"而不在"略"。在发展历程中，淘宝也曾辨别不清未来的战略方向，曾面临三个战略选择：淘宝、天猫、一淘，它们分别代表了一种商业模式。马云最后的做法是"赛马"，三个团队、足够的资源、相互竞争，让市场做选择，看似最具有科技潜力的"一淘"最终被淘汰。既然市场变化快，方向不明确，那么就通过"战"的行动来探索未来。

面对波诡云谲的外部环境，不少企业选择了"行动"，而非"规划"，亚马逊就是如此。在各个历史阶段，亚马逊总是毫不犹豫地尝试新技术。电子商务伊始，亚马逊引入信用卡网上支付，并证明其便利性和安全性；为了形成闭环，亚马逊引入用户点评，如今所有的互联网服务都可以用户点评；不但实施网络购书，还引入电子书业务，两度改变了出版业的格局；并且开发出全新的云计算模式，按照时间出租，"以租代购"降低创业成本和复杂程度。现在，亚马逊又开始采用对话式AI，让购物变得更加便利。

最重要的是，亚马逊有一条始终贯穿业务流程的学习逻辑——不断上线、迭代、优化，使得BI时代的战略就像是巡航导弹，先打出去，在飞行的过程中不断修正飞行的路线。同样，IBM也是如此。在智能商业时代再次选择转型进入智能医疗领域，IBM将AI技术引入智能医疗价值链的每个环节。随着数据的积累、流程的优化，未来将形成智慧医疗的认知洞察力。

国内的一些制造企业，硬件设备已经非常先进，生产线上密布各种传感器，却没有对数据进行认真的分析。未来，如果能够采用AI技术对这些积累的数据进行分析和解读，将会极大地优化流程并提高安全性。

AI代表了未来企业的一种方法论，把技术融入业务环节并作为辅助决策的工具。利用AI技术进行认知计算，不是制造"替人类思考"的机器，而是"增加人类智慧"，帮助企业更好地进行战略分析和决策。

在智能商业时代，不存在绝对意义上的传统企业，只要把智能决策作为一种方法论，围绕数据的获取、分析，学习先进技术并创造新商业模式，AI方法论将成为企业的核心竞争力。

滕斌圣

组织变革重在长尾演变

平台型企业给员工制造连接资源的机会，员工则化身"阿米巴虫"，捕捉个性、善变的用户需求，创造长尾市场机会。

互联网时代，组织的首要功能是整合与协调资源，以达成战略目标。组织形态林林总总，不一而足。如今互联网连接一切，包括人、财、物，为组织形态变革带来了巨大的新可能。从小组织到云组织，从生态组织到网络组织，如何选择有效的组织形式，提高企业运营效率，是企业面临的重大问题。商业本质也许不变，埋头拉车或有厚报，但外部环境确实在改变，唯有最合理的组织形态才能够让企业御风而起。

传统的科层组织，采用集中方式，只能协调企业内部资源。现在，互联网可以用极低的交易成本整合社会化的外部资源。企业资源的社会化，得益于互联网和"云"这个工具，使得原本不容易做到的连接，变得可能和高效。例如众筹、众投等平台如雨后春笋般涌现，调动了全社会的冗余资源，这种集众人之力的方式，使得企业的资源组织方式从集中式向分布式演化。

首先，组织形态开始互联网化。企业内部形成了私有云，比如苏宁云商发展的财务共享服务，兼具分散经营与集中管理的优点，通过对后台业务的资源共享降低了财务处理的成本，企业财务共享服务中心不再只是会计工厂，最终将发展为数据共享业务中心。外部则在形成公共云，如各地都在发展的"工业云"服务，试图对中小企业提供完善的信息系统、财务系统等公共服务，类似把苏宁云商的财务共享独立出来使之社会化。这种"云"化的形态，使企业组织形态变革多了一种选择。

其二，企业在追求"小组织"化，以实现决策重心从上到下的转移。企业是信息的集合体，一个基本功能就是信息的集中与处理。传统的金字塔组织形态下，决策信息和过程是从上到下，从企业决策层到一线业务人员。然而，互联网时代，用户在线上线下神出鬼没，虚拟现实愈演愈烈。"刘郎已恨蓬山远"，一线人员都未必能"听得见炮火"，决策层"更隔蓬山一万重"。

组织形态的改变在于决策权的下放，业务部门和决策层成为一线员工的资源支撑。企业一线员工与消费者快速互动，实现精准供给匹配。于是，组织形态开始变小，小组织能灵活贴近用户。

韩都衣舍的产品小组制，正是基于公司最小的业务单元实现责任和权利的高度统一，企业通过评定各小组的毛利率和库存周转率作为考核标准，这暗合日本经营之神稻盛和夫所推崇的"阿米巴"组织模式。

小组织背后依赖的是企业强大的IT系统、供应链系统以及管理体系的平台支撑，小组织获得充分授权，同时也提高了运营效率和降低了库存的风险，企业决策强调精准有效，而小组织无疑是复杂环境中的可行方法之一。

第三，组织的雇佣方式变得更灵活。企业即人，是各种人才的集合体。传统的组织形态下，企业通过招聘集聚合格的员工。然而，互联网提供了交易的便利性，企业瞬间就可以找到合适的人。企业喜欢吃鸡蛋，却不必养母鸡，边界变得模糊。例如，海尔把所有为企业服务的人员分为"在线"和"在册"，在册是指企业的现有员工，在线则是互联网连接的外部非正式员工，海尔最终要将员工全部上线。基于互联网技术，把企业资源数据化并放在平台上，使其在线化。

通过员工创客化，组织变成"平台"，主要功能转为给员工提供大展拳脚的天地，使原来企业内大量不掌握充分信息的员工，变成明白人，成为创客。一线的创客们清楚地知道他们为满足市场需求，应该调动和整合哪些资源。平台型企业的领导则不会用自己的意志去替代业务单元的决策，而是积极释放每个员工解决用户需求的主动性。

　　平台型企业给员工制造连接资源的机会，让员工无边界协作，解决用户需求。员工则化身"阿米巴虫"，捕捉个性、善变的用户需求，创造长尾市场机会。不管在线还是在册，简单透明的创业文化，便于员工在价值观上达成统一，并聚焦在直接为用户提供价值。

滕斌圣

第八章 | 商业生态的创新与未来

联合办公也要人以群分

联合办公的困境在于如何实现准确"定位"。无论是生态圈、服务体系，抑或孵化器等，平台所汇聚形成的创业生态和创业文化才是核心价值。

联合办公是分享经济的创新，并用全新的方式改造传统地产租赁行业。共享办公场所的模式引人瞩目，国外的WeWork、Regus、Hub等企业估值迅速增加，国内则有优客工场等企业如雨后春笋般涌现。无论是创业者的市场需求，还是联合办公的多元供应，两者都已经形成了巨大的规模。在分享经济的发展理念下，平台市场能够实现创业空间供给和需求的最优对接。

商业模式的创新离不开市场需求的支撑，资本市场看好联合办公，除了分享经济概念为老套的房地产租赁市场注入一丝新意，最重要的是当下"大众创新，万众创业"发展所营造出来的广阔市场。

创新和创业者们更加喜欢以一种轻资产的方式开启创业旅程，而联合办公模式不但为这些人提供了相对便宜的工作空间，还实现了创业者的聚集，使他们能轻松找到志同道合者。不同企业的人在联合办公空间中共同工作，共享办公环境的同时，还可以实现信息、知识、技能、想法的共享。随着创业群体数量的增加，联合办公模式有助于拓宽他们的社交网络。随着"双创"的火热发展，不但国内的传统写字楼开始积极转型，We-

Work前不久也进入中国市场。

随着分享经济概念深入人心，联合办公模式也呈现多样性。最简单的是"二房东"方式，把租来的大空间划小，再分租给其他创业者。最为流行的是"众创空间"模式，一般是政府主导采用PPP的方式建设。知名的如浙江互联网小镇，办公场所的设计别具一格，入驻企业也展现出创新特征。众创空间在一定程度上起到了"孵化器"的作用，内部空间完善的公共设施，相关政府部门和金融机构的入驻也大大降低了创业者的审批和融资成本。还有以投资为主要业务的"投资天使"模式，以创新工场为代表，在入驻的初创企业中发现未来的行业翘楚。在这种模式下，天使投资人把联合办公场所发展成"养羊的牧场"。

虽然联合办公的模式在不断增加，挑战却依然很大。前一阵，创业者退出望京SOHO的事闹得沸沸扬扬。他们退出的理由不过是复杂的入驻流程审批，穿拖鞋和T恤衫不能进入办公区域等。初创企业身处新的文化，他们希望在联合办公模式中找到共情共鸣。

当前，联合办公的困境在于如何实现准确"定位"，无论是生态圈、服务体系，抑或孵化器、加速器、创业空间等，联合办公提供的核心价值是什么？

明确这一问题之后，所谓的"水土不服"以及创新者的困境，都将不是难题。WeWork的核心竞争力既不是"整批零卖"，也不是考究的办公环境设计、周期性的社区沟通、平台化的服务支持，最为重要的核心价值，是平台所汇聚形成的创业生态和创业文化。分享经济不是免费经济，这一点已经成为共识。不管联合办公利润来源是租金还是会员费，当价值提供明确后，创业者们愿意持续入驻，商业模式才算成熟。

曾有人认为，中国没有美国那么多的自由职业者，在国内照搬WeWork商业模式行不通，现在看来落地障碍不大。从创业者需求看，国内创业的群众基础正在形成，自由职业者数量不断增加。尤其在双创的背景下，政府大力鼓励创业使得对于办公环境的市场需求激增，创客办公变成了一片蓝海，市场对于共用工作空间的需求越来越大。

从供给看，截至2015年年底，国内的众创空间数量已经超过2300家。除了科技园区、众创空间外，有从房地产商转型而来，如优客工场、SOHO3Q、洪泰创新空间；有将创业空间作为投资业务补充的，如科技媒体36氪的"氪空间"、联想之星孵化器、创新工场、天使汇、苏河汇等，最终目的都是发现优秀的投资项目；有专业的联合办公空间，如科技寺、无界空间、酷窝等，旨在为年轻的创业者提供"不一样"的办公场所。

在供需两侧推动下，联合办公模式将从单边市场走向双边市场，并向平台化方向发展。有的互联网企业构建了联合办公市场平台，一边连接初创企业的需求，一边连接联合办公空间的供应，在信息对称的状态下，实现供给和需求的快速对接，将联合办公模式的市场效率发挥到最大。

滕斌圣

分享经济隐藏商业悖论

分享经济再次回到舆论的风口浪尖，不过这一次不全是掌声。概念不再被热议，管理的核心——能否提升效率或品质，重新成为衡量创新价值的尺度。如果分享平台不能实现规范，提升用户体验和服务质量，那么，分享经济最大的敌人将是自己。

一定程度上，分享和商业本来就是对立的。商业的本质是专业化分工和社会化交换。分享经济的重点是闲置资源，短暂性投入市场提供服务，获得些补偿性"收益"。也就是说，分享的资源是碎片化、暂时性的，如果闲置资源经常性、专业化地作为生产资料，投入到商业活动中，那就失去了分享经济的本意。比方说，如果大量的私家车司机都变成全职的网约车司机，道路上的空驶车辆将明显增加，不但通过共享节约交通资源的目的无法达成，道路反而更加拥挤，能源和时间等资源的浪费更严重。

分享经济自带耀眼的道德光环，闲置资源、绿色出行、社交需求等都是分享经济创造出的概念。但是，一旦闲置资源的"收益"形成了规模和效益，逐利的冲动使得分享平台进行商业化经营不可避免。资本的狂欢、成为独角兽，分享经济逐渐偏离了原有的轨道，变成一个基于互联网平台的中介市场。

平台组织的"轻资产"特性吸引放大了供给和需求两侧：零边际成本

实现了便捷接入和低成本运营，长尾需求吸引大量碎片化的闲置资源，"短暂性消费"使得交易高频高效。最终的结果是，供给者从闲置物品中获得了额外的收益，收益使得大量的生活资料转化为生产资料，兼职变成专职，从而失去分享的原意。平台组织者拥有大批的专业化人员，却不用为这些所谓"兼职员工"的行为负全责。

分享概念的泛化使分享经济逐渐丧失其原始本质。如果分享经济不免费、闲置资源可以"职业化"，那么所谓的分享经济将与市场经济没有任何区别，毕竟市场经济条件下的社会分工也可被看作宽泛的分享经济。现在，几乎所有的互联网经济模式都打着"分享"的名义。除了我们认为理所当然能被分享的空间、交通、知识、技能外，还有更多的网络经济形态被纳入分享中。分享经济通过盘活闲置资源打动了公众，用社交概念取悦了消费者，迅速形成规模的膨胀。

当商业化推动分享经济的泡沫，我们将面临"宽市场"的风险。共享平台型企业为了发挥网络效应，希望供给和需求尽快形成流量，资源供给越多、用户需求越多。这样，平台能以较低的成本创造大量的供需，并实现供需之间的快速匹配，降低交易成本，这是平台的价值所在。于是，平台往往通过补贴的形式迅速做大市场，形成固定的消费习惯。

当平台具备足够的控制能力后，资源提供者的讨价还价能力被削弱。另外，为了保持"宽市场"的容量，平台往往缺乏剔除"劣币"的动力，而是希望更多的资源和供给加入进来。如通信市场，电信企业希望通话量越多越好，于是缺乏对于广告电话、诈骗电话进行整治的动力。这使得政府的监管成为必要。

目前，分享经济亟须澄清自己的边界。显然，不是所有的互联网经济、市场经济都是分享经济。分享经济一定是闲置资源的分享，闲置和用户体验是分享经济的核心概念。分享经济可以不免费，并获得一定收益，但闲置资源一定不能作为持续固定的生产资料加入到经济活动中来。

分享的魅力在于闲置利用、社交愉悦，社交行为和商业行为有着严格的区别，失去了社交属性，分享型企业将变得与一般互联网公司没有任何区别。分享经济的发展务必要回归分享和社交的本来属性，这样，分享模式将给传统商业经济带来良性竞争和有效补充，而不是颠覆。

滕斌圣

智能时代的商业模式创新

互联网与智能制造新时代

互联网时代有一个摩尔定律，每隔一段时间它的效率、计算速度、存储能力都会翻番。

回过头来看，1991年电子邮件刚刚大规模在美国投入使用，有了电子邮件可以实时进行沟通，25年前我们觉得这是一种小小的革命，但现在看起来就觉得不算什么了，每隔若干年就有新的概念出现，而且都不是虚的概念，都能够落到实处。

《华尔街日报》大概五年前的一个观点很有道理：移动互联网是一个多维度、由几种技术结合到一起的一个化学反应，甚至于是一个核反应。有了互联网，你用到的所有东西自动会保存，即便是刻意删掉也未必能做到。互联网就像一个大漏斗一样把我们所有网上的活动全部都记录下来，这有点可怕，因为我们每个人都是透明的。希拉里输掉这次大选很大的原因在于，你就算能够把以前发过的邮件给删掉，但是别人至少能知道曾经有过这些邮件。这个记录你是没有办法百分百删掉的。

李克强总理非常重视智能制造，其中包括很多不同的技术，比如中国提出的"中国制造2025""3D打印""智能机器人"等新的概念。前瞻性的眼光是很重要的，我记得五年前我在课上讲到3D打印的时候，很多同学都觉得这有点开玩笑，或者觉得大概闹着玩可以，真的要进行工业化运用，似乎是遥不可及的。

但是，才几年工夫，3D打印已经大量的在工业当中使用。因人而异的个性化的产品，几乎必须得用智能制造，而不可能用传统的流水线的方式。

大家都知道有一个所谓"长尾"的概念，或者说一条供需曲线，头部很大，尾部很长。中国公司传统来说擅长的是做头不做尾，头部相对来说比较契合我们的基因，也就是说我们做"量"是非常擅长的，追求的就是规模经济，而尾部的东西这么庞杂，总量也没有多少，显然大家做起来就没什么兴趣。

但是现在发生了什么现象呢？大量的人从头部向尾部走，也就是说这条曲线变得比较平了，这样一条平的曲线对中国企业带来的风险是什么？如果你原来是做头部的，你现在依然做"头"，你会发现你的量不够了，或者这种生产方式的成本比原来高很多。现在小规模的流水线，依然能让头尾相连，更适应个性化的生产方式。一部分企业已经走在前面，但是对于重工业，这个太难。

我研究过一家钢铁企业，他们也尽可能地和自己下游的客户用类似于工业4.0的理念进行实时沟通，我给你生产出来的钢材要更加贴近你的需求。原来大家知道钢材的生产是标准化的，我这个钢筋、钢条就这样，然后比如在建筑行业，具体的房产开发商再叫他的服务商进行切割，然后再运到他的工地。

这个原来是必不可少的，但如果现在钢厂可以直接和一些大的用钢企业，比如说房地产开发商有这样的一种沟通，那就可以减少中间这个环节了。只要你的量不是太少，我就可以直接按照你的尺寸来提供你想要的钢材。所以说不是只有轻工业在转型，重工业尽管挑战更大一些，但是也有机会做精益生产。

另外，互联网时代的长尾销售变得空前容易。原来长尾很难卖得掉，畅销书在书店能找到，非畅销书你得去淘。亚马逊起家就在这儿，越是长尾的领域，用互联网的方式进行销售就越有优势，这个大家很清楚。传统行业也可以做到个性化，若干年前海尔的张瑞敏就说了，原来我们是几个型号生产几百万台，未来可能要几百个型号才能生产几百万台。也就是总的生产量不变，但是我们要从几个型号被迫变成要提供几百个型号。

个性化的、小众的、特定群体的需求会变得越来越重要。做一个标准化产品，"一招鲜吃遍天"以后就比较难了。

互联网时代的三大变化

在这样的一个大背景下，我们总结一下带来的三大变化：

首先，中国已经成为主要的互联网市场，消费者日趋成熟。上网人数显著增加，电子商务蓬勃发展。

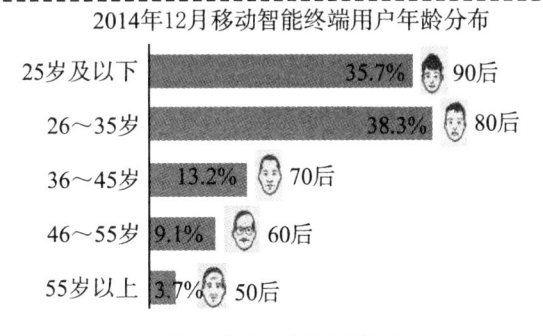

80后中国青年用户是移动网民的主力军，而90后青年已逐渐成为移动互联网的新生力量

2014年12月移动智能终端用户年龄分布

年龄	比例	分类
25岁及以下	35.7%	90后
26~35岁	38.3%	80后
36~45岁	13.2%	70后
46~55岁	9.1%	60后
55岁以上	3.7%	50后

图1　移动互联网行业概况

资料来源：TalkingData数据中心

我们从这个图可以看出，80、90后群体比剩下所有群体加起来的人数还要多。所以你的产品服务的人群不同，差别就会非常大。比如《小时

代》是乐视拍的第一个电影,可能很多人对这部电影不感兴趣,无法理解为什么这个片子会有那么高的票房。实际上是因为这个产品针对的人群不是你。

其次,对长尾需求的有效满足,与第三次工业革命的定制化产品相契合。

把郭敬明的这本书拿来拍,风险是比较小的,因为有上亿的年轻人看过这本书,而且很多人都是粉丝。但是这些粉丝到底是什么人,特质是什么,你在改编的时候如果不清楚,就很有可能会出差错。所以后来他们根据大数据来分析或者把这个客户画像刻画出来,然后在改编的时候向他们的偏好靠拢。这样在做改编就很容易了,而且植入广告也更有针对性。如果整个行业的环境或者格局在演变,你还是用原来的方式去做,肯定是不合适的。

第三,是交易成本降低,交易信息透明化,要打出差异化也越来越困难。

这两年O2O的失败俯拾皆是,很多刚毕业的大学生受"双创"政策影响,没有什么特殊的技能,两三个人搞一个APP就创业了,基本都和O2O有关,这种创业基本都必死无疑。这是一种羊群效应,你把并不适合创业的人大量赶去创业,失败率肯定急剧提高。但是失败率高并不等于说这个概念本身不成立。

我们校友做的VIPKID在网上提供英语教学,成长的速度就很快,前不久融资到了1亿美元,受到很多人的认可。外教面对面教英文,这是一个痛点,某种意义上在中国也是一个刚需。国内的这些外教基本都不是教英文出身的,很多中国学生到国外去也可以教中文,但是你的中文一定可以教得很好吗?不是会英文的人一定英文都教得很好,所以他是把北美那些从小教英文的老师的碎片化时间整合起来,通过互联网和国内的小孩一对一进行交流,时间成本降到极致,因为不用花路上的时间。在你方便的时间用这个网络直接就做到了,所以我想这种O2O类型还是可行的。

互联网时代下的开放式创新思维

原来我们做传统的战略分析，会优先或者花大部分时间分析对手，因为对手可以抢走我们的市场份额，可以削弱我们甚至把我们打败，但现在我们意识到最危险的可能是外来物种，因为外来物种有可能毁灭整个领域。

有人预测说某一天交通广播也许会消亡。如果交通广播真的消亡，那应该说是死在谁的手里？是死在它的同行、它的竞争对手手里吗？不是。是打车软件、导航软件和喜马拉雅这样的互联网电台。因为原来听交通台最多的就是出租车司机，他们要根据电台提供的路况来决定路线怎么走，现在手机上开着高德就能把实时路况全部呈现在你眼前，就不需要听交通台了。更何况他还要抢单，同时听交通台也会有冲突；不抢单的时候他可能听喜马拉雅或者别的内容。所以外来的物种可能干干净净地把你干掉，翻墙、跨界的打法层出不穷，这是我们必须要优先加以考虑的。

传统企业视自己的技术为安身立命的根本。传统经济时代最核心的是技术。互联网时代技术仍然很重要，但是还需要开放的创新思维。

比方说最典型的就是电脑的操作系统Linux，因为当年有一个软件工程师有感于微软对于操作系统的垄断，他自己搞了一个很简单的原型放到网上，邀请软件工程师参与进来，用自己的业余时间来参与这个项目，整个项目最后变成可以取代微软操作系统的一个免费的软件。

这样的开放式产品创新，在没有互联网的时代是无法想象的。我们现在的共享经济、众筹、众包都是用很低成本甚至免费的方式把原来很难做到的，或者说是成本很高的工作做了。国内的企业有些也走得挺前沿的，至少想法很好。

据说杭州图书馆就做了一个比较不错的创新，就是你可以安装APP，到书店你如果看中一本书扫一下，这个APP上就可以显示出来图书馆有没有。如果满足某些条件你就可以直接用APP付费然后把书拿走，也就是图书馆帮你把钱付了，你的责任是看完以后要把书还给图书馆。如果你的朋友也想看这本书，你们两个人之间用APP扫一下，这本书就转到他的名下，他负责把这个书再还掉，这个流通已经开始进行。

原来图书馆要有工作人员作为买手来决定我们应该买哪些书，买来以后还要把标签什么都贴好放到合适的位置上，然后想办法鼓励大家来借书，这样这个书才能流通起来。现在，自发的读者已经让比较受欢迎的书实现了流通，书的社会价值不就已经体现了吗？所以这些东西说明了互联网的这一套打法是很不一样的。

还有粉丝经济，传统的企业都认为自己是懂粉丝的，而且也为自己的粉丝提供了很多的价值等等。但是你深入挖掘一下，就会发现他们所谓的粉丝经济还是停留在相当原始的水平上，和真正的互联网公司的玩法不在同一个层面。

罗辑思维曾专门出了《场景革命》一书来描述他们的理论，怎么在特定场景之下来玩转粉丝。他们后来卖月饼也卖到上百万的量，不是说自己给自己买月饼，你必须买了送给别人，而且是在罗辑思维的群里进行。谁应该给我买月饼，谁能够收到很多的月饼券，就说明你人气超高，这就跟网红直播的时候收到很多飞机礼物什么的差不多。这就是不同于以前的玩法，我们也要加以留意。

什么是互联网思维？以小米为例

那么，到底什么是互联网思维？我们从小米的例子谈起。

第八章 | 商业生态的创新与未来

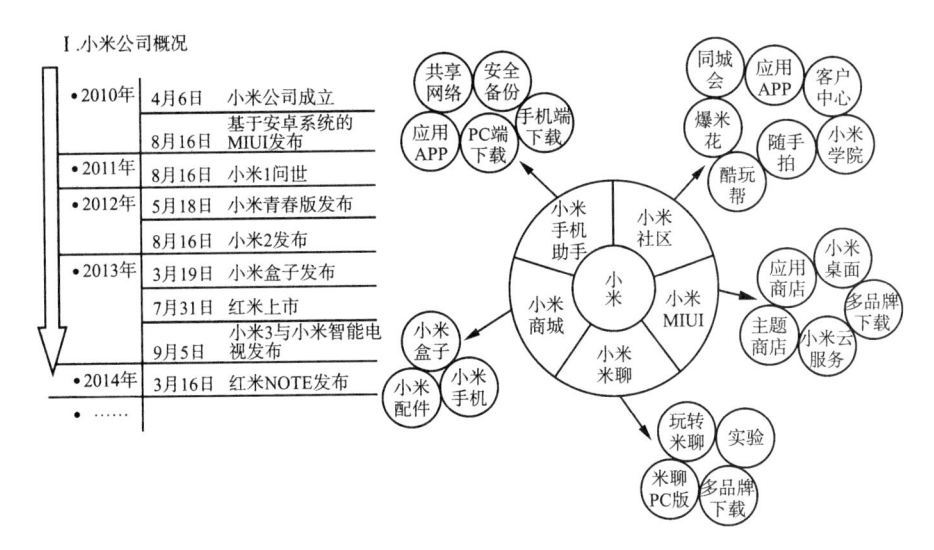

Ⅰ.小米公司概况

•2010年	4月6日	小米公司成立
	8月16日	基于安卓系统的MIUI发布
•2011年	8月16日	小米1问世
•2012年	5月18日	小米青春版发布
	8月16日	小米2发布
•2013年	3月19日	小米盒子发布
	7月31日	红米上市
	9月5日	小米3与小米智能电视发布
•2014年	3月16日	红米NOTE发布
•……		

图2 小米公司概况

雷军用四个词总结了他眼中的互联网思维：专注、极致、口碑、快。这四个方面里最关键的就是口碑，要发动百万发烧友一起来做手机，这个口碑效应是最最关键的。他背后就是社会化营销，也就是真正把用户当朋友，让他们有一种强烈的参与感。

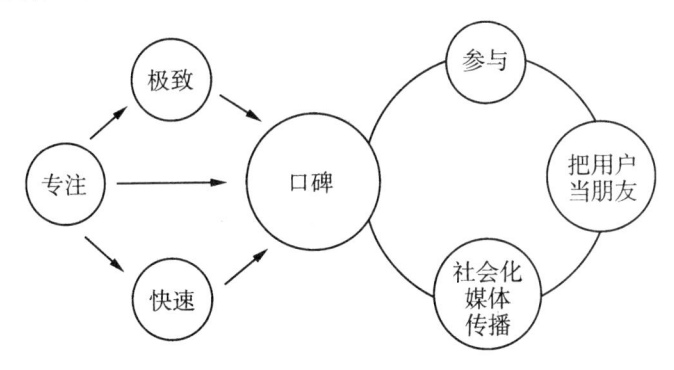

图3 小米的互联网思维

资料来源：小米公司

如果我们把小米的商业模式总结一下，那就是三大支柱：

第一个支柱：软硬件的结合，那时候是尽一切可能让用户尖叫，用当

391

时最好配置的芯片，还有其他的一些要素，组合到一起卖1999，这让当时的人感到匪夷所思，同样配置的华为手机要卖4000，苹果三星要卖到6000以上，小米只卖1999这的确是让人忍不住要尖叫的。

第二个支柱：社会化营销。小米前几年完全是不做广告的，完全用论坛、微博、微信，雷军自己整天泡在论坛里，有上百人的团队在论坛上注水发各种各样的帖子，全部是用社会化的方式来做营销。广告成本和渠道成本对传统厂家来说是非常高的，这两个加在一起差不多要占总成本的30%~40%。所以小米把这些传统品牌的百分之三四十的成本降到个位数，才能有让人尖叫的价格。

但是小米有三大短板：研发，制造，零部件。这三个短板其实都是一开始都有的。技术虽然挖了很牛的人，但是毕竟这家公司以前是没有做过手机的。这个问题之所以能解决，是因为他们切入的时间点比较好，赶上智能手机的爆炸式发展，不像十几年前如果一个外行直接做手机，很多东西都得自己来做。2010年前后，技术已经比较成熟，基本的技术平台拿过来就差不多能用，再加上自己有一些牛人，出一台能打七八十分的手机应该已经是可以的。

制造的问题，就是代工企业和零部件企业不愿意接他们的单。一是他们名不见经传，二是量太少的话没办法接你的单。前100家手机零部件供应商，有92家一口回绝了，说对不起我们没有剩余的产能里给你们供货。其实他们只是对于这种新的企业心存疑虑，担心供货了最后却拖欠货款，如果不付或者拖得很长到时候他们就很被动，所以他们一般不大愿意和这些初创的企业打交道，因为有账期问题。

这两个问题小米是怎么解决的？有的是靠死磕，比如说夏普可以提供液晶显示屏，但是一开始他们回绝了小米。后来日本发生地震了，福岛核电站泄漏，在那样的非常时期，雷军带了两个高管坐着几乎空无一人的飞机到日本去和夏普谈合作。夏普就想别人都在逃离日本，你们却在核泄漏的时候来和我们谈合作，可见诚意十足。精诚所至，金石为开，这个生意必须是要给你们的。但是这种事也是偶遇，再如法炮制，这肯定是行不通的。但是你只要能磕下几个，后面就慢慢容易了，比如你跟别的厂商说，夏普给我们供货，那他会觉得你应该还是比较靠谱的。

第三个支柱：打一个时间差。也就是预售的模式，这个模式也不是小米发明的，房地产公司早就这么干了。我有500套房子要卖，我不可能直接就开盘，如果卖得不好整个动能就失去了，所以房地产公司往往怎么做？说我们要预售，你拿2万块过来我到时候给你抵5万，2万抵5万其实也只是便宜了3万块钱，相对于整个房子的价格是可以忽略不计的。但是我先把潜在客户用这种方式抓到手里，等到积累了800个潜在客户我就开盘，这样产能很快就能消化掉。

小米的做法跟这个有点类似，发布的时候定价1999让人尖叫，但问题是买不到。前面是造势，后面是保持饥饿营销，其实饥饿营销或者吊胃口只是一个副产品。主要目的是你先下单，下单数额积累到500万我就一次性找零部件供应商采购。因为零敲碎打供应商不愿意，但一次性采购500万就比较有余地了，代工企业也是一样，我一下子下单500万、1000万，你就有可能把我的单子挤进去，然后我就可以正常销售。所以一开始是亏的，但是进入正常销售以后其实是有利润的，硬件不赔钱，然后把这个量就这么做起来了。

用一个时间差不但实现了两边的有效配合，而且大家想想如果真的下单买零部件是在这个时间点，零部件的成本已经下降了。我前面讲过摩尔定律，每隔18个月这些零部件的成本都要降一半，如果晚一个月、两个月再下单，这个效果是完全不一样的。整个配置在前期造势的时候是令人尖叫的，真的到正常销售的时候虽然还是比较领先的，但是已经不能跟当年比了。

滕斌圣

第九章

全球化下的中国企业

华为美国并购得与失

1996年华为走出国门，以其低价及快速的客户需求反应能力作为进军国际市场的敲门砖，用近20年时间确立了其在国际通信行业的领先地位。

华为的国际化路径基本上延续了它在中国国内市场所采用的"农村包围城市"、先易后难的策略。从俄罗斯，到非洲，到东南亚，到中东，到欧洲，再到北美、日本市场等等，华为构建了一个全球性的市场网络与研发平台。目前，华为业务遍及全球170多个国家和地区，服务范围覆盖全球运营商50强中的45家及全球1/3的人口。2016年华为实现全球销售收入5216亿元，海外营业收入占比达到55%。

华为所在的通信设备产业竞争激烈，行业领导地位长期被爱立信、诺基亚、摩托罗拉、思科等跨国公司占据。2013年华为的销售收入首次超越爱立信，成为全球最大的电信设备供应商。2014年、2015年，华为的专利和知识产权数量连续两年全球排名第一。2016年华为参与研究创新的Polar码被3GPP确定为5G eMBB（增强移动宽带）场景的控制信道编码方案。如今，华为已经在关键技术领域取得了突破性的进展，正在成为通信设备行业的领先者。华为被认为是中国唯一一家在主流行业真正实现全球化运营的民营企业，是中国企业全球化运营的典范。

然而，在170余个国家和地区取得巨大成功的华为，却在"国家安全"

的名义下在美国市场举步维艰。从2001年华为在得克萨斯成立北美分公司FutureWei，到2012年10月遭遇美国国会调查被迫退出美国电信设备市场，华为在美国的经历一波三折，其间的多次并购都以失败告终。尽管阻力重重，华为并未就此放弃美国市场，而是尝试曲线进入美国。

本文研究了华为的全球化之路以及华为开拓美国市场的整个历程，并以华为的两次并购失败案例为主线分析了华为在美国并购的得与失。从其并购的经验中，华为得到了怎样的经验和教训？这些经验和教训为中国企业的全球并购带来怎样的借鉴和思考呢？

华为的全球化之路

1987年，任正非在深圳创建华为。1994年，华为自主研制的大型万门程控交换机——C&C08机诞生，其价格比国外同类产品低三分之二，迅速为华为占领了市场。华为于1998年成为中国最大的通信设备制造商。

作为企业领导者，任正非对国外企业的先进管理方式充满了好奇。从1992年开始他先后走访了法国阿尔卡特、德国西门子等行业领先跨国公司，这些海外访问，给了他很多触动。任正非心里明白，"与国际一流对手在全球市场上拼杀，是中国企业走向世界的必由之路"。1995年，任正非在规划《华为基本法》时，明确提出要把华为做成一个国际化的公司。

在全球化战略的选择上，华为采取了"农村包围城市"的战略。重点避开发达国家市场，先凭借低价优势进入发展中国家，这样一方面能规避发达国家准入门槛的种种限制，另一方面可以用低价策略绕开跨国公司的竞争。在有效进入发展中国家市场后，华为才进入发达国家市场。

早期探索阶段（1996~2000年）

1996年，华为获得了香港和记电信一份价值3600万美元的合同，提供以窄带交换机为核心的"商业网"产品，这是华为海外市场第一单。随后俄罗斯和拉美市场成为华为进入国际市场的首选目标。1997年俄罗斯经济陷入低谷，电信业跨国巨头纷纷从俄撤资。华为趁机在"亚欧分界线"乌法市与当地企业建立了"贝托—华为"合资公司，以本地化模式来开拓市场。2000年，华为获得了乌拉尔电信交换机和莫斯科MTS移动网络两大项目，迈开了俄罗斯市场规模销售的步伐。

华为从1997年8月起开拓拉美国家市场，先后在巴西、厄瓜多尔等9个拉美国家设立了13个代表处，另外成功进入孟加拉、巴基斯坦和印度市场。2000年，华为公司合同销售额超过26.5亿美元，其中海外销售额超过1亿美元。

华为早期海外市场拓展的经验是：1）采取"稳中求胜"的战略，有意避开管制程度较强的发达国家，以低价战略迅速打入发展中国家市场，扩大海外规模，积累国际经验。2）追随中国国家的外交路线，主攻亚非拉等非主流市场。3）邀请亚非拉国家的电信部门领导参观中国及华为，以增进对方对华为的了解与信任。

切入欧洲等发达国家市场（2001年以后至今）

在逐步打开发展中国家市场并积累了一定的国际化经验后，华为将目标转向了欧洲。2001年，通过与当地著名代理商合作，华为10G SDH光网络产品成功进入德国、法国、西班牙、英国等发达国家和地区。2003年10月华为获得欧洲电信运营商Inquam公司CDMA450项目合同，进入葡萄牙、德国、罗马尼亚、俄罗斯、瑞典等国家CDMA450移动系统市场。Inquam公司CFO指出，"华为公司的活力和强大的研发实力"是他们选择华为的关键所在。

2004年华为在英国设立欧洲地区总部，将海外拓展的重点从亚非拉等发展中国家转向了欧美主流高端市场。华为最终在2005年成为英国电信公司的设备供应商。2005年11月华为与全球最大移动通信运营商沃达丰集团（Vodafone）签订了全球采购框架协议。从2006年开始，华为为沃达丰运营的21个国家提供定制手机。以此为契机,华为在欧洲通过"运营商网络+定制手机"的模式迅速打开了欧洲手机市场,也为未来华为高端手机进入欧洲奠定了坚实的基础。

2016年,华为在欧洲的销售收入达到1565亿元,占总收入的30%,成为华为最大的海外市场。GfK数据显示,2016年华为手机在全球有33个国家市场份额超过15%,另有18个国家市场份额超过20%,其中接近半数为欧洲国家。无论是运营商业务还是手机业务,华为在欧洲市场都取得了丰硕的战果。在欧洲市场的攻伐战略中,运营商更看重的是产品的质量和服务。华为认为高性价比的产品,加上快速响应客户的需求是华为屡屡获得海外运营商订单的一个主要原因。

华为在美国市场的拓展

美国是任正非认定的真正意义上的全球主流市场,和其他地区市场相比,美国市场的突破具有决定性意义。首先,美国是全球最大的电信设备市场。其次,华为在美国市场将面临思科等众多通信设备巨头们的全面打压。第三,与分散的欧洲电信设备市场不同,美国是全球最大的单一市场,受到政府严厉监管,克服政治阻力是外国企业进入这一市场的难关。面对这样的市场,华为在和其他竞争对手对抗的过程中,不仅受到高准入技术门槛的限制,还将受制于政治因素和贸易保护禁令。

初期单打独斗策略(1999~2003年)

早在1999年,华为就在达拉斯开设了一个研究所,专门针对美国市场开发产品。2001年6月,华为在美国得克萨斯州成立全资子公司Future Wei,开始向当地企业销售宽带和数据产品。华为打出的广告语是"唯一不同的就是价格",就像在欧洲市场一样,华为在美国市场的竞争力首先体现在性价比上。

随着华为在美国市场的挺进，针对华为产品的质疑同步而来。2003年新年伊始，思科向美国得克萨斯州法院起诉华为侵犯其知识产权。2003年3月，3Com总裁布鲁斯·克拉夫林（Bruce Claflin）出面向美国法庭提交证词反驳了思科对华为的指控。经过长达一年半的专利之争，双方最终达成了和解。但是这场纷争严重影响了华为在美国市场的声誉，使得华为业务进展非常缓慢。

中期组建合资公司策略（2003～2007年）

在与思科的专利之争中，华为与3Com成立的合资公司起了关键性的作用。这使华为直接品味到了联盟战略的意义，华为开始尝试利用合资模式开拓国际市场。华为希望通过强强联手寻求与美国四大运营商的合作机会。

2003年11月，华为与3Com的合资公司——"华为3Com通信技术有限公司（简称H3C）"正式成立，华为投入技术和人员入股获得51％的股权，3Com投资1.6亿美元获49％的股权。根据协议，在中国和日本市场以合资公司的品牌销售数据产品，其他市场则以3Com品牌销售。对于华为而言，与3Com建立全球合资公司具有战略意义。华为可以借助3Com品牌及全球性经销渠道，在国际市场上为3Com近5万家渠道提供有价格竞争力的OEM产品。由此华为迂回进入美国。2007年，华为与美国移动运营商Leap-Wireless达成第一次合作。华为在美国运营商市场取得了一定的进展。

但是，华为的业务主要是为一些中小型运营商提供服务，仍未获得主宰美国市场的四大移动运营商（Verizon、ATT、Sprint、T-Mobile）的合同。华为所设想的通过合资方式打开美国市场的策略也收效甚微。

后期并购策略（2008～2012年）

2008年以后，华为试图通过并购策略进入美国，却屡屡受阻。其标志性的事件如下：

表1 华为美国受阻

三次并购被否	✓ 2008年华为试图与贝恩资本联合并购3Com，被美国外国投资委员会（CFIUS）否决 ✓ 2010年华为试图收购摩托罗拉公司的无线资产，同样被美国政府拒绝 ✓ 2010年华为试图并购宽带网络软件厂商2Wire，但并购方担心无法获批而失败
一次专利并购被否	✓ 2010年华为以200万美元收购了3Leaf的专利技术，但这项交易再次被CFIUS认为会"威胁美国安全"，华为最终于2011年2月撤销该交易
两次交易被否	✓ 2009年AT&T 4G设备合约，美国国家安全局（NSA）干预 ✓ 2010年Sprint4G设备合约，美国商务部干预

资料来源：长江商学院案例研究中心公开资料整理

2011年2月25日，华为副董事长胡厚崑在公司网站上发表了一封公开信，澄清长期存在的不真实谣言和断言，并邀请美国当局对华为展开正式调查。以此为契机，美国国会对华为、中兴展开了长达18个月的调查，美国众议院情报委员会2012年发布报告称，华为和中兴的产品威胁美国国家安全，并警告美国电信公司不要采购他们的设备。

这一阶段，美国政府和CFIUS几乎没有给华为任何直接进入美国市场的机会。华为面临的问题之严峻显而易见。经过十几年的开拓，华为在美国市场的业务的营收已经从2006年的4000万美元升至2011年的13亿美元（其中大约12亿美元来自智能手机、平板电脑等设备的销售），但相比华为2012年的2039亿元人民币的营收来说仍然少得可怜。

华为在美国的两次并购失败案例分析

案例一：华为并购3Com公司

收购双方背景及收购动机

华为的收购动机：华为并购3Com出于两方面的原因：一是华为全球化战略的需要。华为经过几年的全球化探索后发现，在欧美等发达国家市场，建立自有品牌的难度和投入都很大。3Com作为一家现代网络通信技术公司，拥有完善的销售渠道和大型客户资源，通过收购，华为可以从战略上快速打入美国市场，提高市场占有率。

二是华为战略转型的需要。为适应信息行业正在发生的革命性变化，华为开始从电信运营商网络向企业业务、消费者业务领域延伸。华为的经营重心长期都在运营商市场上，完全退出H3C后，华为已经明显意识到了企业级市场的重要性。而收购3Com正好可以弥补华为在企业网这个市场细分上的缺失。

美国3Com公司背景及动机：3Com成立于1979年，曾是现代网络通信技术的始祖之一，其创始人鲍勃·类特卡夫（Bob Metcalfe）是以太网技术的发明人。1999年，受互联网泡沫影响，3Com的利润率出现下滑，并致使公司的业绩出现亏损。2000年，3Com在高端企业网络设备市场丧失了技术优势，最终退出了这一市场。之后将主要精力放在业务增长较快的商用和消费者网络业务上。到2002年，3Com全球大裁员，将业务重点转向中国市场。

被收购前夕，全资拥有H3C之后的3Com因整合不顺和华为的撤出陷入财务困境。2007年9月20日3Com披露的财务数据显示，其2008财年一季度销售额仅3.19亿美元，亏损达1870万美元。其中，超过30%的营收和95%

的利润来自于H3C部门，而H3C的营收主要来自于华为。3Com的经营已经难以为继。

H3C公司历史背景：H3C是华为与3Com于2003年成立的合资公司，华为占股51%，3Com占股49%。2005年11月华为以2800万美元的价格将合资公司2%股权转让给3Com，后者以51%股份获得合资公司控制权。2006年11月15日，3Com按照股东协议启动竞购流程，华为邀请银湖、贝恩资本及得州太平洋集团积极参与竞购。然而，通过抢先启动竞购程序而占据先机的3Com，视H3C为救命稻草，其不惜加价势在必得的态势令华为望而却步。经过近半月的曲折竞购，29日，华为接受竞价选择暂时放弃H3C，3Com最终以8.82亿美元收购华为持有的49%的股份，实现对H3C的完全控股。

H3C自成立之后发展迅速。2006年上半年H3C营收收入达到3.24亿美元，同比增长70%。其中，来自中国市场的收入占据了其总体收入的2/3。在企业网市场上H3C已经成为思科的主要竞争对手。据赛迪数据显示，在中国路由器与交换机领域，H3C的综合市场份额占36.5%左右。在交换机领域，H3C的市场份额已位居第一。

华为高级副总裁表示："华为出售H3C的股份后，将更加聚焦于核心业务，进一步巩固华为在基于全IP网络的FMC解决方案的领先地位。"业内人士分析认为，华为退出H3C很可能是出于资金和业务两方面的考量。对于华为而言，国际化拓展力度非常大，资金比较紧张，出售股权融资是一个不错的选择。另外，华为在2006年6月并购了港湾网络，仍然面临纷繁复杂的内部消化与重新整合任务，收购H3C后如何对两部分业务进行重组也是一个棘手的问题。

2007年2月，H3C告别华为时代，由国内企业步入国外独资企业阵营。2007年4月，H3C正式更名为华三通信。

收购过程：2007年9月28日，华为联手贝恩资本宣布斥资22亿美元竞购3Com。贝恩资本将持股83.5%，华为将通过香港全资子公司出资3.63亿美元（全额现金支付）持股16.5%，并有权在未来增持5%的股份。根据收购协议，3Com原有的股票持有者的股权将会被以每股5.30美元的价格现金收购，比3Com 9月27日每股3.68美元的股价高出44%的价格。

起初，3Com同意了交易，然而6个月后，CFIUS以"此项交易危害美国政府信息安全"为由阻止了交易，导致贝恩资本退出，交易夭折。2009年11月12日，3Com以27亿美元的价格被美国惠普公司收购。

失败原因分析：

首先，美国贸易保护主义和"中国威胁论"的抬头，是此次并购失败的重要原因。作为老牌的电信设备商，3Com一直为五角大楼、美国陆军和情报部门提供电脑反侵入检查设备，这些关键性的计算机网络可能遭遇的隐患让美国政府出面迫使收购搁浅。同时华为领导人任正非中国退伍军人的身份，也是美国监管部门的叫停的理由。

其次，作为一家完全独立的非上市民营公司（世界500强中唯一一家没有上市的企业），华为长期采取刻意低调、回避媒体的做法，拒绝公布详细的股东结构，只称股份完全由职员持有。

第三，华为在并购交易的设计上也引起了美国监管部门的担忧。并购后华为仅持有H3C 16.5%的股份，但实际上，华为无论是在人事上还是业务上都与H3C保持着密切的关系，如H3C大部分员工以及30%的销售收入都来自于华为。由此，美国监管部门担心并购后华为在3Com的实际影响力将不止于股权比例关系。

案例二：华为购买3Leaf专利技术

收购双方背景及收购动机

华为的收购动机：2011年华为已经建设了20个云计算数据中心。华为收购3Leaf一是出于其海外业务的扩张的需要，二是3Leaf拥有了华为想要的云计算技术。

3Leaf Systems 公司背景及动机：3Leaf Systems 是一家位于美国硅谷的高科技企业，为企业数据中心提供服务器虚拟化解决方案。其掌握的关键云计算技术及虚拟化架构能大幅提升客户服务器性能，但是由于公司内部经营不善，面临着破产的危机。

收购过程：2010年5月，华为斥资200万美元购买了3Leaf的一些专利和聘请3Leaf的十几位员工。2010年9月，华为就收购涉及的技术出口问题向美国商务部申请许可，并获得美国商务部"无须许可"的批示。根据相关规定，在完成可能具敏感性的跨境并购前，需主动向CFIUS申请审查。但华为和3Leaf高管认为，此项收购只涉及知识产权购买和员工聘请，3Leaf的资产及服务器由债权人所有，不属于公司收购。而五角大楼官员认为华为实际上已经收购了该公司，需要接受审查，多次向华为要求补办提交审查手续。

2010年11月，华为向CFIUS递交了申请，请求对此交易进行审查并愿意给予全力配合。2011年2月，CFIUS通知华为，由于国家安全原因建议撤销与3Leaf的交易。2011年2月20日，华为决定撤回收购3Leaf专利的申请。

失败原因分析：

虽然在法律上华为收购3Leaf的程序是合规的，但在美国整体政治气候并没有改善，保护主义泛滥间接导致了这次并购的失败。鉴于对收购后美国先进技术泄露对国家安全带来风险的担忧，CFIUS阻止了此次交易。

然而，华为首先，缺乏与美国联邦和州级政策制定者之间的沟通，导致在美国商业议题的公共辩论中华为始终处于下风。此外，华为缺少对美国媒体和公众的宣传。在此前美国媒体报道中，华为一直以负面形象出现，在舆论传播中处于劣势。

华为美国市场战略转型

从 2008 年～2012 年华为在美国的多次并购受阻之后，华为黯然退出美国电信设备市场。由于美国市场大约占全球电信市场 50%的比重，没有了美国市场的华为，继续实现在网络设备市场的增长已不太可能。

华为早就意识到了这一点，并从 2010 年开始了战略转型和布局：在网络设备之外，开拓了消费者业务和企业业务。针对美国市场，华为开始寻求新的发展策略，一方面将美国的业务布局重点由电信设备业务转向消费者业务；另一方面则更加注重研发和知识产权的专利保护，试图在技术方面突破竞争对手的制约，减少专利纠纷。

2015 年，华为手机在美国有了阶段性的进展。华为开始与谷歌合作，帮助谷歌生产 Nexus 6P。华为试图通过手机代工打入美国四大运营商的销售渠道。2016 年华为与微软、英特尔合作推出 matebook 在美国上市，并进驻微软百家旗舰店。

目前，华为在美国市场依然处于边缘地位。华为与美国四大运营商依然没有交集，而这四大运营商几乎占据了手机市场 80%～90%的份额。由于华为无法将电信设备卖到美国市场，也就无法简单复制在欧洲市场上采用的"与运营商绑定销售手机"的策略。换句话说，没有运营商支持的华为手机很难进入美国消费者的主流视野。而华为推出的主打在线直销的网站 GetHuawei.com 也没有太多流量。根据市场研究公司 Canalys 的数据，华为 2016 年第三季度的美国市场份额只有 0.4%，而苹果为 39%，三星 23%。

华为的"美国梦"

得美国市场者，得天下市场。对于任何一个通信产业设备商而言，美国市场是一个不可忽视的市场。移动通信起源于美国，美国具有强大的创新能力，也是世界上通信监管标准最严格的国家。同时，美国还是世界上最大的经济体，用户数量庞大，消费能力强。在某种意义上，产品被美国市场接受，就意味着被世界市场接受。

于华为而言，这是一条漫长而艰难的道路。这不仅仅是自身的技术与能力、文化与沟通等企业层面的问题，更是一个行业问题、政治博弈问题。因为通信行业本身涉及国家安全，这一行业特性所导致的美国政府监管阻挠就是一道难以逾越的鸿沟。对于美国的运营商而言，华为，是一个既熟悉而又陌生的名字，要了解、接受华为，似乎也是一个漫长的过程。

尽管阻力重重，华为依然在尝试，任正非对华为手机进军美国市场寄予厚望。他在一次内部讲话中强调："华为整个公司只有把战线变得尖尖的，才能突破美国对我们的封锁。否则就把公司的能力拉得平平的了，什么城墙都攻不破。"

华为会把这个"尖尖的战线"放在哪里呢？华为的"美国梦"何时才能实现呢？这不仅是华为的"美国梦"，也是中国企业的"美国梦"。

李梦军　欧阳辉

中资企业海外"买买买"热情从何而来

根据中国商务部发布的数据，2015年中国对外直接投资达到1457亿美元，第一次超过同期实际使用外资的1356亿美元，首次实现资本的净输出。

这一数据折射出一个近年来发生的变化，中资企业正在更加踊跃地"走出去"，并已经成为国际跨境并购市场中一支不可忽视的力量。

中国资本的身影活跃在越来越多的海外并购案例中，以体育行业为例，据不完全统计，2014年以来中国企业已经对海外14家足球俱乐部进行投资，仅8月5日一天，就有3支欧洲球队被中国企业收入囊中，其中包括中欧体育投资管理公司收购意甲老牌强队AC米兰俱乐部，而米兰的另一家老牌强队国际米兰在此前已经向苏宁出售70%的股权，未来米兰的同城德比双方背后都将是中国资本，西方惊呼"中国买家买下世界"。

海外并购已经成为中国并购市场最为重要的推动力。从中资企业相关的并购事件看，可以主要分为三大类别：中资企业境内并购、中资企业出海并购和外资企业入境并购，据不完全统计，前三季度中资企业公告的所有并购案例总金额同比增长1%到2.08万亿元人民币，而其中增长势头最猛的就是中资企业出海并购，总金额同比增长221%到6674亿元人民币，其中中国化工集团公司对先正达（Syngenta）价值430亿美元的并购案成为主要推动力。相较之下，其他类型并购案总金额均减少，境内总并购规模同比下降14%到1.38万亿元人民币。总体上看，出海并购占比提升到32.1%，继续走高。

2016年前三季度同比增长

境内并购 −14%　中资企业出海并购 221%　合计 1%

图1　中资企业出海并购同比增长超过两倍

资料来源：Wind资讯

中资企业海外并购金额占比

2011A 19.8%　2012A 28.7%　2013A 8.9%　2014A 20.3%　2015A 10.7%　2016Q1-3 32.1%

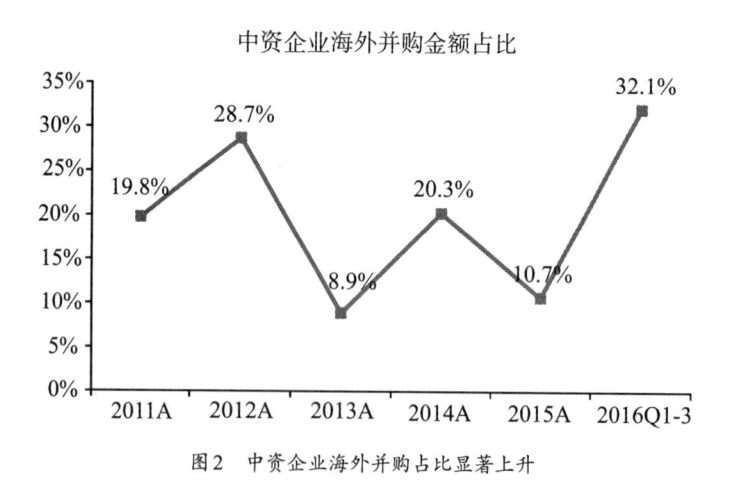

图2　中资企业海外并购占比显著上升

资料来源：Wind资讯

中资的民营企业正在海外并购中扮演着越来越重要的角色。2016年上半年民营企业海外并购的案例数已经占到总并购案例数的84%，但由于国有企业海外并购整体规模相对庞大，例如前三季度最大的一笔中资企业海外并购是中国化工并购先正达部分股权，而该交易价值大于排名2~9位的交易金额之总和。因此中资民营企业海外并购金额占比略低，约占整体海外并购金额的59%，但也延续了上升态势。相比国有企业而言，民营企业在进行海外并购时更加注重效率，避免了对于规模的盲目追求，而是更加注重盈利能力和未来的产业协同。同时，国有企业在并购之后双方企业文化的融合方面也明显逊于民营企业表现。

表1　2016年前三季度金额前十大中资企业海外并购案

排序	首次披露日	并购买方	并购标的	并购标的所处行业	交易总价值（亿元人民币）
1	2016/2/20	中国化工	先正达部分股权	农产品	2,869.73
2	2016/6/21	腾讯	Supercell 84.3%股权	电影与娱乐	573.95
3	2016/2/19	天海投资	IMI100%股权	技术产品经销商	395.28
4	2016/1/16	青岛海尔	GE家电部分股权	家用电器	354.44
5	2016/8/1	巨人网络	Playtika部分股权	电影与娱乐	293.65
6	2016/5/26	美的集团	库卡集团股份	工业机械	292.00
7	2016/1/12	大连万达集团	传奇影业100%股权	电影与娱乐	229.70
8	2016/9/14	沙隆达	ADAMA的100%股权	化肥与农用化工	185.67
9	2016/5/16	洛阳钼业	FMDRC100%股权	有色金属	173.16
10	2016/6/22	潍柴动力	DHS100%股权	应用软件	144.44

资料来源：Wind资讯
注：均按2016年10月份汇率折算为人民币

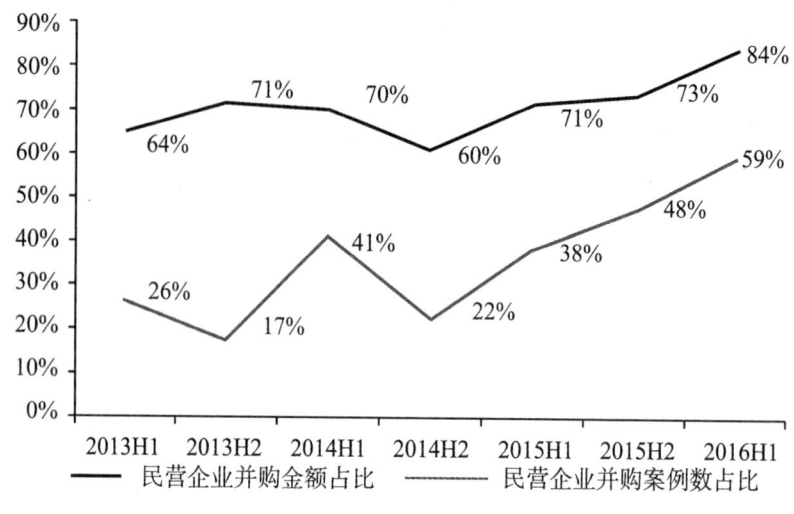

图3 民营企业正在海外并购中扮演越来越重要的角色

资料来源：Wind资讯，PWC

所选择的行业是决定出海并购能否成功的重要因素。充分利用国内需求强劲的强势市场，实现对海外的并购，有助于帮助中资企业快速做大做强，提升在产业链中的话语权。此前中国企业的海外并购大头主要是一些重资产的资源类项目，2015年之前石油天然气及勘探、生产相关并购金额合计占总并购金额的21%。

但近年来中资企业海外并购的案例正呈现出多元化的行业格局。例如电影娱乐行业正在成为并购的重点之一，前三季度前十大出海并购案中腾讯收购Supercell、巨人网络收购Playtika、万达收购传奇影业都是代表性案例。其背后的深层次原因在于随着国内居民个人收入的提高，对于娱乐需求快速增长，国内市场容量巨大，通过这样的并购能够一方面实现海外内容生产商对国内市场的开发，同时完善了国内企业的产品条线，实现双赢。

另一个重要案例是家用电器行业，日本在相当长的一段时间内占据国际家电行业的龙头地位，但随着美的收购东芝、富士康收购夏普，加上海尔收购GE家电部分股权，家电行业产业链正在向中国倾斜，背后的主要原因也在于国内家电行业稳健增长，行业内龙头企业积累大量在手现金，为并购备好了"弹药"。

表2 2016年前三季度海外并购案例较多的行业分布

	海外并购案例数	海外并购总金额（亿元人民币）
农产品	2	2,870
电影与娱乐	11	1,139
技术产品经销商	2	396
家用电器	2	388
工业机械	7	305
化肥与农用化工	1	186
应用软件	2	146
金属非金属	2	107

资料来源:Wind资讯
注:均按2016年10月份汇率折算为人民币

并购总金额(亿元人民币)

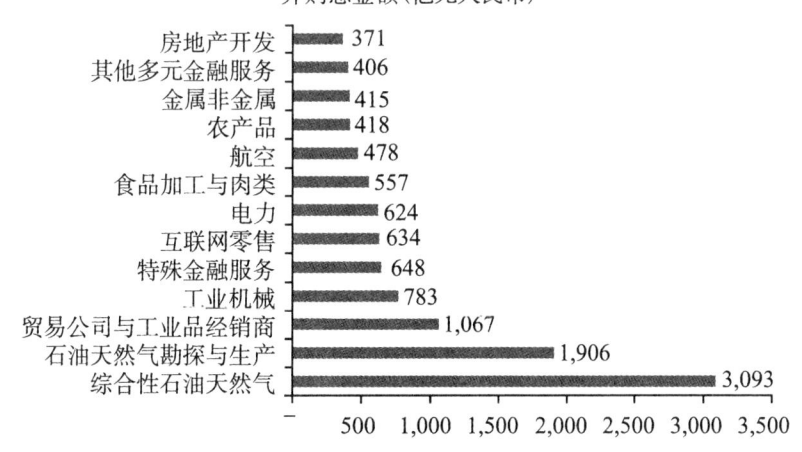

房地产开发	371
其他多元金融服务	406
金属非金属	415
农产品	418
航空	478
食品加工与肉类	557
电力	624
互联网零售	634
特殊金融服务	648
工业机械	783
贸易公司与工业品经销商	1,067
石油天然气勘探与生产	1,906
综合性石油天然气	3,093

图4 2015年之前资源类占据了中资企业海外并购的大头

资料来源:Wind资讯
注:均按2016年10月份汇率折算为人民币

中资企业参与海外并购的热情究竟从何而来？总体上讲应该有三方面主要原因：

国内上市公司积极进行海外并购的一个重要原因在于A股相对于海外市场给出的高溢价。A股当前平均市盈率22倍，市净率2.52倍，同海外市场差距并不大，但中小板（市盈率46倍、市净率4.31倍）和创业板（市盈率72倍、市净率5.78倍）相比海外成熟市场明显偏高。例如我们统计了所有公告了海外并购案的125家A股上市公司，当前平均市盈率为44倍，其中还不包括18家当前处于停牌状态的上市公司。通过在海外收购标的，国内上市公司能够充分享受到不同资本市场定价体系下的跨市场套利。

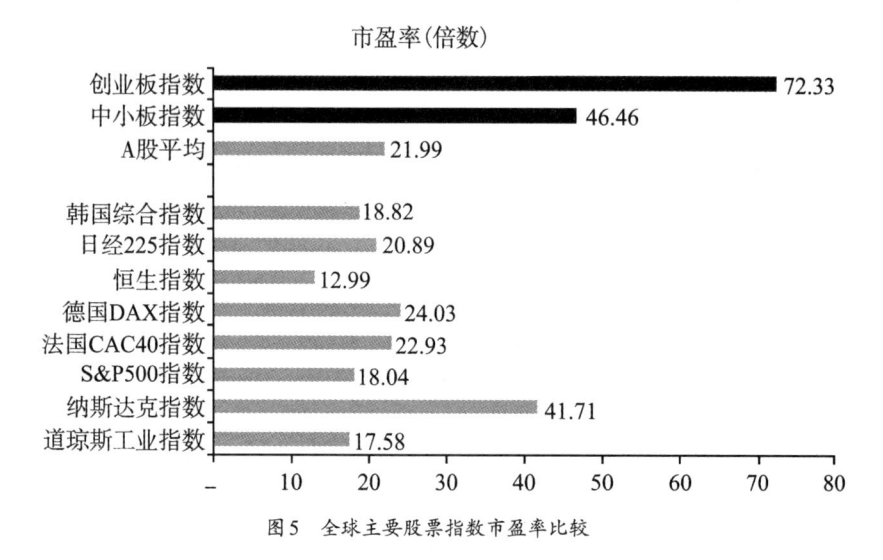

市盈率（倍数）

创业板指数	72.33
中小板指数	46.46
A股平均	21.99
韩国综合指数	18.82
日经225指数	20.89
恒生指数	12.99
德国DAX指数	24.03
法国CAC40指数	22.93
S&P500指数	18.04
纳斯达克指数	41.71
道琼斯工业指数	17.58

图5 全球主要股票指数市盈率比较

资料来源：彭博社，Wind资讯

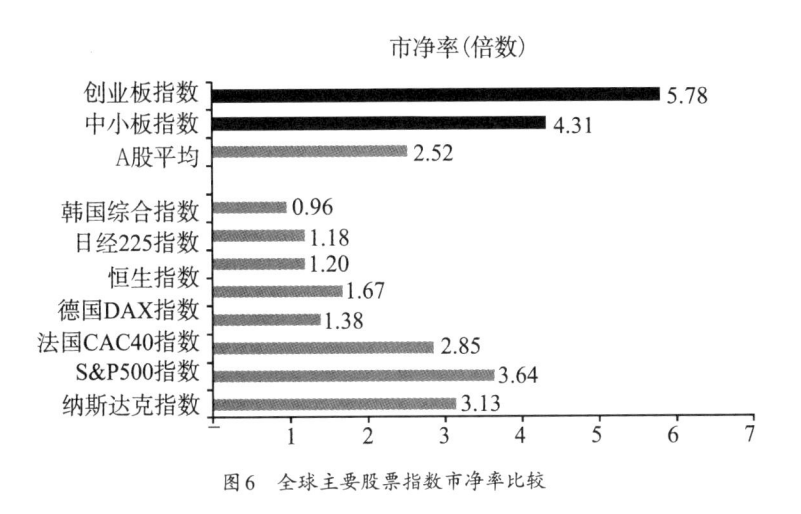

第九章 | 全球化下的中国企业

市净率（倍数）

指数	市净率
创业板指数	5.78
中小板指数	4.31
A股平均	2.52
韩国综合指数	0.96
日经225指数	1.18
恒生指数	1.20
德国DAX指数	1.67
法国CAC40指数	1.38
S&P500指数	2.85
纳斯达克指数	3.64

图6 全球主要股票指数市净率比较

资料来源：彭博社，Wind资讯

　　海外并购积极的另一个重要原因在于国内业务增长前景的放缓。从整体宏观经济看，中国经济的结构性调整仍然没有完成，整体经济增长持续低迷，GDP增速仍然在缓慢筑底。从微观上市公司的数据看，A股上市公司上半年收入、净利润分别同比增长3.9%和4.0%，虽然在2015年的低基数上有所回暖，但仍然低迷。由于原本主业的内生增长受阻，外延并购则成为企业延续高增长的选项，如果这一外延并购能够帮助国内企业打开海外市场，则有望实现内生和外延增长的协同。

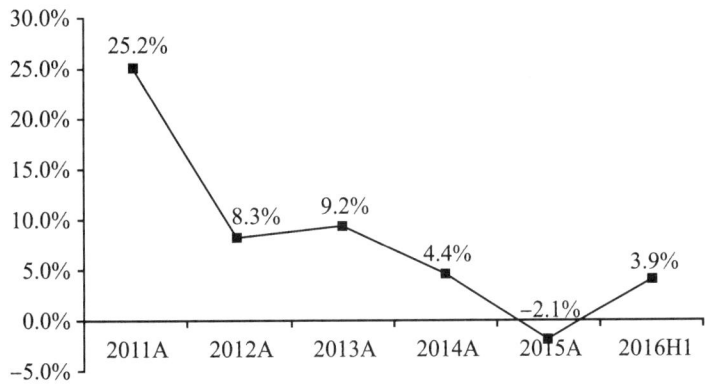

A股非金融上市公司收入增速(%)

年份	增速
2011A	25.2%
2012A	8.3%
2013A	9.2%
2014A	4.4%
2015A	-2.1%
2016H1	3.9%

图6 A股非金融上市公司上半年收入同比增长3.9%

资料来源：Wind资讯

A股非金融上市公司净利润(%)

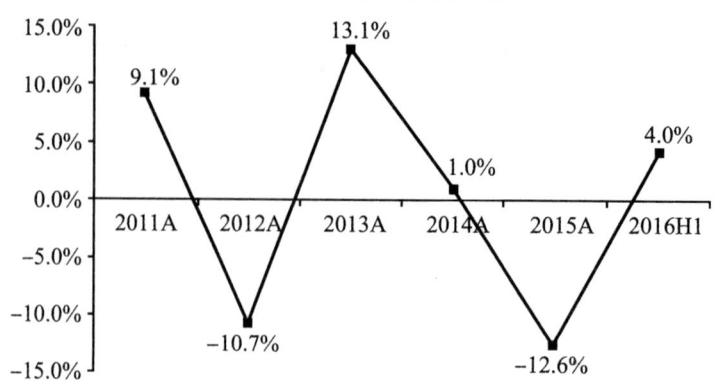

2011A: 9.1%
2012A: -10.7%
2013A: 13.1%
2014A: 1.0%
2015A: -12.6%
2016H1: 4.0%

图7　A股非金融上市公司上半年净利润同比增长40%

资料来源：Wind资讯

最后，不断增强的人民币贬值预期也在不断催化中资企业海外投资的热情。2015年8月11日，中国央行宣布将完善人民币兑美元汇率中间价报价机制，此后人民币对美元进入了贬值周期。中国企业也因此受损，经统计，2015年全年A股上市公司发生汇兑损失402亿元，几乎相当于2010～2014年汇兑收益的总和。站在现在的时点向前看，不同经济体之间货币周期的不同步已经成为笼罩在当前全球金融市场上最大的风险点，虽然联储在9月份的FOMC会议上选择暂不加息，但市场普遍预期其会在年底之前有所行动。如果联储选择在年内加息，则人民币汇率仍然将面临较大压力。因此，进行海外投资能够在一定程度上规避人民币贬值风险，可以预见企业进行海外并购的热情仍不会冷却。

A股上市公司汇兑损益

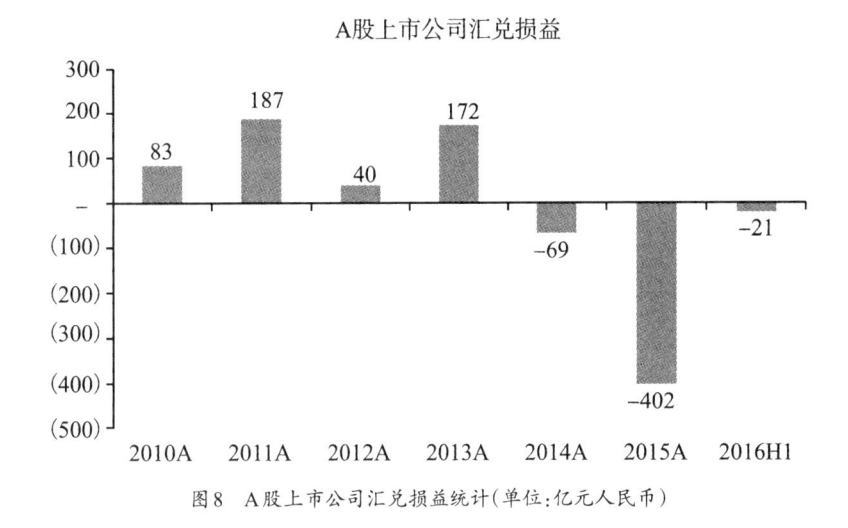

2010A	83
2011A	187
2012A	40
2013A	172
2014A	−69
2015A	−402
2016H1	−21

图8　A股上市公司汇兑损益统计（单位：亿元人民币）

资料来源：Wind资讯

　　未来中资企业海外并购需要双边政府进一步合作与互信，政策支持将变得更加重要。中国企业的"出海之旅"并不总是一帆风顺，2016年以来中资企业海外收购失败的案例也并不罕见：1月22日飞利浦公司表示，由于美国监管部门对交易感到担忧，公司已终止向包括金沙江创业投资在内的中资财团出售照明组件和汽车照明业务；2月17日，仙童半导体董事会表示，若接受华润与华创的收购要约，其公司和股东将承受交易无法通过美国外资投资委员会（CFIUS）审查的风险；2月23日紫光股份公告称，由于公司拟收购西部数据的交易需要履行CFIUS的审查程序，基于审慎性考虑，公司董事会决定终止此次交易。

　　总体而言，在这些失败案例中，CFIUS的负面意见都非常重要，联想到中美双方经过8年超过20轮谈判仍没有最终签订的中美双边投资协定（BIT），未来如果在政策层面取得突破性进展，对于中国企业"出海"将起到保驾护航的作用。

　　2017年，国内经济增长仍在缓慢寻底之中，不同市场之间的估值差异也难以在短时间之内消除，人民币贬值预期仍然存在，但更重要的是，对于中资企业而言,"走出去"仍然是在全球产业链变革中掌握先机,未来获取更强定价权,实现自身做大做强的必经之路和必然选择。可以预见,中国企业走出国门的趋势仍将继续,高科技行业将继续受到重视,同时受到国内新兴中产阶级消费需求的提振,高端消费行业、媒体娱乐业、医疗健康行业将涌现越来越多的并购案例,其中民营企业继续扮演更加重要的角色。

李海涛

中国企业"走出去"海外并购的艰与险

2017年5月份发布的官方和市场机构数据显示，2017年一季度，我国企业海外并购明显降温，企业"走出去"渐渐回归理性。

商务部数据显示，一季度，中国境内投资者共对全球129个国家和地区的2170家境外企业进行了非金融类直接投资，累计实现投资205.4亿美元，同比下降48.8%。3月对外直接投资71.1亿美元，同比下降30.1%。同时，普华永道日前发布的报告显示，一季度中国大陆企业海外并购交易数量为142宗，交易金额为212亿美元，相比创纪录的2016年同期交易数量下滑39%，交易金额下降77%。

其实在2016年，中国海外并购延续近年来的高歌猛进，创了新高。汤森路透数据和普华永道最新研报显示，2016年中国企业发起海外并购交易达923起，比2015年增长142%。在已披露交易金额的案例中，并购交易金额达到2213亿美元，几乎是2015年的3.5倍，超过去四年的总和。与此同时，中国企业在海外并购市场中正扮演着越来越重要的角色。据高盛提供的数字，2016年一季度，中国海外并购交易额已占全球总额的26%，这一比重在2012年前还不到10%。

然而在耀眼的数字背后，不容忽视的事实是，截至2016年，中国企业的并购完成率仍低于世界平均水平。外部环境的不确定性，以及企业并购交易本身的复杂性，使得每一桩并购案都充满风险。

不仅如此，东西方文化的巨大差异，也使得中国企业在并购后整合中面临更大的挑战。在过去十几年里，中国企业在海外并购上已积累了丰富的经验与成果；近几年来，当海外并购的环境出现新变化，企业又应当如何把握与调整战略，应对新阶段海外并购中的风险与挑战？

中企海外并购趋势

自2001年中国加入WTO，并伴随着世界范围内的第五次并购浪潮的推进，中国积极参与国际产业分工并逐渐成长为"世界工厂"，在制造业尤其是中低端制造业占据重要地位。工业生产对能源矿产等基础资源的巨大需求，又促使企业面向全球市场寻找资源性资产。除了进口原材料，更多中国企业考虑直接并购国外的资源型企业。据统计，2004年～2014年，能源和资源型并购总额在中国海外并购交易累计总额中占比超过40%，占据绝对主导地位。

而作为"制造工厂"的中国，也将不得不面临着竞争同质化、国内市场日趋饱和的挑战。国外的广阔市场与先进技术，吸引着众多企业参与到海外并购中来，分享全球化的红利，其中不乏民间资本的身影——联想并购IBM的PC业务、TCL牵手法国汤姆逊等都是典型代表。

2008年金融危机期间，全球资产价格走低，而欧债危机后，欧洲国家经济长期低迷，企业急于寻求外部投资以维持良好的运转。这一时期中国企业的海外并购继续保持增长。出于资产价格走低和危机期间能源安全的考虑，国有企业在能源资源行业发起多起重大并购案，目标地区遍布亚洲、北美、欧洲、澳大利亚等世界各大地区。

然而，从2014年开始，中国企业海外并购的行业结构出现逆转性变化。若把中国企业海外并购分为"传统经济"（以原材料、能源和矿产资源为目标，以支持国内工业生产）和"新兴经济"（以技术和品牌为并购目标，借以将经济增长动力向消费转变），2006年~2013年，以"新兴经济"为并购目标的中国企业海外并购交易金额仅占不到40%；而自2014年起，这一比例迅速增长至70%左右。

从细分行业看，2011年~2015年，采矿金属行业和石油天然气行业在中国企业海外并购金额的占比从47%一路下降至10.5%。取而代之的是金融、汽车与运输、TMT等服务型行业。在变化最为显著的2014年，能源和资源行业并购金额占比下降至18%，消费品行业和TMT行业占比分别为25%、21%，金融业和医疗、房地产行业占比为9%。中国海外并购的行业结构正由能源资源型为主导向消费品、金融服务等行业转变。

以万达、复星为代表，在金融、娱乐、体育、旅游等行业的大举并购是中国企业海外并购新阶段的一面缩影。随着中国传统的投资和出口拉动型增长方式正逐步转向消费驱动型。国内经济增速放缓，也使得越来越多的企业迫切地将战略目光投向海外，寻求新的利润增长点。BCG2014年针对中国企业的海外并购调查显示，在过去五年中，以"获得技术、知识产权或生产能力""进入当地市场""收购品牌"为战略目的的海外并购活动占比高达75%，而以"确保获得资源"为目标的企业仅占20%。

与行业结构和战略目标的变化相伴随的，是并购主体和地区的转移。传统行业产能过剩、国有企业债务压力与国企改革，使得其在海外投资活动中更加谨慎。与此同时，活跃在各个行业的民营企业成为中企海外并购的主力。2016年，民营企业的海外并购交易总金额达到1163亿美元，比2015年猛增453%，远超国有企业的665亿美元，成为中国企业海外并购的主导力量。

相应地，拥有更为成熟的市场、技术和管理经验的北美、欧洲等发达国家，成为中国企业海外并购更为青睐的地区。虽然由于香港特殊地理位置因素，使得亚洲仍然是中国企业海外并购的传统优势地区，但至2016年，按并购交易数量来看，美国和欧洲国家在中国企业海外并购目的地占比已超过70%，成为企业海外并购的热门地区。

随着海外并购数量和规模的高涨，中国企业在海外并购中也越来越重视寻求多样化的融资方式。尤其是对于大量民营企业而言，融资渠道的缺乏驱使其积极开发新的资金来源。动辄上亿美元的单笔并购金额，也吸引着PE、VC等众多财务投资者参与到海外并购中来。2016年，38.10/0的交易有私募基金和资产管理公司等财务投资者的参与，是2015年的两倍多。民间资本的参与是新阶段下中国海外并购的又一新特点。

然而，中企海外并购面临的质疑也在增加。汤森路透和Zephyr数据显示，1982年～2009年中国企业宣布的海外并购案例中，最终完成的案例仅占51.2%，这一数据不仅低于美国的76.5%，也低于世界平均水平的68.7%。尽管截至2016年，中国企业的完成率数据超过60%，但相比一些主要国家，仍处于较低水平。考虑并购后能否成功整合更是一大难题，中国企业能够从海外并购中真正获利的案例可能十分有限。

此外，2016年上半年以来，中国企业在海外掀起的并购浪潮，也引来了市场对于盲目投资、缺乏战略性等问题的担忧。如何认识并克服海外并购中的风险点，提升中企海外并购的成功率与质量，恐怕是新阶段下中国海外并购需要重视的关键问题。

诱惑之下的苦涩：并购的艰与险

海外并购的风险贯穿于并购前期战略、并购中期交易，以及并购后期整合各个阶段，对于中国企业而言，国有企业的国资背景、民营企业的融资困境、各国间文化与制度的差异，又给海外并购增加了更为严峻的挑战。

合理规划是并购成功的基础。企业并购的目的往往在于获得战略协同效应，制定恰当的并购战略，是企业海外并购成功的第一步。其中的战略，不仅包括对目标国家和企业资源优势的了解，更重要的是企业对自身和所在行业发展前景的把握。而现实中，受海外并购热潮的影响，许多企业往往本末倒置，忽视战略规划，跟风并购、盲目并购等现象时有发生。

20世纪80年代日本三菱地产并购纽约洛克菲勒中心即是其中典型，由于在具体战略规划上缺乏审慎态度，最终给三菱带来了超过10亿美元的净损失。

即使企业拥有详尽的战略规划，但对市场和行业未来发展等判断错误，也会导致并购的失败。2004年，正是由于TCL对彩电行业发展方向的误判，并购汤姆逊后的第二年，液晶平板电视引领了一场彩电业产品的更新换代，使得汤姆逊所拥有的数字光显电视（DLP）的技术优势迅速化为泡影，直接导致了合资公司TTE在欧洲市场的失利。

BCG2015年对中国企业的调查问卷显示，缺少清晰的并购战略，是许多中国企业在海外并购的全球化进程中受阻的重要原因。毕马威2012年对企业的调研访谈中，超过一半的企业认为，并购战略不清晰是造成海外并购失败的重要原因。

海外并购的特殊风险是政府审查与监管。在跨国并购交易中，政府基于国家安全等问题而进行的审查，是每个企业或多或少会面临的难题。对于中国企业而言，这一问题似乎尤为严重。据CFIUS外商投资报告显示，2014年CFIUS提交安全审查的案件达147起，比2013年增加50%。其中涉及中国投资者的案件有24起，连续三年名列榜首。

中国企业在政府审查环节往往阻碍较大，一方面源自国有企业的背景；另一方面，在高端制造业、重要的能源资源等行业，外国政府往往担忧技术外溢、战略性资源外流等经济安全问题。2016年1月，由金沙江创投牵头的中国投资机构收购飞利浦旗下Lumileds公司的交易，因未能通过CFIUS的审查而被迫终止，其中未获审批的原因或是美国担心技术外流至中国企业。

除美国以外，澳大利亚外国投资审查委员会、欧洲等国相关部门，也对来自中国的并购交易颇为关注。2016年，澳大利亚官员就以"国家利益"为由，阻止了中国国家电网收购澳大利亚Ausgrid电网公司的交易。德国等欧洲国家也先后叫停了来自中国企业的涉及技术性制造业企业的并购交易。

尽职调查是海外并购交易前期的必要环节，也是估值定价、制定交易结构的关键。而国外的陌生环境给海外并购尽职调查增加了难度和风险。因此，海外并购尽职调查对团队的专业性要求很高。客观来看，目前国内擅长跨国并购业务的国际投行、律所、会计师事务所等专业机构资源十分有限。与国外咨询公司等第三方机构合作，不失为降低风险的一种选择，但也会相应增加并购交易的成本，并且可能由于语言文化等带来沟通问题，或难以达到预期的效果。

交易合同是并购双方在权利义务、风险分配等重大问题上博弈的结果。由于国情不同，交易双方在坚持原则性的基础上，往往会对具体条款的解释给予一定的灵活空间，以促进并购交易的顺利推进。然而在这一过程中，中国企业，尤其是在早期并购经验缺乏、势单力薄的情形下，容易在谈判中妥协于过于宽松的条款，为日后的整合与管理埋下隐患。

2006年，当TCL在欧洲市场陷入亏损的泥潭时，曾希望更为熟悉欧洲当地市场的汤姆逊进行协调。但作为条件，汤姆逊要求放松当初并购交易时确定的需在五年内持有TCL多媒体30%股权的义务。在获得通过后，汤姆逊在两年内多次减持TCL多媒体股份，至持股量不足5.48%。最终，汤姆逊并未能帮助TCL解决欧洲市场困境，反而从亏损的负担中套现抽身，严重损伤了市场对TCL的投资信心。

海外并购中的竞争者来自全球市场，各方博弈推高交易成本的同时，也在无形中增加了并购交易的非理性因素，带来过高的溢价。据哥伦比亚大学2012年的研究报告，中国企业在海外并购中倾向于提出比目标公司正常价值偏高的价格，这一"中国溢价"在2011年已接近50%，并且仍在持续。中国买家在海外并购中的激烈竞争，使得海外企业面对中国买家时凭空增加了抬价的筹码，甚至故意吸引中国投资机构参与竞争，以提高收购价格，坐享渔翁之利。

另外，随着中国企业海外并购热情持续高涨，尤其是民营企业开始在海外并购中占据主导，如何寻找融资保证并购交易的顺利完成，成为一个新的难题。对于民企而言，国内银行贷款规模有限，债券市场发展滞后，投行以及PE、VC等股权投资基金成为企业越来越多的选择。而对于国有企业而言，完全依靠国有银行贷款，不仅容易引起对方国家对于资金来源的担忧，也受制于国内对于资本外流的管理。对此，中国企业和金融机构陆续开发出了新的融资渠道。中国海航集团在并购美国天桥资本对冲基金的交易中发行的"信用增强"型离岸债券就是一例。

然而值得注意的是，近年来，中国企业的债务率已经持续攀升。BIS统计数据显示，2016年6月，中国非金融企业债务规模高达118.8万亿元，是GDP的167.6%，在全球排第一位。高债务与国企改革压力，都使得中国企业在寻求多种融资渠道的同时，也需要注意自身的债务承担能力，避免带来国内经济的系统性风险。

并购后整合：并购成功与否的关键

"七七定律"的后半句"70%的失败源于并购后的文化整合"，道出了决定跨国并购成败最为关键而又容易被人忽视的一个事实：并购交易完成后的整合，或许才是并购真正的开始。

并购后整合的难点主要体现在文化冲突与复杂人事两方面，其中，前者包含国家法规制度、公司治理文化的差异，其渊源长久和根深蒂固的特性，使得文化磨合挑战极大。1998年，欧洲最大的工业公司戴姆勒-奔驰公司和美国第三大汽车制造商克莱斯勒进行了汽车工业史上规模最大的并购交易。然而如今，这一当初满载盛誉的并购却以分手告终，其失败的根源就在于公司文化的差异。在传统的企业管理文化中，德国企业重视利益相关者（stakeholder）的权益，而美国企业则更为看重股东（shareholder）的权益。管理文化的差异，使得两个公司在经营理念和方式上都存在巨大的鸿沟。

整合的另一难点在人事方面。美国洛约拉大学商学院院长克鲁格教授对超过1.2万名企业管理人员的调研中发现，在并购后的一年内，被并购企业高管流失率高达25%。这一数字反映了公司高管对于并购后整合的担忧，及其带来的棘手的公司人事问题。如何保留这些高管人才在整合环节至关重要。除此之外，在类似TCL整合汤姆逊欧洲业务的案例中，企业还要面对裁撤冗员的难题，而在某些国家的劳工保障制度使得这一人事难题变得更为棘手。

面对上述两大整合难点，一些亚洲企业在海外并购中索性绕开鸿沟，不做整合。据麦肯锡咨询的报告，2009年共有1900多宗交易采用推迟整合或不做整合的方式，而其中超过一半的亚洲企业并未遵循并购后整合的传统模式，另外有10%的企业不进行任何整合。在这些企业看来，不强行进行整合、保持各自企业的独立性，不仅能够避免东西方之间的巨大文化冲突，还可以保留西方企业核心管理团队。

然而，这一"不整合"的理念也引来业内不少的质疑：如果不做整合，双方独立发展，那么并购的意义又在哪里？并购的协同效应、财务效应如何实现？目前看来，这一问题尚待时间的回答。

并购新时代：中国动力架接全球资源

2016年年初，刚刚完成美国传奇影业公司并购交易的万达集团董事长王健林表示，下一步的收购目标瞄准包括华纳兄弟、环球影业等在内的美国"六大"电影公司，将好莱坞公司的技术和水平带到中国。而与万达有着相似并购战略的复星集团，已经投资了华纳公司前总裁创办的好莱坞电影制作公司Studio 8，希望通过并购引入好莱坞技术改造中国电影业的同时，推动中国题材的电影出现在国际荧幕之上。

在万达和复星集团通过并购开辟全球化金融、娱乐产业帝国之路的背后，是中国服务业升级的巨大需求。据BCG2016年的调研数据预计，未来五年中国消费市场增加的规模将相当于德国或英国消费市场的1.3倍。而与

第九章 | 全球化下的中国企业

之相对应的，是中国文化、娱乐、体育、旅游等服务产业发展的滞后。中国庞大的消费市场以及消费升级的需求，成为全新的中国动力，推动企业通过海外并购，整合全球资源实现产业升级。

然而，在并购新时代，中国企业海外并购的意义并不仅仅止于此。

2017年1月，美的集团正式完成对德国机器人公司库卡的并购交割工作，达成近年来中国企业规模最大的海外并购交易。美的收购欧洲机器人行业排名第一的库卡，不仅意在进入机器人这一高端技术行业，更可以在库卡的帮助下进一步升级美的的生产制造和自动化技术。通过并购实现制造业从传统的中低端制造向高端制造业迈进，也正是中国制造业海外并购的战略与方向。

2008年金融危机后，各国开始重新重视制造业在经济增长动力中的基础性地位，全球制造业面临产业结构调整的新局面。在这样的环境下，中国提出制造强国战略"中国制造2025"，强调要"继续扩大开放，积极利用全球资源和市场，加强产业全球布局和国际交流合作"，通过企业"走出去"，完成在全球高端制造业的战略布局。2014年上海电气收购意大利大力设备制造商安萨尔多能源公司，2016年中国化工收购德国著名的机械工程公司克劳斯玛菲集团，都是其中的代表。

在中国通过海外并购向全球高端产业链攀升的同时，中国动力的全球资源配置正在以另一种方式火热地进行着。

2017年3月底，李克强总理在访问新西兰期间，中新双方签署合作备忘录，共同合作开发"一带一路"沿线投资机会。这也是经济发达而受限于国内市场的新西兰，与中国合作开拓国际市场的有益尝试。而这一次，中国成为全球资源再配置的主力军。

在"一带一路"倡议下，中国的制造业实力辐射至东南亚、中亚、西亚乃至中东欧等众多发展中国家，在全球进行了资源再配置。致力于改善越南、缅甸等东南亚国家铁路网络的泛亚铁路、连接雅加达至万隆的印尼高铁，都是中国与发展中国家进行国际产能合作、发挥比较优势的典范。

在这一过程中，曾经后工业革命时代发达国家通过海外并购，向发展中国家进行产业转移、全球资源配置的局面仿佛重现。而这一次，从制造业大国向制造业强国转变的中国，正在从被动承接转向主动布局，以中国动力重构全球产业新格局。

在这一格局中，中国企业一方面通过在欧美发达国家的并购投资，向高端制造业转型；另一方面则通过海外直接投资，向发展中国家转移过剩的制造业产能与成熟的技术，为国内经济结构的调整提供更大的空间，并实现国际产能合作的双赢。在国际舞台上，在并购新时代下，连接东西方、发达国家与发展中国家的中国企业，正在通过海外并购主导一场全新的全球资源整合。

韦祎　杨燕　欧阳辉

海外并购应规避"雷区"

自"一带一路"倡议提出以来，中国企业对外投资增长迅速。

根据商务部数据，2016年，中国企业对全球164个国家和地区进行了直接投资，累计实现投资额11300亿元人民币，折合美元1700亿，同比增长44%；企业海外并购项目共计742起，实际交易金额1072亿美元。

近三年，中国企业抓住全球并购浪潮的机遇，海外并购规模不断增长，体量越来越大。

当年联想12亿美元并购IBM个人电脑业务令人惊叹，近来中国企业的海外并购规模正不断突破人们的想象。2015年，中国化工以70亿美元并购意大利倍耐力轮胎，2017年则以高达500亿美元的现金完成了对于瑞士先正达的收购，创下了中国企业海外并购规模之最。

在实施海外并购过程中，中国企业应注意不断上升的监管和管理风险。大规模并购后，应该把主要精力置于业务整合，尽快实现国内外两个市场资源的协同。

不同于前几年中国企业以能源和矿产资源为目标，近期企业"走出去"主要瞄准欧美市场，以高端技术和服务业企业为标的。多笔交易都表明了中国企业获取战略性技术的决心。先正达有世界领先的种子和农药技术，通过并购能够带动国内农业产业的转型升级。

中国企业实施大规模海外并购主要有内外两层原因：

从内因看是政策的鼓励，中国政府鼓励企业走出去，利用好国内和国外两种资源、两个市场，希望擎起全球自由贸易的大旗。

从外部看，过去的三年全球并购浪潮涌动，超大规模并购此起彼伏，主角不单是中国企业。农化领域陶氏与杜邦的合并规模就超过1200亿美元，德国拜耳收购美国孟山都的规模达650亿美元。并购的动因主要还是经济原因，行业的不景气以及业绩的压力，使得大型企业纷纷想要通过合作来寻求未来的发展机会。

并购大潮愈演愈烈，风险正在累积，尤其对于中国企业而言。

首先是市场监管的风险。"国家安全"成为中国企业海外并购受阻的一大借口。清华紫光提出以230亿美元的总价收购芯片存储巨头美光科技，就无法得到美国外资审议委员会（CFIUS）批准。CFIUS还否决了宏芯投资基金对于德国爱思强的并购，这种案例以后可能会越来越多。

其次是资产管理的风险。中国企业实施海外并购大多使用杠杆，造成企业的负债率偏高。如果企业不能够尽快实现"买得来、管得住、管得好"，则会面临较大的经营压力。

在并购之后，由于全球化人才的缺乏，中国企业往往让并购对象相对独立经营，如何尽快实现国内外市场的资源协同，是比较大的挑战。中国企业应坚持"不熟不做"的原则，不能不顾自己的经营领域，盲目开展海外资产的收购。

所有的并购还要面临另一个难题——业务整合，把两个具有不同经营历史和地域文化的公司整合在一起需要耐心，也极其考验管理者的智慧。

一方面，要懂得利用"中国机会"。

因为全球经济的不景气，并购领域正在形成一种中国买方市场。很多企业之所以愿意和中国企业合作，是希望通过"变身"为中国企业，在中国市场获得更多便利。

另一方面，要完成知识的逆向转移。

资产收购的完成并不意味着关键知识的成功转移，而中国企业海外并购的主要目标就是获得关键技术，掌握更多隐性知识，以拉动国内产业升级。

唯有国内外两种资源融合，产业链深入整合，人才交流机会增加，隐性知识才能够得以互动和流动，中国企业才算真正用海外并购提升了自己的核心竞争力。

滕斌圣

第十章

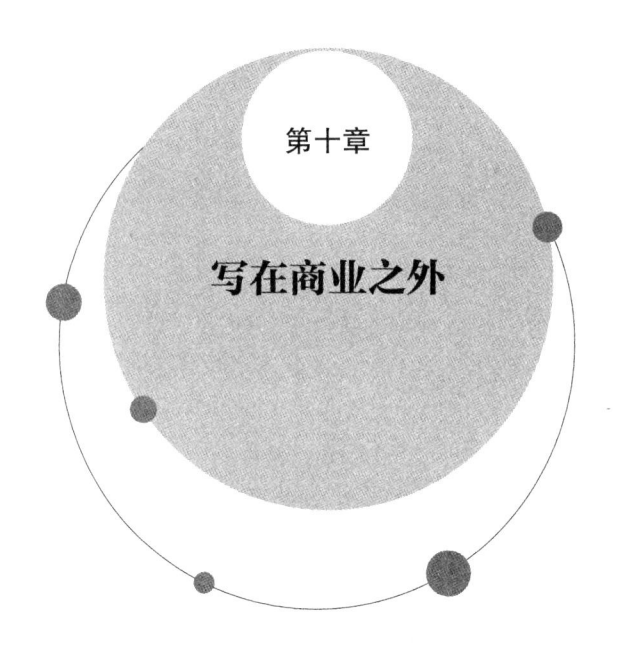

写在商业之外

创业者必须具有的素质

创业者之所以创业，有很多原因。可以是被像李嘉诚、马云、比尔·盖茨、乔布斯这样的创业神话所激励，也可以是看到亲戚朋友创业成功了觉得自己可以复制，也有些人是因为在政府或大公司的事业走到了难以跨越的瓶颈、无路可走，所以才放手一搏。

创业者之所以创业大多是为了追求创业成功带来的丰硕成果，或者是要改变自己，或者是想改变世界。

创业者大都是梦想家，其中大多数人会过高估计自己的能力和创业成功的可能性。有人做过统计，初创企业90%在前两年就会死掉，能活到五年的就更少。侥幸活下来的企业，真正能成长为优秀企业甚至杰出企业的概率则更低。

那么整体算下来，100个创业企业最后能变成优秀企业的概率不会超过1个。所以创业者的人生路只有两条，一条是99%的创业者要走的：一开始就被人笑在做白日梦，挣扎一段后，因为失败继续被人嘲笑；另一条是极少数像马云这样的创业者，虽一开始也被人笑，但后来试了N次后，成功了，被后来者所膜拜。

既然创业免不了被人笑，厚脸皮就是创业成功的重要条件。人家越笑你，你要干得越来劲。厚脸皮是一种内功，需要长期修行。有人说企业家都得当孙子，那么创业者则是孙子的孙子。要有不达目的誓不罢休的厚脸皮精神。脸皮薄的人创不了业。

要想成功，创业者还必须有牲口一样的韧劲和体魄。

创业就是折腾。创业者就像是被丢到一个没有路的大山里，要走出去，必须自己踏出一条路来，要不停地尝试才能找到正确的那条路。创业不是跑百米，而是马拉松，韧劲比速度来得重要。

创业和体魄的关系也往往被人忽略。很多人过分关注大脑的聪明程度，而低估了身体的重要性。创业同时也是一件体力活。韧劲和体魄有遗传的因素，修炼无疑可以加强。通过运动减压、增强体魄绝对不是消费，而是必需的补给。

有了厚脸皮，有了公牛一样的韧劲和体魄，剩下的就是一个科学的方法和态度。是否聪明，是否有创造力，并不是关键，关键的是能不能坚持一套判断事情真伪的科学方法，能不能做到实事求是。

创业成功的第一步是要活下来。想活下来就必须找到一个受到市场欢迎的商业模式。这种模式不见得马上能带来收入或利润，但一定要受到客户的肯定。产品或服务一定要让客户愿意用，用得舒服，而且愿意推荐给别人。这就是马云说的刀子进去要捅出血来。

要做到这一点，其实并不容易。竞争是商业的不二法则，你能想到的东西其他人可能早都想到了而且试过了，只是你还不知道。要想在市场中占据一席之地，必须有创新，或者提供市场里没有的产品，或者能提供更好更便宜的产品，总之要为客户创造新的价值。

经济理论里有一个假说叫"有效市场"，说的是在充分竞争的情况下，该做的事情都已经被做了，市场的边际状况是没有创造价值的机会的。这个假说虽然听起来极端，但实际很有道理，在大多数情况下适用。如果创业者意识不到这一点，等待他的一定是"理想很丰满，现实很骨感"。

意识到了这一点，在创建自己的商业模式时，就必须仔细推敲，光有想法还不行，要能解释为什么市场里没有人做同样的事，为什么自己能想到，自己有什么优势来做这件事。

当前的创新创业大都集中在互联网领域，就是这个道理。互联网、移动互联网都是新东西，大家都不太懂，有很多商业经验的人都四五十岁了，不一定跟得上互联网的发展速度。所以在这里年轻人就有机会。虽然他们并不很懂商业，但对互联网很熟悉，能看到老人们看不到的商业机会，这是他们的优势。但这样的机会也是瞬时即逝的，往往在几个月最长一两年间空白就会被填补，重新形成白热化的竞争。从门户到搜索，到电商，到社交，到共享经济，没有一个领域能给创业者独享的机会。当然，最后我们看到的往往是剩下来的少数企业，这是浴血奋战后的结果。

如果说创业像打仗，主要创始人就是主帅。最牛的主帅不是像赵云这样的猛将，也不是像诸葛亮这样的谋士，而是刘备、曹操这样的领袖。这些人之所以可以成大事，是因为其杰出的领导力。

简单来说，领导力就是掌控大局的能力。领导者可以不聪明，只要能领导聪明人就行；领导者可以没有很强的创造力，只要能理性判断新想法新模式就行。领导者不能外包的是胸怀、视野和科学态度。在创业初期，领导者还需要给公司提供诸如资金、技术等核心资源。公司有了制胜的商业模式后，能走多远，就和主要创始人的领导力息息相关。领导者是狮子，公司才能占山为王；领导者是老鼠，公司就只能打洞。

优秀的企业，一般都有优秀的产品，但不是有优秀产品的企业都是优秀企业。优秀企业的特质是有持续产生优秀产品的能力。比如腾讯，有了QQ还有微信；再比如说阿里，有了淘宝还可以有天猫。这种持续创造优秀产品的能力和企业的资源禀赋关系不大，主要的驱动因素来自于公司的文化和管理体系。

很多国有企业因为资源丰富可以做得很大，但很难说得上优秀。但像星巴克这样看似简单的企业，却是大家学习的楷模。它强在管理体系和文化上。

所以，要想实现创立一个优秀企业的梦想，创业者从一开始就应竭力打造高效的管理体系和实事求是、追求卓越的公司文化。文化就像人的性格，每个人都可以有他的特点，但万变不离其宗，有优秀文化的企业一定是在整体上积极向上、追求卓越、用科学的方法来看问题。

打造优秀的管理体系和文化的任务全在领导者身上。如果领导者本人就是短视的、多疑的、自卑的或是过分自信的，很难想象公司的文化和体系能做得多好。就像孩子的脾性是父母的映射，公司的文化往往也是创始人的投影。如果创始人没有足够的修行，创业企业即使侥幸活下来，再上一层楼也会十分渺茫。

创业有两个阶段，先是刀子进去捅出血来，找到一个市场欢迎的商业模式，再是从活下来到优秀、打造杰出的系统和文化，很多创业者无法把两个阶段连接起来。

能做到第一步的创业者常常是市场导向型的，一切以市场为中心，会从根本上忽视培养公司长期的竞争优势。由于系统和文化是对公司所有人的约束，在第一阶段非常生猛的创业者往往会膨胀，不愿意有任何对自身的限制，喜欢搞一言堂，认为系统和文化只对别人适用。岂不知领导力的核心是知行合一，以身作则，领导者的行为决定了企业的真正文化和系统。

所以，从一个想法到一家优秀的企业，创业者要经过艰难险阻、万水千山。创业者能依赖的只有自己。企业成长的核心是企业家的成长，企业家的成长靠的是修行。当你看到一个优秀的企业，请注意它后面企业家和他的修行。这样的人、这样的修行，如果他来再次创业，依然能成功。一般的创业者，如果你能向这种品质靠拢，你的成功概率就不会只是1%。

刘劲

第十章 | 写在商业之外

计划模式与市场模式下的创新机制

　　创新对长期经济发展的重大影响举世公认。但创新从来不单纯是技术的创新，尤其是对于像中国这样的发展中国家、转轨国家、历经改革的国家，最重要的创新是制度创新。中国改革开放的前30年里，在从计划模式转轨到市场模式方面，在经济发展和技术进步方面都取得了巨大成绩。其中最大的部分是制度改革，或制度创新。其核心是废弃过去约束经济发展的制度，代之以利于经济发展的制度。用市场制度代替计划经济，解散人民公社，开放吸引外资，扩大贸易，允许民营经济大发展，取代国有经济"一统天下"，等等。这些"创新"的制度使资源得以大规模地优化重组，大大地减少了制度带来的浪费和低效。从制度层面看，相比改革前的制度，如今中国的制度与发达国家的制度更为相近。与发达国家相比，这些"创新"的制度可能并不新。但从中国自身来看，从发展中国家能够发展的角度来看，与其他转轨国家相比而言，中国的制度改革能走到这一步的过程、走法，都是创新。有些改革在当时旧制度的束缚下显得非常大胆、冒险。没有这些基本的制度创新，在落后制度的束缚下，绝大多数管理和技术创新都不会产生。今天，中国经济面临严重挑战，其中尚待改革的落后制度是造成问题的根源。不改革这些制度，以行政方式大规模推动创新，不仅不会如愿以偿，而且可能导致很高的风险。

粗看全世界的整体情况，技术创新对经济发展有非常重大和基本的作用。但细看，则只有发达国家的经济发展才主要依赖技术创新。因为发达国家在市场制度方面已经相当完善，从资本投入、人力投入、土地投入等投入的角度看，通过市场已经使资源配置达到相对完美的程度或均衡状态，换句话说就是优化组合。在此条件下，经济再向前发展，只能主要靠技术创新。这就是产业革命以来，以美国、英国为代表的处于制度和技术前沿领域的国家，在一百多年里走过的道路。但是，技术创新不仅需要承担非常高的成本和风险，而且需要制度上的基本条件。因此，世界上所有能快速发展的发展中国家，创新的首位一定是制度，而不是技术。包括19世纪末的德国、日本，战后发展的以色列、韩国、中国台湾地区等。依赖足够好的制度，这些国家和地区能够在创新方面与技术的最前沿国家足够接近。但是，所有发展中国家面对的问题的性质不同。对这个问题的研究，是跨分支的经济学中最大的问题之一。早在二三十年前，诺贝尔奖获得者卢卡斯就曾经提问，为什么世界上有不发达的经济？的确，按照经济学的基本原理，如果所有国家都是法治下有秩序的市场经济，没有制度上的差别，也没有严重的自然灾害和不可应付的严重疾病，那么它们的经济发展程度应该趋同。因此，不发达的主要原因是制度，是非市场制度或没有法治的无秩序制度束缚了经济发展。从发展中国家变成发达国家，必须首先消除束缚发展的制度，代之以有利于发展的制度。消除落后制度，采用先进制度，是一个艰难的创新过程。虽然作为制度创新的最终结果，与先进国家比较，可能没有特别新。

如果认识不到市场制度的重要性，误认为技术决定一切，忽视技术发展和创新的基本制度条件，以强制方式大规模推行技术创新，不但可能事与愿违，而且由于制度的原因，可能制造出巨大风险甚至灾难。1958年"大跃进"时期的"技术创新"就是很好的教训。当时亩产万斤粮，其中也有所谓"科学"。钱学森先生发表过若干篇文章，以"科学"方法论证，通过光合作用把阳光能量的一小部分固定为碳，即粮食，亩产就能达到万斤、十万斤，甚至更高。"大跃进"中类似性质的"科学"和"创新"层出不穷，是最终招致大灾荒的一个重要原因。

强制推行技术创新而不管制度条件，意味着忽略创新中一个非常基本的问题：激励机制问题。在谈到创新时，如果讲经济现象、社会现象，第一个问题就是创新者为什么创新，他们的动力是什么？努力从事创新的人很多，动机更是不同。有的人是为了好奇，有的人是为了名利，有的人是为了科学，有的人是为了商业。有的人的动机与投资者利益一致，而大多数人和投资者的利益并不一致。但是，几乎所有的创新活动都是需要别人投资的。投资者为什么向某个创新项目投资？这是一个重大的问题，是要做决定的。用什么机制来决定？这是一个要重视的问题。

第二，谁能创新。乐于从事创新活动，或声称能够从事创新活动的人可以很多，可能有一万人，十万人，甚至一百万人。但在他们中间谁真的想创新？谁能够创新？怎么选择？用什么机制选择？在任何官僚体制里，选择机制都有一些程序化的简单办法，例如看学历、看学位、看过去的成就，等等。但最有创新能力的人往往并没有简单规则可循。爱迪生没有学历，乔布斯学历很低，马云在创办阿里巴巴之前也没有显目的成就，等等。如果按照通常官僚体制的方式选人，这些人才从一开始就被淘汰了。

第三，关于投资。谁愿意出钱，出谁的钱，赔了怎么办？是自己的钱，别人委托的钱，还是用政府的钱，三个不同来源，涉及不同的激励机制。

当大规模强力推动技术创新时，会有大量欺骗性的项目蜂拥而至。这些项目或明目张胆或遮遮掩掩，有主动干坏事的，有被动干坏事的，有原本是干好事后来变成干坏事的，等等。干坏事的人可以很多，而且在一定条件下可以迅速增多，压倒真正的创新者、企业家。这就是为什么大规模运动式推动创新令人担忧。

我们一直在用一个词，制度。制度是干什么的？制度就是用来应对上述这些问题的。在创新的过程中，选什么人、选什么项目，朝什么方向发展，出多少钱，怎么出，谁做这些决定等，都是制度决定的。不同的制度提供不同的机制。在一个有法治秩序的市场制度下，以上的绝大多数问题能得到较好的解决。其中，政府维持市场秩序的作用有基本的重要性。但在多数投资决策上，政府的作用是间接的、辅助性的。这是因为，即便是在相当完美的法治制度下，不用市场机制，政府也无法有效解决上面提到的种种问题。

下面举几个实例，讨论在不同制度下推动技术创新的不同结果。科尔奈教授2003年发表了一篇文章，列出了近百年全世界87个革命性的发明，然后统计是哪个国家什么公司什么时间发明的。在这87项重大发明中，只有一项在苏联产生，而这一百年正好是苏联从生到死的过程，这唯一的一项非市场经济产生的革命性创新，与军事有关，就是人造橡胶。其余的革命性创新全部都是产生于发达的市场经济中。在发达的市场经济里产生的革命性创新中，85%以上都产生在美国。如果再看美国最近半个世纪的革命性创新，绝大多数产生于风险资本资助的中小企业，而不是产生于大企业的实验室或研发部门。今天看到的巨无霸型高科技企业，绝大多数都是从中小企业演变而来。它们是在革命性创新产生之后，从无到有，再变成大企业的。与此同时，不断有很多巨无霸型高科技企业，因落伍而在市场上衰落甚至破产。这是一百多年来，有秩序的市场经济下创新和经济发展的规律。这就是熊彼特的"创造性破坏"机制。

第二个例子是欧盟国家在研发方面的努力。几十年来，欧盟国家看到美国的风险资本在推动创新、推动经济增长上发挥了重要的作用。于是，它们也设立了政府主导的风险资本，试图用此方式模仿美国的风险资本。但是，这种政府模拟市场的努力非常不成功。

第三个例子是1989年之前的苏联东欧集团。苏联东欧集团从来就极其重视创新，他们的研发费用占GDP比例曾经在相当长的时间里是全世界最高的，远远高于市场经济中占比最高的国家。苏东集团的普通教育和高等教育普及程度，科学家和工程师的总数及占工人的比例等都是世界上最高的地区之一。但是他们没有能力在研发核心领域缩小和世界前沿的差距。

第十章 | 写在商业之外

在许多最前沿的领域，差距甚至在持续加大。这是逼迫他们改革的基本原因之一。但是改革一直无效，直到整个体系崩溃。

在基本事实和大量研究文献的基础上，我们可以为近百年所有制度下的创新效率，从高到低排一个"技术创新的制度排序"。排在第一（即最高）的是英美法系支持的市场制度，它们是历次产业革命的先驱。排在第二的是欧陆法系支持的市场制度，其中包括日本、韩国等。虽然这些经济在革命性创新方面通常不在最前沿，但在历次产业革命中，这些经济体都能紧跟前沿，产生大量重要的互补性创新。排在第三的是国有制的计划经济。如以上讨论的，这种制度的创新效率大幅度低于市场经济，以致在投入巨量资源的情况下，都难以缩小甚至保持与发达经济之间的差距。第四是群众运动，例如"大跃进"时期全民从事高亩产、炼钢，以及研究和应用超声波的运动等。其结果是混乱、浪费和灾难。以下概要解释一下这几种制度的机制。

英美法系国家以金融市场为中心。以金融市场为中心为什么对创新重要？因为这是风险资本运作的基础，是促成大量中小创新企业诞生发展的基础。更完整地看，英美法系国家靠的是金融市场、知识产权市场、产品市场、人力市场，这四个市场交互作用，相互竞争，造成优胜劣汰机制的基本环境，从整体上解决创新各个环节的激励机制。这个体系高度依赖法治，法治是整个体系的基础。而形成法治最基本的核心制度是司法独立。在不具备这种制度的环境里模仿风险资本，得到的是不同的机制和结果。

排在第二的制度是，欧陆法系支持的以银行为中心的市场制度。在没有发达的金融市场情况下，比如在德国、日本、韩国，金融市场对大型企业没有压力。在这一体系下，技术创新以大企业研发部门为主力，由大企业内部解决投资研发项目相关的激励机制问题。该体系是由知识产权市场、产品市场、人力市场之间的竞争来解决整体激励机制问题，形成优胜劣汰。但大企业内部无法模拟多方面市场的竞争，因此，大量与创新相关的激励机制问题得不到好的解决。这决定了革命性创新技术难以从这种体制中产生。

面对与美国日益扩大的技术经济差距，欧盟非常努力地推动创新，推动以政府为基础的风险投资。的确，在创新相关的许多环节，市场可能失灵。因此，政府在协调创新方面有可能发挥很大的作用。但政府的作用在很大程度上取决于政府介入的机制、技术的性质、经济发展的阶段等。在追赶阶段，在可以预测、可以规划的科技研发方面，政府的直接介入可能有优势。但是，面对最前沿的革命性创新，面对新兴产业革命的时候，任何官僚体制，无论是政府还是成熟的大企业，在高度竞争的市场（包括金融、知识产权、产品、人力四个市场）面前，都没有优势。政府的作用必须只限于对基本制度的支持，是间接的、辅助性的。一个著名的例子是20世纪80年代日本政府的第五代计算机计划。在20世纪80年代初，日本生产半导体存储器已经世界领先，美国人担心日本有一天在整个计算机方面超过美国，甚至整体超过美国（当时哈佛的傅高义出版的《日本第一》流行全球）。日本政府的通产省，从1982年开始协调全国所有大企业和大学，依照通产省的规划，试图在他们认定的第五代计算机方面全面超过美国。但是所谓第五代计算机并未成为主流。市场中优胜劣汰产生了一系列全新的技术，包括个人电脑、互联网、分布式计算技术等。这些启动了新一轮产业革命。问题是，这些创新不是某个人的成就使然。因此也不是任何政府和大企业可以预见的。同最前沿的美国相比，日本从20世纪90年代以来一蹶不振。其中有各种各样的原因，但与这里讨论的日本基本面的问题密切相关。当经济的基本面有重大问题时，虽然是市场经济，虽然是法治社会，有能力举全国之力朝着某个方向努力，也很难超越。日本政府输给了市场。同样，欧盟的政府们也输给了市场。

排在第三的是国有制经济。在这种制度下，民间没有资源。因此创新只能以自上而下的计划方式或行政管理方式进行。自上而下的计划式创新，在经济相对落后的追赶阶段，或者是对可以预测、可以规划的科技研发，可能有某种优势。例如，中国和苏联在宇航、核领域等可以很快缩小与发达国家的差距。因为这些领域需要巨大的资源，而且从科学和技术的角度，是相对可以预测、可以规划的。实际上，在任何国家，在这些战略军事领域都是举国体制，包括美国。但是，当涉及技术创新的整体，涉及产业革命性质的创新时，自上而下的举国体制无法有效解决激励机制和资源配置问题。这不仅是理论，更是反复验证的基本事实。任何由政府掌握大量资源，由政府主导的规划式、政策式创新，以及大量政府资金推动的所谓创新基金等，其基本机制都与此相似。至少可以归到计划或半计划模式。而这类制度归根结底无法解决创新中的基本激励机制问题。

最后一种机制是搞运动。前面讨论过的"大跃进"是历史上的一个极端情况。中国改革以来，一个曾经行之有效，曾经起了正面作用的重要机制，是省、市、县之间的竞争。地区之间竞争吸引外资、出口、经济增长等。从机制的角度看，这与"大跃进"运动有很多相似之处。改革早期的地区竞争之所以曾经发挥了很好的作用，有区别于"大跃进"的三个条件：第一，改革的方向是建立市场经济，逐渐向民企开放；而"大跃进"时期是关闭市场、消灭民企。第二，改革时期朝着建立党政部门的集体领导制，以及司法等制度，建立了一定的权力制衡，使下情上传不至过于失真；而"大跃进"之前和期间的时期，是破坏权力制衡的时期，甚至达到上层难以了解经济实情的程度。第三，改革早期地区竞争的主要目标，是以GDP增长速度为度量的经济增长。GDP是市场活动的总体统计指标，单纯从经济上看，整体上比较平衡，而且存在多种不同方法进行独立的数据收集与核算，使域外的机构可以在信息上起到某些制衡作用。而"大跃进"竞争的是粮食亩产和钢铁产量等单项数量目标。作为竞争目标，不但不平衡，而且域外机构难以独立核算。在这些条件下，改革早期的地区竞争，或者运动，在激励地方各级领导、推动改革和经济增长方面，起到了重要作用。

但是，政府的职责远远超过以GDP衡量的经济增长，而在行政体制内以竞争方式提供有效激励机制，需要局限于单个竞争指标。因此，靠地区竞争激励地方政府有极限。人所共知，在唯GDP的地区竞争下，环境问题、不平等问题、社会稳定问题等普遍被忽略。如果把"大众创业、万众创新"作为地方政府竞争的目标，试图用这种运动的方式推动创新，非常值得警惕的是，这种单项指标的地方政府竞争，会严重扭曲地方政府的一系列基本行为。在对地方政府施以片面强激励的同时，如果没有健全的司法和公司治理结构，没有健康的市场竞争，会使社会上产生大量有意或无意的以创新为名的欺骗作假。真正的创新整体上高成本、高风险，多数需要长期的投资，而虚假"创新"可以表现为低成本、低风险，短期收益，使其具有极大的诱惑力。因此，虚假"创新"的大发展，会在市场上排挤真正的创新。在这种条件下，给地方政府的激励越大，虚假"创新"就越盛行，灾难就可能越大。

中国在经历了三十多年改革后，今天的制度大体是国有计划制和欧陆法系市场制的混合，如果不继续改革制度，倒退回到第三种机制，甚至第四种机制的可能性不但存在，而且其危险在某些领域甚至有所上升。我们必须认识到，作为一个发展中国家，对中国来说最重要的创新是制度创新，或者更确切地说是制度改革。这是全面创新的基本条件。全面创新包含技术创新、管理创新、市场创新等。不顾制度条件和经济发展水平，以行政主导方式，强推技术创新，不但面临巨大风险，而且会制造更大的风险，在推动的力量超巨大时，甚至可能制造出大灾难。而制度创新的核心是改革和完善市场制度、法治制度以及权力制衡的政府制度。

许成钢

第十章 | 写在商业之外

沟美的故事：用商业的模式做公益

从学术角度对公益做一些研究，从而让公益项目的运作更加富有成效，是我一直以来的心愿。从心理学的角度出发，我和我的两个合作伙伴提出一个假设，我们想研究一下当人们用金钱来资助贫困学生的时候，不同的资助方式是否会有不同的效果。换句话说，我们想弄清楚，如果某项资助是匿名的，相对于不匿名的资助，对贫困学生的学习成绩、学习动力，以及他们的自信程度等维度是否会产生影响。在这个课题的背后，我们依据现有的理论和文献设想了很多有趣的结论。接下来我们要做的，就是找到一个合适的机会，在现实中收集数据，从而验证我们的假设。3月底，这个机会终于等来了。在长江商学院广东校友会的帮助下，汕头市潮南区司马浦镇沟美小学向我们伸出了橄榄枝。

我们三位学者分别从北京、上海、新加坡飞到汕头，再开车近两个小时到达沟美小学。一下车，一行人立刻开始跟当地教育系统的领导和沟美小学的校长座谈，对方也表示，对我们的到来非常重视，愿意全力配合。

因为事先做了充分的准备，我开始有条不紊地介绍。我从我们研究的初衷说起，谈到我们研究的意义，以及希望得到在座各位的大力支持的意愿，讲得兴致勃勃。

5分钟过去了，10分钟过去了，屋子里一片安静。我的第一个想法是：

"怎么没有反应？"陪我们一同前往的长江商学院广东校友会副会长、广东省长江公益基金会理事长王泽瑶女士也看出了问题。在我们反复询问之后，汕头市教育局的领导终于开口了。他说："朱教授，你研究的这个课题，从经济的角度来资助学校，对我们这里来讲不是一个特别需要的课题，现在国家对教育的资金投入力度很大，钱不是我们最缺的。"我的脑袋轰的响了一声。

在商学院的课堂上，我曾经反复讲过这样的案例：一个公司做得最糟糕的事情就是生产出一款完美的产品，但是这个产品没有人需要。"天啊！"我心里默默地说，"我现在做的就是这个事。"我们满怀热情抱着一颗爱心，千里迢迢跑到这个偏僻的小村镇，希望在这里开展公益的学术研究，但是这里根本不需要。怎么办？既来之则安之。既然我已经来到这里，不如了解一下沟美小学的情况。很快，在和校方的沟通过程中，我们迅速转换思路，一个新的研究方向渐渐浮出水面。

现在回想起来，这是我们汕头之行的第一个收获：做公益应该从寻找真正的需求开始。事实上，沟美小学之所以能有今天的成绩，归功于项目负责人王泽瑶、张天培——两位长江校友企业家一直在寻找真正的需求。

从寻找真正的需求开始

地处潮南区的沟美小学因年久失修，在2013年的"尤特"暴雨中校舍受浸严重，岌岌可危。

王泽瑶是潮汕人，看到那种满目疮痍的状况，看到受灾的人是那么无助，她感同身受。到了灾区，放下校友们捐助的药品、方便面和大米，她去问镇领导："你还有什么需要？"镇领导说："好多所学校都是水灾很严重，其中有一所可能是最严重的，快要塌了。"

镇领导说的就是司马浦镇沟美小学。司马浦镇沟美村的人口大概2300人左右，一般来说，一个村的人口数量基本决定这个村的小学有多大。沟美村有427户，总体的经济水平比较落后。村里面没有什么经济来源，村民们主要靠外出打工赚钱。

沟美小学1984年建校，占地面积2700平方米，建筑面积1075平方米，有六个年级，一个班多的三四十个人，少的有十五六个人。加起来有161名学生。小学生们每天在岌岌可危的教室里面上课，提心吊胆，但是又没地方可去。"那行。"王泽瑶答应下来。善款也很快在校友中募集到了，但是怎么用好这笔钱，成了王泽瑶的心病。因为她看过太多的捐助，那种为了用钱而用钱，为了花钱而乱做的事情，让她觉得痛心。"干脆我们自己亲力亲为来做一个学校吧！"校友们说："行！"

在想法上和当地的第一次碰撞是从校舍设计开始的。长江商学院EMBA17期的校友陈立坚和他的团队主动承担了学校的设计。他们最初的想法是，既然推倒重来，不如充分利用空间，盖一个两层楼的学校，这样总体面积可以增加一倍，但是发现走不通。周边的村民反对两层楼的方案，理由是楼层太高会影响他们家的风水。于是两层楼的设计方案就否决了。那到底建一个什么样的学校呢？有人建议说做一个全新的现代化的学校，越现代化越好。

王泽瑶和其他校友都参观过不少希望小学，但发现它们都是一张图纸走到底，没有什么自己的文化特征，看上去很没味道。最后，陈立坚、王泽瑶等长江的校友们决定做一个小型的书院风格的学校，有当地的传统建筑文化特征而不是一个新型的建筑物。

当我们走进这所小学，我们看到的是一个非常有文化有品位的小学，这才是当地人心里面真正想要的一所小学。在和学校老师、教育局的领导们座谈的时候，他们跟我们说："有太多的背包，太多的物品在那里，其实是不需要的。"这句话让我深有感触，一个真正成熟的公益人，他的初心一定应该是社会需要我做什么，而不是我想给社会做什么。

授人以鱼不如授人以渔

我的第二个感触是"授人以鱼，不如授人以渔"。这话很多人说过很多遍，但是仍然值得再说一遍。中国有近万所希望小学，在每100所农村小学中，有2所是希望小学。但是希望小学面临的一个普遍问题是，虽然它的硬件改善了，但是软件并没有变化。如果软件不变的话，即使改变了学校的硬件，对于提高教学质量和水平，还是无从谈起的。

虽然沟美小学的校舍建设让各方非常满意，但王泽瑶还是觉得"不能建完就走"，回忆当时的境况，她说"长江人应该做不一样的公益"。她开始花心思去思考怎么提高沟美小学的教学质量。对学校来说，最重要的软件就是师资。她脑海中第一个冒出来的念头是花钱招聘有水平的小学老师。没想到她竟然又一次事与愿违，这一次不是不了解真正的需求，而是不了解中国的教育体制。

沟美小学是一所公办学校，不能像民办学校那样在社会上高薪招聘，11个老师的编制是固定的。这些老师过去是代课老师，校长的学历是中专，这就是沟美小学的现状，也是人们改变不了的现状。进一步的了解发现，沟美小学只能开出语文、数学、英文3门课，教育大纲要求的音乐、体育、美术，因为没有师资，开不出来课，而且常年如此。沟美小学的校长告诉我："有一个兼课的体育老师，他说我不懂，真的不知道该怎么上。"汕头是一个很重视教育的城市，但城乡教育水平不均衡，人口密集的潮南区更是如此。

开不出音体美这三门课，对从事教育工作的人来说，简直匪夷所思。小学的音体美教育，对人的一生有着无法估量的影响。但这并不是沟美小学的个案，而是中国边远农村小学的普遍现象。一个令人悲哀的事实是，虽然中国经济一路高歌，城乡的教育水平却很不均衡，中国农村的教育水平甚至在走下坡路，很多农村现在的教育水平要落后于十多年前。一个原因是我们太强调应试教育，太强调升学率，太强调考试成绩。

为解决沟美小学的实际困难，王泽瑶带领几个长江校友企业家张天培、王海源找了很多支教团，语文、数学和英语的师资还可以，音乐、美术、体育这3门课，很难找到愿意去的大学生。因为这3门课非常特别，大学生毕业之后随便找一个培训机构就可以赚很多钱，很少人愿意放弃赚钱的机会到边远的农村去支教。最后，长江校友企业家找到了当地的潮州韩山师范学院，希望能在大三学生中招募到愿意去沟美小学支教半年的大学生。

经过和校方的反复沟通，招聘计划一改再改，从最初计划支教半年，缩短成3个月，又减到2个月，直到缩短成1个月，才好不容易招到了12个人；其中8人来自学前教育专业，负责教音乐和美术，另外4人来自体育教育专业，教体育。这样，每门课由4个大学生开设，12名大学生运行一个学期（4个月）。

2016年2月28日，沟美小学"提高软实力计划"正式启动。校长回忆说："开始的时候，我给一个小学生麦克风，声音小得只有他自己才能听到。"但几个月之后的六一儿童节，沟美小学办了一场文艺演出，在村子里面引起了轰动。还是那些小学生，原来没有什么可以表现的，现在学生们到台上能歌善舞；原来不敢表现，现在他们不仅大胆地表现，而且节目的形式也多种多样。那个不敢大声说话的小学生，现在可以大大方方地主持节目。到12月27日第二次文艺演出的时候，学生们上演的节目从4个变成了9个，完全能够自己办一台小型文艺会演了。

除了文艺会演，2016年沟美小学还举办了两次美术作品展，学生的作品都张贴到墙上。水彩、水粉等这些过去听都没听过的东西，现在学生们都有机会接触学习了。沟美小学的音体美课程每周各两节课，虽然还有很大提升的空间，但跟以前相比是非常大的改进。

引入支教资源之后，受益的不仅仅是孩子们，还有沟美小学的老师。他们受到了触动，也在努力提高自己，整个小学充满了活力。更让人欣喜的是，音体美课程的空白被填补之后，对应试教育也起到了一定的推动作用。2017年7月4日，司马浦镇教育部门对镇上的20多所小学进行语、数、英统考，统一出卷、统一考试、统一打分。总分300分，沟美小学的平均分是270.3，进步之大让人惊喜不已。这些变化引起了当地政府的关注，当地教育部门将沟美小学视作一个标杆，希望在其他学校进行复制。

从2013年一个小小的心愿，到今天沟美小学令人欣慰的成就，从设计到施工，从寻找支教师资到培训当地老师，有太多人付出了太多太多，在这之外还有很多无法细述的艰辛。真正的落后不是经济上的落后，而是智力上的落后。沟美小学的变化，实在令人赞叹。这也让我有了此行的第三个感受：要有坚持和长远的眼光。

公益不是一腔热血，也不仅仅是一片爱心，公益一定是要解决问题的。好的公益就是为社会问题找到最优解，这才是"不一样的公益"。我一直提倡"用商业的模式做公益"，成功的商业战略一定是基于行业的痛点，这个痛点就是真正的需求，公益的起点就是找到真正的需求。公益能够走多远，在于"授人以渔"而不是"授人以鱼"。公益绝不是立竿见影那么简单，在公益的道路上，始终需要坚持和长远的眼光。

离开沟美小学的时候，我们三位教授一点儿也没有心灰意冷，恰恰相反，我们觉得收获满满，因为不仅找到了新的研究方向，而且从理论到现实，我们对该怎么做公益有了更真实的理解。

朱睿　史颖波

固有思维与女性成长

经常有朋友和我探讨关于孩子选专业的事情，尤其是涉及出国读书的时候。前不久的一次聊天让我印象很深。朋友的女儿在美国读大学，很喜欢心理学，看了一些书籍之后，发现自己对犯罪心理学尤其感兴趣。于是，女孩子征求妈妈的意见，希望妈妈能支持自己的想法。当妈的听了很是担心焦虑，一个劲儿地跟我说："一个女孩子，学犯罪心理学，想想都觉得可怕。"我一边安慰这位母亲，一边鼓励她尊重孩子的兴趣和选择，因为我知道一个女孩子能做出这样的选择其实很宝贵。

固有思维在我们的生活中非常普遍，有些甚至已经扎根于人们的头脑中，潜移默化地影响着我们的行为。固有思维并不一定是个无可救药的东西，在大多数时候，人们依靠这种思维模式做出满意的思考和判断，但在某些时候，固有思维会让我们步入误区。最典型的一种固有思维就是开篇例子中涉及的性别偏见。通常，人们认为固有思维是在生活和学习中逐渐形成的，是我们生活经验的积累和反应，性别偏见也是如此。但是，最新一期《科学》杂志上刊载的一篇论文推翻了这个说法。作者的实验证明：性别偏见可以在很小的时候就形成了。

性别偏见形成于6岁左右？

这篇论文的篇幅并不长，但其结论却相当可观：性别偏见在小孩子5～6岁的时候就形成了，远不是人们普遍认为的青少年时期。研究人员做了4个实验。小孩子5岁的时候，问他们问题，他们的回答没有性别上的差异。而如果是6岁的孩子，你问同样的问题，比如女孩子是不是可以做特别聪明的人，或者做特别聪明的事情，他们的差异就显现出来了。男孩子会觉得自己一点问题都没有，女孩子就觉得自己不行了。

人并不是天生就具备性别偏见，大多数是社会交往过程中产生的。但是如果女孩子提前到6岁的时候就开始形成性别偏见，这种固有思维很可能会影响到她们漫长的一生，并且这种影响是比较负面的，会阻止她们愿意尝试她们完全有能力去做的事情，涉及方方面面，尤其是科技领域。

当今世界比以往任何时候都更需要科学，而科学需要女性。科技领域的女性少，并不是她们能力不行，而是在成长过程中，她们很早就把自己排斥到这个领域之外了。真正去学习去追求这些学科的女孩子越来越少，使得最后人们观察到这些领域里面，女性也越来越少。

2017年底，一位从学术界转战到工业界的女性科学家成为人们关注的焦点，她就是斯坦福大学终身教授李飞飞。当谷歌宣布李飞飞加盟谷歌，出任谷歌云机器学习负责人的时候，人们惊讶地看到这样一位女性面孔。李飞飞出生于北京，16岁时随父母远赴美国。凭着天赋和顽强的毅力，她在一流计算机期刊上发表合计超过100篇学术论文，33岁时便获得了斯坦福的终身教授职位，不仅是斯坦福AI实验室唯一的女性，也是计算机系最年轻的教授。

李飞飞算得上科技界的凤毛麟角。事实上，即便在高度发达的美国，据美国国家科学基金会今年发布的报告，女性科学家和工程师（S&E）占科技劳动力的比例从1993年的22%增长到2015年的28%。在全世界，根据教科文组织最新一期科学报告显示,妇女在全世界的研究人员中仅占28%的比例,而且随着决策阶梯的层次越高,女性与男性之间的差距就越大。所以我说,这个女孩子敢于进入男性主导的"犯罪心理学"领域,是非常有勇气的。

偏见可以被"操纵"

固有思维一旦形成,对人的影响是非常可观的。但是有意思的是,根据行为经济学的理论,我们可以人为地操纵心理参照点,进而影响自己以及他人的行为。在《心理科学》杂志上曾经有这样一篇文章,非常巧妙地展示了如何通过这个理论的应用让固有思维起到正向的作用。

我们知道,在人们心里通常存在两种偏见,一种是觉得女性的数学不如男性,另一种是认为亚洲人的数学要比其他地区的人好。这篇文章的作者找到了一群亚洲女性作为被试者,发现当她们身上的不同身份标签被激活的时候,她们的数学表现是不一样的。具体说,相对于控制组的被试者(没有被提示任何身份标签),当这些人被提醒到她是女性的时候,她们的数学表现就会更差;但当她们被提示是亚洲人的时候,她们的数学表现则会更好。也就是说,当不同的身份被激活的时候,这些身份所关联的偏见也会有效地影响人们的行为。

以此类推,对女性固有的偏见或许可以通过外界的干涉,降低其负面的影响力。20世纪90年代以来,美国女性在科学与工程领域就业的比例有很大的改善。究其原因,除了有越来越多的女性接受高等教育,美国政府出台各种政策以推动女性在科技领域的发展,还有一个非常值得关注的细节是,美国注重对女孩子的父母进行各种科学教育,通过舆论传播女性科学家的美好形象,改变父母对科学领域的性别偏见。

一个最近的例子是,在今年的奥斯卡颁奖典礼上,影片《隐藏人物》的三位女演员介绍了影片的原型人物凯瑟琳·约翰逊(Katherine Johnson)。当坐在轮椅上的凯瑟琳被推到舞台上的时候,全场起立,向这位昔日"穿裙子的电脑"致敬。这些举措对于美国女性在科学与工程领域的发展起到巨大的推动作用,其实质就是通过后期的介入和干涉,改善人们的固有思维,树立一个积极的参照物,激活人们的联想,在人们的心理上产生一个四两拨千斤的助推的力量。

这样的助推手段其实不仅仅适用于降低性别偏见的影响力,还有助于其他的领域。例如,大家熟知的《中国好声音》就是通过转椅子这一点微妙的设计,让那些有好的声音,但外表未必出色的选手可以脱颖而出。

了解性别偏见的形成,以及如何对其进行干预,可以让人们,尤其是女性更加客观地认识自己,并有信心和勇气选择自己想做的事情。但与此同时,学术界和大量的实践经验都告诉我们,男女有别。就拿信息处理而言,男女差异非常明显。在我们的研究中发现,相对于男性而言,女性是更加综合性的信息处理者。她们会处理更多的信息,会辨识出环境中更多的细节,这些信息将会对其认知和行动产生影响。而男性是挑选性的信息处理者,他们有目的性地辨识信息,有很多信息会被他们主动屏蔽掉。男女差异还体现在其他一些方面,例如风险偏好。了解这种差异,是为了让我们更客观地了解自己和他人,从而能够发挥各自的特长,并形成互补。

警惕固有思维的束缚

在2017年《财富》杂志推出的"全球40位40岁以下商界精英"榜单中,上榜的46位精英中有16位女性。但是在去年《财富》中文版推出的"中国40位40岁以下商界精英"榜单中,40人中仅有2位女性上榜,比例之悬殊令人瞠目。如果我们看看企业的最高领导人的统计数字,就更吓人了。世界500强的CEO中只有4.6%是女性。据创业公司数据库Crunchbase2017年的统计,全球仅有18%的创业公司是由女性来领导的,仅有10%的全球资金投给了由女性领导的创业公司。

第十章 | 写在商业之外

我们知道在中国，在大学阶段获得学位的女性多于男性。那是什么原因让男性在之后的几十年中在各类榜单中占据绝对优势，而女性却少得可怜？其中的一种可能就是，当她们还在孩提时代时，就被灌输了性别的偏见。在她们成长的过程中，总是会被一些形形色色的标签所束缚。当然成功与幸福的定义，仁者见仁，智者见智。这也不是这篇文章想探讨的话题。但我想，女性人力资源的广泛和深层次开发还有很大提升的空间。毕竟世界的发展需要女性，作为个体存在的价值需求，女性也需要发展。

记得在女儿准备上小学的时候，我们家里曾经讨论过是上女校还是上男女混校。考虑女校的其中一个原因就是在女校，女孩子反而不容易形成性别偏见。在男女生混校，随着年龄的增长，环境、老师、同学的影响会让性别偏见潜移默化地进入每个孩子的心里。倒是在女校，由于没有这些考虑，不管是装饰海报，还是登高换灯泡，都是女生来完成，这样反而很大程度上减少了性别偏见的影响。

我自己这些年学习研究心理学的经历，让我非常清楚地意识到，人是很容易被固有思维所左右的。但与此同时，人的潜力在很多时候会超乎我们自己的想象。写这篇文章，是希望帮助大家了解在我们头脑中那些根深蒂固的偏见可能对自身以及他人产生的巨大影响。

下一次当我们不加思索地对自己或孩子说"不"的时候，或许我们可以停顿一下。有意识地打破性别的固有思维，激活女性以及男性本真的标签，让每一个个体发挥最大的潜能，从而展现其最动人的一面。

朱睿

行为经济学的秘密

2017年的诺贝尔经济学奖意外地颁给了行为经济学家理查德·塞勒（Richard Thaler），这让行为经济学这门年轻的学科，在心理学教授丹尼尔·卡内曼（Daniel Kahneman）2002年获得诺贝尔经济学奖后，再次成为人们关注的焦点。塞勒曾经与卡内曼有过很多合作，他们共同的特点是，都采用独特的观察视角和敏锐的洞察力揭示了人是非理性的经济动物，而且这种非理性是普遍存在的。所以塞勒在得知自己获奖之后，开玩笑地说，他将"尽可能不理性地"花掉奖金。

随着行为经济学的兴起，"锚定效应""禀赋效应""心理账户"等专业术语也开始为人们所了解。这些术语描述了人们在不确定环境下做出行为决策时所体现出的非理性规律。了解这些规律不仅有助于我们更好地认识自己，还可以理解为什么一些看似微不足道的设计，会产生巨大的影响力。

从锚定效应说起

行为经济学中有一个基本概念："锚定效应"，它是指人们在对某人某事做出判断时，非常容易受到第一印象或第一信息支配。这些印象或信息就像锚一样把人们的思想固定在某处，成为人们进一步思考和判断的参照点。该效应是一种常见的认知偏差。一般情况下，我们将锚定值简称为参照点。

说到"锚定效应"就不得不提两位认知心理学教授和阿莫斯·特沃斯基（Amos Tversky。1937年～1996年）。2002年，卡内曼教授因提出前景理论（Prospect Theory）获得诺贝尔经济学奖。前景理论的提出为行为经济学的发展提供了理论基础。

一位专家曾经对美国《财富》500强做了调查，结果发现，这些大企业的首席执行官几乎都是白人。而且，他们几乎都是高个子。男性CEO的平均身高几乎达到了6英尺（1.82米），而美国男性的平均身高是5英尺9英寸（1.75米），也就是说，这些美国营业额最大的500家企业的男性CEO，比美国男性平均身高高出3英寸（0.07米）。再进一步来说，在这群人中，身高超过6英尺（1.82米）的人达到58%，而在美国男性中这个比例为14.5%。如果你觉得这组数据还不足以令人震惊，我们再来看这样一组数据，在全美人口中，身高高于6英尺2英寸（1.87米）的成年男性占3.9%的比例，而在CEO的抽样中，高于此身高的人几乎占到了1／3的比例。

身材高大的白种男性是担当公司CEO的最佳人选，这显然是董事会的一种偏见。但是，这些偏见是他们刻意而为的吗？当然不是。董事会之所以无意中做出这样的选择，是因为他们潜意识中相信，身材高大的白种男性，聪明勇敢，也许能够肩负起执掌一家庞大公司的重任。这就是一种"锚定效应"。

选秀节目大热的背后

每年全世界都有大量的音乐选拔和面试，评委们对选手的第一印象很容易影响选手的成绩。有的时候，哪怕是选手露面的一刹那，评委心里就开始嘀咕：这人识谱吗？有的评委，甚至会因为观察歌手的口型而分心。

即便很多评委都受过长期的专业训练，他们声称可以闭上眼睛用双耳和心灵去感受，但是实际上，评委们都过于相信自己的第一印象。

相关的研究表明，评委的确会因为一些细节而分心，导致并非纯粹公正的第一印象。有的人唱歌，看上去要比听上去更好，因为他们从外表来看更有颜值而且自信从容；有的人看上去不修边幅，但是歌声却悠扬动听；有的人唱的时候好像很吃力，但是听上去却一点也听不出费劲的感觉。眼见和耳闻这两者之间有着诸多无从察觉的不同印象，一个人的双眼是无法不影响其判断的。这种影响很难察觉、捕捉和量化，但是对选手来说，评委心理的一点点波动都会对他们的前途产生至关重要的影响。怎么才能屏蔽掉评委的偏见，又让比赛正常进行呢？类似歌手选秀节目《中国好声音》给出了答案。

无中生有的"她指数"

在20世纪80年代末美国股市崩盘之际，美籍意大利裔雕塑家亚托罗·迪·莫迪卡（Arturo Di Modica）自掏腰包2.5万美元创作了一尊雕塑：重达3.5吨《华尔街公牛》（Charging Bull）。莫迪卡拥有这尊雕塑的版权和商标权。这头颇具气势的铜牛，在过去30年里一直被视作华尔街的象征。

说起来，当初这个铜牛还是一个"违章建筑"。1989年圣诞节之前，想一鸣惊人的莫迪卡让人在半夜把铜牛放到纽约股票交易所前面。第二天纽交所开门的时候，很多人注意到了这头牛。但是莫迪卡没有得到这样做的政府许可，于是纽约市警察搬走了铜牛，不料这种做法招致很多人的抗议，城市官员最终允许它留在华尔街上。

2017年国际妇女节，一家投资公司在华尔街上摆了一个雕像，名叫《无畏的女孩》（Fearless Girl）。小女孩身高1.2米，远远地站在3米高的铜牛对面，挺胸昂首、双手叉腰、裙摆飞扬，怒视着体型硕大的铜牛。雕塑一出现，立刻在全球社交媒体上引起强烈反响，很多人跑去和小女孩合影，摆出和小女孩一样的姿势，对视着那头公牛。突然之间，人们熟悉的铜牛从一个力大无比的斗士变成了一个凶恶傲慢的象征。也就是说，小女孩的出现，不单单是一个雕塑的出现，而是一个参照点的出现。可以想象，这样巨大的改变是多么令人震惊，这家名不见经传的投资公司也由此进入人们的视线。

这家公司是有20年历史的道富环球投资（State Street Global Advisors，简称SSGA）。有大量研究显示，性别更为均衡的董事会结构能够提高公司价值，同时对盈利能力产生积极影响。2017年的国际妇女节，SSGA发起一个ETF指数基金：她指数（SHE），意在追踪女性在企业领导层的作用和性别的多样化从而获取收益。在过去一年中该基金的收益率为12.68%。《无畏的女孩》是SSGA2017年推广"她指数"活动的一部分。

SSGA原本向纽约市政府申请的雕像摆放时间为一周。在社交媒体上引起轰动之后，纽约市长白思豪（Bill de Blasio）宣布将许可证延期，雕像可以留到第二年的国际妇女节。也就是从一周延长到了一年。于是，麻烦来了。

2017年4月12日，铜牛的作者莫迪卡和律师召开新闻发布会。莫迪卡认为公牛象征着"世界上的自由、和平、坚强、力量和爱"，律师称《无畏的女孩》颠覆了公牛的意义，"被人变成了一种负面力量和威胁"，侵犯了莫迪卡的版权，要求移除《无畏的女孩》。

各方对此议论纷纷。纽约市长白思豪在Twitter上说："不喜欢女性占用空间的男性，正是我们需要《无畏的女孩》的原因。"在社交媒体上，有人说莫迪卡抱怨的理由不成立。但也有人说，《无畏的女孩》确实改变了铜牛的本义。

说SSGA无事生非也好，说SSGA是营销高手也罢。值得肯定的是，这家公司巧妙地营造出一个参照点，反击人们头脑中根深蒂固的观念，提醒人们女性领导力是一股不容忽视的力量。

参照点只是行为经济学中一个非常基本的概念。人类的思想和行为还有许多经济学公式不能解释的有趣现象。为什么我们会言行不一却毫不愧疚？为什么我们总是很难实现自己设定的美好目标？为什么我们会在房价高得离谱的情况下仍然会买进？贝多芬在耳聋的情况下写出了不朽的《第九交响曲》，但是他也会拿错家里的钥匙。诺奖的评选委员会称赞塞勒说他的工作"让人们更好地理解经济心理学"。的确，理解人类为什么会集睿智和愚蠢于一身，行为经济学还有很多需要寻找答案的未知。

朱睿

如果哈耶克醒过来，会怎么想数字经济？

哈耶克对信息、产权与制度三者关系的理解并没有被数字技术颠覆。这是一个大企业和小企业都空前繁荣的市场经济时代，产权制度仍然是驱动繁荣的基本动力。

技术在改变我们生活的同时，也带来很多困惑。数字时代是大企业还是小企业的时代？是市场经济还是计划经济繁荣的时代？企业、市场和计划的边界在什么地方？

技术驱动的创新是社会发展的第一动力。关于技术如何改变生产方式和组织形式，经济学家们在大半个世纪之前就热议过，那时哈耶克代表市场，兰格代表计划，科斯代表企业。如果这三个经济学家活到今天，他们一定会延续辩论。他们在理论上的分歧，很大程度上是基于对信息收集和处理效率的不同假设；而这个时代，正是信息收集和处理效率发生革命性变革的时代。

三个人的辩论

在哈耶克眼中，所谓市场经济，就是一个信息处理系统，因为大量独立个体的参与，通过竞争中的价格发现机制，把各种有限、当地化、碎片化的信息汇聚，达到有效配置资源进行劳动分工的目的。"现代财富和生产就是因为这个机制才成为可能。这个理解构成了我的经济学和政治学基础。"

当然，市场参与者需要有合适的动机。收集和运用市场中"有关成百上千个具体事物的琐细知识，也只有可以从中获利的人才会去学习"。所以成功的市场经济的标志，一方面是差异、丰富的信息的有效收集和运用，另一方面是市场各方自发、有效的参与。前者涉及信息效率，后者涉及动机。

哈耶克认为市场经济是推动人类文明进化最有效的制度。如果说弗洛伊德关注的是文明对人性的束缚，哈耶克关注的则是文明进化的正向逻辑。在他看来，虽然不同文明的规则不尽相同，但是能够最有效地激发信息的收集和运用的规则体系，也是最有进化优势的体系。更重要的是，因为这种体系一方面必然要求对市场参与者所有权、独立性和差异化的尊重，另外一方面帮助从个人到国家财富积累的能力也是最强的，其结果是一个更平等、更民主、更富足、更有竞争力的社会。

所以在哈耶克的思想体系里，信息收集和处理的有效性、市场经济和文明的进化，以及个体的平等与自由，就这样自然地连接起来。这个思想体系的基础，是市场经济的信息经济学。

以波兰经济学家兰格为代表的计划经济派，在20世纪30年代提出了和哈耶克不同的观点。在兰格的理论中，不一定需要一个去中心化的价格发现机制。中央计划局因为拥有相对最多的信息，可以通过试错的方法模拟市场机制，发现价格，从而使供需得到平衡，实现资源的合理配置。除此之外，计划者还可以考虑外部性等市场考虑不到的因素，从而获得更好的社会效果。

哈耶克的反驳是，关于消费者偏好和生产的信息，不可能预先知道，只有在价格发现的市场机制中才能呈现出来。典型的经济模型假设信息已经给定，而忽略了在现实生活中信息是在人与人的互动中动态产生，并不断变化的。他指出:"现在的问题是每个人用来做决定的'数据'是如何根据环境(包括其他人的行为)而变化的……更重要的是,这是一个随着不同的人的数据而持续变化的过程。"中央计划者面对的是一个不可能完成的任务。

哈耶克和科斯同样在20世纪30年代有过很多辩论。如果说哈耶克和兰格代表了市场和计划的两端,科斯则处于中间某个位置。在科斯的眼中,企业之所以存在,是因为市场机制存在各种交易成本,包括信息收集成本、谈判成本、信息保密、执行成本等,所以企业作为一个小的计划经济体,其"标志性的特征是抑制价格机制",依靠命令来完成任务。当企业越来越大的时候,企业内部的信息收集成本、协调成本和配置资源的计划成本也越来越高。企业的边界,或者说计划和市场的边界,就在于内外成本的平衡。

科斯把企业描述为"在无意识中合作的海洋里有意识的岛屿"。通过有意识的计划有效解决的商业问题可以留给企业,企业无法自身解决的商业问题留给市场,市场无法完全解决的对整个社会有外部性的问题,比如儿童教育、医疗、养老、环境问题等,可以留给政府主导。在市场的海洋中,企业和政府都是岛屿。用哈耶克的逻辑,各自的边界,很大程度上取决于信息收集、处理和执行的成本。

数字时代会如何改变市场、企业和计划的边界?

数字技术,从移动互联、大数据、人工智能、云计算、区块链到物联网,在根本地改变信息收集和处理的成本和效率。

时代是思想之母。经济学家们的理论,需要能解释时代的现象。正在发生的一些重要趋势,可以帮助我们理解前述的边界是否发生了变化。

趋势之一,这是一个创业越来越容易成功的时代。以美国2C初创企业达到独角兽(估值超过10亿美元)的时间为例,20世纪90年代大部分初创企业，除了谷歌之外，进入独角兽行列至少需要10年以上的时间（图1）。千禧年之后，不但变成独角兽的企业的数量大为增加，而且绝大部分都花了不到10年时间。已经深刻改变很多人生活的许多公司，包括脸书、推特、Airbnb、Uber、Linkedin等企业，都是千禧年之后诞生的。

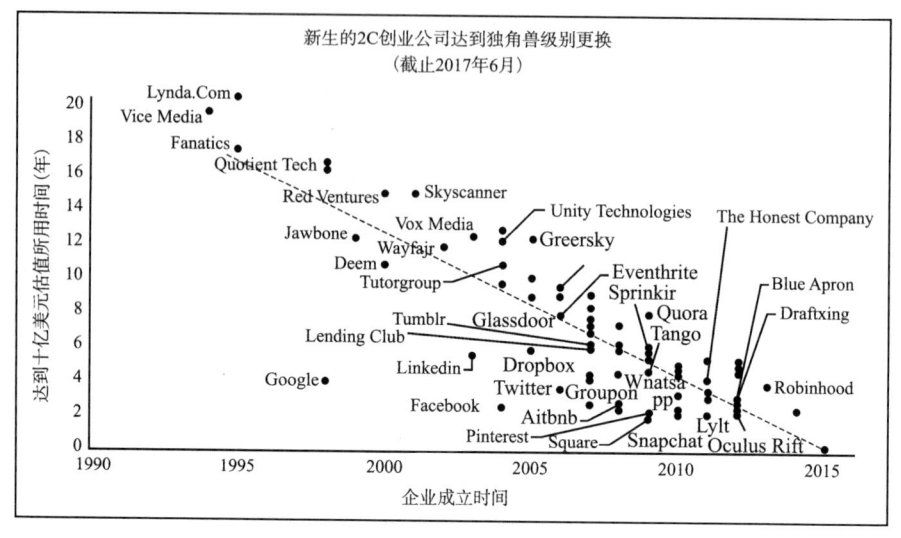

图1 美国2C创业公司达到独角兽所用时间统计

注：1.创业企业中达到（或者曾经是）独角兽名单、成为独角兽日期来自于CB Insight和新闻搜集。2.创业企业的成立日期来自于CrunchBase。3.微软、苹果、亚马逊在上市前夕的估值没有达到10亿美元级别，所以它们都不曾是独角兽。

同样的趋势也发生在中国，而且更为显著。大部分独角兽都是在千禧年之后产生的，从京东、美团、滴滴打车、小米、众安保险，到OFO单车，这些初创企业服务上千万用户，跻身独角兽所需时间越来越短（图2）。

第十章 | 写在商业之外

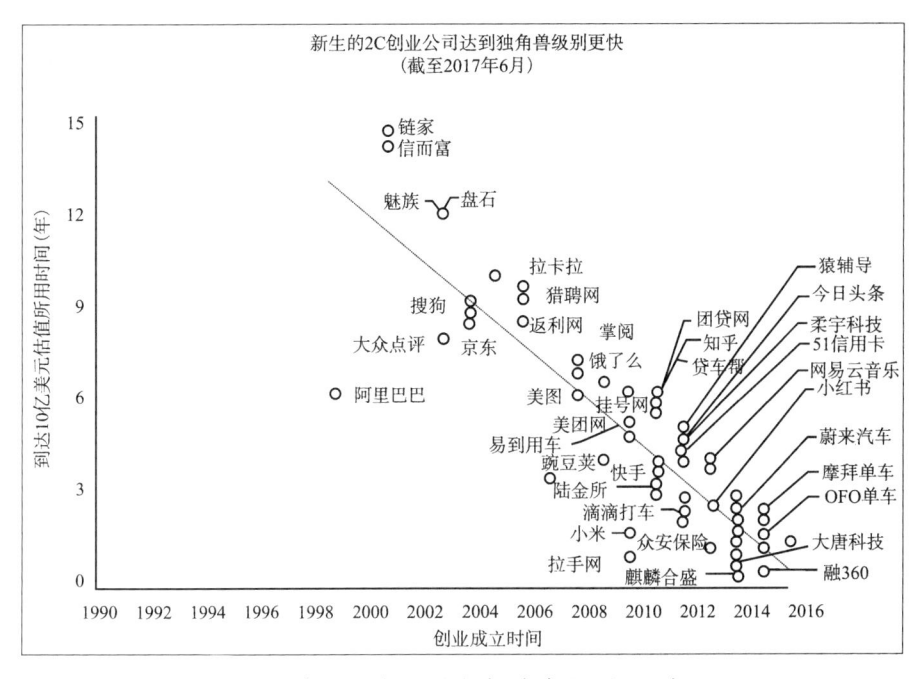

```
新生的2C创业公司达到独角兽级别更快
（截至2017年6月）
```

图2 中国2C创业公司达到独角兽所用时间统计

注：1.创业企业中达到(或者曾经是)独角兽名单、成为独角兽日期来自于CB Insight和新闻搜集。2.创业企业的成立日期来自于ITJuzi和启信宝。3.百度和腾讯在上市前夕的估值没有达到10亿美元级别，所以它们都不曾是独角兽。

这些独角兽所代表的，是创业的平民化，即创业门槛被降低到史无前例的水平，而且有可能迅速达到规模化。

移动互联改变了商家获取用户、和用户沟通的成本和效率，大数据、人工智能（算法）和云计算（算力）等技术则改变了懂得用户的成本和效率。创业周期越来越短，说明获取用户、懂得用户、提供服务和外部协调的交易成本越来越低，企业可以迅速积累大规模服务用户的能力。用科斯的语言来说，外部市场的交易成本越来越低，市场的边界越来越大，包括原来不能触达的长尾用户也进入了市场。

趋势之二，这也是一个企业规模越来越大的时代。美国营收前100强的企业，其营收总额，从1988年的1.3万亿美元，飙升到2016年的7.4万亿美元，不到30年时间翻了6倍（图3）；其营收占GDP的比率，也从1988年的25%逐渐上升到2016年的40%。美国财富500强企业在1994年的营收占美国GDP的58%，到2013年，这个数字上升到73%，其中财富100强的企业占500强的营收比例，也从57%上升到63%。企业规模随着经济的增长而增长，并且超过了经济的增长。

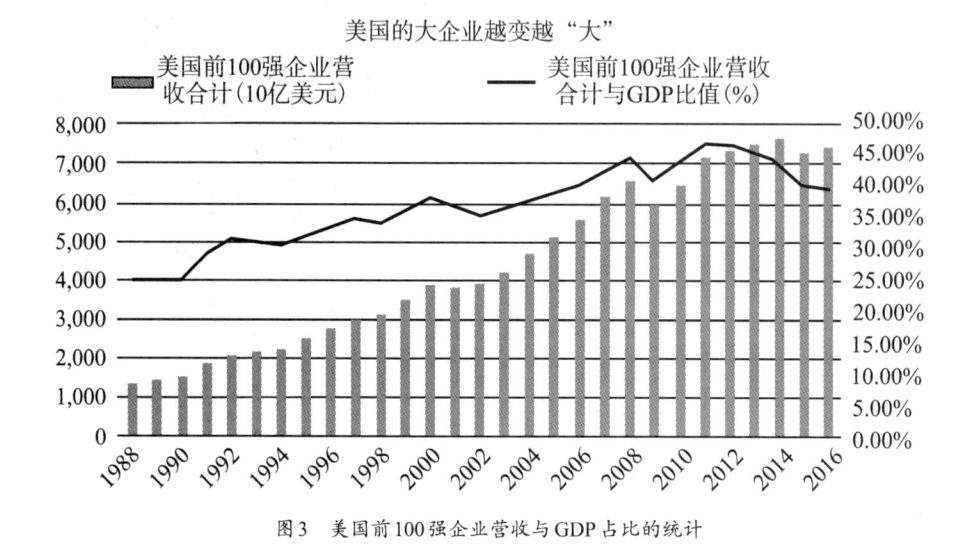

图3 美国前100强企业营收与GDP占比的统计

注：1. 上市或者非上市公司的年度（名义）营业收入数据来自于Capital IQ。2. 美国（名义）GDP数据来自于美联储圣特路易斯分行官方网站。

企业越来越大，意味着计划能力越来越强。技术改变市场效率的逻辑，也适用于企业内部。"天高皇帝远""将在外君命有所不受"的挑战，其本质是信息不对称。企业内部信息的获取和处理能力的改变，意味着企业能够通过集中化的方式，触达和满足用户碎片化的需求，其结果是拓宽了科斯定义的企业的边界，带来企业规模的扩大。可以预见，随着数字技术的普及和深化，这个趋势将会持续。这是一个大企业繁荣的时代。

趋势之三，这是一个平台经济和共享经济崛起的时代。阿里巴巴是世界上最大的零售企业，却没有自己的库存，其作用是把上千万大大小小的

第十章 | 写在商业之外

续表

企业和数亿消费者连接在一起；爱彼迎（Airbnb）可以不拥有一间自己的客房，却为旅游者提供世界上最多的住宿选择；苹果商店为消费者提供了一个最大的数字产品平台。

平台和共享经济的本质是双边市场，其核心竞争力，是用技术的力量助益平台各方的参与，解构本来属于一个企业的功能，带来信息的有效交流，从以机构为核心（B2C）转变为以用户为核心（C2B），共同为消费者服务。这种模式的崛起意味着市场经济被技术赋能，和各种场景紧密结合，构成生态，其结果是平台上的万物生长。10年前，全球市值最高的前10名企业中，只有一家互联网企业（表1）；今天，市值最高的前10名企业中，互联网企业占了7位，包括阿里巴巴和腾讯两家中国企业（最新市值都超过4000亿美元）。这些企业大部分都是平台型企业，支持了平台上千千万万的创业公司和消费者。

表1　10年前和如今的全球市值排名

10年前市值排名 2008年第二季末			如今市值排名 2017年第二季末		
排名	公司名称	市值·10亿美元	排名	公司名称	市值·10亿美元
1	埃克森美孚公司	465,652	1	苹果公司	750,897
2	中国石油天然气	380,207	2	谷歌以司	635,840
3	中国移动公司	269,390	3	微软公司	532,175
4	通用电器公司	266,030	4	亚马逊公司	462,680
5	微软公司	256,209	5	脸书公司	437,567
6	荷兰皇家壳牌	255,771	6	伯克希尔哈撒韦	418,309
7	中国工商银行	238,349	7	阿里巴巴	356,387
8	澳洲必和必拓	232,365	8	强生公司	356,367
9	沃尔玛	221,637	9	埃克森美孚公司	342,074

469

续表

| 10年前市值排名 ||| 如今市值排名 |||
| 2008年第二季末 ||| 2017年第二季末 |||
排名	公司名称	市值·10亿美元	排名	公司名称	市值·10亿美元
10	英国石油公司	219,002	10	腾讯	336,112
11	英国必和必拓公司	212,536	11	J.P.摩根银行	324,683

资料来源:上市公司的市值数据来自于Capital IQ

所以,信息能力的提升导致了企业计划能力的提升和规模的扩大,但更重要的趋势,是把价值链扩张成了价值网,改变了公司的定义和边界,变成了平台生态,变成了一个市场。平台经济的崛起,代表着市场经济的空前繁荣。大企业固然越来越大,但最有价值的企业,不是集中计划者,而是致力于让信息自由流动,提供市场机制,赋能千千万万企业和消费者的平台型企业。

趋势之四,市场竞争越来越激烈,表现在企业繁荣的寿命越来越短。美国在20世纪20年代编制的标普指数的90个企业中(那时只有90个企业),其后保持在指数中的平均寿命是65年;到2016年,典型的500强企业保留在指数中的预期寿命少于20年。表1中前10位企业排位在过去10年的剧烈变迁也是这个趋势的佐证。互联网公司的快速迭代更是不胜枚举,颠覆越来越成为每个行业讨论的惯常话题。

把这几个趋势结合起来,我们看到哈耶克、兰格和科斯思想中的精髓都没有过时。这既是一个企业越来越大的时代,也是一个企业越来越小的时代,更是一个打破企业边界的用户导向的时代。这是一个市场边界越来越模糊的时代,也是一个创新创业越来越频繁、市场竞争越来越激烈的时代。

到今天为止,在世界范围内,绝大部分互联网企业和平台企业都是私营企业。从这个角度来说,计划能力一些最有效率的发展仍然在靠产权驱动,基于产权的市场机制似乎仍然是数字技术改变文明进程的最佳路径。如果哈耶克真的醒过来,他会看到他对信息、产权与制度的关系的理解并没有被根本改变。用十九大报告来说,"创新是引领发展的第一动力","经济体制改革必须以完善产权制度和要素市场化配置为重点,实现产权有效激励、要素自由流动、价格反应灵活、竞争公平有序、企业优胜劣汰。"

虽然企业、市场和计划的逻辑没有改变,我们必须重新思考其边界。作为投资者,你会发现大企业和小企业的成长性都很大,但最有延展性的企业,不是集中计划者,而是打破企业边界,为创新创业提供市场机制,把企业和消费者连接起来的平台型企业。作为消费者,你会发现产品和服务的可获得性和性价比都在很快提升;数字技术带来的最大的改变,是产品和服务的平等化、平民化。作为政策制定者,你会看到技术和市场机制的结合,仍然是经济中最有活力的部分;另外,在这个消费者体验、创新创业和竞争程度都在提升的时代,或许需要重新思考垄断的定义和逻辑。

结语:对计划的自负

哈耶克在《价格制度是一种使用知识的机制》《致命的自负》等一系列文章和书中,对于认为可以通过集中计划实现资源合理配置的思想进行了有力的反驳,他认为这是一种"致命的自负"。

哈耶克的批判,禁不住让人想起最近人工智能带来的焦虑。用技术的语言来说,算法其实就是计划。《未来简史》的作者尤瓦尔·赫拉利就认为,人类的思考能力只不过代表了算法的中级阶段,它将会被更高的算法所超越和取代。这个观点意味着一个与哈耶克截然不同的结论,就是计划能力将会在人类文明的进化过程中起决定性的作用。

赫拉利在《未来简史》中画了一张意味深长的图,问道:有什么事是发生在心里,但没有发生在大脑中的?如果没有,那何必有心灵?轻轻巧巧的辩论,就把心灵的独立意义抹去了。

我想哈耶克如果醒来，或许会惊讶赫拉利对人性的无知。把人脑当作算法，就像对计划能力的信心，看似科学，其实低估了文明进化最大的动力。无论在过去的数万年中，抑或看得见的未来里，人类文明最有竞争力的进化机制，应当是最能够尊重个体碎片化、即时性的情感和追求美好生活的需求，最能够让所有的个体自发参与的机制。数字时代平台经济和共享经济的崛起，是这个机制巨大生命力的证明。历史教给我们的教训是，计划能力，包括人工智能的提升，最可能成为这个机制的促进者，而非替代者。那些对计划（算法）能力深信不疑的人，或许应该回头重读《致命的自负》。

陈龙

第十章 | 写在商业之外

如果世界只剩下算法，人类的心灵将归向何方？

读英国历史经济学家罗伯特·斯基德尔斯基（Robert Skidelsky）教授的一篇文章，叫《经济学家和经济》。他回忆起2008年金融危机之后，英国女王把很多经济学家召集起来，问的第一个问题是：为什么没有人及早发现这个危机？当时的反馈是聪明人共同的思考盲点。

但是斯基德尔斯基认为最重要的问题是经济学家的教育问题。过去的经济学大家，从亚当·斯密、凯恩斯、熊彼特，到哈耶克，都不是只研究经济学的；他们学习哲学、历史、心理学和政治学。在他们眼中，经济不是精密仪器；凯恩斯警告不要"把每一个现象都精确化"。这种教育和思考的广度会带来更宽的视野。

反观之，把经济学当作构建在数学模型上的机器，往往会成为笑话。美国大萧条之前最著名的经济学家费雪（Irving Fisher）做了一个用水泵和杠杆研究市场均衡价格的模型，当然他让历史记忆最深的是在股市崩盘之前指出美国股市到达了一个永远不会跌落的高原。前任美联储主席耶伦（Yellen），在2005年也指出美国的房地产泡沫只不过是一个偏离均衡状态的小障碍。

以色列学者尤瓦尔·赫拉利写了两本红遍世界的书：《人类简史》和《未来简史》。赫拉利提出了一个简单而深刻的观点，他认为，人类之所以成为地球的王者,是因为文字和货币。文字使得大规模的社会协同和传承成为可能,货币使得交易和劳动分工成为可能,进而带来劳动生产率的提高。

在《未来简史》中,赫拉利继而提出,人的大脑不过是一种算法。在智力上,在喜怒哀乐等情绪上,都可以被机器模仿、满足,甚至超越。人是在算法演进史上的过渡物种;所谓地球之王,只不过是一种低级算法阶段。

《未来简史》让我想起原来读过的弗洛伊德写的最后的一本书,叫《文明的噪音》(*The Discontent of Civilization*),也被很多人认为是弗洛伊德最深刻的一本书。这本书的精髓,是讲人类作为个体和文明社会天然的内在矛盾。人作为赤条条的个体来到这个世界,为了生存学会协同,学会组织、语言、分工,进化到文明和文化。但是人永远无法放弃本我。一直到今天,所有权仍然是激励人类进步的最大动力,家庭是个体抵御社会的屏障。个体与组织,个体与文明的冲突,是人类社会永远存在的现象。一个好的社会,需要保障公民的个体权利;一个好的组织,需要让个体的动力和组织的方向最大限度地匹配,但不是以抹杀个体为前提。

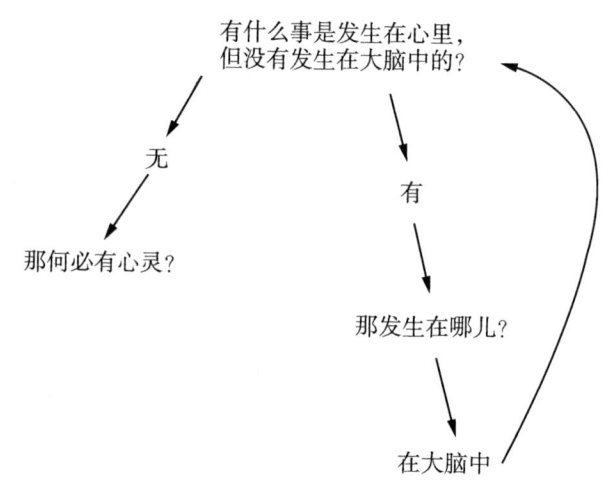

图1 赫拉利在《未来简史》中画的图

第十章 | 写在商业之外

赫拉利在《未来简史》中画了一张意味深长的图，问道：有什么事是发生在心里，但没有发生在大脑中的？如果没有，那何必有心灵？轻轻巧巧的辩论，就把心灵的独立意义抹去了。100年前的弗洛伊德，其毕生的努力，是探索人性的深幽难测。对照之下，弗洛伊德如果从尘埃中醒来，应该会诧异赫拉利对人性的无知。

把人脑当作算法，把经济当作基于算法模型的精密仪器，就像计划经济下的种种设想和安排，看似科学，其实低估了文明社会最大的动力和噪音。斯基德尔斯基教授总结说，今天的经济学家已经不再学习哲学和历史，数学垄断了经济学家的思考，其结果，是让经济学家成为这个时代的傻瓜和奴隶。类似的，我觉得无论会不会写关于未来的简史，把人类归纳成一种算法，是另外一种傻瓜和奴隶。是的，我说的是你们，那些只会把人工智能和人脑在算法上比较的专家们。人类除了算法，还有心灵。不把这些问题想清楚，就没有办法想清楚人工智能的未来。

陈龙

新制度经济学的现状和未来

制度经济学与新制度经济学的发展历程

自从亚当·斯密时期的政治经济学以来，其研究主体就是制度。从政治经济学一产生，它的主要研究对象就是制度和经济现象之间的关系。后来在经济学不断地走向社会科学的过程中，越来越多地引入了科学的手段。在这个过程中，人们发现，讨论制度相当困难。当把制度抽象掉之后，许多经济现象分析起来更容易。因此到了19世纪末之后，在经济学逐渐走向经济科学的转型过程中，为了避开分析制度带来的困难，经济学者们就用假设的方式把制度固定住，对制度不予讨论。这样的经济学，它的研究对象是市场经济。这样的经济学，在假定市场经济中的制度都是一样的假设条件下，去寻找"没有制度"的经济中的规律性现象。

科学地讨论制度的主要困难在于定量化。任何科学都始于定量的观察，由此得到系统的严密的结论，并使理论可以得到定量的验证。当经济学变成科学的时候，非常重要的第一步，就是要能够定量地度量其研究对象。比起离开制度的"纯"经济和金融现象，度量制度更具难度。因此，从20世纪初以来产生的新古典经济学，其最重要的基本特点之一就是把制度固定住（或称为没有制度），只探讨相对比较成熟的市场经济现象。

在那个时期，经济学界还存在一个和新古典经济学有所区别的制度学派：奥地利学派。严格地说，所谓的制度学派或者奥地利学派继承了政治经济学的老传统，因此并不是完全新的学派。

今天讨论的所谓新制度经济学，区别于奥地利学派，区别于老的制度学派。新制度经济学的奠基人是科斯和诺思。其核心内容是科斯的交易成本理论、科斯定理，以及诺思的路径依赖理论等。用这些新的概念、新的分析工具讨论制度。但是，从把制度作为研究对象来讲，无论是新制度经济学、奥地利学派，还是20世纪以前的政治经济学传统，都是一脉相承的。

新制度经济学的"新"就是指上述的新概念和新分析方法。但是，当我们讨论新制度经济学的时候，如果强调的是新概念、新分析方法，那就不局限于科斯和诺思发展的概念和方法。在科斯和诺思那个时代，他们提出的概念是新的。到现在，这些概念已经成为人们耳熟能详的概念和方法了，已经不再是新的了。所以，新制度经济学面临着与整个经济学的主流融合及共同发展的趋势。

当人们用新制度经济学来讨论问题的时候，有一种倾向是清楚地区分新制度经济学和主流经济学。但如果我们关心的是对制度的研究，实际上这两者之间并不真的有明确的界限。因为主流经济学自从20世纪70年代以来系统地引入了博弈论（尤其是非合作的博弈论）和制度设计理论（又称机制设计理论），此后制度就成了主流经济学理论研究的重点之一。比如说制度设计理论，顾名思义研究的就是制度。而且制度设计理论产生的直接背景就是兰格和哈耶克关于市场社会主义制度和私有制的资本主义制度之间的辩论的延续。这一辩论的内涵就是最大、最基本的制度问题。所以，从某种意义上说，制度设计理论与制度经济学在许多方面重合。只不过它和传统的制度经济学使用的方法不同，它和新制度经济学中科斯的理论、诺思的理论看上去也不同，但整体上，研究的基本对象是一样的，都是制度问题。

值得指出的是，主流学术界通常将制度设计理论视为博弈论的一个分支，而博弈论本身也从根本上改变了经济学研究的方法和对象。在博弈论引入经济学以前，经济学者们把制度假设掉，在不看制度的情况下分析市场经济，中心问题是市场上的需求和供给的均衡，由此建立一般均衡理论模型，然后用这个理论框架去讨论市场经济。但是，引入了博弈论以后，讨论的对象就扩展到人和人之间在社会上的任何博弈，超越了单纯的市场供求。

如果我们来看一下诺思关于什么是制度的定义，就可以看到制度经济学在概念上与博弈论的重合。诺思将制度定义为社会博弈的规则，而博弈论讨论的正好是人的社会博弈，在不同规则下的博弈。当我们讲社会博弈的规则时，指的就是制度，并讨论什么样的制度下博弈会出什么样的结果，这正好就是博弈论要讨论的内容。从这个角度来看，自博弈论和制度设计理论的发展以来，主流经济学已经为系统地从理论上研究制度奠定了基础或者部分基础。就此而言，新制度经济学和主流经济学之间的关系是日益融合，而不是相互分野。

除了理论之外，另一个重要方面是经验研究。在最近二三十年的时间里，无论是在新制度经济学还是在新政治经济学中，经验研究都有了巨大发展，这主要是由于以下几个原因。第一个原因是制度变化。20世纪80年代末90年代初的苏联、中东欧国家，包括中国、越南，从中央计划经济转向市场经济。这段时间里人类历史上最大规模的制度变化，极大地刺激了新制度经济学的发展。

第二个原因是技术的变化，包括互联网的发展、计算机技术的发展。大量与制度相关的数据在过去很难获得，但现在由于互联网的发展，变得更加容易获得。有没有数据实际是科学发展的决定性问题。任何科学的经验工作的第一关就是数据，而互联网的发展为获取大量数据奠定了一个重大的技术基础。另一个重大的技术基础就是个人计算机的发展，这使学者们对数据的统计分析变得极其容易，人人都可以在家里对数据进行复杂的统计分析。上述两个因素相结合，在最近二三十年里，使新制度经济学、新政治经济和新经济史学领域的经验研究蓬勃发展。需要指出的是，这三个领域在很大范围里是互相重叠的。经常很难清楚地划出界限，实际上也没有必要人为地划清界限。

经验研究的迅猛发展告诉我们，新制度经济学不但获得了巨大的发展，而且一定会有更大的发展，实际上，已有的这些发展是为下一步更大的发展奠定基础。一方面是在理论上，引进了博弈论和制度设计理论；另一方面在经验研究上，已经积累了大量的数据和从大量经验研究中发现的规律性内容。这些都有待于好的理论的发展。

新制度经济学对主流经济学的推动

新制度经济学至今能够取得如此成就，原因之一是因为新制度经济学的分析框架更具科学性、可操作性。科斯的交易成本理论和科斯定理，诺思的理论，包括对制度的定义和路径依赖理论，对新制度经济学研究的发展，不仅有概念上的推动，也包括经验研究上的帮助。下面我分别就诺思的理论和科斯的理论各举一个例子来说明。

首先，诺思关于路径依赖的理论。概括地说，路径依赖理论是指在制度演变的过程中，不同国家中不同制度的演变和过去的制度相关，进而可以分析，过去的制度，在什么意义上会决定后来演变成什么样子。例如一个关键的制度因素是，过去的制度能否使这个制度本身有兑现承诺的能力。过去的制度如果使得其统治者能够兑现其承诺，那么制度就会向良性循环演进：从具备部分兑现承诺的能力到承诺能力越来越强。但是，如果过去的制度里没有这种能力，这个制度可能很难向良性循环演变。在一个统治者完全没有承诺能力的制度中，可能一直发展不出来统治者兑现其承诺的能力。

这是一个非常重要的概念上的讨论。诺思和他的合作者应用这个概念讨论了宪政的发展，为什么英国是世界上第一个发展出现代宪政的国家，为什么很多国家发展不出宪政。诺思认为，在英国产生宪政之前，在封建君主制下，封建贵族们实际上能在一定程度上强迫君主兑现一些他的承诺。也就是说，在英国的封建君主制度中，存在部分的使君主兑现其承诺的机制。从13世纪的大宪章运动起，经过几百年的演变，这个制度显现了良性循环，君主在贵族的集体制衡下，被迫越来越多地兑现其承诺。从一开始能承诺一点点，到后来越来越多地兑现，最终建立宪政。宪政归根结底就是以分权的方式，迫使统治者必须兑现他许下的承诺。

有不少经济史学家在这个理论的基础上，做了大量的研究和发展。诺思的理论对博弈论的纯理论发展也有非常大的推动作用。诺思讨论制度决定承诺兑现能力的讨论，后来在博弈论中成了一大类的主流问题，即所谓动态博弈论的问题。

科斯对经济学主流的影响更大。例如，交易成本理论不仅应用非常广泛，有大量的人做了大量的工作，它反过来对经济学的基本理论也有重大的推动作用。从理论的角度讲，交易成本理论是一种化约形式（reduced-form）的理论。所谓化约形式的理论是相对于从经济现象最基本的原理（first principles）出发的理论而言。所谓最基本原理相当于公理，是大家公认而不用解释的基本出发点。而化约形式的理论是以直觉为基础的从中间假设或中间结果出发的。

物理科学、生物科学的基本理论都是从最基本的原理产生出来的，尤其是物理科学。例如牛顿力学定律。经济科学也试图这样做。但社会科学面临的问题极其复杂，所以一切都追求从最基础的原理或公理出发来构建理论，往往在难以实现的时候，把人们陷入技术陷阱里，看不到经济问题、社会问题。相比之下，科斯定理把称为"交易成本"的中间结果作为起点，获得了极其丰硕的成果。由于交易成本不是最基础的原理，作为黑匣子，它启发人们如何去构建更基本的理论。面对化约形式的理论，到底什么是交易成本，什么东西决定了交易成本？市场上和企业内部这两种不同的交易方式，为什么带来的成本不同？到底哪一种类型的交易成本更高？

进一步看，无论是在市场上进行交易还是在企业内部进行交易，都是以合同的形式进行的。在市场上进行交易的合同和在企业内部进行交易的合同，到底有什么差别？如果它们之间没有质的差别，那么世界上就不会存在企业和市场的差别。在现实中，人们感到（或者观察到），在企业内部交易和在市场上交易有质的不同。如果有质的不同，到底是什么不同？这里面涉及合同理论（博弈论的一个分支）和产权理论。什么是企业？任何一个组织被叫作企业的时候，意味着整合在一起的一组产权。所谓市场指的是人们在市场上互相交换和买卖产权，如果买卖的只是一个产品，那是关于这个产品的产权，如果买卖的是股份，就一定是在交易产权。所以，人们在市场上交易的内容和在企业内部交易的内容是有质的不同的。

为什么会有产权？有产权和没有产权到底会不会造成差别？为什么产权重要？这些是从交易成本理论受到启发提出来的基本问题。奥利弗·哈特在科斯的交易成本理论的启发下，打开了交易成本理论这个黑匣子。其出发点是合同的不完备性，以及由此产生的一系列剩余控制权如何分配的问题。所谓的剩余控制权分配就是产权的分配，因为谁有产权，谁就掌握了剩余控制权。剩余控制权存在的原因，既包括了合同自身不完备的特性，也包括人们为了控制产权有意设计的不完备合同。这是现代产权理论的基础。这些理论发展对今天主流经济学的各个领域，包括金融学，都产生了极其重大的基本影响。

除了科斯和诺思之外，威廉姆森和埃莉诺·奥斯特罗姆（Elinor Ostrom）也被认为是新制度经济学的创始人。威廉姆森的理论是对科斯理论的直接延伸。在哈特的工作之前，交易成本理论之所以变得威力巨大，非常重要的一部分贡献是威廉姆森。科斯发表的著作不多，他在原则上把这个问题提了出来，在概念上说清楚了，但如何应用这个概念解释复杂的经济现象，大量是威廉姆森的工作。此外，刚才讲到从不完备合同理论的角度解释产权，这个基本思路源于威廉姆森。严格来说，远为更深入的理论构建工作，尤其是与整个合同理论接轨，是哈特。所以他们实际上是不同层次的贡献，在科斯那里更像哲学概念，而威廉姆森把科斯的抽象哲学概念具体化，而且他有大量的观察。威廉姆森基本上不太使用系统的数据，而是根据经验观察，他用哲学概念把大量经验观察串在一起，然后又哲理性地讨论为什么要有产权，产权的作用是什么，最后发现它和合同的不完备性是相关的。

新制度经济学面对的挑战和未来的研究议程

新制度经济学面对的挑战性的问题，可以分为方法论方面的，其中包括理论和经验两个层面；另外就是制度方面的。从大问题的角度来看，无论我们面对的是发达经济还是发展中经济，制度的问题都是最基本的。先讨论发达经济，然后讨论发展中经济，包括中国的问题。

发达经济的制度问题少一些。但即便如此，在发达经济中，今天面对的所有最困难的问题几乎都是制度问题。一个例子是不平等，一个例子是金融危机。发达经济中的不平等问题，如同前不久出版的托马斯·皮凯蒂的《21世纪资本论》，在经济学界、在社会上都引起巨大的轰动。无论人们辩论的观点是什么，有一个基本事实是不能忽略的：整体上在发达经济里，除了北欧国家之外，不平等在扩大，尤其是美国的不平等在迅速扩大，而不平等是引起社会不稳定的最基本因素。这是发达经济面对的一个最大挑战。这个挑战的问题是制度问题，而不是简单的熟练劳动力和不熟练劳动力的问题，也不是简单的教育水平高低的问题，或者掌握的是资本还是劳动力的问题。随着技术的进一步发展，自动化的快速发展，如果制度问题不能得到解决，不平等会更快地加剧，进而严重冲击社会稳定。之所以把不平等问题中最困难的部分视为制度问题，就在于在高度自动化无限制地提高生产率的同时，会替代劳动力。在这种情况下，被替代的劳动力在社会上怎么办？在没有合适的制度安排时，要么人工智能、自动化会遇到严重的抵制或导致社会不稳定，要么不适当的解决方案会带来大量的道德风险问题。如果解决不了与此相关的制度问题，一面是有抵抗，另一面是道德风险，财富的二次分配就得不到解决，社会不平等就得不到解决，技术的变化可能使社会变得不稳定。

第二个大的问题是金融危机。资本主义制度决定了产生金融危机是不可避免的。但是，制度也决定了危机的严重程度可以非常不同。在2008年的全球金融危机之前，自20世纪30年代大萧条爆发后建立的金融监管制度，相当成功地保证了几十年来没有重大金融危机，每一次爆发的金融危机都相对小，容易处置。直到2008年，爆发了可以和1929年那次相提并论的危机，其原因就是制度上出现了重大的问题。

为什么过去的制度已经在几十年里避免了重大金融危机，后来又不行了呢？原因是技术变化以及与之相关的社会变化，使过去建立的制度在一些方面过时了。技术变化中最突出的是信息技术和金融技术的变化。这是产生重大金融危机的制度原因。至今相关的学术研究仍然不充分，更没有寻找到好的解决方案。这是新制度经济学在发达经济中面对的重大挑战之一。

和发达经济相比，发展中经济面对的制度问题更严重。世界上为什么存在不发达国家？为什么在过去100年里，能从发展中经济演变成发达经济的屈指可数？长期以来，这是经济学关心的最基本问题之一。如果没有制度差别，在新古典经济学的框架里分析，没有外来的障碍，只要几十年时间，世界上所有的经济都应该大体趋同，换言之，不应该有发达经济和不发达经济之间的巨大差别。道理很简单，因为在没有制度障碍的情况下，从发达国家向不发达国家投资一定是有利可图的。于是就应该有大量的资金技术进入不发达国家。在一两代人的时间范围内，所有不发达经济都会变成发达经济。之所以世界上大部分的经济是不发达的，原因就在于它们的制度阻碍了自己的发展。简单地说，一个经济长期落后的原因主要在严重的制度障碍。当我们讨论中国改革的时候，绝大多数的实证经济学研究的证据都表明，中国的经济改革过程的主体是制度改革的过程，中国的改革成绩主要是中国在制度改革上的成绩；而中国改革出现的最大问题，也在于制度改革上存在问题。与此相似，所有发展中国家面对的最大问题是制度问题。因此，对于所有发展中经济来说，新制度经济学的发展和新制度经济学面对的最重要的研究议题，就是制度的问题。

以上讨论的是新制度经济学面对的问题。从方法论的角度看，新制度经济学既有巨大的机会，也面临巨大的挑战。首先从理论上看，刚才我们提到了博弈论和制度设计理论，都是研究制度非常重要的基本分析工具。但这些并不是问题本身。如同偏微分方程和非欧几里得几何在物理学里是重要的分析工具，但不是物理问题一样。与物理科学必须要面对物理现象和物理数据一样，新制度经济学，作为社会科学，也一定要面对数据和现象。如何从现象出发，利用这些分析工具来构建能够被定量验证的解释制度的理论，这是一个极其巨大的挑战。

如果把理论的起点严格限制在基本原则（学术上称之为 first principles，相当于数学里的公理）上，那么在绝大部分的制度问题上，我们至今也还很难构建出能够定量验证的、基于博弈论或制度设计理论的理论模型。这是制度问题的复杂性带来的重大挑战。在面对这个重大挑战时，一个可行的步骤是，暂时放松或绕开以基本原则作为构建理论的起点，而发展化约形式的理论。实际上，科斯的理论、诺思的理论、威廉姆森的理论，都是化约形式的理论。

从方法论的角度看，另外一个重要方面是经验研究。其中包括数据的收集和数据的处理等等，都涉及巨大的挑战，需要巨大的创造性。制度经济学和新制度经济学研究的发展，从来就受制于如何度量制度的问题。今天我们对于如何度量制度有了很大的发展，但仍然面对着一系列的困难。例如，非常重要的一个制度是法治。作为学术研究，什么是法治？怎样度量法治？如今，经过社会科学家，包括经济学家、政治学家、法学家，很长时间的集体努力，收集了多种数据，发展了若干种度量的方式，但是仍然存在基本缺陷。与此相关的例子还包括对产权、司法独立、宪政、民主等等的度量。这些都是新制度经济学面对的一些非常基本的挑战。在经验研究方面，作为经验研究基础的度量和数据，新制度经济学需要当年库兹涅茨发明GDP度量市场经济活动那样的突破。

青年学子在新制度经济学未来发展中的作用

新制度经济学面临的这些挑战，也为研究者们提供了机会，尤其是有兴趣在新制度经济学方面做研究工作的年轻学者。不过，要在制度经济学领域取得研究成果甚至突破需要具备很多方面的基本技能。制度包括经济制度、政治制度、社会制度。新制度经济学实际上几乎覆盖了经济学的所有领域，甚至覆盖了社会科学的很多领域。作为研究领域，新制度经济学覆盖很宽。没有一个人能够全部知道内容。因此，作为一个学者，一定有其偏重。

从经济学的角度来看，在新制度经济学方面做出贡献，需要有好的经济学基础，包括理论的和实证的。理论方面包括前面讨论过的博弈论、制度设计理论。即便不是做这方面的研究，不在这方面创新的，也应该熟悉这方面的基本文献和基本理论。经验研究是新制度经济学的主体。在经验研究中，经济计量学的方法论是非常基本、非常重要的。

当然，新制度经济学面对的是很多巨大的挑战，简单机械地应用教科书或者文献里的方法，是不能应对这些挑战的。仅仅熟悉方法论并不能保证成为一个有创造性的学者。在我们面对的制度现象中，只有少数从新制度经济学已经得到解答。制度现象的绝大部分，至今主要是问题，包括大量没有认识到的，没有清楚提出的问题。提出好的问题，是突破的起点。所以，到处都是挑战，到处都是年轻学者可以取得突破的地方。问题是，必须要有创造性。但创造性从哪里来？创造性是从对现象的观察来。对现象的观察有多种角度，多种方法。以数据为例，哪些尚未被认识到的数据是可以创造性地加以利用的；在已有数据和文献的基础上，可以如何构造（construct）什么数据，例如库兹涅茨构造的 GDP 数据。对制度的深入研究，依赖创造度量制度各个方面的指标。

今天有了网络，有了大数据，有了人工智能，如何利用大数据，如何利用人工智能，用大数据来构造度量制度各方面的指标，这既是巨大的挑战，也是可以做出许多突破的巨大机会。相关度量的突破，会带来经验研究的突破，甚至带来理论的突破。多数理论的突破都不是从数学上推出来的。理论的重大突破，其起点都是概念上的。而概念上突破的起点，多数是经验上的观察。给定现在的技术发展，年轻的学者从理论上、从数据上、从经验研究上都有非常大的空间去实现突破。

对于关心中国制度的年轻学者而言，应该看到，自从改革开放以来，中国取得的巨大成就，主要是因为对之前太过于严重落后的制度障碍进行了改革。但是，中国遗留的制度阻碍仍然严重。探索这些问题，既是很大的挑战，也是很大的机遇。

现在的年轻学者从事理论的比较少，而在从事理论研究的学者中，更多人侧重数学，更少人面对制度问题。相比之下，更多的年轻学者从事经验分析。表面上，很多人能熟练运用文献上和教科书上已有的方法，运用到比较现成的数据上。但问题在于，如果没有新的想法，机械地应用工作很难在学科上有突破。

真正重要的突破性工作，要么就是发现了其他人没能发现的重要问题；要么就是提出了其他人尚未知道的重要方法。发现重要问题，依赖直觉，或者称为洞察力、眼光。而洞察力需要学者有更宽广的视野。新制度经济学的每一个奠基人，科斯、诺思、威廉姆森和奥斯特罗姆，他们的开创性突破都是来自于他们对制度现象的直觉。新制度经济学不局限在经济学范围，是跨学科的。好的新制度经济学的学者，对政治制度、社会制度、法律制度、历史都要有所了解。要站得比较高，你要知道重要的细节，但更要把握和理解整体趋势。没有高度，没有直觉，就抓不到大的问题。

除了与文献相关的直觉外,直觉的另一个来源是现实。在面对现实的时候,人的思想必须是完全开放的。当人的认识受到限制,有禁区时,当有很多问题不敢或不愿意讨论的时候,就走不远。社会科学上能做出突破性贡献的,必须是完全自由的人。思想上没有限制,其中包括政治制度,因为讨论制度不可能回避政治制度。

对于选择只做技术性工作的年轻学者,应该限于机械地应用已有的技术手段。创造性的工作有两类:一类是创造性的数据构造。由于大数据和人工智能的发展,这个领域的潜力特别大,突破的机会特别大。大数据和人工智能(包括文字处理以及对文字的理解)里面包括了巨大的、传统上人们没有想到可能使用的数据。如何创造性地利用大数据和人工智能的技术,把大量文字变成数据,是新制度经济学的前沿问题。比如说与法庭相关的数据,现在大量的案件都在网上公开了,数据量非常大。如果能利用人工智能的方式,把已经公布在网上的这些案件分门别类变成统计数据,就可能在理解中国的司法制度上,打开一个突破口。此外,中国各方面的历史文献更是汗牛充栋,这里有大量的领域等待着年轻人去开辟,打开深入认识中国制度的突破口。

大数据和人工智能的应用,也可能对统计学、对方法论带来挑战。现在已经有政治学者和经济学者在学习人工智能,以借此在经验研究的方法论上有所突破。而这些突破最有前途的就是新制度经济学,因为新制度经济学面对新数据。在新制度经济学里,一旦方法论上有突破,数据上有突破,就会带来这个领域的突破。这些对于年轻学者来说,有很大的吸引力。

技术固然重要,从社会科学的角度看,大的想法更重要。让我们看看自然科学的大想法是怎么和技术连在一起形成的。在人类文明史中,第一门形成系统的自然科学是物理科学。而奠定物理科学的基础是天文观察,是历经数百年的巨大量的天文观察数据。这些数据详细、精确地记录了天体运动的规律。从这个背景下产生出来的物理学的第一个突破,就是开普勒的行星运动规律,然后,才有伽利略的自由落体实验,而这两个突破奠定了牛顿力学的基础。如果没有这些坚实的天文观察记录，不能确切知道行星是怎么运动的，而是天天读古希腊人对物理世界的解释，就永远不会有突破，就没有物理学。突破的来源是看到别人没有看到的东西，而世界上绝大多数的东西是别人没看到过的。

　　回到社会科学，社会科学的"行星运动规律"来自哪里？来自历史的记录！从大量国家的长期历史记录中寻找制度的规律性。现象会告诉你，有什么东西是我们还没有认识到的，有什么东西对我们今天非常重要但我们并不了解，这些才能真正指导我们在新制度经济学领域里产生对社会有重大影响的重大突破。

许成钢

附　录

商学院3.0，争夺全球性问题的主导权

——《经济观察报》专访项兵博士

"西方倡导'颠覆式创新'，这其中主要强调'颠覆'二字，但对创新的建设性重视不足"，自创办之日起，直到今天，长江商学院一直追求的，是'从月球看地球'的视野，是建设性的颠覆、引领式的创新。"长江商学院创办院长、中国商业与全球化教授项兵博士在接受《经济观察报》专访时说道。

2002年11月22日，长江商学院由李嘉诚基金会捐资建立。项兵介绍说，长江商学院在创立之初，就勾勒出面向未来的商业领袖所应具备的三方面特质。

第一，具有全球视野、全球资源整合能力和全球担当。

第二，具有人文关怀与承担社会责任。人文关怀是社会责任的源泉，有了人文关怀才有更多的家国情怀和社会担当。

第三，拥有创新精神。

项兵表示，15年来，长江商学院一直致力于为中国培养一批具有全球视野、全球资源整合能力与全球担当、人文关怀和创新精神的企业家。创新是长江的DNA，创新的人才培养方案和课程设置是长江做的一些探索，也与十九大报告中提到的企业家精神相吻合。虽然是15年前提出的理念，

但至今仍然适用,未来长江商学院仍将沿着这三个方向进行人才培养。

商学院3.0

西方的商学院已经有上百年历史,而商学院在中国还是比较新的存在。项兵总结,亚洲的商学院,包括中国、日本和印度等国的商学院,发展到今天,都可以按三代划分。

第一代商学院主要以拷贝西方商学院为主。这一代的商学院主要致力于将西方的管理理论和理念与中国管理实践相结合。第一代商学院可以细分为两大类,分别以学术研究立校和以教学、培训为主。香港科技大学商学院是以学术研究立校的一个代表,这类商学院高度重视打造一支专职的世界级研究型师资队伍,同时重视学术研究,希望把学术研究做到世界级,当然这类研究型的商学院需要大量的财务支持。而我们内地的绝大多数商学院,由于在财务和学院治理方面有挑战,难以打造世界级师资队伍,在学术研究上投入有限,因此大都以复制西方商学院的教学和培训为主。这类以教学为主的商学院在运营模式上有着比较深的培训机构与培训公司的烙印。

长江商学院成立时,希望能启动新一代的商学院,即项兵所称的第二代商学院。第二代的商学院有几大特点,第一,拥有一批专职的世界级教授,在与西方顶级商学院对话时,拥有平等的学术地位。这是成为一家世界级教育机构的必要条件和基石。

第二,这些专职教授在加入长江以后,能够持续产出世界级的学术研究成果。在此基础之上,长江商学院通过对中国经济与管理问题的研究,产生了一系列原创的、系统性的、前瞻性的管理理念与洞见,并把这些管理理念与洞见在世界范围内传播,启动了东西方管理理念与实践的双向交流。

第二代商学院产生了一些关于中国问题的新理念,培养了一批具有全球视野、全球资源整合能力与全球担当、人文关怀和创新精神的企业家。

第二代商学院的另一个贡献，是向世界比较清楚地讲述了中国故事，在"讲好中国故事、传播好中国声音"方面做出了自己的贡献。

第二代中国商学院的一个特点，是研究的核心问题是中国问题，研究对象是中国的国企、民企和跨国企业。研究的是中国企业如何整合全球资源，中国的再次崛起对世界的影响等问题。项兵认为，长江商学院用10年的时间，基本完成了构建第二代商学院的使命。

5年前，长江商学院开启了对第三代商学院发展模式的探索。项兵认为，新一代的中国商学院在夯实中国经济和管理问题研究的基础上，应该更多地关注全球问题，亦如十九大提出的为全球问题的解决"不断贡献中国智慧和力量"。"随着中华民族的复兴，我们越来越接近世界的中心，我们不仅要解决中国的发展问题，更要解决全球经济发展的问题。"

关于建设第三代商学院，项兵说，希望再用5年的时间，取得两个方面的成果：首先，组建一支由80~100位专职世界级教授组成的师资队伍，目前长江有近40位全职教授。再者，对全球的重大问题有参与权甚至主导权。从文艺复兴到今天，全球发展的重大问题的提出和解决方案大都是由西方人主导和提出的，东方人更多扮演的是支持者、参与者的角色。随着中华民族的复兴，这个由西方主导的时代将要发生改变了。

全球性问题涉及的方面太广，长江选择了四点作为突破口。

第一，支持"一带一路"倡议。长江的独特价值之一，是长江商学院的校友在"一带一路"沿线国家和地区，有着丰富的经商经验。长江可以结合校友的成功经验与失败教训，打造一个经验分享与资源整合平台，增加企业家成功参与"一带一路"建设的概率。同时，长江商学院将与俄罗斯一所知名大学合作，推出双学位课程。长江也希望与兄弟院校一起，支持和推动建立"一带一路"商学院联盟。

第二，持续打造一个整合全球优质创新资源的平台。未来5年，中国不可能在科技创新的所有领域都是第一，要认识到我们与美国、欧洲在很多领域存在的差距。长江希望打造一个平台，将世界上最领先的创新资源汇集到一起，供中国乃至全球创业创新者学习、交流与借力。中国的优势是拥有最大的增量市场，可以最快的速度将新科技商业化。这样我们在创新方面就不至于落后。

第三，聚焦儒家经济圈。儒家经济圈包括中国大陆、港澳和台湾地区，日本，韩国，新加坡及越南。2016年，儒家经济圈名义GDP达近19万亿美元，分别超越美国和欧盟，成为全球第一大经济体。该经济圈内的国家和地区虽然政治体制差异明显，但经济上都有不俗的表现，文化上有一定的同根性，都受儒家思想影响。长江商学院未来的聚焦点之一是服务儒家经济圈，帮助儒家经济圈实现共融与更好的发展。

第四，支持社会创新。收入与财富分配不均、社会流动性下降以及可持续发展等三大社会问题的解决，是无法单纯依靠政府，或者单纯依靠企业实现的，需要政府、企业和社团组织的共同努力。在社会创新越来越重要的时代，企业需要重新定义自身的社会责任。因此，社会创新课程和公益课程将会成为长江商学院每一个学位课程的必修课。

教授团队的建设

谈及长江商学院在未来发展中面临的挑战，项兵坦言最大的挑战是专职世界级教授团队的建设。算上访问教授，现在长江共有42位教授，而长江的目标是有80~100位教授。

世界级教授团队是一个学校发展的基石，是学校发展的重中之重。师资规模的扩大及质量的提高，要求长江在教授聘任方面进入良性循环。一个大牌教授辞掉世界知名大学的教职，加入长江后如果没有研究成果，五六年后，就会变成二三流的学者。教授都是理性的，如果不能保证学术成果的产出，他们便不会选择加入长江。打造一个支持研究的平台与环境，使得教授能够持续产出世界级的学术成果，对任何世界级教育机构来说，都是最难，也最重要的事。

长江商学院想要的教授就是斯坦福、哥伦比亚、MIT这类顶级学府想要的教授。随着美国减税政策的出台，未来长江与全球顶级商学院竞争招聘教授的难度将进一步提升。同时，长江还面临着新的挑战，近几年中国知名企业开始从长江"挖"教授。曾鸣教授、陈龙教授、廖建文教授先后被阿里巴巴、蚂蚁金服和京东"挖走"，成为首席战略官。当然，这也可以被看作长江对中国商业发展的贡献。总体来看，如何吸引和留住专职世界级教授是目前长江商学院最大的挑战。

长江有近40位专职顶级教授，而西方顶级商学院可能有上百位世界级专职教授。要与世界顶级商学院竞争，就要有差异化的竞争战略，包括对中国问题进行更深入地研究。

长江商学院对中国问题的研究相对比较独特，原因主要有几点：

第一，长江的绝大部分教授都有在世界顶级商学院的教学和研究经验。

第二，长江的教授几乎都是全球顶级学府的博士毕业生，都受过良好的、系统的理论训练。

第三，他们有全球视野。长年在国外教学研究的经历，使得他们的全球视野相对本土的教授要好一些。

第四，李嘉诚基金会在研究上给予了长江比较大的财务支持，因此长江可以在研究上做比较大的投入。

第五，长江的校友是各行各业的佼佼者，他们对教学的要求也非常高，这促进了教授与学员间教学相长。

被挖到阿里巴巴、蚂蚁金服和京东的曾鸣、陈龙和廖建文取得的成绩也并非一蹴而就，他们也是在长江课堂上一步一步演练得非常的优秀，这源于长江商学院从创办之日起就一直强调的对"四通"教授（通理论、通实践、通国内、通国际）的培养。

长江面临的另一个挑战是，作为一个商学院，当关注的问题不仅仅是商业问题时，就需要整合很多的外部资源。跨机构、跨学科的资源整合，是一个很大的挑战。目前长江与哈佛大学肯尼迪学院和哥伦比亚大学工程学院的合作，需要整合、协调很多资源，就是不小的挑战。

再者，现在世界变化得太快，拐点太多，尽管长江做了很有前瞻性的准备，但仍要保持学习的心态，要有反思的能力，要有自我否定的能力，要有一切归零、重新开始的能力。

项兵说，他有很多时间是在飞机上度过的，在飞机上他常思考的问题，是长江能够为国家、为世界做什么。